发展方式转变与企业战略转型

辜胜阻 著

人民出版社

辜胜阻，男，汉族，湖北省武汉市人，1956年出生，经济学博士，经济学和管理学教授，国家有突出贡献中青年专家、国家有突出贡献的留学人员。现任全国人大常委、内务司法委员会副主任委员、民建中央副主席、武汉大学战略管理研究院院长、国家教育咨询委员会委员、国家自然科学基金委管理科学部评审组成员、中国软科学研究会副理事长、教育部科技委管理学部学部委员，清华大学、中国人民大学、中国社会科学院兼职教授及博士生导师。曾任九届全国政协常委、全国工商联副主席、湖北省副省长、武汉市副市长。他1986年至1988年在美国密西根大学进修硕士学位课程；1989年

至1990年任日本国日本大学客座教授；1992年至1993年任美国密西根大学访问教授；1994年任德国杜伊斯堡大学客座教授；1996年至1997年作为美国哈佛大学访问教授在美进行合作研究和讲学。

辜胜阻教授先后主持了20余项国家级、部省级及国际合作项目。出版了《危机应对之策与经济转型之道》、《民营经济与创新战略探索》、《民营经济与高技术产业发展战略研究》、《城镇化与经济发展热点问题探索》、《新经济的制度创新与技术创新》、《中国跨世纪的改革与发展》等专著20多部。在《求是》、《中国社会科学》、《中国软科学》、[美]《人口与发展评论》、《人民日报》、《经济日报》、《光明日报》等国家级报刊和国外学术刊物上发表论文百余篇。他有20多项研究成果获得"孙冶方经济科学奖"、"全国'五个一工程'奖"、"教育部优秀成果奖"、湖北省社会科学成果特等奖等国家级和省部级奖励。辜胜阻教授曾获第三届"中国十大杰出青年"荣誉称号，1996年入选国家"百千万人才工程"，1997年入选国家"跨世纪人才工程"。

辜胜阻教授依托其学术研究成果，围绕发展方式转变与经济结构调整、中小企业与民营经济发展、创新与高技术产业发展、经济发展与城镇化等经济社会热点问题参政议政，先后九次登上全国政协大会和政协常委会讲坛发表政见，多次在全国人大常委会和代表大会上建言献策，引起高度重视和广泛关注。他的观点、政见及相关学术研究，经由各大媒体得以广泛传播；他向国家提出许多项重要建议，已经为政府有关部门在政策制定中所采纳。

序　言

后危机时期中小企业必须转型与创新

改革开放以来，我国民营中小企业从无到有，发展迅速，已成为我国经济增长的驱动力。据统计，我国中小企业已过1亿户，占我国企业总数的99%，创造的最终产品和服务产值约占国内生产总值的60%，上缴税收接近国家税收总额的50%，提供了75%以上的城镇就业岗位。中小企业也是技术创新的生力军，我国65%的专利、75%以上的技术创新、80%以上的新产品开发，都是由中小企业完成的。中小企业已经成为推动我国国民经济和社会发展的重要力量，在发展经济、增加就业、推动创新、改善民生、维护社会稳定等方面发挥着越来越重要的作用。"十一五"期间，全国个体私营经济保持了快速健康发展的态势。IMF研究表明，按附加值计算，我国私营企业的资本回报率比国有独资企业高50%，比国有控股企业高33%，比国有参股企业高24%，表现出其特有的生机和活力，也成为拉动经济增长的重要动力。

但是，中小企业在发展速度加快，质量提升，效益回升的同时也面临诸多困难和问题，如行业准入仍存在不少障碍，部分政策没有落实到位，民间投资的政策环境服务体系仍需健全和完善，节能减排和淘汰落后的任务艰巨，多种因素导致成本上升，融资难特别是微小企业融资更难。

一、落实政策，支持中小企业发展

"十二五"是我国建立完善的社会主义市场经济体制的关键期和攻坚

期，将在市场资源配置机制、国民收入分配格局、城乡二元体制和公共服务体制创新等方面提出改革方案。期间，国家将改变投资主导型的增长方式，从以 GDP 增长为主转为以国民收入增长为主，注重提高国民消费能力。中小企业在创造就业、提高收入、刺激消费、调整结构、发展战略性新兴产业中的作用将进一步凸显出来。在这个大背景下，加快落实包括"新 36 条"在内的各项政策措施，切实改善中小企业发展环境，帮助中小企业克服困难，转变发展方式，提高自主创新能力，实现又好又快发展，具有重要的现实意义。

（一）完善中小企业健康发展的政策环境

近年来，各级政府和部门制定出台了不少扶持鼓励中小企业发展的政策，但是中小企业却难以得到实惠。一是有政策，受限制。比如"新 36 条"中规定民间资本只能以入股方式参与商业银行的增资扩股，新办银行要由国有大股东控股。二是有政策，无细则。比如哪些是关系国家安全和市场不能有效配置的行业，哪些是关系国民经济命脉的重要行业和关键领域等，尚无具体规定。三是有政策，难落实。比如"新 36 条"鼓励和引导民间资本进入交通、电信、能源、基础设施、国防科技工业等行业，但是这些垄断行业往往由相关部委统一管理，民间资本进入谈何容易，加上政出多门，政策相互抵触，难以有效实施。要解决好这些问题，需从如下几方面着手：一是要充分发挥国务院促进中小企业发展工作领导小组的作用，加强对促进工作的组织领导和统筹协调。编制好中小企业成长"十二五"规划。二是有关部委尽快出台"新 36 条"实施细则，制定引导民营资本发展的产业规划和投资目录，拟出进入相关产业的明确时间表。尽快明确"关系国家安全和市场不能有效配置的行业"以及"关系国民经济命脉的重要行业和关键领域"的行业目录，对于国家明确规定放开的行业或市场领域，采取定期发布市场准入目录、修订完善项目招投标管理办法、政府采购入选企业及产品管理办法等，一视同仁地为市场主体提供合法准入依据，保证国家宏观政策效果落在实处。三是要逐步扩大中央财政预算扶持中小企业发展的专项资金规模，建立中小企业创业投资发展基金，同时分行业实行不同的减税，用财税政策支持中小企业成长壮大。

（二）鼓励中小企业进入战略性新兴产业

在战略性新兴产业发展中，民营中小企业应该是最为活跃的。但是，目前我国战略性新兴产业在产业发展初期，市场发育程度较差，国内市场需求不明显、不确定，缺乏国内市场需求，企业特别是民营企业不敢投入，目前我国技术研究与开发经费占 GDP 比重不足 1%，甚至低于发展中国家平均水平，与发达国家平均 2.2% 的水平相差更远。另一方面，我国战略性新兴产业投资体制尚不健全，资金投入不足，缺乏一个规范和完善的多层次资本市场，特别是对有技术、有活力、有创业激情的小企业的支持力度小、渠道少。改变这种状况，需要鼓励中小企业进入战略性新兴行业，加大对民营企业的扶持，完善产、学、研密切合作的渠道和机制，支持民营企业运用好自主知识产权和自主标准，提高产业竞争力。支持民营企业牵头，与高等院校、科研院所共同开展新兴产业领域的研发任务。鼓励民营企业参与国家确定的 16 个重大的技术攻关和产业化发展项目。

（三）加强对中小企业的金融服务支持

融资难问题一直是困扰中小企业发展的瓶颈。由于企业财务信息透明度不高、缺乏可持续发展能力、过多依赖信贷资金以及信用担保体系不健全等，中小企业很难通过非银行金融机构达到融资目的。相反，由于向中小企业贷款成本高、风险大，银行出于经济利益和商业风险考虑，往往出现"惜贷"现象。改变这种局面：一要按照"金融产品分大小、金融服务分对象、金融机构分层次"的思路大力培育和发展中小金融机构。放宽对金融机构的股比限制，鼓励民营资本发起或参与设立中小金融机构，打造面向中小企业的小额贷款公司、融资租赁、担保公司等金融机构。二要提高中小企业融资担保能力，推动中小企业应收账款质押融资业务发展，积极鼓励和指导金融机构开展专利权、商标权、版权等无形资产质押融资探索。三要建立覆盖多层次担保体系和再担保平台，对降低中小企业贷款担保门槛的担保机构给予一定补贴，支持中小企业融资。对科技型中小企业注重在研发和生产阶段予以资金支持。四要重新制定并细化中小企业的标准，改变 99% 的企业都是中小企业的状况，使真正的中小企业，尤其是小微型企业享受到信贷的优惠。

二、自我完善，中小企业在创新中发展

尽管国家和地方出台了诸多鼓励中小企业发展的政策措施，但受到区域发展不均衡、政策法规不健全以及企业资金短缺、技术和管理落后等多种因素的影响，我国中小企业很难做大做强，特别是在一些垄断和敏感领域的投资比重仍然偏低。这种状况已经严重阻碍了中小企业在技术创新和产业结构升级中的地位和作用。建立符合社会主义市场经济体制要求，多种所有制形式良性发展的格局，需要广大中小企业苦练内功，提高自身素质，完善治理结构，转变经营增长模式，努力实现企业的技术创新、产业升级和结构调整，不断做大做强。

（一）提高自主创新能力，实现由"制造"向"创造"的转型

广大民营企业要抓住国家发展战略性新兴产业的时机，积极进入相关行业，实现企业自身转型和发展方式转变。民营企业要在开放合作的背景下，坚持自主创新，在引进消化吸收再创新的基础上积极开展集成创新和原始创新，用信息化等技术嫁接传统产业，构建国际化的研发体系和机制，不断提升产品的科技含量。要树立品牌意识和知识产权保护意识，努力培育企业的核心竞争能力，实现由"制造"向"创造"的转型。

（二）不断开拓市场，积极参与国际竞争

民营企业产权明晰，灵活机动，具有独特的市场竞争优势，一大批企业家通过不断努力和多年的积累，在资金、技术、营销、管理等方面具备了"走出去"的能力。因此，民营企业要统筹国内、国外两个市场，积极调整市场结构，在抓住国家扩大内需的机遇，着力开拓国内特别是农村市场的同时，努力拓展海外市场，积极"走出去"，提高自身的国际竞争力，以高层次的竞争来推动企业自身能力的提升。

（三）加强企业和行业信用体系建设

信用制度是现代市场经济的基础之一，信用关系是市场经济中重要的

经济关系。社会信用体系建设已成为我国不断完善社会主义市场经济体系和构筑和谐社会的一项重要任务。民营中小企业要树立诚信经营理念，把诚信放在企业社会道德层面的重要位置，"以质量求生存，以信誉求发展"。树立诚信意识是企业的道德自我约束行为，而加强信用管理则是企业化解风险的一种能力。因此企业还要切实加强信用管理体系建设，不断提高企业的风险防范能力和市场竞争水平，有效化解各种类型的风险，促进企业健康持续地发展。温家宝总理曾说过："一个企业家身上应该流着道德的血液。只有把看得见的技术、产品和管理以及背后引导他们并受他们影响的理念、道德和责任，两者加在一起才能构成经济和企业的 DNA。"

我们相信，随着扶持中小企业发展各项政策措施的细化和配套落实，中小企业健康发展的政策法规环境、市场环境和公共服务环境必将得到全面改善，我国中小企业必将迎来新一轮更大发展。

辜胜阻同志长期坚持从微观到宏观的研究方法，通过对中小企业的调查研究来把脉宏观经济。今年以来他又先后赴北京、河北、辽宁、江苏、浙江、福建、广东、广西、湖北、湖南、山西、陕西、四川、重庆等十多个省、市、自治区进行实地考察，召开几十场座谈会，与国内外几百位企业界人士、专家学者、政府官员进行座谈和讨论，形成了一大批富有建设性的研究成果，为参政议政、建言献策提供了坚实的理论基础。《发展方式转变与企业战略转型》一书是他探讨中国经济改革与发展的又一部力作。该书着眼于后危机时期国际和国内经济形势的新发展与新变化，立足当下，谋划长远，全面系统分析了我国当前宏观经济和企业发展所面临的机遇与挑战，提出经济发展方式转变和企业转型发展的战略举措。我相信，这部著作的出版将进一步开拓我们的视野，深化我们对中国经济发展方式的认识，为我国企业的转型与创新提供强有力的理论依据和现实指导。

全国人大常委会副委员长、民建中央主席

陈昌智

2010 年 12 月 28 日

前　言
转型是企业和政府的共同使命[*]

　　改革开放以来，我国的中小企业不断发展壮大，对国民经济的贡献份额逐年提高，已成为国家财税收入的重要支柱和创造社会就业岗位的主要渠道，在繁荣经济、促进增长、扩大出口、推动创新等方面发挥着越来越重要的作用。当前，我国中小企业发展面临复杂的外部环境。在后危机时代，世界经济格局正在发生重大变化。"欧美消费—中国制造"的全球经济增长模式正逐步改变，世界金融体系、国际产业链结构也将面临新的调整，全球经济在中长期会进入中低速增长阶段。同时，由于劳动力、资金、原材料、土地和资源环境成本不断攀升，以及人民币汇率波动，我国企业已经进入了高成本时代。积极实施转型升级成为我国中小企业迎接机遇、应对挑战、顺应经济发展趋势的必然选择。2009 年《中国百位企业CEO 调查报告》显示，93% 的 CEO 认为企业必须转型升级，49% 的 CEO已经开始着手带领企业转型。① 这表明，转型升级已经成为我国企业发展的重大趋势。

一、当前中小企业发展面临的困境与民间投资新政的实施

　　2008 年金融危机爆发以来，国务院采取了促进中小企业发展的多项政

　　＊　杨威、王敏协助研究。

　　①　田英雷（2009）：《用友发布百位 CEO 调查报告提出企业转型升级途径》，网易科技，http://tech.163.com/09/0331/14/55O905UI000915I3.html。

策措施，取得了显著的成效。统计数据显示，2010 年上半年，全国规模以上中小工业企业实现工业总产值同比增长 33.48%，达到 22.25 万亿元，占全国规模以上工业企业总产值的比重达到 68.84%。① 31 个省市中小工业企业总产值增速超过两位数，其中，山西、宁夏、安徽、江西、甘肃五省区超过 40%。同期，中小企业产销率达 97.24%，较 2009 年同期提高 0.54 个百分点。② 但是我们也应看到，当前复杂的时代特征使我国中小企业面临用工融资难、准入门槛高、税费负担重、企业利润薄、转型压力大和发展环境差六大困境：

（一）用工融资难

2008 年我国中小企业面临的主要问题是融资问题，2009 年是市场问题，当前主要是用工问题。《2010 年千户民营企业跟踪调查报告》显示，73% 的受访企业表示"人工成本上升"是"当前企业经营发展中遇到的最主要困难"，比 2009 年提高了 11.7 个百分点，排在所有 16 个选项的第一位。③ "珠三角"企业的生存状况调查显示，超过 90% 的受访企业表示存在劳动力短缺的问题，劳动力短缺比率（即空缺职位占现有职位的比率）平均为 20.8%。④ 同时，由于中小企业融资困难，不能扩大规模，每年全国损失约 800 万个就业机会。⑤ 中型企业的资金问题基本可以得到解决，真正需要扶持的是小型企业，尤其是微小型企业。但由于划分标准不清，存在"中型企业搭小企业便车"的现象。真正需要资金的小企业往往无法得到满足，政策效果大打折扣。有数据显示，我国小企业占中小企业总数的 90% 以上，却只获得中小企业贷款总额的 8%。⑥

---

① 袁军宝、焦国栋（2010）：《我国中小企业运行良好，发展环境仍需优化》，新华社，9 月 1 日。
② 暮阳（2010）：《中小工业企业产销率 97.24%》，中国中小企业信息网，http://www.sme-nx.gov.cn/jjxw/261362.shtml。
③ 中国企业家调查系统（2010）：《2010 年度中国民营企业家问卷跟踪调查》，中国企业家调查系统网，http://www.ceoinchina.com/。
④ 劳佳迪（2010）：《大宗商品价格全线暴涨，下游产业遭遇成本危机》，《新闻晚报》，10 月 20 日。
⑤ 周天勇（2006）：《消除影响就业的政策性障碍》，《人民日报》，1 月 12 日。
⑥ 杨斯媛（2010）：《中小企业融资玩散打，专家建议用组合拳》，《第一财经日报》，11 月 1 日。

（二）准入门槛高

长期以来，我国中小企业难以进入垄断行业。虽然近期国务院出台了"新36条"希望破除垄断行业进入壁垒，但是由于存在政策细则缺乏、退出机制缺失、投资服务缺陷和执行监督缺位等问题，破除行业准入的"玻璃门"和"弹簧门"障碍仍然任重道远。有数据显示，我国私营控股投资在金融业仅占9.6%，交通运输、仓储和邮政业仅占7.5%，水利、环境和公共设施管理业仅占6.6%，许多领域仍然是国有资本一股独大。[①]

（三）税费负担重

据中国企业家调查系统调查显示，2010年一季度49.9%的企业认为"税费、社保等负担过重"是当前企业经营发展中遇到的主要困难，仅次于"人工成本上升"和"能源、原材料成本上升"。[②]另据初步统计，目前向中小企业征收行政事业性收费的部门有18个，按收费项目分有69个大类，子项目上千。[③]2007年摊派涉及的中小企业面达到54.6%，捐赠企业比例达到78.4%。[④]

（四）企业利润薄

我国中小企业多集中在劳动密集型产业和竞争激烈的行业。长期以来，我国中小企业形成了"低成本、低技术、低价格、低利润、低端市场"的"低价工业化"模式，以低成本竞争战略赢取市场竞争，部分企业利润"比刀片还薄"。有数据显示，当前我国将近57%的中小型出口企业

[①] 韦承武（2010）：《中国政府鼓励民间资本进入国企垄断行业》，经济观察网，http://www.eeo.com.cn/Politics/beijing_news/2010/03/25/166064.shtml。

[②] 中国企业家调查系统（2010）：《2010年度中国民营企业家问卷跟踪调查》，中国企业家调查系统网，http://www.ceoinchina.com/。

[③] 佚名（2010）：《中小企业被乱收费超千项，国务院成立高规格减负办》，《中国经济周刊》，10月12日。

[④] 全国工商联（2009）：《第八次全国私营企业抽样调查数据分析综合报告》，《中华工商时报》，3月26日。

税后利润率集中在 5% 以内，利润率在 5%—10% 的占 28%，10%—15% 的则只占 9.57%，高于 15% 的只有 5.45%。① 中国企业家调查系统调查显示，2010 年一季度 36.1% 的中型企业和 49.5% 的小型企业"目前的盈利状态低于正常"，15.7% 的中型企业和 17.6% 的小型企业处于"亏损"状态。②

（五）转型压力大

由于生产成本提高、节能减排考核加强、国内消费升级加快，企业的技术、管理和产品难以及时调整，生存压力极大，甚至出现"不转型慢慢死，转不好快速死"的情况，使得中小企业转型升级压力大大增加。中国企业家信息调查系统数据显示，2009 年 89.5% 的企业家认为自己"压力很大"或"压力较大"，当前近七成企业家认为"做企业越来越难"。③ 与此同时，根据《2010 年千户民营企业跟踪调查报告》显示，关于"目前是非公有经济发展的最好时期"这一说法，表示"不太同意"或"很不同意"的民营企业家占 45.6%，比 2008 年和 2009 年分别提高了 26.2% 和 18%，上升幅度较大。④ 从侧面表明当前民营企业家的经营压力很大。

（六）发展环境差

当前，成本上升压缩了企业利润空间，大量富裕的民间资金流向了股市、楼市、以及农副产品市场。中国人民银行温州中心支行的调查报告显示，60% 的被调查企业由于"实业不太好做"而将部分企业资金用于购买非厂房的不动产。⑤ 为此，迫切需要政府加大对中小企业的政策扶持和公共服务，营造实体经济发展的良好环境。

---

① 佚名（2010）：《人民币被动升值不如主动出击》，《证券日报》，9 月 18 日。
② 中国企业家调查系统（2010）：《2010 年度中国民营企业家问卷跟踪调查》，中国企业家调查系统网，http://www.ceoinchina.com/。
③ 黄瑞（2010）：《调查显示：中国企业家压力较大，幸福感逐年下降》，中国新闻网，http://www.chinanews.com.cn/cj/2010/08-08/2453237.shtml。
④ 中国企业家调查系统（2010）：《2010 年度中国民营企业家问卷跟踪调查》，中国企业家调查系统网，http://www.ceoinchina.com/。
⑤ 刘华（2010）：《温州民资高达八千亿，开发商上门找炒房团引资》，《21 世纪经济报道》，5 月 14 日。

国务院文件《关于鼓励和引导民间投资健康发展的若干意见》（即民间投资"新36条"）的出台为中小企业的发展营造了良好的环境。落实民间投资"新36条"关键是要推动中小企业转型和创新，这需要发挥政府的引导和支持作用。政府要将鼓励民间投资的政策措施进一步明确和细化，切实解决政策细则缺乏、退出机制缺失、投资服务缺陷和执行监督缺位等问题。为此：

（一）进一步制定配套措施，切实放宽民资市场准入，拓展中小企业发展空间，解决民间资本有钱"无处可投"的问题

第一，进一步拓宽民间投资领域，适当引导政府投资逐步退出一般性竞争领域，防止挤出效应。要加快垄断行业改革，逐步消除行政性壁垒，降低民间投资市场准入门槛，拓宽民间投资领域，保障不同市场主体的平等竞争。要积极引导民间资本进入新能源、环保产业、生物医药、新材料、电子信息等战略性新兴产业。要推进中小企业与其他所有制企业在投资审批、土地、外贸、财税扶持方面的待遇公平化。同时，要通过优惠政策鼓励民间投资跨地区转移，并积极搭建平台鼓励民间资本参与国际竞争。

第二，建立公共投资和民间投资的合作机制，使公共投资与民兴利而不与民争利。当前，针对地方财力紧张、落实配套困难的问题，需要充分发挥民间资本的力量，借助民间投资来完成一些项目的开发，构建政府与民间力量共同投资的格局。要积极创新投资模式，采取招标让民间资本直接参与、特许经营、建设—经营—转让、建设—拥有—经营—转让、建设—转让—经营等构建公共部门与私人企业合作模式，建立和完善公共投资带动民间投资的新机制。例如，杭州湾跨海大桥概算总投资约118亿元，其中民营资本占大桥总投资的30%左右。① 北京地铁四号线由政府提供70%的项目资金，其余30%通过项目融资方式筹集，由民间资本出资组建北京地铁四号线特许经营公司。②

---

① 佚名（2007）：《118亿：世界最长跨海大桥飞跃杭州湾》，新华网，http://www.zj.xin-huanet.com/2007special/2007-06/24/content_10388399.htm。

② 应雄（2009）：《政府投资如何带动民间投资》，《浙江经济》，总第419期。

第三，加大对中小企业的创新扶持，引导企业转型升级。谁把握住了科技发展方向，谁就能够引领下一轮经济增长。科技创新投资是最重要的战略投资，新兴产业将成为推动世界经济发展的主导力量。当前，要积极调整政府公共投资的结构，加大技术改造和科技创新项目的资金安排并狠抓落实。要加大对企业转型升级、设备更新和技术研发的支持力度，提高创新基金的资助强度，扩大资助范围，加强地方财政对创新基金的投入。

（二）深化金融体制改革，切实化解小企业融资难，解决中小企业投资有需求但"无资可融"的问题

第一，抓紧修订中小企业划分标准，建立促进中小企业发展的综合性管理机构，切实解决中小企业特别是小企业融资难问题，确保国家各项扶持和优惠政策配套实施，落到实处。建议在界定中小企业划分标准时把定量标准和定性标准有机结合起来，细分中型企业、小型企业和微型企业三个层次，分别界定，分别扶持。要在行业内再实行规模细分，有针对性地实施政策，在不同类型产业可以灵活调整对中小企业的界定标准。要根据地区发展不平衡性，对不同地区执行界定标准时可辅之以一定的调整空间。成立中小企业发展协调小组，统一督促配套政策措施的出台，确保政策措施的真正落实。

第二，积极构建多层次银行体系，试办社区银行，发展与中小企业相匹配的中小金融机构，让中小银行支持中小企业，完善中小企业的间接融资渠道。当前，要尽快给予社区银行"准生证"，并联合相关部门出台具体的指导意见及政策措施。要以市场为导向建立准入与退出机制，积极推进社区银行间的合理竞争。要给予小额贷款公司税收优惠政策，提高其盈利能力，在强化考核监管的前提下，将运营良好的小额贷款公司发展成为大中型商业银行的零售机构，或者鼓励其向社区银行转变。可以借鉴我国村镇银行的模式，引入民间资本稳步发展社区银行。可以优先在高新技术开发区鼓励民间资本试办社区银行，化解科技型创业企业融资难问题。在中小企业发达地区，引入民营机制，发展由民间资本参与的社区银行，使民间资金通过市场化的配置彻底走向阳光化，从制度上缓解中小企业创业融资难问题。

第三，积极构建完善的多层次资本市场，规划建设场外交易市场，大力发展风险投资和私募股权基金，培育天使投资，扩大债券融资方式，拓展中小企业的直接融资渠道。在完善和壮大创业板市场的同时，规划建设场外交易市场，尽快完善股份代办转让系统和产权交易市场，改变我国资本市场"上大下小"的倒金字塔结构，使具有创新能力的优质企业与资本市场对接，以满足大量无法上市企业的融资需求。要完善转板机制建设，使得符合条件的公司能够自动转板。要大力发展企业债券市场，扩大中小企业集合债券和短期融资券的发行规模，并积极探索多种形式的债券融资方式，改变我国由银行主导的间接融资比例严重过高的局面，让有条件的企业发行公司债券。要壮大风险投资事业，拓宽风险投资基金的来源，让保险资金、银行资金、社会资本都可以参与风险投资基金的设立。要鼓励发展民间天使投资，构建天使投资与创业企业的网络交流平台，加强信息的交流与共享，在有条件的地方给予优惠政策鼓励中小企业家等先富人群加入天使投资网络。

第四，继续落实财政对中小企业支持政策，加快中小企业公共服务平台建设，不断完善我国政策性金融体系。要借鉴国际经验，建立支持中小企业融资的政策性融资机构，加大对中小企业的政策性融资。要推动三大政策性银行对中小企业、乡镇企业的支持力度，与政策性基金、政策性担保体系等联合，形成完整的政策性金融体系。要在国有商业银行和股份制银行都建立小企业金融服务专营机构，完善中小企业授信业务制度，逐步提高中小企业中长期贷款的规模和比重。要加大对银行中小企业融资的考核力度，实现中小企业授信额度与经济贡献相匹配、融资规模与融资需求相适应、中小企业信贷增速与全部贷款增速相一致。尽快建立小企业贷款风险补偿基金，并可尝试中小企业贴息贷款招标、中小企业信贷业务营业税减免、所得税调减、允许中小企业融资的利率浮动上限提高、允许贷款坏账的税收抵免等举措，直接降低中小企业贷款成本和风险，提高贷款收益。

第五，发展多层次中小企业信用担保体系，落实好对符合条件的中小企业信用担保机构免征营业税、准备金提取和代偿损失在税前扣除的政策，推进中小企业征信系统建设。一方面要自上而下建立以政府为主体的信用担保体系、商业性担保体系、企业间互助型担保体系，发挥商会或协会在信用联保中的重要作用；另一方面要加强省市县三级联保体系建设，扶持县域担保机构做大做强。要建立健全中小企业信用担保风险补偿机制和激励机制，逐步扩大中小企业再担保资金规模，实行担保风险补偿、准备金提取、代偿损失税前扣除、免征营业税、担保奖励等财税政策，提高商业担保机构为中小企业融资提供担保服务的积极性。要加强信用担保的日常监管，推进信用担保协会自律，建立系统的风险控制体系，完善并有效发挥中小企业贷款风险补偿机制作用。逐步放大担保倍率，基于资信等级、风险控制能力等考核指标，对信用担保机构实行差别化的担保倍率。要鼓励中小企业担保机构开展担保模式创新和担保品种创新，支持和推广商会联保、行业协会联保和网络联保等新型融资模式，通过私人"软"信息的充分利用、社会担保代替物质担保、银企纵向监督与企业间横向监督的转化等途径降低银行放贷风险和成本，增加长期担保业务，满足中小企业信用担保的多样化需求。尽快建立中小企业信用信息征集机制和评价体系，完善个人和企业征信系统，充分利用电子商务信用实现网络化融资。要推广知识产权质押担保，试行供应链金融担保。

（三）大力实施结构性减税，解决中小企业负担重、成本高、创业难问题，使中小企业轻装上阵

第一，进一步推行结构性减税，将中小企业税收优惠政策落实到位。实施诸如加速折旧、放宽费用列支标准、设备投资抵免、亏损抵免、再投资退税，将减免中小企业营业税和所得税的覆盖面扩大，允许个人独资和合伙中小企业在企业所得税和个人所得税之间进行选择、允许更多经营困难的企业暂免缴税等多种税收优惠形式。可以参照引进外资初期的税收优惠政策措施激励创业投资，对初创小型微利企业实行"两免三减半"的政策，对初创小型微利企业免收登记类、证照类、管理类等各项行政事业性收费，提高城乡新创业的小型微利企业的营业税起征点。

第二，进一步清理行政审批费用和治理滥收费。要进一步减少、简化行政审批，坚决清理和取消不合理收费，尤其是各行业协会或者中介机构巧立名目的摊派和"搭车收费"，着重治理行政机关及行业协会的滥检查、滥培训、滥评比和乱罚款行为，加大对中介机构和社团组织涉企收费的治理整顿力度，直接减轻企业税外收费。要将减轻企业税费负担纳入政绩考核体系，对企业反映强烈的损害企业利益的突出问题开展专项治理，并加强舆论监督。要鼓励各地方政府根据经济发展状况和财力等综合因素，适当减免各种行政事业收费。

第三，要加大对中小企业的补贴力度。对中小企业融资提供信用担保、贴息贷款，降低中小企业融资成本，运用失业保险基金优先对困难的中小企业给予社保补贴、培训补贴和岗位补贴，缓解企业成本压力。要设立大学生创业基金、农民工创业专项扶助基金等各种创业基金，对大学生、返乡农民工创业提供贷款贴息、培训补贴。各级地方政府也可以因地制宜，通过财政补贴，在一定时期内向初创中小企业提供用地、用电、用水和厂房租赁等方面的政策支持。要加大政府采购对中小企业的支持力度。要尽快制定出台《中小企业政府采购管理办法》，通过确立政府采购中小企业比例、拆分大额采购项目或采购合同、允许中小企业组成联合体进行投标竞标、保证同等条件下中小企业采购优先地位等方式，强化政府对中小企业的采购。要建立对中小企业科技创新产品的"首购"和"优先购买"制度。

第四，要加强中小企业税收服务，优化税收环境，降低纳税成本。要优化税收管理服务体系，规范征税机关执法行为，积极推行税务代理制度，加大税收优惠政策宣传，建立健全中小企业的纳税预约服务、定期纳税辅导、定期上门联系、税企联系卡等制度，切实做好税前、税中、税后的全方位服务。

二、国家经济转型与企业面临的重大发展机遇

我国当前正处于历史新起点，既有的发展模式已经难以为继，"转型"成为当今政府和企业共同的重大使命。加快经济发展方式转变，推进经济社会全面、协调、可持续发展应成为"十二五"时期最重要的任务。在"十二五"时期，要始终坚持以科学发展为主题、转变发展方式为主线，改变经济发展过程中存在的"五个过度依赖"，实现五个再平衡，建立"内需主导、消费支撑、创新驱动、均衡共享"的发展模式。

（一）从过度依赖投资和出口拉动的增长向消费、投资、出口协调发展，以消费为主力的方式转变

长期以来，我国存在内需与外需失衡、投资与消费失衡的问题，经济增长主要依靠投资和出口拉动。据测算，2000—2008 年，我国投资增长 17.9%，净出口增长 34.7%，分别比消费增速快 7.2% 和 24%。[①] 同时，居民消费率从 1985 年的 53% 降至 2008 年的 35.3%[②]，不仅低于发达国家，也低于一些发展中国家。内需不足导致我国经济的外贸依存度不断提升，达到 70% 左右，明显高于美国、日本等发达国家。为此，在"十二五"时期，我国要推动经济发展由外需依赖向内需主导转变，坚持扩大内需的长期战略，建立扩大消费的长效机制，努力推动消费、投资、出口协调发展。第一，要加快城镇化建设，将城镇化作为扩大内需的重要突破口。城镇化是创造需求的引擎，能创造巨大的投资和消费需求。在"十二五"时期，贯彻落实扩大内需的方针政策，要积极实施均衡城镇化战略，在以大城市为依托发挥大都市圈规模效应和集聚效应的同时，重视在都市圈以外地区发展中小城市和县城，推进农村城镇化。要不断创新城镇化机制，推进户籍制度改革和土地制度改革，通过促进农民工市民化，变农民消费为市民消费，鼓励返乡农民工就地创业，以创业带动就业，以及加快城镇安居工程建设等方式帮助农民工实现"市民梦"、"创业梦"和"安居梦"，启动潜在的消费需求和投资需求。第二，要不断优化投资结构，建立和完善公共投资带动民间投资的新机制，实现由政府公共投资为主向民间投资与公共投资互动协调转变。第三，要建设惠及全民的基本公共服务体系，解除居民消费的后顾之忧，让中等收入群体敢消费。

（二）从过度依赖廉价劳动力的要素驱动方式向创新驱动、内生增长方式转变

创新是经济活力的主要源泉，是实现经济发展的持久动力。改革开放

---

① 彭志龙（2010）：《关于中国消费统计问题的几点看法》，国家统计局网站，http://www.stats.gov.cn/tjyj/tjggyj/t20091201_402604787.htm。

② 马静婴（2010）：《郑新立：中国居民消费率降至历史最低》，财新网，http://economy.caing.com/2010-06-08/100150724.html。

以来，我国依靠廉价要素成本优势，采取低成本竞争战略确立起世界制造业大国的地位，但在全球产业链和价值链上却处于弱势地位，面临"低端设计，虚弱品牌，巨大排放，微薄利润"的尴尬。低廉的劳动力价格使得企业缺乏革新技术的激励，安于低价劳动力成本投入，陷入低端工业恶性循环的"比较优势陷阱"，抑制了产业转型升级，导致核心技术受制于人，全球价值链受控于人。当前，我国正逐步进入高成本时代，劳动力由无限供给向局部短缺转变，土地、资金、资源环境等成本不断上升，资源环境约束不断增强，要素驱动型发展模式将无法维系。因此，在"十二五"时期要始终坚持把科技进步和创新作为加快转变经济发展方式的重要支撑，推动经济发展向主要依靠科技进步、劳动者素质提高、管理创新转变，加快建设创新型国家。第一，要大力推进科技进步，加强科技创新能力建设。要充分发挥政府在创新制度供给中的积极作用，加强在创新融资、创新人才、创新激励、创新文化、创新服务等方面的体制机制建设，合理引导社会资源进入创新领域，支持创新要素的集聚与集成，提高科技创新能力。要加强产学研合作，促进科技创新向社会生产力的转化，建立以企业为主体、市场为导向、产学研相结合的创新体系。要以举国体制建设好国家自主创新示范区，积极推动高新技术开发区的发展，发挥这些地区的创新示范效应和辐射效应。第二，要坚持"以用为本"人才理念，加大培育创新型人才。劳动者素质是提高创新能力和生产能力的关键因素，要鼓励企业提供职业培训，尊重人才，用好人才。要充分发挥高等教育创新源和科研院所智力源的作用，发挥高校人才培育功能。要大力发展职业教育，实现实验室人才和创业型人才的有机结合。要改革高校、科研院所的管理体制，促进科研成果转化。第三，要进一步增强企业自主创新的主体地位，加快企业战略转型。企业要加快发展战略转型，实现从低成本向差异化转变、从偏重规模扩张向注重质量提升转变、从急功近利的"做快"向追求基业长青的"做久"转变、从粗放型向集约型转变，实现创新驱动。

（三）从过度依赖房地产业支撑的增长方式向发展战略性新兴产业和现代服务业、培育新的经济增长点，形成多元支撑的方式转变

近年来，房地产业在经济增长中扮演了重要角色，甚至是一些地方经济的重要支柱。有关研究估计，如果房地产价格下降 30%，将导致全社会投资增速放缓约 6 个百分点，GDP 增幅下降约 2.5 个百分点，地方财政增速下降约 15 个百分点。[①] 从经济长期发展来看，房价的持续高位运行和房地产投资的过快增长将吸引大量资金涌入，加剧市场过热，同时将挤占其他产业领域的资金进而阻碍整个宏观经济的协调发展。美国次贷危机和日本房地产泡沫的经验教训表明，如果经济过度依赖房地产，经济的可持续发展将面临巨大风险。因此，必须处理好房地产调控与经济健康增长之间的关系，要通过"增量创造"来推动"存量调整"，改变经济增长过度依赖房地产业的格局，建立现代产业体系，形成经济增长的多元支撑。第一，要加快财税体制改革，调整财政收入格局，实现地方事权与财力相匹配，改变财政收入过度依赖土地财政的局面。第二，要积极推动经济服务化，发展新兴服务业态和消费业态，拓展服务领域，培育更多的具有高消费能力的中高收入群体。大力发展物流业、旅游业、文化产业、体育产业、服务外包等现代服务业，通过加大对第三产业的投资力度，优化政策环境、培育知名品牌、扩大对外开放水平等方式，发展新业态，培育新热点，建设社会公共服务业、生产性服务业和生活性服务业相均衡协调的现代服务业体系，提升服务业在国民经济中的地位。第三，要建立健全资本市场与新兴产业的对接机制，引导过剩流动性回归实体经济，努力改造提升制造业，发展战略性新兴产业，实现高新技术的产业化和传统产业的高新技术改造协同并进。要通过金融创新与技术创新的"两轮驱动"和政府引导与市场调节的"两手着力"推动新兴产业与传统产业的协调发展，使战略性新兴产业逐渐成为国民经济的先导性产业和支柱性产业。

（四）从过度依靠资源消耗和环境破坏为代价的粗放增长方式向低碳、绿色、集约的发展方式转变

有关数据显示，我国单位 GDP 能耗相当于日本的 8 倍，美国的 4 倍。[②] 我国以占世界 8% 的经济总量消耗了世界能源的 17.7%，成为仅次于美国

---

① 课题组（2010）：《2010—2011 年中国宏观经济报告》，中国人民大学经济研究所，11 月 20 日。

② 许小年（2010）：《"高碳经济"源于资源价格长期管制》，《浙江日报》，2010 年 12 月 20 日。

的第二大能源消费国。① 我国经济增长越来越面临"资源瓶颈"和"环境瓶颈"。为此，"十二五"规划建议提出，必须增强危机意识，树立绿色、低碳发展理念，以节能减排为重点，大力发展循环经济，加强资源节约和管理，构建资源节约、环境友好的生产方式和消费模式，增强可持续发展能力。加快推动经济向低碳、绿色、集约的发展方式转变，突破我国经济增长的资源环境制约，已成为我国当前乃至"十二五"时期迫切解决的首要问题。第一，要把发展绿色经济上升为国家战略高度，使其成为我国转变高能耗、高物耗、高排放发展模式的重大战略举措。要突出绿色经济在国家规划中的重要地位，制定全面、系统、前瞻、可操作及符合中国特色的国家"绿色经济发展规划"。要从金融、财税、技术、人才、产业政策等方面构建支持绿色经济发展的政策体系，努力推进绿色经济发展。第二，要实施积极的能源战略，通过技术创新、规模化经营和政府补贴来破除新能源发展的高成本瓶颈，推动新能源产业发展，改变我国能源资源对国际市场高度依赖的状况。第三，要将"节流"与"开源"并重，深入开展节能降耗工作，通过建立健全技术引领机制、结构调整机制、政策激励机制、市场诱导机制及社会配套机制等，提高能源利用效率。同时，还要积极倡导绿色消费，培育绿色消费观和绿色消费行为，推进绿色建筑、绿色家庭和绿色交通建设，形成绿色消费与绿色生产的互动机制。

（五）从过度依赖部分人先富的非均衡发展方式，向均衡共享、包容性增长方式转变

"十二五"规划建议提出，要坚持把保障和改善民生作为加快经济发展方式转变的根本出发点和落脚点，坚定不移走共同富裕道路，使发展成果惠及全体人民。当前，我国已步入全面建设小康社会的重要时期，正处于由下中等收入国家向上中等收入国家提升的关键阶段。这一时期和阶段既是推动我国经济发展迈上新台阶的重要战略机遇期，也是各种不和谐、不协调因素日益增多的社会矛盾多发期。如何趋利避害迈过"中等收入陷阱"、实现新跨越新发展，关键就在于积极转向均衡共享、包容性增长。

---

① 杜祥琬（2010）：《中国能源可持续发展的一些战略思考》，《科学时报》，11月22日。

当前，我国分配格局存在居民收入和劳动报酬比重过低并呈现不断下降趋势、收入差距日益扩大、企业薪外各类附加费过重挤占员工加薪空间等问题。有关数据显示，我国城乡差距从上世纪 80 年代的 1.8 倍扩大到 2009年的 3.3 倍，行业收入差距从 1978 年的 1.4 倍扩大到 2008 年的 15 倍，收入增速远小于 GDP 增长速度。[①] 长期存在的分配结构失衡是导致我国居民消费低迷、内需不足的直接原因。为此，调整国家、企业、居民三者之间的分配关系势在必行，应成为"十二五"时期的改革重点。政府要发挥宏观调控作用，和企业联手推进我国收入分配制度的改革，实现经济发展的均衡共享。第一，要建立居民收入跟经济增长挂钩、劳动所得与企业效益挂钩、工资与物价水平挂钩的机制，逐步提高居民收入在国民收入中的比重和劳动报酬在初次分配中的比重，改变财政收入和企业利润增速远快于城乡居民收入增速的现状。第二，要调节收入差距，深化垄断行业收入分配制度改革，扩大中等收入阶层比重，更加公平合理地分好社会财富"蛋糕"，构建"橄榄型"社会格局。要积极实施"化税为薪"或"提薪让税"，与企业联手推进收入倍增计划，提高企业员工的薪酬待遇。第三，要加大民生领域的公共投资，加快完善教育、医疗、养老等社会保障体系，规范房地产市场，加快建设保障性住房建设，建设惠及全民的基本公共服务体系。努力降低居民生活成本，提高生活质量，解除居民消费的后顾之忧，为扩大内需奠定坚实基础。第四，要深入量化改革目标，制定分配制度改革的时间表，提高改革政策的执行力，加快推进收入分配改革的进程。

危机往往意味着契机，复杂的时代给我国中小企业带来多重发展困境的同时，也提供了人口城镇化、发展低碳化、产业高端化、企业信息化、经济服务化、经营国际化等六大机遇。具体来说，我国中小企业面临以下机遇：

（一）人口城镇化创造巨大内需，拉动经济可持续增长

工业化创造供给，城镇化主要创造需求，未来我国城镇化的高速发展

---

① 杨正位（2010）：《缩小收入差距，走向共同富裕》，《中国经济时报》，8 月 31 日。

将会引爆中国巨大的内需，为中小企业创造巨大消费市场和投资空间。推进城镇化发展有利于加快城镇的交通、供水、供电、通信、文化娱乐等公用基础设施建设，带动多个相关产业的发展；有利于大批农民进入城市，变农民消费为市民消费；有利于提高农民收入水平，改善农村消费环境，使农村潜在的消费需求变为现实的有效需求。据有关专家估算，城市化率每提高一个百分点，新增投资需求 6.6 万亿元。如果在未来十年中国的城镇人口比重能上升到 2/3，年均社会消费额可以从目前的 10 万亿元增加到 20 万亿元。[①]

（二）发展低碳化创造绿色经济产业革命新机遇

绿色经济及新能源产业将引发全球第四次产业革命。中小企业发展绿色经济、推进产品低碳化，不仅能够抓住绿色经济机遇，提升企业盈利能力，也有利于规避绿色贸易壁垒、树立良好企业公民形象。一方面，七大战略性新兴产业，特别是以新能源为代表的低碳经济，为中小企业创造巨大投资空间。根据《国务院关于加快培育和发展战略性新兴产业的决定》，2020 年七大新兴产业的增加值占 GDP 比重达 15%。据此估算，2020 年我国战略性新兴产业的增加值将超过 10.7 万亿元。[②] 另一方面，绿色消费将为企业发展低碳化创造广阔市场空间和盈利空间。数据显示，发达国家绿色商品的售价比普通商品价格高出 30%—200%，世界"绿色消费"总量已达 6000 亿美元以上。[③] 但截至 2009 年，我国达到世界环境标志产品标准的产品不足 1 万亿元人民币，不到商品销售总额的 1/7，市场空间巨大。[④]

（三）产业高端化会促进中小企业价值链升级

危机往往是企业转型升级的难得机遇，如日本和韩国制造业依靠精益

---

① 王建（2010）：《用城市化创造中国经济增长新动力》，《经济参考报》，1 月 20 日。
② 陈静思（2010）：《四大新支柱产业解读：10 年后产值或超 10.7 万亿》，《东方早报》，10 月 27 日。
③ 周轩千（2009）：《九成中国消费者愿为环保支付额外费用》，《上海金融报》，10 月 23 日。
④ 吴勇毅（2009）：《绿色营销将成新主流》，《进出口经理人》，第 10 期。

生产、技术创新和品牌塑造，实现了"低质量"向"高品质"的成功转变；我国台湾地区制造业企业通过创新和设计，实现了从 OEM 向 ODM 的产业升级，从而占据了国际产业价值链的高端。后危机时代，国际及国内市场面临着重新洗牌的过程，技术和人才等创新要素将会重新组合，危机形成的"倒逼"机制、政府推动发展模式转型的政策将为我国中小企业实现价值链高端化创造难得机遇。研究表明，处在产业链两头的企业利润率在 20% 至 25% 之间，而处在中间的加工生产企业利润率只有 5% 左右。[①]产业高端化将会显著改善我国中小企业的盈利空间。

（四）企业信息化会大大提升中小企业经营效益

目前，我国中小企业对信息化的重视和应用不够，只有 14% 的企业建立了企业门户网站，9% 的企业实施了电子商务，4.8% 的企业应用了ERP。[②] 实践表明，信息化有利于降低企业运营成本，扩展营销网络和提高管理效率，提升市场竞争能力。有调查显示，中小企业在运用电子商务后，此次危机下的存活率要高出传统线下企业 5 倍，53% 的企业"竞争优势得到提升"。[③] 同时，我国电子商务平台的不断完善、支付环境的不断优化及消费习惯的改变使网络购物的快速发展放大了中小企业信息化的市场机遇。数据显示，2009 年我国网络购物用户规模同比增长 45.9%，网络购物交易额接近 2500 亿元，同比增长近 100%。[④] 未来 10 年，中国将有 70% 的贸易额通过电子交易完成。[⑤]

（五）经济服务化将拓展中小企业发展新空间

我国居民正处于第三次消费结构升级阶段。未来生存型消费向发展型消费和享受型消费转型，将会为中小企业创造广泛的服务业需求。伴随着

---

① 姜涛、邓华宁（2007）：《贯彻十七大精神江苏加速推进开放型经济转型升级》，新华网，http://www.xinhuanet.com/chinanews/2007-12/10/content_11892853.htm。
② 国家发展改革委中小企业司（2008）：《我国中小企业信息化现状和政策建议》，《企业技术进步》，第 7 期。
③ 陈伟（2009）：《调研显示：电子商务提升中小企业生存能力》，《经济参考报》，2 月 27 日。
④ 王晓晴（2010）：《全国电子商务交易量增长 100%》，《深圳特区报》，1 月 22 日。
⑤ 叶檀（2010）：《网店实名电子商务扶正的代价不应太大》，《东方早报》，7 月 2 日。

人均收入水平的提高，我国未来产业结构升级的步伐也将加快，经济逐渐迈向服务化。中小企业在我国经济服务化过程中既可以在传统的消费性服务业领域创造新的服务模式，也可以进入金融、保险、物流等生产性服务业和教育、医疗、社保等公共服务业领域，拓展发展空间。

（六）经营国际化为中小企业带来"走出去"和"引进来"的双重机遇

金融危机使国外相当一部分知名企业陷入经营困境、甚至破产倒闭，这为我国中小企业在后危机时代"走出去"提供了难得机遇。OECD 预测，2009 年全球跨境并购规模将同比下降 56%。[①] 但是，数据显示 2009 年中国公司海外并购总额已同比增长 90.1%。[②] 其中，中小企业海外并购占据了重要地位。同时，危机加速了国际产业分工，使我国中小企业在后危机时代面临着以服务外包为代表的国际产业转移良机，为中小企业带来了"引进来"机遇。有预测显示，2010 年全球服务外包市场规模将达到 6000亿美元，未来几年全球离岸服务外包市场规模将保持 20% 以上的增长速度。[③] 巨大的潜在市场空间为我国中小企业承接国际服务外包业务提供了良好机遇。

三、后危机时期企业转型与创新的方向

当前我国企业要实施以下几个方面的战略转型：

（一）要从低成本战略走向差异化战略，实现拼劳力、拼资源、拼低价格向追求高附加价值的转变

从短期来看，低价策略可以为企业赢得市场空间和稳定现金流，维持企业正常运营。但是，低成本竞争战略获利空间小、容易被模仿，在缺乏

---

① 徐惠喜（2010）：《2010 年世界投资报告：跨国低碳投资潜力不可限量》，《经济日报》，7月 28 日。

② 吴正懿（2010）：《开年首月并购依旧热闹，VC/PE 投资出现降温》，《上海证券报》，2月 9 日。

③ 唐烨（2010）：《后危机时代，中国外包"蓝海"在哪里》，《解放日报》，7 月 6 日。

创新的条件下，低成本、低价格竞争战略难以持久。而差异化战略所创造的产品、服务等"差异性"在短期内不易模仿，能够创造并培育自己独特的细分市场，提升顾客忠诚度、提高产品附加值，进而获取持久竞争优势。[①] 中小企业要积极实施差异化战略，主动研究消费者需求特征，积极向"专、精、特、新"方向发展，推出满足消费者需求的特色产品或服务，通过改善产品质量和性能实现产品差异化，通过创新销售方式及分销渠道制造市场差异化，通过推进品牌战略和企业公民建设培育形象差异化，通过完善售前、售中和售后服务链来强化服务差异化。此外，中小企业不仅要在当前已有行业空间内积极竞争，也要实施"蓝海战略"，根据自身业务特点和能力，积极开拓新的业务。比如，企业可以从替代性行业、互补性产品或服务、目标客户群、客户的功能性和情感性诉求中开展价值创新，从而创造出新的市场需求和新的消费者。[②] 总之，我国中小企业要从低成本战略走向差异化战略，从竞争激烈的"红海领域"走向尚未开发的"蓝海领域"，实现"人无我有，人有我优"，从而拓展利润空间。

（二）要改变盲目多元化战略倾向，实现做"多"向做"精"的转变，做好做强核心主业

多元化是一把双刃剑，一方面可以分散市场风险、创造范围经济效应、抢占新兴领域机遇，但另一方面，过度多元化则会分散企业资源，丧失规模经济效应、缺乏核心技术、带来负协同效应，难以形成企业核心竞争优势。管理大师德鲁克认为，一个企业多元化经营的程度越高，协调活动的成本和可能造成的决策延误也就越多。而归核化战略强调将企业业务向其核心能力靠拢，资源向核心业务集中，着力推动主营业务的专业化和精细化，培育核心竞争力，提高企业抗风险能力。有实证研究发现，行业多元化会减少公司价值的13%—15%。[③] 而基于归核化的战略性剥离则对企业财务绩效有明显正相关影响。在实践中，由多元化走向归核化是企业

---

① 王宏（2007）：《企业实施差异化战略研究》，《生产力研究》，第1期。
② 彭晓燕、钟学旗（2009）：《中小企业发展的蓝海战略理论研究》，《经济经纬》，第2期。
③ Berger，Philip G. and Eli Ofek（1995），"Diversification's Effect on Firm Value"，*Journal of Financial Economics*，37：39-65.

通过调整战略应对外部挑战的重要手段。数据显示，20 世纪 80 年代后，美国最大 250 家企业中，仍然进行多元化扩张的仅占 8.5%，采取归核化的已达到 20.4%。① 亚洲金融危机爆发后，韩国企业也将发展战略由多元化转向了归核化。在当前的市场环境下，过度多元化的企业需要实施"归核"战略，降低多元化经营程度，将有限的资源集中于最具竞争优势的行业上或者将经营重点收缩于价值链上，培育企业核心竞争优势。一方面，要通过剥离非核心业务、处置亏损资产、服务外包等途径，将非核心业务的资产、产品线、子公司或部门等出售、切割或关停，收缩企业业务范围。另一方面，要通过重新确立市场定位、推进内部组织优化、加强外部合作、强化竞争优势等措施，把主导产业做强、做优、形成特色，实现"回归"主业和主业重构，使企业在最有优势的环节上赢得竞争，获取发展。

（三）要从偏重规模扩张走向注重质量提升，实现粗放式的发展方式向集约式的发展方式转变

研究表明，规模经济有助于提升企业竞争力，但盲目规模扩张不一定带来规模经济。要改变发展过多地依靠扩大投资规模和增加投入的外延式增长方式，致力于通过企业的技术创新和管理创新来挖掘企业潜力的内涵式发展方式，提升企业效益。要从重规模变为重质量，改变核心技术受制于人、全球价值链受控于人的局面。具体来讲，中小企业要通过培养自主创新习惯、创新人才激励机制、优化合作创新机制、处理好技术引进与消化吸收的关系来加强核心技术开发。要重视关键技术尤其是信息技术的应用，形成企业的成本优势、技术优势、管理优势和市场优势。除了技术创新，中小企业还要通过管理创新来提升核心竞争力。管理创新是打造企业核心竞争力不可或缺的因素。实践证明，"企业一年成功靠促销，十年成功靠产品，百年成功靠管理"。中小企业要通过商业模式创新、组织管理创新、企业文化创新和采用新型管理手段来培育企业管理优势型核心竞争

---

① Markides(1992)，"Consequences of Corporate Refocusing: Exante Evidence"，*Academy of Management Journal*，35：398-412.

力。在当前高成本时代的背景下，我国中小企业尤其要引进精益生产管理手段，要加强生产流程改造，缩短生产周期；要突出成本控制和效率提升，消除无效生产和浪费；要加强质量检测，对生产流程的每一道工序进行全面质量控制；要推进学习型组织建设，实施专业化协作生产；要建立业绩评估体系，鼓励员工参与生产和管理的改进，从而用最小的投入，得到最大的产出，实现企业集约式发展。

（四）实现急功近利式的做"快"向追求基业常青的做"久"转变，使企业走向可持续发展之道

国内外有许多企业实现了超高速的增长，迅速提高了市场占有率，甚至成为行业领军企业。但企业的超高速成长必须尊重企业发展的客观规律、尊重市场规律，缺乏扎实基础的跨越式发展往往难以持续。中小企业过分追求增长的高速度、跨越性，往往给企业带来资金链紧张、管理资源不足等问题，最终可能将企业带入危险的境地。我国有许多曾经风光的明星企业"走得快"，但"未走远"。据调查，我国中小企业的平均寿命只有3.7 年，而欧洲和日本企业平均为12.5 年、美国企业平均为8.2 年，德国500 家优秀中小企业有1/4 都存活了100 年以上。[1] 麦肯锡在中国的调查也指出，只有不到15%的中国家族制企业在第三代之后还能生存下去。[2] 当前，我国80%以上的中小企业是家族企业。[3] 家族企业能否基业常青，取决于能否形成完善的治理结构。为此，广大中小企业应改变盲目求快的发展思路，重视可持续发展，变革过分依靠"人治"的家族化管理模式，打破"家族化治理"存在的治理结构封闭性、管理决策随意性、代际传承排他性等诸多局限，坚持"互信、分享、共治、多赢"为基本原则，建立"家人"与"外人"（职业经理人）共同参与的"互信"的治理模式。在当前家族企业代际传承的关键时期，要营造一种公平的接班人选择标准及机制，用"赛马"代替"相马"，选择合适的企业接班人。要建立规范的

---

① 郝幸田（2010）：《成功无定式失败却有规律：企业败因解析》，《企业文明》，第 1 期。

② 叶国靖（2007）：《民企接班尴尬，调查显示 15% 家族制企业能传三代》，《第一财经日报》，3 月 19 日。

③ 周英华（2005）：《家族企业与职业经理人》，《国际人才交流》，第 1 期。

公司治理机制，通过积极引入独立董事、完善董事会等，建立公司权力的制衡机制。要明晰产权，尤其是家族成员间的产权，降低"内耗"，提高经营绩效。要改良企业文化，逐步改变非理性的血缘、亲缘观念，建立适应现代企业制度的业缘、事缘观念。[①] 同时，要重视企业风险管理，通过完善风险管理组织建设，健全企业风险的识别、预警和处理机制，提高企业抗风险能力。

（五）要从"单打独斗"走向"合作共赢"，由个体分散的无序竞争向联盟竞合转变，推动各类战略联盟和集群发展

当前，企业发展已经进入了一个竞合的时代。中小企业可以通过组建战略联盟，实现优势互补、风险和成本分担。中小企业要明确企业定位和发展目标，选择合适的战略伙伴，根据企业的资源、能力和需求，选择供应链联盟、生产联盟、技术研发联盟等形式，加强对联盟关系的管理，完善双方契约关系，通过建立联盟交流和学习机制、信任机制、利益分享机制和纠纷处理机制等，推进战略双方的互信、共赢。中小企业也可以通过加入产业集群，充分利用其劳动力贮备、专业供应商和知识溢出的范围经济，增强企业市场竞争能力。要根据自身条件对企业进行价值链定位，通过调整产品结构、产销结构等实现与集群内大中企业的多层次分工协作。要利用集群条件重构企业管理和技术创新机制，并大力推进企业文化建设以适应集群文化环境。

（六）要从低层次参与国际分工的战略走向高层次国际运营战略，由世界工厂的"打工者"向全球资源的"整合者"转变

目前我国超过四成的企业、近半数的制造业企业已进入国际市场。[②] 中小企业要利用国际产业链调整、国际分工重组的机遇，积极整合全球资源，通过嵌入全球价值链实现工艺流程升级、产品升级、功能升级和链条

---

① 汪华林（2008）：《家族企业可持续发展对策研究》，《中国高新技术企业》，第 24 期。
② 中国企业家调查系统（2010）：《中国企业战略：现状、问题及建议—2010 中国企业经营者成长与发展专题调查报告》，中国企业家调查系统网，http://www.ceoinchina.com/。

升级，实现价值链由低端向高端的攀升。① 要从全球价值链的低端制造环节走向高端研发及营销环节，从中国制造走向中国创造。

企业在推进国际化过程中，要知己知彼，循序渐进。我国企业可以借鉴海尔公司的渐进模式，分阶段分步骤将企业的生产经营环节向目标市场拓展，也可以学习华为公司的集群模式，以产业链为单位，上下游企业集群"走出去"，通过抱团合作方式，对国外品牌、渠道、专利、研发力量和原材料等进行参股或者收购，与国外企业开展多种形式的合作。海外投资有并购和新建企业两种，各有利弊。中小企业要根据目标市场、产业及产品特性、企业核心竞争力等因素，进行灵活选择。同时，中小企业要高度重视企业跨文化管理，通过借鉴国际通用的管理模式、引进世界先进的管理方法、加强企业内跨文化交流等途径，实现管理国际化。海外投资可分为寻求资源、寻求战略资产、寻求市场和寻求经济效用最大化四种，不同企业要明确自己的定位，分类拓展。要积极推进品牌国际化，在市场定位、产品设计、渠道布置、广告策略和售后服务等方面积极创新，塑造自有品牌。海外投资具有高风险，规避高风险的关键在于用好国际化的管理人才。中小企业国际化过程中要积极推进人才多元化，一方面引进海外高端人才、聘请具有跨国公司工作经验的优秀人士加盟，另一方面选派企业内部高层管理、技术人员去海外深造、定期组织员工参加相关培训。同时，企业要主动融入华商网络，借助海外华商的力量，克服资金、人才、管理和品牌等国际化障碍。中小企业国际化还需要灵活运用电子商务，通过电子商务网络搜集世界范围内的商务信息，寻找消费者和合作伙伴，进行分工协作，积极整合全球资源。

---

① 李建中（2009）：《关于浙江产业转型升级的几个问题》，《浙江经济》，第4期。

目　录

— 1 —

转型与创新是后危机时代的重大主题[*]

胡锦涛同志在 2010 年省部级主要领导干部研讨班上强调：要加快经济发展方式转变，不断提高经济发展质量和效益，不断提高国际竞争力和抗风险能力，使我国发展质量越来越高、发展空间越来越大、发展道路越走越宽。全球金融危机暴露出我国经济发展方式最主要的问题是在经济增长的"三驾马车"中，过度依赖投资和出口，而消费特别是居民消费严重不足。同时，我国还存在劳动报酬占 GDP 的比重低、城镇化率低、服务业比重低等问题。消费结构、分配结构、城乡结构、产业结构以及增长动力结构等结构失衡的状况已经严重影响了我国经济的健康发展。在后危机时代，要保持经济可持续发展，必须紧紧抓住转型与创新这两大主题，改变经济增长动力中消费严重不足的状况，培育经济增长的内生动力，推动经济发展向"内需主导、消费支撑、创新驱动、均衡共享"的发展模式转变。

一、后危机时代我国发展模式转型的方向与目标

金融危机暴露了我国经济发展模式中存在的过度依赖外需、依赖投

---

* 本文发表于《财贸经济》2010 年第 8 期，文中核心观点已形成全国人大建议。

资、依赖廉价劳动力所形成的市场优势及财富分配不均衡等问题。后危机时代只有改变这些失衡局面，转变发展模式，才能实现经济的可持续发展。

（一）要改变内需与外需之间的失衡，构建内需主导型发展模式

在过度依赖外需的模式下，我国形成了适应国际市场需要的产业结构、营销网络、品牌战略和技术模式。近几年，我国外贸依存度不仅增速较快，而且与美国、日本等发达国家相比明显偏高。据商务部研究院提供的数据显示，2008 年我国出口依存度约为 32.5%，外贸依存度约为 58.3%。[1] 我国实体经济在金融危机中受到冲击就是因为经济中长期存在的内需与外需之间的结构性矛盾所致。目前，金融危机暴露了我国外需依赖型经济的脆弱性和风险性，这种发展模式已难以为继。因此，我国经济发展必须从外需依赖转向内需主导，增强经济增长的稳定性和安全性。

（二）要改变投资与消费之间的失衡，构建消费支撑型发展模式

相对于政府投资的高速增长，我国的消费和民间投资等经济增长的内生动力和活力明显不足。当前，我国经济复苏主要靠政府投资和政策推动。据国家统计局公布的数据显示，2009 年资本形成对 GDP 的拉动为 8.0 个百分点，对 GDP 的贡献率为 92.3%；最终消费对 GDP 的拉动为 4.6 个百分点，对 GDP 的贡献率达 52.5%；净出口全年呈负拉动作用，对 GDP 的贡献率为 - 44.8%。[2] 另外，2009 年社会消费品零售总额同比增长 15.5%，但这种增长和我国政府出台的刺激消费的政策，特别是家电、汽车、摩托车、农机下乡和家电、汽车以旧换新等政策的刺激是紧密相关的。我国居民消费率不仅低于发达国家，也低于一些发展中国家。2008 年我国居民消费率仅为 35.3%，而同期美国为 70.1%，印度为 54.7%。由于投资与消费比例失衡，居民生活不能随着经济快速增长而同步提高，导致国内市场规模受限，生产能力相对过剩。居民消费率的持续下降，还严重制约了内需的扩大，使得经济增长对外需的依赖程度不断提高。投资是中间需求，只有消费才是最终需求，消费是经济增长的根本动力。扩大居民消费、破除经济增长中的消费短板不仅是走出危机的应急之策，而且是

增强经济增长内生动力、保障经济可持续发展的长远之计，也是提高居民生活水平、建设社会主义和谐社会的题中之义。因此，我国经济增长必须从投资依赖转向消费支撑，构建消费支撑型发展模式。

（三）要改变财富分配的过度失衡状况，构建均衡共享型发展模式

改革开放以来，我国经济快速发展，社会财富增长较快，但是财富分配结构并不合理，没有实现经济发展成果的均衡共享。1997 年到 2007 年，我国 GDP 年均增长率 10.2%，而政府财政税收年均增长 16%，城镇居民可支配收入、农村居民人均纯收入年均增速分别仅为 8% 和 6.2%，居民收入增速远远低于政府收入增速。[3] 同时，我国内部分配结构也不合理，分配结构中劳动者报酬占比、居民收入占比逐步下降，城乡收入差距、行业收入差距、区域收入差距等不断扩大。有数据显示，初次分配中劳动者报酬占比已从 1995 年的 51.4% 下降到 2007 年的 39.7%，居民收入占 GDP 的比重已从 1992 年的 68.6% 下降到 2007 年的 52.3%。[4] 我国政府公共服务支出也存在总体不足的问题，社会保障体系的覆盖面不广、保障水平不高、城乡及地域差距较大，迫使居民用自身的收入来支付快速增长的教育、医疗、社保等支出，不仅抑制了居民的其他消费增长，而且强化了居民的预防性储蓄动机，降低了居民即期消费倾向。国务院发展研究中心数据显示，2007 年，我国教育、医疗和社会保障三项公共服务支出，占政府总支出的比重合计只有 29.2%，与人均 GDP 3000 美元以下国家和人均 GDP 3000~6000 美元国家相比，分别低 13.5 和 24.8 个百分点。当前我国财富分配的失衡已经影响了社会公平和稳定。收入是消费的主要决定因素，财富分配结构失衡与居民消费不振紧密相关。只有构建均衡共享型发展模式，才能让居民共享经济发展成果，维护社会公平和稳定，才能提升居民消费水平，构建内需主导型发展模式。

（四）要改变过度依赖廉价劳动力和人口红利所形成的市场比较优势的局面，构建创新驱动型发展模式

改革开放以来，我国依靠廉价的劳动力资源优势形成了"低成本、低技术、低价格、低利润、低端市场"的"低价工业化"模式，依靠成本竞

争优势在国际市场上赢得了竞争，确立了世界制造业大国的地位。但是这种增长大而不强、快而不优，一方面付出了高能耗、高物耗、高污染的生态成本，另一方面低成本竞争战略使我国企业，尤其是劳动密集型、出口导向型和贸易加工型中小企业，陷入廉价劳动力的"比较优势陷阱"，对创新缺乏动力，导致核心技术受制于人，全球价值链受控于人。如我国出口商品中90%是贴牌产品。由于没有掌握核心技术，我们不得不将每部国产手机售价的20%、计算机售价的30%、数控机床售价的20%～40%用于向国外支付专利费。我国对外技术依存度高达50%，设备投资有60%以上要靠进口。[5]企业形成对低成本竞争战略的路径依赖，往往通过压低劳动者工资水平来获取竞争优势，从而又制约了居民消费能力的提升。

当前，随着人口红利的消失、资源和环境的制约，要素驱动型发展模式将无法维系。危机后发达国家出现了"再工业化"和重归实体经济的发展趋势，给我国企业低成本竞争战略也带来了巨大挑战。[6]因此，我国经济发展必须从要素驱动转向创新驱动，构建创新驱动型发展模式。国际经验表明，很多经济先行国家或地区，都曾在一定发展阶段上或多或少地得益于"人口红利"。据世界银行估计，我国"人口红利"的结构性优势对经济高增长的贡献度达到了30%以上。[7]但是"人口红利"并不可持续，只有通过创新，将简单劳动密集型产品转变为智力劳动密集型产品，才能将廉价劳动力的比较优势转变为国际贸易中的竞争优势。[8]在这个问题上，日本经验值得重视。日本战后经济起飞主要靠的是廉价、高质量的劳动力。伴随着经济的高速增长，日本高度重视推进技术进步和人力资本培育，逐渐转向高工资、高福利、高劳动生产率的发展战略，提高了居民收入，扩大了消费和内需，从而为日本的经济发展提供了强大的内在动力，使日本即使在进入人口老龄化时期之后，仍然维持着强有力的国际竞争力。

二、推进我国发展模式转型的创新战略与改革思路

2010年的政府工作报告提出：要引导各方面把工作重点放到转变经济发展方式、调整经济结构上来。大力推动经济进入内生增长、创新驱动的

发展轨道。当前，推进我国发展模式转型，不仅需要扩大消费和民间投资，增强经济增长内生动力和活力，还有赖于企业依靠创新增强核心竞争力，增强盈利能力，实现从低劳动力成本的要素驱动向创新驱动转变。

（一）扩大消费需求和民间投资需求，实现经济向"内需主导、消费支撑"发展模式转型，推动经济进入内生增长的发展轨道

经济学理论认为，经济长期增长不是由于外部力量，而是经济体系内部力量作用的结果。经济的内生动力与政府政策在推动经济发展的过程中发挥着不同的作用。经济系统自身的内生动力是最根本的推动力量，处于决定性地位；而政府政策起着引导性作用。当前，要积极扩大消费和民间投资，有效启动内需，培育经济增长内生动力，形成经济体系自演进、自增强的能力，推动经济发展进入内生增长轨道，进而解决经济的长期发展问题。

1. 加大调整经济结构力度，扩大居民消费

居民消费不足与我国城乡结构、产业结构、分配结构、阶层结构失衡及消费模式不合理等密切相关。[9]扩大居民消费是增强经济增长内生动力、实现经济发展模式转型的关键着力点。

第一，创新城镇化机制，调整城乡结构，把城镇化作为扩大消费的重点。城镇是充满消费活力的重要载体。加快城镇化发展是未来扩大内需、提升消费的重大战略。当前，要推进户籍制度改革，放宽中小城市落户条件，增强中小城市吸引力，合理引导农民工的流向。要让符合条件的农业转移人口逐步变为城镇居民，多渠道推进农民工市民化进程，帮助农民工实现"城市梦"。要鼓励返乡农民工就地创业，加大对农民工返乡创业的扶持力度，推动农民工以创业带动就业，并加快城镇安居工程建设，实现农民工的"创业梦"和"安居梦"，让进城农民工安居乐业。要充分发挥城镇化"政府推动"和"市场拉动"的双重动力机制，加大政府对城镇化的财政投入，并积极引入民间资本参与城镇建设，构建政府和民间共同在城镇化方面投资的新格局。要加强城镇化的科学规划，在继续推动东部城市圈发展的同时，更加注重在中西部地区依托县城和县域中心镇的发展壮大一批中小城市，实现城镇化的均衡发展。

第二，调整分配结构，提高劳动者报酬在初次分配中的比重，确立均衡共享模式。当前，要深化收入分配体制改革，逐步提高居民收入在国民收入分配中的比重，提高劳动者报酬在初次分配中的比重，提高居民消费能力，特别是提高低收入者的消费能力。要通过提高个人所得税起征标准，调节居民收入差距，规范收入分配秩序，促进居民分配合理化。要鼓励和发展慈善公益事业，推进第三次分配。要深化金融体制改革，拓宽居民投资渠道，推进国企利润的全民共享，创造条件提高居民财产性收入。要构建"藏富于民"的收入分配机制，通过调整政府收入和支出来构建有利于居民收入扩大的机制。要清理税外收费，推行结构性减税，减少小企业所得税，调低居民社会保障费率，避免政府收入过快增长，藏富于民。要健全有利于劳动者收入提高的长效机制，完善工资协商机制、工资支付保障机制和最低工资制度，建立健全居民收入跟经济增长挂钩、劳动所得与企业效益挂钩、工资与物价水平挂钩的收入增长机制，增强居民收入预期，让劳动者分享发展成果。要建设惠及全民的基本公共服务体系，调整政府投资结构，大幅度提高政府公共服务支出在政府支出中的比重，特别是加大对社保、医疗、教育等公共产品的投入，推进城乡、区域公共服务均等化。要完善有利于政府重视居民收入提高的政绩考核体系，改变传统以 GDP 指标为主的考核办法，增加人均收入、就业率等民生指标，引导地方政府重视居民就业和收入提高。

第三，优化创业致富的环境，大力扶持中小企业发展，让更多就业者变成创业者。与其他国家相比，我国的中产阶层比重还偏低。中产阶层比重低与我国居民创业不足紧密相关。当前，要引导和促进劳动密集型企业、中小企业、民营经济、各种服务业加快发展，积极鼓励和支持劳动者自主创业和自谋职业，鼓励高校毕业生到中小企业就业和自主创业。要加强农民工职业技能培训，鼓励就地就近就业和返乡创业。要拓宽创业融资渠道，解决创业融资难题；完善和落实扶持创业的财税政策，降低创业者的创业成本；建立健全公共创业服务体系，提供有针对性的、有效率的创业服务；加强高校创业教育和城乡劳动者创业培训，提升创业意愿和技能；拓宽创业就业渠道，提升创业空间，加大网络创业扶持力度；加强创业基地、科技孵化器等创业集群建设，集聚社会资本，形成创业集群效应，增强创业企业的经营管理和市场竞争能力，提高创业成功率；营造创业的良好氛围，传播创业信息，树立创业典型。同时，要利用危机倒逼机制，积极引导大学生、农民工创业，形成新一轮创业潮。

第四，调整产业结构，大力发展现代服务业，培育更多的具有高消费能力的中产阶层群体。发展服务业尤其是现代服务业，可以让更多蓝领变成白领，培育大量中产阶层。当前，要深化体制改革，降低准入门槛，允许民间资本以多种形式参与公共服务和社会事业投资。要实施积极的产业扶持政策，以政策指导、财税优惠、融资支持、政府采购等措施，大力推动金融、物流、会展等生产型服务业发展。要运用现代经营方式、管理理念和技术加强对餐饮等传统消费型服务业的改造、提升，通过基础设施建设、技术标准完善、行业协会建设、行业监管、人员培训和人才培养等措施，促进休闲娱乐、文化创意等现代消费型服务业发展。

第五，创新金融服务，放大消费需求，培育新型消费文化，完善消费引导机制，优化居民消费环境。当前，要转变消费模式，努力改进消费环境，倡导适度超前消费的文化。要稳步扩大消费信贷范围，创新消费信贷的金融工具，提供多样化的、能满足不同消费需求的、覆盖面广的产品体系。要健全消费信贷的法律法规，建设个人信用体系，完善信用担保机制，加强消费信贷风险管理。要大力发展消费型金融公司，有针对性地培育和巩固汽车、住房、教育等消费信贷增长点。要通过税收、利率优惠积极鼓励个人消费信贷发展。同时，我国消费信贷占整个消费比重不到10%，而美国占2/3左右，日本也占1/3以上。可见，通过扩大消费信贷构建有利于消费升级的金融服务机制是大有可为的。此外，要重视加强消费市场监管和执法，完善商贸流通等消费基础设施，优化居民消费环境。

2. 激活民间投资，让民间投资接力政府公共投资

2009 年，我国经济企稳回升、取得应对危机的阶段性成果主要归功于政府公共投资的推动。政府投资对经济企稳回升功不可没，但当前对民间投资的带动作用不强，民间投资仍然相对疲软。相对公共投资而言，民间投资具有机制活、效率高、潜力大、可持续性强、有利于创业创新、就业效应强的特点，是增强经济增长内生动力与活力、实现可持续发展的重要途径。在后危机时期，让民间投资接力公共投资是保持经济可持续增长最

重要的战略选择。当前，我国民间投资仍然面临着空间受限、激励不足、渠道不畅、载体缺乏、动力不够、环境不优等方面的问题。这就需要政府采取多种措施积极扩大民间投资，增强经济内生动力。

第一，拓展民间投资发展空间。民间资本面临较高的市场准入门槛和较多的条件限制，尤其在一些垄断行业、社会事业、基础设施和公共服务等领域。为此，要加快垄断行业改革，扩宽改革的范围和层次，并引导政府投资逐步退出一般性竞争领域，防止政府投资的过度扩张和对民间投资的挤出效应。要鼓励民间投资跨地区转移，改变我国民间投资地区发展不平衡的状况，进而激活落后地区的经济发展。要鼓励民间投资"走出去"，积极搭建平台鼓励民间资本参与国际竞争，利用国家投资引导民间资本跟进，形成中国海外投资多元化格局。同时，针对地方财力紧张、落实配套资金困难的问题，要建立公共投资和民间投资的合作机制以吸收民间资本参与，使公共投资与民兴利而不与民争利。要推进民营中小企业与国有大企业的分工协作，建立健全促进大中小企业分工协作的政策激励体系，创新大中小企业分工协作形式，推动民间资本更多地参与政府主导型项目建设，构建国有企业和民营企业共生共荣互利共赢的企业生态。

第二，构建扶持民间投资的财税支持体系。我国民间投资在审批、财税、土地、外贸等方面待遇不公，税外负担较重，在投资方向上也缺乏引导。当前，要加大初创企业和微型企业税收优惠和财政补贴力度，构建扶持民间投资的财税支持体系。针对创业阶段的企业，可以规定在一定期限内实行优惠税率或者免税政策，或者实行"先征后返"的办法。政府也可以在一定时期内对新创企业进行用地、厂房租赁、用电和用水方面的政策支持。要积极调整政府公共投资的结构，加大技术改造和科技创新项目的资金安排并狠抓落实。要积极引导民间资本进入新能源、环保产业、生物医药、新材料、电子信息等新兴产业。要加大对企业转型升级、设备更新和技术研发的支持力度，提高创新基金的资助强度，扩大资助范围，加强地方财政对创新基金的投入。对国家鼓励发展的领域和地区的民间投资项目，要通过补助、减免税、贴息贷款等优惠政策加以支持。

第三，畅通民间投融资渠道。要放松金融管制，引入民营机制，引导民间非正规金融发展中小民营金融机构，让民间资本参与金融业务，用草根金融支持草根经济。引入民间资本稳步发展社区银行，完善与中小企业规模结构和所有制形式相适应的多层次银行体系。大银行做中小企业融资的批发商，小额贷款公司做中小企业融资的零售商，形成合理分工格局。可以借鉴我国村镇银行的模式，优先在高新技术开发区鼓励民间资本试办社区银行，化解科技型创业企业融资难问题；在民营经济发达地区，引入民营机制，发展由民间资本参与的社区银行。要组建民间投资、银行和保险公司参与、政府二次担保、市场化运作的民间担保公司，为民间投资担保。要大力发展风险投资和私募股权基金，培育天使投资，使具有创新能力的优质企业与资本市场对接，解决中小企业的融资困局。此外，还要创新投融资模式，发展公共投资基金，通过政府资金的杠杆作用，吸收民间资本参与，使政府投资起到"四两拨千斤"的作用。

第四，健全民间投资服务体系。要理顺政商关系，推进政府职能由管制向服务转变。要规范和改革投资审批、审核制度，实行备案制度，缩减政府核准范围，简化审批程序，让民营企业享受与其他所有制企业同等待遇。要建立专业化的投资服务机构，增强产业政策支持和投资信息指导。要向民间投资提供管理决策等方面的综合服务，建设民间投资信息平台，服务民间投资。要加大对民间投资的权益保护，进一步完善有关法律法规，有效保护民间投资合法权益不受侵犯，让他们敢投资、愿意投资。

（二）要依靠创新增强企业核心竞争力，推动企业从"高投入、高物耗、低技术、低工资"的低成本竞争战略转向"低物耗、低排放、高效益、高附加值"的低碳高端化竞争战略，实现企业从低劳动力成本的要素驱动向创新驱动转变

温家宝总理曾经讲过：要依靠科技创新，促进经济结构调整，转变发展方式，培育新兴产业，扩大国内需求，提高产业和产品的核心竞争力，实现国民经济又好又快发展。我国企业，尤其是中小企业长期依靠低成本竞争战略，技术水平低下，品牌建设落后，人才、资金缺乏，企业管理水平低，核心竞争能力不强，企业长期处于价值链下游，盈利能力和产品附加值长期处于低水平状态。据报道，我国制造业产品中有 130 多种产品产量排世界第一，但中国制造业平均的净利润率不到 2%。[10]核心竞争力是由核心技术开发、关键技术应用和核心管理能力创新所形成的一种市场竞争壁垒和独特优势，具有垄断壁垒性、优势隐形性、不易模仿性、知识集合性、不可交易性、持久积累性六个基本特征。在现代市场竞争中，企业必须拥有核心竞争力，才能成功应对各种挑战和风险，才能占据价值链的有利环节、增强利润分配中的博弈能力、获取高附加值。因此，企业通过创新培育核心竞争力从"低工资、低技术"的低成本竞争战略转向"高效益、高附加值"的高端化竞争战略是提高居民收入、扩大居民消费的前提条件。此外，在后危机时代，我国企业面临国际市场萎缩、国内市场开拓难度提高、转型升级的压力加大、市场竞争加剧等挑战，这也要求企业以变求变，转型升级，打造企业核心竞争力。

1. 企业要进行技术创新，根据自身的比较优势采用合适的技术创新模式，开发具有自主知识产权的核心技术，高度重视关键技术的应用，打造技术优势型核心竞争力

技术创新是企业获取核心竞争力的源泉。国际经验表明，研究开发基金占销售额 1%的企业难以生存，占 2%仅能维持，占 5%才有较强的竞争能力。[11]而第二次全国经济普查数据显示，2008 年末我国规模以上工业企业中仅 11.6% 开展科技活动，研究开发经费的投入强度仅为 0.61%。当前，企业既可以通过创造核心技术，形成具有自主知识产权的产品或服务，形成技术壁垒型核心竞争力，也可以通过应用关键技术，产生成本、技术、管理和市场四大优势，形成技术优势型核心竞争力。具体来说：

第一，培养自主创新的习惯。创新可以成为一种习惯。比如我国航天集团因为无法引进只好自力更生、自主创新、自主研发，从而形成了今天航天集团自主创新的优良习惯。要使创新成为一种企业习惯，需要企业转变对外来技术依赖的观念，意识到自主创新的重要性，并将其融入企业文化，培养企业自主创新的思维意识，使其乐于创新、善于创新。奇瑞公司将自主创新视为企业生存之本，自力更生和自主研发塑造了奇瑞汽车的品牌。

第二，创新激励机制。要加大研发资金的投入，不断提高研发费用占销售收入的比重。要重视广大从事技术开发人才的地位和作用，进一步提高企业内各种研发人员的荣誉和待遇，大力引导高校和科研院所的研发人员向企业转移，支持创新型人才向企业集聚。例如，深圳市以企业为主体推进自主创新，实现了4个90%，即90%的研发人员在企业、90%的科研投入来源于企业、90%的专利产生于企业、90%的研发机构建设在企业。[12]要学习深圳经验，确立以企业为主体的自主创新方针，把企业真正建设成为技术创新的主体。要建立和完善人才激励机制，营造良好的技术创新的环境。要通过不断完善分配方式和奖励形式，形成切实有效的激励机制，充分调动创新型人才的积极性和创造性，鼓励科技人员以自主知识产权、科研成果等为资本，参与企业投资和收益分配。

第三，优化合作创新机制。要灵活选择合作创新的形式，明确风险分担和收益共享机制，可以尝试建立合理的产权机制和创新收益分享机制，与科研院所开展经常性的技术合作，实施有效的产学研合作；企业根据自身情况，与大、中、小企业建立战略技术联盟，通过分工合作的方式进行重大的技术创新的联合研发，可以实现资源共享和优势互补，节约创新时间，分摊创新成本、分散创新风险，使企业在互惠共生的合作环境中实现优势互补，并获得持续的创新能力。

第四，处理好技术引进与消化吸收的关系。在当今科技、经济全球化的态势下，强调自主创新并不是排斥技术引进，技术引进是自主创新的重要辅助和补充。但是，引进技术不等于引进技术创新能力。要避免盲目依靠技术引进从而陷入"引进、落后、再引进、再落后"的怪圈，就必须着眼于技术引进的消化吸收再创新。从现实经验看，一些企业盲目引进国外最新的技术，却没有考虑到具体的国情和企业的生产技术条件，造成了巨大的浪费，也没有获得明显的经济收益和创新能力的提升。因此，在技术引进之前要对引进的技术做好充分的评估和分析，要提高技术引进的适用性和有效性，要增强技术消化吸收的投入强度，提升企业技术运用能力，实现企业的技术创新由重引进向重消化吸收的转变。

第五，高度重视关键技术的应用。当前特别要运用信息技术，推进企业商务流程的信息化、生产制造业务的信息化、企业管理流程的信息化和企业研发流程的信息化。

2. 企业要实施管理创新，通过调整企业战略、优化组织结构、创新治理结构等举措，形成独特的管理优势，营造市场独特优势，打造管理型核心竞争力

管理创新是打造企业核心竞争力不可或缺的因素，实践证明，"企业一年成功靠促销，十年成功靠产品，百年成功靠管理"。具体来说：

第一，推进企业战略转型。后危机时期，要从低成本靠价格的优势走向差异化战略，要实现做"多"向做"精"的转变，要从规模扩张向质量提升转变，要从粗放型战略向集约型战略转变，要从"红海战略"向"蓝海战略"转变。

第二，推进组织管理创新。要减少管理层级，建立扁平化组织，同时要优化内部学习机制，尝试建立学习型组织，增强企业灵活性和抗风险能力。

第三，推进治理结构创新，改变"家族化治理"。要借鉴国内外家族企业成功转制的经验，推进企业内部决策机制、利益协调机制、管理模式及方法等方面的变革，实现管理现代化。

第四，采用新型管理手段，提升企业管理水平。要通过精益生产、网络营销、信息化等多种手段优化企业生产管理、营销管理、人力资源管理和财务管理等，控制成本，提高效益。

第五，推进企业文化创新。成功企业的重要推动力来自于其源源不断的创新成果，而创造这些成果的创新行为又受到企业本身独特文化的影响，创新文化是现代企业成功发展的深层次原因之一。推进企业文化创新，要注重培育企业家精神，形成企业创新创业价值观导向。要优化企业规章制度，善待员工，建立以人为本的管理模式，重视员工创新积极性的发挥；在加强员工培训力度的同时，注重培养员工的自主学习能力，在企业中营造鼓励创新、宽容失败的氛围，为员工提供舒适和宽松的工作环境，将企业建成创新者的乐园。要积极履行企业社会责任，塑造良好的社会形象和企业品牌。

3. 政府要加强制度创新，通过建立和完善一整套支持企业创新的财税、金融、人才和法律制度体系来扶持企业自主创新，将自主创新的"国家意志"变为"企业行为"

激发企业自主创新，不仅要靠企业，而且也需要政府创新制度安排，营造良好的创新环境，才能将自主创新的国家意志变成企业的自主行动。当前，我国企业尤其是民营企业存在"动力不足，不想创新；风险太大，不敢创新；能力有限，不会创新；融资太难，不能创新"等创新难题，亟须政府构造支持企业自主创新的政策体系，推动企业创新。具体来说：

第一，创新财税制度。要通过建立科技开发准备金制度，提高科技型创新基金等专项资金对创新活动的资助强度，进一步研究对国产高新技术产品的"首购"政策和"优先购买"政策，允许将大额采购合同实行分割招标，建立中小企业参与政府采购的优惠政策，进一步推进生产型增值税向消费型增值税转变的税制改革，通过这些措施建立健全利益补偿机制，解决企业"不想创新"的问题。

第二，创新金融制度。通过完善和壮大创业板市场、推动三板市场建设、大力发展企业债券市场、壮大风险投资事业、鼓励民间天使投资等措施积极构建多层次的资本市场，通过放松金融管制、发展社区银行或中小商业银行、完善多层次的信用担保体系、鼓励小额贷款公司发展等措施来完善间接融资体系，克服企业创新的融资瓶颈，解决企业"不能创新"的问题。

第三，创新知识产权制度。要完善风险分担机制，通过适当降低专利申请费用和专利年费的标准来降低被保护者的成本，通过建立知识产权纠纷的仲裁、协调机制，严厉打击知识产权侵权案件，加大对自主知识产权的保护与激励，切实保护创新者利益，解决企业"不敢创新"的问题。

第四，创新人才制度。要通过教育、评价、选拔、管理和激励制度创新来培养一大批"顶天立地"的技术领军人才和创新型企业家，同时要以经济危机为契机引进国内稀缺的海外高端人才，建立和完善针对海外留学人才及其家属的医疗、教育、失业、养老、住房等为主要内容的社会保障体系，营造尊重留学人员、适合留学人员发展的社会氛围，为企业技术创新提供充足人才，解决企业"不会创新"的问题。

第五，实施国家区域创新战略。选择几个产业集群基础好的国家高新技术开发区，建设一批具有国际竞争力的创新集群，优化中小科技企业创新的"小环境"。要重塑区域经济文化，弘扬创业创新文化，营造鼓励创新的良好氛围。

第六，构建自主创新的"倒逼"机制。要改革资源环境要素价格形成机制，加大排污、能耗的监管治理，利用危机倒逼机遇，推动企业自主创新和"节能减排"。

参考文献

〔1〕刘璐璐、张莫、方烨（2009）：《中国过度依赖出口发展模式难以为继亟待调整》，《经济参考报》，3月4日。

〔2〕国家统计局（2010）：《2009年三大需求对GDP增长的贡献》，http://www.stats.gov.cn/tjfx/jdfx/t20100202_402619049.htm。

〔3〕陈志武（2008）：《政府规模有多大》，《经济观察报》，2月23日。

〔4〕尚前名（2009）：《扩大消费"兵发四路"》，《瞭望》，第49期。

〔5〕冯之浚（2008）：《总结历史经验，推动科学发展》，《光明日报》，10月28日。

〔6〕王一鸣（2009）：《调整经济结构，转变发展方式的重点》，《人民日报》，12月21日。

〔7〕张茉楠（2009）：《由"人口红利"转型为"经济增长红利"》，《上海证券报》，12月9日。

〔8〕洪银兴（1997）：《从比较优势到竞争优势——兼论国际贸易的比较利益理论的缺陷》，《经济研究》，第6期。

〔9〕辜胜阻、杨威、武兢（2009）：《中国改变消费短板须具备两大前提》，《华夏时报》，12月19日。

〔10〕谢玉华（2009）：《产业升级：从长远着眼扩大内需的新思路》，《光明日报》，5月6日。

〔11〕达铸之（2004）：《民营企业也要重视核心竞争力》，《经济参考报》，11月10日。

〔12〕王宇、李薇薇、刘铮（2007）：《四部委评说：深圳为建设创新型城市作出了示范》，《人民日报》，1月24日。

—2—

创新型国家建设中的制度创新与
企业技术创新[*]

改革开放以来，我国经济建设取得了巨大成就，已经成为世界第三大经济体和全球第三大贸易国。然而，经济高速增长的背后却存在巨大的隐忧：一是经济增长仍然依赖生产要素的高投入和资源的高消耗，粗放型特点明显。随着高成本时代的到来，低价工业化模式已经难以为继。二是对外技术依存度较高，大量关键设备依赖进口，一些产业产品的核心技术受制于人，利润分配受控于人。[1]在这种背景下，我国提出了建设创新型国家的战略，目的在于通过科技进步和创新实现经济增长方式转变，提升产业自主创新能力，推动制造大国向创造强国的转变，保持我国的国际竞争力，实现未来经济社会的可持续发展。当前加快推进创新型国家建设显得尤为重要和紧迫。本轮全球金融危机影响下的世界政治经济格局正在发生重大变化，发达国家在应对危机的过程中积极利用其技术优势，以发展低碳经济、绿色环保、知识产权等为重要手段，推动国际经济秩序重构，强化其全球竞争优势。[2]在这种大变局下，中国迫切需要加快创新型国家建设步伐，进一步提高自主创新能力，防止在新的国际经济新秩序中处于被

* 本文系国家科技部软科学项目"区域文化与企业自主创新"（项目编号：2006GXS2D083）、国家自然科学基金项目"高技术企业区域发展与创新模式研究"（批准号：70573080）的研究成果，发表于《江海学刊》2010年第6期。李华、洪群联协助研究。

动局面，争取在新一轮全球经济增长中占得先机。

创新型国家建设是一项系统工程，涉及全社会的各个领域和各个层面，技术创新与制度创新是创新型国家最重要的组成部分。政府和企业是创新型国家建设最重要的参与者，分别扮演着制度创新主体和技术创新主体的角色。尽管创新型国家建设的衡量标准多是纯粹的技术创新指标，然而为实现创新型国家的目标，绝不能忽视制度创新的作用。正因为如此，本文将讨论创新型国家建设中政府制度创新和企业技术创新的战略安排。

一、创新型国家建设中政府的制度创新

制度（Institutions）是调整人类行为的规则，是收入的过滤器和调节器，是一种激励机制，是一种游戏规则。[3]制度为人类提供了一个基本结构，它为人们创造出秩序，并试图降低交换中的不确定性。[4]在创新型国家建设过程中，作为激励功能的制度可以充分调动人的积极性和创造性，发挥人的潜能；作为市场配置功能的制度可以充分调动包括资本金资源在内的各种社会资源并实现这些资源的优化配置；作为资源整合功能的制度可以实现资金、人才、技术三大高科技要素的互动和集成，发挥合力作用；作为服务保障功能的制度可以营造良好的环境，促进创新的顺利完成；作为文化培植功能的制度可以形成尊重创新、敢于创新的社会氛围。作为最主要的制度供给主体，政府在创新型国家建设中的核心功能就在于构造一个有利于技术创新的制度框架。从国际经验来看，当今世界公认的20多个创新型国家，无不走过了政府主导下的技术创新历程。因此，创新型国家战略目标的实现需要政府建立和完善一整套支持创新的制度体系。

（一）财税制度创新

在建设创新型国家的过程中，国家的财政政策有着直接而关键的作用。财政政策是由政府通过直接控制和调节，从收入和支出两个方面来影响国家资源分配的政策手段，其主要工具是增加政府财政支出和税收优惠。因此，政府支持创新的财政税收政策主要包括以下几个方面：

1. 要加大财政科研投入，调整投入结构，提高科研投入使用效率

2009 年中国全年研究与试验发展（R&D）经费支出占国内生产总值（GDP）的比重为 1.62%，[5] 低于国际公认的 2% 的标准。科技投入用于企业的比例比较低。经济发达国家科技投入大约有 30% 用于扶植企业，我国科技投入有 90% 以上用于科研单位和大专院校。[6] 为此，要逐步加大财政科技投入，调整科研投入在基础研究与应用研究、大学科研院所与企业之间的分布结构，吸引更多企业参与研究和创新，促进研发主体从国有科研机构和大学转变为企业；要提高科研投入资金的使用效益，改革和强化科研项目的经费管理，调整和完善科研经费管理的制度体系。

2. 要完善支持创新的政府采购政策

"十一五"规划已将政府采购纳入创新政策，未来应该探索支持创新的政府采购的具体措施和手段。可以借鉴安徽政府对奇瑞汽车采购的经验，进一步研究对国产高新技术产品的"首购"政策和"优先购买"政策；允许将大额采购合同实行分割招标，建立中小企业参与政府采购的优惠政策；[7] 重视通过对国外技术产品的消化吸收带动本国企业创新，如三峡工程中对国外技术产品的引进消化吸收大幅提升了我国相关领域产业技术水平与创新能力。

3. 要改革税收制度，强化政策执行力度

相对财政投入，税收政策体现的是一种激励，是当今世界各国政府扶持科技产业的重要途径。当前，我国促进技术创新的税收政策还存在支持力度不够和执行不到位的问题。为此，要在全国范围内深入推广生产型增值税向消费性增值税的转型，解决由于高技术产业的资本有机构成普遍较高，无形资产、智力投入和固定资产所含税款不能抵扣所造成的企业税负偏重的问题；要转变进出口税收政策优惠的重心，实现进口税收政策的优惠从对企业进口整机设备逐渐转变到鼓励国内企业研制具有自主知识产权的产品和装备所需要的重要原材料和关键零部件上；要优化所得税制度，允许企业按销售收入的一定比率在税前提取科技发展准备金，允许企业将用于研究开发的设备仪器加速折旧，强化技术开发费 150% 抵扣应纳税所得额等若干配套政策的执行力度，进一步提高创新企业计税工资的标准，

调动企业吸引创新人才的积极性。

（二）金融制度创新

融资难是企业技术创新最大的外部瓶颈，也是建设创新型国家的重大障碍，特别是在我国特定的资本市场、金融结构的背景下，构建一个支持创新的多层次金融体系是政府迫切的任务。

1. 要完善多层次资本市场

一方面，在支持高技术产业进程中，做强主板，壮大创业板，大力推动新三板和产权交易市场的发展。由于创新具有不同的层次和阶段，技术创新的主体——企业具有不同规模和生命周期，这决定了为企业技术创新提供融资支持的资本市场必然是一个多层次的资本市场。当前我国主板市场容量有限、中小企业板需要进一步完善、代办股份转让系统发展不充分、创业板尚处发展初期，资本市场发展表现出产品结构单一、层次互补功能不足等问题，企业上市犹如"千军万马过独木桥"。为此，要进一步推进创业板健康发展，使更多具有创新能力的优质企业与资本市场对接；要建立全国性的技术产权交易市场，将代办股份转让系统推广覆盖到全国国家级高新区，探索建立支持创业企业融资的场外交易市场；要进一步探索多种形式的债券融资方式，加快债券市场制度建设，建立多层次的债券交易市场体系，健全债券评级制度，为企业通过发行债券融资创造良好的市场环境。[8]另一方面，要构建完整的创业投资链，大力发展风险投资和私募股权基金，完善天使投资机制。创新型国家建设离不开风险投资事业的健康发展。风险投资不仅能解决科技成果转化及其产业化的资金短缺问题，而且能把资金、技术、人才、信息、管理、市场等各种经济资源集成一个系统，形成有效配置，提高要素使用效率，分散技术创新风险。发展风险投资，要拓宽资金来源，实行投资主体多元化，允许保险资金、银行资金、社会资本都可以参与创业投资基金；要完善鼓励风险投资发展的财政、税收政策，适当降低风险投资企业的所得税率，或按照其投资额给予税收减免，对于参与天使投资的个人可按照其投资额给予适当的所得税抵扣；要设立政策性风险投资担保基金，对风险投资公司所投资的项目提供部分担保，完善相应的担保政策，降低投资风险；要制定《风险投资促进法》，进一步完善《合伙企业法》中有限合伙制在风险投资企业组织形式上的操作方案。当前支持创新型国家建设的风险投资（VC）和私募股权基金（PE）的发展需要着力推进三个改变：一是改变一哄而起的非理性行为；二是改变重短轻长的短期行为，鼓励"把鸡蛋孵化成小鸡，把小鸡养成大鸡"的长远战略；三是改变重"晚期"轻"早期"的急功近利行为，避免出现 VC 的 PE 化以及私募基金大量通过上市前投资的投机现象。同时，构建完整的创业投资体系还要十分重视天使投资的作用。要积极鼓励富人开展天使投资活动，培育壮大天使投资人群体，并通过构建网络和信息平台、健全相关政策和法律法规、优化区域市场环境等一系列措施完善天使投资机制。

2. 要发展中小社区银行，扩展间接融资渠道

要改变我国创新型企业外源性债权融资遭受的"规模歧视"与"所有制歧视"的现状，迫切需要通过调整金融结构，建立面向中小企业的金融机构。首先，建立面向科技型企业的中小社区银行。要借鉴美国硅谷银行的模式，优先在高新技术开发区鼓励民间资本试办社区银行，化解科技型创业企业融资难问题。其次，规范发展非正规金融。要放松金融管制，引导民间非正规金融发展成社区银行或互助合作性金融组织，从制度上缓解中小企业创业融资难问题。[9] 再次，完善信用担保制度。要建立包括以政府为主体的非营利性信用担保、商业性信用担保和互助性担保在内的多层次的信用担保体系。特别要在适度控制担保风险的基础上，允许创新型企业按有关规定用知识产权和有效动产作为财产抵押向银行贷款，建立高效的贷款抵押管理体制。

（三）法律制度创新

完备的法律体系是国家占领技术创新制高点、保持技术领先、获取长期竞争优势的重要保障。改革开放以来，我国在技术创新的法律建设方面获得了较大发展，不仅制定实施并适时修订了科学技术的基本法——《中华人民共和国科学技术进步法》以及相关法律法规，而且逐渐与国际接轨，加入了一些相关的国际条约。当前，在完善支持创新的法律制度上，首先，要加强立法，根据《科技进步法》的基本框架，做好配套制度的制

定和实施，加强配套细则实施过程的调研和评估，及时发现实践中的问题并提出解决措施，不断完善有利于自主创新的制度环境。[10] 其次，要以《国家知识产权战略纲要》的启动实施为契机，加强自主知识产权保护战略。改善知识产权的保护方式，可适当降低专利申请费用和专利年费的标准，降低被保护者的成本；完善专利信息平台，建设专利动态监测及预警机制，继续加强专利产业化工作；建立知识产权纠纷的仲裁、协调机制，严厉打击知识产权侵权案件，保护创新的利益不受侵害。再次，要积极参与国际知识产权领域的交流合作，为扩大国际经济技术合作创造良好条件。鼓励拥有知识产权的企业组建行业协会，积极应对国际贸易技术壁垒，有效化解跨国公司滥用知识产权阻碍我国自主创新的问题。

（四）人才制度创新

优秀的海外归国人员在创新型国家建设过程中具有不可替代的作用：一方面，他们活跃在教育和科研领域，为创新型国家建设提供有力的智力支持。据统计，我国留学回国人员已占国家重点项目学科带头人的72%，两院院士的80.5%。2006年国家自然科学奖的67%、科学技术发明奖的40%、科技进步奖的30%，其第一完成人都是回国留学人员。[11] 另一方面，他们积极投身于创办高新技术企业，是创新型国家建设的排头兵。从1978年至2009年，中国各类回国留学人员总数达到49.74万人，[12] 他们中有许多人选择了创业，涌现出中星微电子、百度等一批拥有自主知识产权、在各自领域内位居全国甚至国际前列的高新技术企业。但是，我国的海外留学人员归国的比例较低，目前只有1/3的海外留学生选择回国。未来，要营造贯彻落实全国人才工作会议和实施《国家中长期人才发展规划纲要（2010~2020年)》的良好社会环境，进一步吸引吸收更多的海外高层次人才回国创业，为建设创新型国家做贡献：第一，创新人才引进聘用模式。要树立"不求人才为我所有，更重人才为我所用"的理念，打破国籍、户籍、身份、档案、人事关系等人才流动中的刚性制约，通过人才的"柔性流动"，使更多的海外留学人员能更方便地回国服务。同时，通过兼职、开展合作研究、回国讲学、进行学术技术交流、从事考察咨询、开展中介服务等各种适当形式实现海外留学人员回国发展。第二，建立全国性的留学人才信息系统。解决当前留学人才供求信息不对称的问题，需要建立一个全国统一、便利高效、准确丰富的留学人才信息系统，从而使在外留学人员能够查询到国内准确的人才岗位需求信息，使国内用人单位也能查找海外留学人才的供给信息。第三，完善留学人员回国创业的保障体系。建设创新型国家，不仅需要吸引留学人员回国从事教育科研，更需要鼓励大批优秀留学人员归国创业。留学人员回国创业的支持体系的核心是要以留学人员创业园为载体，在创业上支持留学人员以专利、专有技术、科研成果等在国内进行转化、入股，创办企业，并对留学人员创办的高新技术企业在税收、融资、劳动人事等方面提供便利；[13]重点是建立和完善针对海外留学人才及其家属子女的医疗、教育、失业、养老、住房等为主要内容的社会保障体系，为留学人员解决后顾之忧；关键是营造尊重留学人员、适合留学人员发展的社会氛围，包括良好的工作环境、和谐融洽的人际环境、民主活泼的学术环境以及尊重理解的社会环境。

二、创新型国家建设中企业的技术创新

美国经济学家熊彼特认为，所谓"创新"，就是"建立一种新的生产函数"，即把一种从来没有过的关于生产要素和生产条件的"新组合"引入生产体系。[14]创新与发明的一个重要区别就在于创新通过新工具或新方法在实际中的应用创造新的价值。可见，技术创新是新工艺、新产品从研发到投入市场直至进入实际应用的全过程，其重要特征是满足市场需求、追求商业利润。在市场经济环境下，企业会在市场机制的激励下从事技术创新，企业家能够通过市场来实现生产要素的重新组合，发挥其他组织和个人无法替代的重要作用。所以，在创新型国家建设过程中，企业是技术创新、技术开发和科技投入的主体。从当前的实际情况看，我国企业多依赖自然资源和低劳动力成本形成竞争优势，技术创新能力总体上还比较薄弱，企业还没有成为技术创新的主体。据统计，2008 年我国大中型工业企业中有研发活动的仅占 24.9%，研发经费支出仅占企业主营业务收入的0.84%。[15]国内拥有自主知识产权核心技术的企业仅为万分之三，98.6%的企业没有申请专利。[16]因此，在建设创新型国家的时代背景下，企业要

认识到自主创新的重要性，要通过建立激励机制，促进创新要素向企业集聚，要在技术引进的同时加强消化吸收再创新，要健全合作机制，形成互动，发挥协同效应，切实转变增长方式和发展战略。

（一）创新要素的集聚与激励

企业的技术创新离不开企业的 R&D 投入。统计数据显示，我国企业 R&D 经费占销售收入的比重平均为 0.5%，远远低于发达国家 3% ~ 5% 的一般水平。发达国家经验表明，企业 R&D 经费投入只有达到其销售收入的 5% 以上才有较强的竞争力，2% 只能维持企业的基本生存，1% 的企业极难生存。企业的技术创新也离不开创新型人才的集聚。世界主要创新型国家的技术创新成果主要是由企业完成，技术创新人才也主要集聚在企业。据统计，美国有 80% 左右的优秀人才集聚在企业。相比之下，我国有很大部分科技人才集中在机关、高校和科研院所，科研人员过多地集中于企业之外，远离市场。这种人才分布结构显然不利于国家经济结构的调整和以企业为主体的技术创新体系的建设。

为了使企业真正成为技术创新的主体，必须引导创新要素向企业集聚，建立有效的激励机制。首先，在加大政府科研经费投入的同时，企业也应该积极转变发展观念，加大企业研发资金的投入，提高 R&D 经费投入强度。其次，要重视研发人员在企业发展中的重要作用，进一步提高研发人员的待遇，并采取多种措施吸引研发人才向企业积聚。以深圳市为例，目前深圳 90% 的研发人员、科研投入、专利和研发机构来源于企业，实现了以企业为主体的自主创新。要学习深圳经验，确立以企业为主体的自主创新方针，把企业真正建设成为技术创新的主体。再次，要建立以鼓励创新为导向的人才激励机制。要通过不断完善分配方式和奖励形式，形成切实有效的激励机制，充分调动创新型人才的积极性和创造性，鼓励科技人员以自主知识产权、科研成果等为资本，参与企业投资和收益分配。鼓励有条件的高新技术企业采取股份期权的试点等，对有贡献的高级管理者、骨干技术人员实施股权激励。最后，要培育优秀的企业文化。成功企业的重要推动力来自于其源源不断的创新成果，而创造这些成果的创新行为又受到企业本身独特文化的影响，创新文化是现代企业成功发展的深层次原因之一。当前我国企业对企业创新文化认识上存在一些偏差，应该从以下几个方面深入认识和培育企业创新文化：一要重视企业家创新精神的培养。创新型企业家，对企业能否成为技术创新的主体以及企业技术创新能否成功，都具有举足轻重的作用。[17] 如果企业家创新精神缺乏、不善于创新，那么企业往往就没有创造力，也就难以生存和发展。建立以市场为导向的企业家激励制度，对于充分发挥企业家的创新精神具有关键作用。二要重视员工创新积极性的发挥。要在加强员工培训力度的同时，注重培养员工的自主学习能力；要鼓励交流合作，强化研发人员的市场意识，让不同部门的员工、研发人员及客户之间实现主动交流；要在企业中营造鼓励创新、宽容失败的氛围，为员工提供舒适和宽松的工作环境，将企业建成创新者的乐园。

（二）技术引进与消化吸收

当前，对于自主创新和技术引进的关系，社会上存在着两种认识上的误区：一是认为自主创新是完全依靠自己创新，忽视合作与开放；二是认为模仿创新成本低，盲目依靠技术引进。事实上，现代技术的综合性与复杂性决定了企业不能单打独斗、自我封闭。通过合作创新，形成创新网络体系，能有效地降低研发风险和创新成本，提高创新效益。在当今科技经济全球化的态势下，强调自主创新并不是排斥技术引进，技术引进是自主创新的重要辅助和补充。但是，引进技术不等于引进技术创新能力。要避免盲目依靠技术引进从而陷入"引进、落后、再引进、再落后"的怪圈，就必须着眼于技术引进的消化吸收再创新。日本、韩国的技术进步就是通过技术引进帮助建立自主的产品开发平台，然后以自主的产品开发平台吸收国外技术知识，通过自主创新获得竞争优势，实质上走的是引进吸收再创新道路。数据显示，日本、韩国的技术引进和消化吸收投入之比达到了1：5 至1：8。而我国技术引进和消化吸收严重脱节，2008 年我国大中型工业企业引进技术和消化吸收经费支出之比仅为1：0.24。[15] 因此，首先，要加大对引进技术和合作技术的研发投入，实现企业的技术创新由重引进向重引进消化吸收的转变。其次，要提高技术引进的适用性和有效性。从现实经验看，一些企业盲目引进国外最新的技术，却没有考虑到具体的国情和企业的生产技术条件，造成了巨大的浪费，也没有获得明显的经济收益和创新能力的提升。因此，在技术引进之前要对引进的技术做好充分的评估和分析。再次，创新多种形式的引进技术方式，要借鉴三峡工程走"引进技术、联合设计、合作制造、消化吸收"的自主创新和技术引进相结合的道路的模式[18]，做好技术引进过程中的制度安排，走自主创新与技术引进相结合的道路。

（三）合作创新机制

在提升创新能力的过程中，对于我国这类技术后发国家来说，合作创新是多数企业现实可行的路径选择。[19]中小企业由于体制的灵活以及竞争的压力，往往创新意识强，对新的技术机会非常敏感，具有明显的"行为优势"，但其规模和实力明显不强。大企业具备较充足的创新资源，具有技术创新的"资源优势"，能获得较高的技术创新规模经济收益，但市场垄断地位和企业组织刚性会阻碍创新的涌现，创新活力不足。[20]在创新型国家建设中，作为知识创新主体的大学、科研院所与作为技术创新主体的企业分别承担着不同的功能。大学和科研院所主要从事知识生产、传播和转移及人才培养的工作，在加强基础性科学研究的同时，积极参与到产学研合作创新之中，为企业技术创新提供坚实的科学和技术支持。长期以来，我国的大学、科研院所和企业在各自系统内部从事科技活动，缺乏必要的合作：一方面，我国的产业技术过多地依靠技术引进，有的产业甚至形成对国外技术的高度依赖，缺乏自主创新能力；另一方面，大学、科研院所的研发活动往往存在着单纯的技术导向倾向，对市场需求和规律缺乏把握，成果往往不能符合市场需求，存在着科技成果转化率不高的难题。实践证明，产学研合作既可以克服企业在技术研发方面的劣势，也可以解决学校和科研机构在成果转化上的弱点。

因此，推进合作创新，实施有效的产学研合作，可以使企业在互惠共生的合作环境中实现优势互补，并获得持续的创新能力。首先，要灵活选择合作创新的形式。当前国内主要的合作创新形式有合同创新、技术许可证、R&D 合作、战略联盟等，不同的合作创新形式具有不同的特点：合同创新一般用于短期合作，可以缩短周期，但比较难以选择合作伙伴；R&D

合作的优点在于共担费用和风险，成果往往是层次较高的专利和知识产权，但容易造成知识泄漏或产权纠纷的问题。[21]因此，企业要根据自身条件和需求灵活地选择合作创新形式。针对我国现状，由政府引导的产学研合作创新是一种有效的方向。可以根据科技发展纲要确定的一批重点领域、优先主题及重大专项，以大型项目为依托，由政府组织公共研究机构、大学和企业共同研发、分工协作，实施面向市场的官产学研一体化运作。其次，要明确风险分担和收益共享机制。要有效地确定和解决合作创新的风险分担和收益共享的难题，一方面要强化沟通和交流，建立信任机制。只有加强产学研各方的相互信任，才能使知识和技术的交流、创造、共享、转移顺利实现，减少合作创新的成本和风险，提高创新绩效。另一方面要建立完善的契约体系，明确合作创新各方的权利和义务、风险和收益，建立制度化的约束机制。

三、研究结论

技术和制度是创新型国家建设的两个轮子，两者共同作用、缺一不可。在实践中，许多国家和地区都抛开了单纯依靠技术创新推动创新型国家建设的发展方式，积极谋划技术创新和制度创新的协同，实现了较大的发展。美国硅谷就是技术和制度双轮驱动推进创新发展的典型案例，硅谷风险投资制度的创新充分发挥了市场筛选功能、产业培育功能、风险分散功能、政府导向功能、资金放大器的功能、要素集成功能、激励创新功能、降低交易成本的功能、更新人们创新观念的功能以及管理等增值服务的功能，实现了技术创新与制度创新的良性互动，成就了硅谷新经济的迅猛发展。对于现阶段的中国，创新型国家建设，制度重于技术：一是中国正处于市场经济体系进一步完善的阶段，制度建设本身就是前提和基础。只有把原来抑制创业人员的主动性、积极性的计划经济制度改成一个能够充分发挥创业者的积极性和创造性的、符合于社会主义市场经济要求的制度，才能实现经济增长方式的转变，才能真正做到自主创新，才能最终建成创新型国家。[22]二是从创新型国家的发展规律看，制度创新在建设创新型国家进程中发挥着重要作用。片面的从技术创新的角度来考虑创新问题很难形成有效的内生自主创新能力。所有创新型国家都是市场经济体制比较完善的国家，都注重以政府为主导建设国家创新体系，加强体系内各个创新主体的互动。[23]因此，未来中国的创新型国家建设要扭转重视技术创新而忽视制度创新的思想倾向，立足于技术创新积极探索制度创新，实现技术创新与制度创新的协调互动。

参考文献

〔1〕辜胜阻（2007）：《企业创新是国家强盛的基石》，《人民日报》，3 月 10 日。

〔2〕中国科学院（2010）：《2010 高技术发展报告》，科学出版社，第 195 ~ 213 页。

〔3〕辜胜阻等（2001）：《新经济的制度创新与技术创新》，武汉出版社，第 14 ~ 15 页。

〔4〕道格拉斯·C. 诺斯著，刘守英译（1994）：《制度、制度变迁与经济绩效》，上海三联出版社，第 158 ~ 159 页。

〔5〕肖明、李娇凤（2010）：《"十二五"研发投入指标或再提高》，《21 世纪经济报道》，4 月 28 日。

〔6〕蒋正华（2007）：《提高自主创新能力　改变经济增长方式》，《中国高校科技与产业化》，第 8 期。

〔7〕课题组（2007）：《创新型国家支持科技创新的财政政策》，《经济研究参考》，第 22 期。

〔8〕辜胜阻、洪群联、张翔（2007）：《论构建自主创新的多层次资本市场》，《中国软科学》，第 8 期。

〔9〕辜胜阻、肖鼎光、洪群联（2008）：《完善中国创业政策体系的对策研究》，《中国人口科学》，第 1 期。

〔10〕万钢（2007）：《建设创新型国家的重要法律保障》，《科技日报》，6 月 1 日。

〔11〕柯进（2010）：《大批留学人员归国　如何为他们发展加大"引擎"》，《中国教育报》，6 月 2 日。

〔12〕张冬冬（2010）：《30 年留学归国人员近 50 万人　去年首超 10 万》，http://www. chinanews. com. cn/edu/2010/06 - 29/2370348. shtml。

〔13〕黄抗生（2007）：《三大计划吸引留学人才为国服务》，《人民日报》（海外版），1 月 8 日。

〔14〕约瑟夫·熊彼特著，何畏等译（1991）：《经济发展理论》，商务印书馆，第73～82页。

〔15〕郑新立（2010）：《运用科技力量推动发展方式转变》，《经济日报》，3月15日。

〔16〕徐冠华（2007）：《大力优化体制和政策环境　积极推进创新型企业建设》，《科技日报》，2月27日。

〔17〕王顺义（2006）：《创新型国家呼唤创新型企业家》，《上海科技报》，2月22日。

〔18〕科技部办公厅调研室（2006）：《我国产业引进消化吸收国家技术与发展自主知识问题研究报告》，2006年科学技术部重大调研课题研究报告，第12页。

〔19〕辜胜阻（2007）：《我国民营企业自主创新的问题及其对策思路》，《中国非公有制经济年鉴》，民主与建设出版社。

〔20〕罗艾·劳斯韦尔、马克·道格森（2000）：《创新和公司规模》，载《创新聚集——产业创新手册》，清华大学出版社，第362页。

〔21〕周赵丹、刘景江、许庆瑞（2003）：《合作创新形式的研究》，《自然辩证法通讯》，第5期。

〔22〕吴敬琏（2006）：《制度安排重于技术演进》，《企业改革与管理》，第4期。

〔23〕赵凌云（2006）：《创新型国家的形成规律及其对中国的启示》，《学习月刊》，第3期。

—3—

国家自主创新示范区建设的
政策体系与制度安排[*]

国家自主创新示范区是经国务院批准，在推进自主创新和高技术产业发展方面先行先试、探索经验、做出示范的区域，是建设创新型国家和区域创新体系的重要空间载体，是国家抢占世界高技术产业制高点的前沿阵地，担当着引领经济发展方式转变的重任。目前，国务院仅批准北京中关村科技园区和武汉东湖新技术产业开发区为国家自主创新示范区。作为创新驱动发展模式的"试验地"，两大示范区要充分发挥创新资源优势，加快改革与发展，全面提高自主创新和辐射带动能力。在功能定位上，要将国家自主创新示范区建设成为国家"技术发展极"、创新集群区、高新技术产业融资中心、知识型人才栖息地、产学研一体化的空间载体、制度创新示范区和创新创业的重要基地，推动示范区着力研发和转化国际领先的科技成果，培育发展以高新技术产业和战略性新兴产业基地为基础的创新链和产业集群，培养和聚集优秀创新人才特别是产业领军人才，不断推进体制机制创新，促进创新能量的释放和创新业态的不断涌现，做强做大一批具有全球影响力的创新型企业，培育一批国际知名品牌。

---

* 本文发表于《财政研究》2010 年第 11 期。核心观点源于作者 2010 年 6 月 24 日在第十一届全国人大常委会第十五次会议上的分组发言。马军伟协助研究。

国家自主创新示范区的建设是一项复杂的系统工程，不仅需要增加资金、技术、人才等生产要素投入，更需要转变发展观念，创新体制机制，建立制度保障，提升区域的内生发展能力和创新能力。政府是推进制度创新、文化创新、管理创新等创新配套环境的主导力量，能够在创新激励、创新融资、创新人才开发、创新文化培育、创新服务体系建设等方面发挥重要作用，合理引导社会资源进入创新领域，激发民间创新动力和活力。同时，政府政策在促进科技创新方面具有长期性、针对性、引导性等突出优势。从国外发展经验看，政策会促进创新能量的释放，进而对一个国家的科技创新和经济发展产生巨大的推动作用。因此，要实现国家自主创新示范区的功能和发展目标，必须强调和充分发挥政府的宏观管理和调控职能作用，引导和支持技术、资本、人才等创新要素的集聚与集成，积极营造优越的创新环境，构建起结构完备、运行高效的创新体系。

一、充分发挥高等院校和科研院所在知识创新和技术创新中的作用，健全合作创新的组织形式，构建协同创新机制，提高企业知识产权创造能力，加速科技成果转化，切实解决科技与经济"两张皮"现象

科学技术是推动国家自主创新示范区发展、支撑创新型国家建设的最活跃、最具革命性的因素。胡锦涛主席在 2010 年的两院院士大会上指出，建设创新型国家，加快转变经济发展方式，赢得发展先机和主动权，最根本的是要靠科技的力量，最关键的是要大幅提高自主创新能力。科学技术作为第一生产力的作用日益突出，科学技术作为人类文明进步的基石和原动力的作用日益凸显，科学技术比历史上任何时期都更加深刻地决定着经济发展、社会进步、人民幸福。[1]为此，

（一）充分发挥高等院校和科研院所在知识创新和技术创新中的作用，实现关键技术的原始创新

"问渠哪得清如许，为有源头活水来。"高等院校和科研院所拥有丰富的技术和人才资源，是示范区建设发展的技术源头。纵观国外科技园

区，几乎无一例外地与高等院校和科研院所有着紧密的联系。因此，国家自主创新示范区的建设需要集成示范区内高等院校、科研院所力量，围绕学科发展前沿和经济、社会发展问题及国家当前重点推动的科技发展工作，开展关键技术和前沿技术研究，获取原始创新成果和自主知识产权。另外，要继续深化科研院所的体制改革，进一步加快企业化转制步伐，建立起促进其技术创新的业绩考核指标体系。

（二）健全合作创新的组织形式，构建协同创新机制

合作创新是企业降低风险和缩减成本的重要战略，也是企业获取外部知识和能力的重要途径。[2]可以借鉴世界各主要国家的经验，通过立法形式对示范区各创新主体之间的有效互动予以支持。比如，国家要研究制定《合作研究法》，明确合作研究的组织形式、知识产权归属、利益分配和成果共享的机制。地方政府要设立产学研合作专项基金和风险基金，推进产学研结合。鼓励企业之间，企业与高等院校、科研院所，以项目或课题为纽带，开展合作创新，如合同创新、项目合伙创新、基地合作创新、基金合作创新、研究合作创新，形成以企业为主体的协同创新机制。要推进企业之间，尤其是中小企业与大企业的战略技术联盟，鼓励企业与高等院校、科研院所组建产业技术联盟，以需求为导向，联合研发共性技术，联合建立国家企业技术中心、国家工程中心、国家重点实验室等研发平台，联合申报承担国家和地方人民政府科技重大专项、科技基础设施建设、各类科技计划项目和重大高新技术产业化项目。

（三）处理好技术引进与消化吸收的关系，加快引进消化吸收再创新

在国家自主创新示范区的建设过程中，要支持示范区内的企业加大研发投入，利用全球科技资源，根据其不同成长阶段和实力特点，选择原始创新、集成创新和引进消化吸收再创新的创新模式。示范区内的广大中小企业的创新战略选择应以集成创新和消化吸收再创新为主，逐步培养创新能力，形成"金字塔"型自主创新战略的三级递进路径。国家要鼓励引进国外先进技术，定期调整鼓励引进技术目录，进行科学的评估和论证，提高技术引进的适用性和有效性。更为重要的是，要建立国家引进技术和重

大装备的消化吸收创新基金，大幅增加引进技术消化吸收的创新投入，并加强管理和考核，将是否通过消化吸收形成了自主创新能力作为引进技术项目验收和评估的重要内容。要对企业消化吸收再创新给予政策支持，加大企业消化吸收再创新的投入强度，对企业消化吸收再创新形成的先进装备和产品，纳入政府优先采购的范围，推动企业的技术创新由重引进向重消化吸收转变。

（四）提高企业知识产权创造能力，加大知识产权保护力度，调动职务发明人创新的积极性

知识产权是知识经济时代最重要的财产权，是保护智力劳动成果的一项基本法律制度，是促进技术创新、增强经济和科技竞争力的重要激励机制。地方政府部门要通过奖励、补贴等措施支持示范区内的企业、高等院校、科研院所及相关人员获得专利权、商标注册和著作权登记。鼓励示范区内的企业强强联合，成立专利联盟、标准联盟，提高原创性、高水平的自主知识产权拥有量，制定行业、产业技术标准，逐步实现技术专利化、专利标准化、标准国际化。知识产权管理部门要逐步建立和完善面向示范区企业的知识产权教育、培训体系。要研究制定知识产权保护法规、规章，建立知识产权预警、申诉及维权援助机制，充分发挥行业协会和知识产权法律服务机构的作用，建立示范区知识产权保护联盟，形成强有力的知识产权保护网。示范区内的高等院校、科研院所、企业要贯彻落实《中华人民共和国专利法实施细则》对职务发明人"一奖两酬"的规定[3]，并加大奖酬力度，不断探索新方式，激励职务发明人发明创造的积极性。

（五）完善技术交易市场建设，加速科技成果转化

我国技术交易市场的建立为促进科技与经济结合、加速科技成果转化发挥了重要作用。当前，要研究制定全面规范和促进技术市场发展的法律法规和配套实施细则。建立国家科技成果转化专项资金，开展重大、共性技术成果的推广转化，引导社会科技资源的优化配置。[4]要不断完善技术交易市场制度体系，建立健全科技成果转化项目的发现、评价、激励和服务机制。地方政府要加强和完善现有的技术交易市场和技术转移机构建设，鼓励有条件的技术交易市场建成国家级技术转移中心，引导其向专业化、信息化和国际化方向发展，大力整合技术交易资源，不断创新技术交易机制和模式，帮助示范区内的企业及时享受技术市场优惠政策，积极促进科技成果转化。鼓励示范区内的高等院校、科研院所、科技型企业设立科技成果转化办公室或管理机构，促进示范区内的科技成果转化。要推进技术交易市场与金融市场、产权市场等要素市场的良性互动，推进各技术交易市场之间的合作。

二、构建支持自主创新的多层次资本市场和银行体系，引导和支持资本与技术的有效对接，让金融资本分散企业创新的高风险和分享创新成功的高回报，在高技术产业化的过程中实现技术创新和金融创新"两轮"驱动

自主创新是一项高风险、高投入的经济活动，从技术研发到技术产业化、市场化的各个阶段都需要大量的资金投入。不同规模的创新主体、不同生命周期的创新企业、不同层次的创新模式以及不同阶段的创新行为共同决定着支持自主创新的融资体系具有多层次性。[5] 在我国特定的金融结构背景下，通过金融制度创新为创新主体进行科技创新创造完善的融资渠道以及为规避和化解创新风险提供金融工具和金融制度安排，促进金融创新和科技创新的互动，是政府推进国家自主创新示范区建设责无旁贷的任务。

（一）完善多层次资本市场，拓宽直接融资渠道

资本市场具有融资、资源配置、激励与约束、规范以及广告等效应。发达国家的经验表明，多层次的资本市场和创新创业企业的相互联动，形成了一整套独特的发现和筛选机制，成为创新和创业的发动机。为此：一要完善多层次股票市场体系，为示范区内的企业提供直接融资服务。要做强主板市场，壮大中小企业板市场，不断完善创业板市场，促进示范区内不同规模的自主创新企业和高成长创业企业上市融资。要完善"新三板"的挂牌、保价等相关制度，尽快将"新三板"推广到基础较好、需求较大

的其他国家级高新区，构建统一监管下的全国性场外交易市场，解决更大范围内的非上市股份制企业的股权流通问题。要逐步建立和完善各层次市场间的转板制度。二要通过建立产权交易信息共享平台、完善产权交易的法律法规、创新产权交易品种和交易制度等措施，积极发展区域产权交易市场，为示范区内大量暂时达不到上市门槛的科技型中小企业提供融资安排。三要积极探索中期票据、短期融资券、公司债、信托计划等多种适合示范区企业的债券融资方式，建立多层次的债券交易市场。四要构建完整的创业投资产业链体系，通过探索有限合伙制、设立创业投资引导资金、实施创业投资企业风险补贴和培育天使投资者队伍等措施，使示范区成为天使投资、创业投资和股权投资基金发展最活跃的区域。示范区要充分整合多方资源，建立企业改制上市培育工作体系和协同工作机制，设立企业改制上市专项资助资金，支持示范区企业在境内外资本市场融资。

（二）完善多层次的银行体系，优化间接融资服务

完善与企业规模结构和所有制形式相适应的多层次银行体系，是缓解中小企业融资难、减少民间借贷"体外循环"风险、解决基层金融空洞化等问题的有效途径。为此：一要实施市场准入"绿色通道"政策，大力支持银行业金融机构在示范区内优先试行创新业务、增设分支机构和其他信贷服务机构，为企业提供金融服务。二要在示范区建立面向科技型中小企业融资的社区银行。当前，要尽快给予社区银行"准生证"，联合相关部门出台具体的指导意见及政策措施，鼓励和引导民间资本参与建立社区银行或互助合作性金融组织。三要鼓励小额贷款公司的发展，提高其盈利能力，在强化考核监管的前提下，将运营良好的小额贷款公司发展成为大中型商业银行的零售机构，或者鼓励其向社区银行转变。四要进一步完善多层次的信用担保体系。在示范区建立健全以政府为主体的信用担保体系、商业性担保体系、企业间互助型担保体系，支持和推广商会联保、行业协会联保和网络联保等新型融资担保模式，推广知识产权质押担保融资。五要推进中小企业征信系统建设，在示范区开展信用贷款、信用保险及贸易融资试点。

（三）不断完善我国政策性金融体系，解决市场机制在创新融资中的失灵

在现行金融制度安排下，单一的市场调节无法实现资金资源的优化配置，而政府干预融资正是化解"市场失灵"的有效手段。要引导三大政策性银行对示范区的科技成果转化项目、引进技术消化吸收项目、高新技术产品出口项目等提供贷款，对高新技术企业发展所需的核心技术和关键设备的进出口提供融资服务。要借鉴国际经验，建立支持中小企业融资的政策性融资机构，加大对中小企业的政策性融资。

三、加快实施"以用为本"人才战略，完善人才开发机制、流动机制和激励机制，营造良好人才创新创业环境，引导和支持创新人才特别是高端领军人才向示范区集聚

人才是国家自主创新示范区建设和发展的关键资源，是企业提高自主创新能力、实现创新发展的基础。高技术产业具有以人为本的特征。推动高技术园区和高技术产业发展既需要大师级的帅才在技术上提供产业化技术源头，也需要领袖型科技企业家作为企业和产业的领航人。要营造贯彻落实全国人才工作会议和实施《国家中长期人才发展规划纲要（2010～2020年）》的良好社会环境，通过创新体制机制、实施重大人才工程、优化人才创新创业环境等举措引导和支持创新人才向示范区集聚。

（一）推进人才培养开发机制创新

在我国，由于人才培养与社会需求之间存在脱节现象，必须大力推进人才培养开发机制创新。鼓励以高等院校、科研院所为依托，在示范区建立国家"创新人才培养示范基地"，推动示范区内的企业与高等院校、科研院所合作培养企业创新人才队伍。要积极推动高等院校根据企业实际需要创新教育模式和教学内容，培养能学以致用的实用型人才。这不仅包括企业的技术研发人才，而且也包括技术经纪、技术推广和知识产权评估等方面的高端创新服务人才。要实施"企业家培养工程"，培养一批有创新

素质、竞争能力的优秀科技企业家。

（二）推进人才流动配置机制创新

科技创新人才合理有序的流动是推动示范区资源配置的重要方面。为此，首先要打破人才流动的国籍、户籍、行业、部门、身份、档案、人事关系和所有制性质等限制，促进人才在示范区达到良好高效的配置。其次要坚持高端引领的原则，在示范区建设国家"海外高层次人才创新创业基地"，贯彻落实国家"千人计划"、"高端领军人才集聚工程"等，对引进的高层次人才加大奖励力度和政策优惠，努力在示范区聚集一批战略科学家和创新创业领军人才。要积极推进企业、高等院校、科研机构间的人才交流和互动，制定和规范科技人才兼职办法，引导和规范高等院校或科研机构科技人才到企业兼职，支持企业为高等院校建立学生实习、实训基地，吸引优秀博士到企业从事技术创新。

（三）推进人才激励机制创新

吸引和留住科技创新人才、激发人才活力需要不断探索人才激励机制。为此，要在示范区开展股权与分红激励试点，大力推行知识、技术、管理等要素参与分配。示范区内的高等院校、科研院所和企业对做出突出贡献的技术人员和经营管理人员可以实施职务科技成果入股、科技成果折股、股权奖励、股份期权、分红权等多种形式的激励，还可以探索创业股、收益分享制或利润分享制等符合自身特点和有利于鼓励创新的激励机制。要推行人才资本产权制度，建立非职务发明评价体系，加强对非职务发明创造的支持和管理，保护科技成果创造者的合法权益。要建立以政府奖励为引导、用人单位奖励为主体、其他奖励为补充的多元化人才奖励机制。

（四）优化人才创新创业环境

对创新创业人才而言，创新创业具有感召力，服务是吸引力，环境是凝聚力。要鼓励各类人才以知识、技术、成果、专利、管理等要素在示范区投资创业。要通过简化注册审批登记手续，提供有关税收、注册资金、立项、场地等优惠政策鼓励留学人员回国在示范区创业。要健全和完善针对留学归国人才、国外优秀人才及其家属子女的教育、医疗、失业、养老、住房等方面的多层次社会保障体系，积极推动企事业单位之间、不同区域之间的社会保障制度的衔接。要营造鼓励创新创业的文化氛围。

四、完善促进自主创新的财税政策，加大财政科技投入，集成和整合不同部门、不同渠道的财政资金，完善支持创新的政府采购政策，充分发挥税收在激励创新中的调节作用

在建设国家自主创新示范区的过程中，财政政策有着直接而关键的作用。财政政策是由政府通过直接控制和调节，从收入和支出两个方面来影响国家资源的分配，其主要工具是增加政府财政支出和税收优惠。

（一）集成和整合不同部门、不同渠道的财政资金投入，形成资金的集聚效应，加大投入力度，提高投入使用效率

科技创新领域由于存在市场失灵，必须通过政府的财政科技投入进行弥补。风险高、周期长、应用范围宽和公共利益的创新项目应该由政府财政负责投入。[6]为此，要充分发挥财政科技投入的杠杆作用，有效地引导社会资金对科技创新的投入，建立企业、社会、政府多渠道及中央、地方多层次的科技投入体系，并进行集成和整合，形成资金的集聚效应。财政资金要加大对重点领域前沿技术和关键技术的联合攻关、公共服务技术平台建设、基础和共性技术研究、产学研合作和重大科技成果的中试及产业化推广等方面的科技投入。国家财政资金计划如国家科技计划及重大科技专项要进一步加大企业承担的比例，更多地反映企业需求。要加大科技型中小企业技术创新基金的投入力度，鼓励中小企业自主创新。地方财政资金要通过直接投入、补贴等多种方式对企业的研发、融资等活动进行支持。同时，要提高资金的管理和使用效率，在示范区推进科技重大专项经费列支间接费用试点工作。

（二）健全自主创新产品和服务认定制度，完善支持自主创新的政府采购政策

利用政府采购政策推动技术创新、产品创新是发达国家的普遍做法。美国西部硅谷地区和东部128公路沿线高技术产业群的迅速发展，与联邦政府的采购政策密不可分。目前，我国对政府采购做出了若干规定，但对促进自主创新的作用还不是很明显。为此，政府要按照促进自主创新的要求，对《政府采购法》进行修订，启动新一批国家自主创新产品的认定并将其常态化，加大对示范区自主创新产品的政府采购范围与力度。地方政府要建立专款用于采购示范区企业的自主创新产品和技术，明确规定自主创新产品的政府采购比例，不断完善自主创新产品和服务认定制度、财政性资金采购自主创新产品和服务制度，在首购、订购、首台（套）重大技术装备试验和示范项目、推广应用等方面不断探索政府采购的新方式。要创新政府采购招标方式，允许大额采购合同实行分割招标，为示范区内的科技型中小企业创造更多参与政府采购的机会。进一步建立完善政府采购政策的实施细则，强化政府采购的执行力和配套措施，让政府采购的战略意图真正惠及自主创新企业。

（三）完善支持创新的税收政策体系，强化税收政策执行力度

税收可以在科技发展的整个过程中发挥作用，比较突出的是可以降低科技开发的研究成本、减少科技投资的风险和增加科技投入的预期收益，具有其他调控手段不可比拟的优越性。因此，在国家自主创新示范区的建设过程中，要充分发挥税收的调节作用。按照国务院批准的要求，在示范区开展高新技术企业认定、科技人员股权激励、研发费用加计扣除、教育经费列支四个方面的税收政策试点。同时，要结合示范区的特点，更加深入研究新的税收激励政策，不断丰富、完善支持示范区创新创业的税收政策体系。要明确科技创新税收政策的目标，重点支持应用基础研究，兼顾高新技术成果的产业化；重点支持技术的自我开发，兼顾技术引进；重点支持高新技术产业，兼顾传统技术改造。[7]在具体税收政策方面，要将软件、集成电路行业的税收优惠政策覆盖到所有的高新技术企业，逐步推进

对所有创新企业适用的具有普惠性的税收激励政策。要将现行已经相对成熟的税收优惠政策规范化，通过相应的程序上升到税收法律，加强政策的执行力度。

五、培育各类科技中介机构，强化政府公共服务，健全多层次创新服务体系，完善各类创新主体共生共荣的创新链和产业集群，将示范区建成战略性新兴产业集聚区，引领、支撑经济发展方式转变

创新服务体系是创新体系的重要组成部分，面向社会开展技术扩散、成果转化、科技评估、创新决策和管理咨询等服务活动，在有效降低创新创业风险、加速科技成果产业化进程中，发挥着关键的作用。国家自主创新示范区要大力发展高新技术产业，培育战略性新兴产业，鼓励以特色产业基地为根基引导企业和相关中介服务机构集聚，形成合理分工、协同创新的创新链和产业集群。

（一）培育各类科技中介机构，发挥其"黏合剂"的作用

中介机构是创新要素集聚与互动的载体，是不同创新主体之间的纽带和桥梁，是示范区创新链和产业集聚形成和发展的重要网络节点。为此，要努力办好大学科技园、创业园、创业服务中心等各类创业孵化服务机构，建立市场化运行机制和企业化的管理模式，为有才干的企业家和有前景的企业创业提供高效服务。要加强技术研发、检验检测、信息咨询等公共技术服务平台的建设。要努力培育现代市场体系，建立健全包括人才市场、技术市场、现代物流服务体系等在内的生产要素市场体系，并不断健全市场规则、规范市场行为，使高科技企业所需要的资源都可以通过市场得到优化配置。要培育和规范管理各类专业性中介服务机构，如律师事务所、会计师事务所、审计师事务所、资产评估所、管理咨询、项目评估、招标投标等机构。要充分发挥各类协会、学会、研究会等社会团体的功能和作用。要引进国际著名的科技中介机构在示范区建立合作、合资或者独资的服务组织，建立专业化、规范化、国际化的科技创新服务平台。

（二）强化政府公共服务职能，提升服务水平和效能

公共服务具有整体性、系统性和基础性的特征。在国家自主创新示范区的建设过程中，需要强化政府公共服务职能，注重完善公共服务制度，提高公共部门公共服务效率，不断探索有利于示范区发展的公共服务模式。要推动示范区管理机构及有关政府部门转变观念，始终围绕提升自主创新能力，积极创新管理服务模式，采取一站式服务、绿色通道等办法，依法为区内各创新主体提供便捷、规范的服务，形成有利于各类创新主体发展的环境。可以依托现有行政区划，在工商、税务、项目审批、劳动人事、进出口业务等方面赋予示范区管委会以省、市一级的行政和管理权限。鼓励国家工商总局、国家外汇管理局等国家部门在示范区设立特定"办事处"。要推动示范区建立一种"小政府、大社会"的行政管理体制，对内实行功能管理、机构精简、工作高效、注重服务，对外搞好协调，组合社会各方面的力量，衔接社区职能。要推动示范区以"园林式的工业园区、高尚的生活社区"为建设宗旨，追求生产、生活和文化三者联动发展。

（三）引导示范区培育发展高新技术产业、战略性新兴产业集群

产业集群具有独特的创新优势，能够提高群内企业的持续创新能力，有助于企业通过相互学习来改进技术及服务。国家自主创新示范区是产业集群的典型模式，是创新型国家的先行区和示范区，应充分利用国家赋予的先行先试权，综合考虑自身的科教资源、发展基础、配套条件和优势产业，力争在高新技术产业和战略性新兴产业发展方面有所突破，建设成具有国际竞争力的高新技术产业和战略性新兴产业集群，引领、支撑经济发展方式转变。在示范区，发展高新科技的主体有上市公司、国有企业、民营企业、科研院所转制企业及"三资"企业等，要让各类创新主体在政策措施方面享有同等待遇，并加强各类创新主体之间的竞争与合作，形成完善的创新链和产业集群创新网络。另外，发展高新技术产业必须建立使企业具有不断创新欲望和外在压力的企业制度。为此，要大力发展民营科技企业，利用其产权明晰、自主经营、自负盈亏、用人开放灵活等体制优势

加快高新技术产业的发展。同时，要大力推进产权重组，发挥混合经济的嫁接优势和杂交优势，增加高新技术产业化的有效需求。

六、建立从中央到地方强有力的自上而下的纵向领导体制和各部门高效联动的横向协调机制，推进国家创新体系和区域创新体系的互动，形成推动示范区建设的强大合力

国家自主创新示范区的建设涉及全社会各方面存量科技创新资源的整合重组和新增资源的优化配置，需要中央到地方强有力的组织领导，需要各部门之间的统筹协调及支持配合。

（一）建立上下联动的高效的领导体制，促进中央与地方政府形成政策"合力"

政府对示范区的管理要采取"地方为主、国家支持"的模式，充分发挥中央和地方的积极性。中央和地方政府要上下联动，研究制定推动示范区建设的具体政策措施，并加强各项政策的配合、协调和互补，建立健全政策的执行、反馈和调整机制。要按照科技创新规律的要求优化配置创新资源，支持和引导创新资源向示范区集聚，引导和调节示范区的科技创新。国家各部委要积极参与编制国家自主创新示范区建设与发展规划，将示范区的发展纳入国家创新发展规划和计划，制定发展方针，明确发展方向。地方各部门要积极主动与国家部委对接，争取国家部委的指导和支持。地方政府要积极落实中央的政策方针，在国家发改委、科技部等国家部委的指导下，组织地方各部门共同参与，研究编制建设示范区的发展规划，加强示范区的发展规划与国家中长期科技发展规划、国家产业振兴规划、国家"十二五"发展规划等进行对接。

（二）建立横向协调机制，加强部门沟通，建立科学决策、协作配合、监督有力的管理体制

国家自主创新示范区的建设需要国家和地方多个部门的支持配合，必须加强各部门之间的横向协调。首先，建立国家各部门之间的横向协调机

制，如建立健全财政部门与科技等部门科技资源配置的协调机制，建立财政部门、科技、发展改革等相关部门参加的政府采购自主创新产品的协调机制，建立由国家相关部门参加的引进技术消化吸收和再创新的协调机制等。[3]其次，加强地方各部门的统筹协调，构建科学分工、协作配合的工作机制，形成强大合力。最后，要建立以政府为主体、企业和中介机构参与的示范区议事协调机构，组织和协调推进各项政策措施的具体落实。

（三）推进国家创新体系和区域创新体系的互动

国家创新体系重在"前"——前瞻性、基础性研究和共性技术研究；"高"——战略性高技术；"大"——大工程、大项目。区域创新体系重在"实"——考虑本地资源优势和针对发展实际的需求；"用"——强调技术推广和应用；"特"——依托本地资源优势形成少数特色的产业。国家自主创新示范区既是国家创新体系的载体，也是区域创新体系的载体。因此，在国家自主创新示范区的建设过程中，要明确国家创新体系和区域创新体系的职能分工，推进国家创新体系和区域创新体系的互动与结合。

参考文献

〔1〕孙承斌、邹声文（2010）：《胡锦涛出席中科院工程院两院院士大会并发表讲话》，http://www.gov.cn/ldhd/2010 – 06/07/content_1622076.htm。

〔2〕Badaracco, J. L. (1991), *The Knowledge Link: How Firms Compete Through Strategic Alliances*, Boston: Harvard Business School Press:3-5.

〔3〕国务院（2006）：《国务院关于印发实施〈国家中长期科学和技术发展规划纲要（2006~2020年)〉若干配套政策的通知》，http://www.gov.cn/zwgk/2006 – 02/26/content_211553.htm。

〔4〕蔡文沁（2010）：《加速技术转移，发挥科技支撑经济作用》，http://www.ctex.cn/article/wznr/zjlt/zcfx/201006/20100600018290.shtml。

〔5〕辜胜阻（2009）：《民营经济与创新战略探索》，人民出版社，第79~83页。

〔6〕Braun, C. F. (2000), *The Innovation War*, NJ: Prentice Hall, PTR:64.

〔7〕郑伟（2007）：《促进我国高科技产业突破性发展的财税政策创新研究》，《科技进步与对策》，第6期。

〔8〕辜胜阻（2010）：《危机应对之策与经济转型之道》，科学出版社。

〔9〕辜胜阻、洪群联（2008）：《创新型国家建设的战略思考》，《经济管理》，第9期。

〔10〕辜胜阻、洪群联、张翔（2007）：《论构建自主创新的多层次资本市场》，《中国软科学》，第8期。

〔11〕Borje Johansson, Charlie Kalsson and Mikaela Backman (2007), "Innovation Policy Instruments", CESIS, Electronic Working Paper.

〔12〕European Commission (2009), "Innovation Policy Progress Report China", Inno-Policy Trend Chart.

〔13〕北京市人大常委会（2010）：《中关村国家自主创新示范区条例（草案）》，http://www.bjrd.gov.cn/lfjj/bslfdt/201005/t20100506_56161.html。

〔14〕湖北省人大常委会（1994）：《武汉东湖新技术开发区条例》，http://www.people.com.cn/item/flfgk/ dffg/ 1994/D231075199406.html。

〔15〕刘延东（2009）：《建设国家自主创新示范区，加快推进创新型国家建设》，《中国科技产业》，第4期。

〔16〕李学勇（2008）：《集聚创新要素加快创新型企业建设》，《中国科技产业》，第8期。

4

国家创业政策体系的战略意义
与实施对策*

党的十七大报告明确提出要"促进以创业带动就业……完善支持自主创业、自谋职业政策，加强就业观念教育，使更多劳动者成为创业者。健全面向全体劳动者的职业教育培训制度"。创业对促进经济增长、扩大就业容量、推动技术创新的重要作用已为各国学界和政府所认识。一国（或地区）的创业活动不仅能促进当前的经济增长，而且特别能对未来年度的经济增长起到积极的促进作用。[1]中国中小企业创造的最终产品与服务价值已占全国的58%，提供了75%以上的城镇就业机会、60%以上的发明专利和超过八成的新产品研发。[2]这些中小企业中的大部分是新创立的企业，并已经成为推动中国经济发展的重要力量。当前我国良好的经济增长环境蕴涵着大量的创业机会，仅2006年中国就约有1.4亿18~64岁的成年人参与到创办时间不超过三年半的创业企业中。然而由于中国创业扶持政策存在一些缺陷，造成创业失败的比例较高，创业的就业带动效应难以充分发挥。全球创业观察报告显示，2003年中国创业企业关闭率为8.04%，是GEM平均水平的1.8倍。[3]因此，有必要通过完善中国创业政策体系，进

* 本文系国家自然科学基金项目"高技术企业区域发展与创新模式研究"（项目编号：70573080）的研究成果，发表于《中国人口科学》2008年第1期。《新华文摘》2008年第11期全文转载。肖鼎光、洪群联协助研究。

一步提高中国的创业活动水平，推动中国经济迈向"创业型经济"。

一、创业的内涵与创业政策理论框架

（一）创业概念的内涵

早在二三百年前，"创业"一词就出现在经济文献中，到 20 世纪 80 年代，创业开始作为一个学术研究领域出现。但由于学者们对创业内涵的阐释各有侧重，到目前为止，学术界尚未就创业的定义达成共识。从本质上看，创业的核心是创新。熊彼特指出创业是实现创新的过程，创新是创业的本质和手段。创业者的功能是实现生产要素的新组合。这种新组合可以包括产品创新和服务创新、生产工艺创新和业务流程创新、企业组织创新、企业制度创新等方面。[4]德鲁克进一步指出，仅仅是开一家"既没有创造出新的令人满意的服务，也没有创造出新的消费需求"的熟食店，不是创业，只有那些能够创造出一些新的、与众不同的事情，并能创造价值的活动才是创业。[5]美国学者莫里斯对近几年欧美地区创业核心期刊的文章和主要教科书进行了文献检索，发现其中的 77 个创业定义中，出现频率最高的关键词主要有：开创新事业，创建新组织；创造资源的新组合，创新；捕捉机会；风险承担；价值创造。[6]国内学者雷家骕认为，创新是"建立一种新的生产函数"，而创业本质上就是建立新的生产函数加上建立新的组织，是创新的载体和实现形式。[7]基于以上的研究，我们将创业的内涵界定为：通过创新实现各种资源的新组合、开创新业务、创建新组织，通过捕捉机会并承担风险进而创造价值。

（二）创业政策的理论框架

创业政策是通过一系列的制度安排或政策工具来增加创业机会、提高创业技能、增强创业意愿，从而提升创业水平，促进"创业型经济"的发展。创业政策涉及从地区到国家、从低技术经济到高技术经济等十分广泛的经济发展领域。全球创业观察（2002）的分析框架提出了 9 个方面的创业环境条件：金融支持、政府政策、政府项目、教育和培训、研究开发转移、商业环境和专业基础设施、国内市场开放程度、实体基础设施的可得性、文化及社会规范。该框架着眼于全球范围的创业环境分析，框架中提出的环境条件比较注重普遍性，而缺乏指导特定国家创业政策的针对性。[8] 丹麦学者霍夫曼通过对 OECD 国家中创业环境居于前三位的韩国、加拿大和美国创业政策的分析，认为破产制度、个人所得税、劳动力市场规制、创业教育和创业投资是提高创业水平最重要的政策领域。[9]

荷兰创业经济学家蒂里克基于对创业供给（创业者）和创业需求（创业机会）相互作用机制的分析，指出了政府扶持创业的六条政策渠道[10]：一是创业需求。主要通过技术进步、收入政策等来影响创业机会的种类、数量和可获得性，以创造更大的创业空间。二是创业供给。主要通过移民政策、城镇化进程中的区域发展政策、家庭补贴及儿童福利政策等来影响潜在的和未来的创业家数量。三是通过提供金融和信息资源来连接资本与知识。金融资源包括创业投资、补贴和贷款担保等；信息资源包括提供创业信息、创业咨询及创业教育等。四是通过在教育系统引入创业元素、加强新闻媒体对创业的关注等方式来培育创业文化。五是风险—补偿机制。通过税收政策、社会保障、收入政策、劳动市场法规、破产法规等来影响潜在创业家的创业选择。六是通过市场竞争政策、知识产权保护政策、企业建立政策等来削弱大企业的市场力量，消除小企业的进入障碍，增强市场的可进入性。

瑞典学者伦德斯特伦和史蒂文森在其创业政策理论框架中提出[11]，针对创业种子期和初创期，要通过减少进入和退出"壁垒"，增强创业者获得建议、信息、网络、指导、孵化的可能性，提供小额贷款和种子基金等措施来增加创业机会。要通过开展创业教育、制定创业培训项目、支持学生创业计划等方式，提高创业技能。要通过宣传创业的社会作用、树立创业模范等方式，增强创业意愿。而针对创业成长期，创业政策的重点是要帮助创业中小企业获得融资、网络、专业意见等生存和成长所需的资源，提高创业企业家的管理技能，增强成长动力。他们同时指出创业三要素中首要的是激发创业意愿和培养创业技能，这是创业的基本动力来源。其政策框架围绕创业机会、创业技能和创业意愿三个创业核心要素，并涵盖了从创业种子期至创业后 42 个月的整个创业阶段，具有较好的学术价值和借鉴意义。

创业政策一般可以分为四种类型：中小企业政策的推广、新企业的创立政策、细分创业政策、全面的创业政策（整体创业政策）。当前我国实施的创业扶持政策主要是第一类和第三类创业政策：一是政府扶持创业的法律法规主要是中小企业政策的延展，如《中华人民共和国中小企业促进法》（2003）、《中小企业发展专项资金管理办法》（2004）；二是创业政策侧重对不同类型创业群体的支持，如《国务院关于鼓励支持和引导个体私营等非公有制经济发展的若干意见》（2005）、《财政部、国家发展改革委关于对从事个体经营的下岗失业人员和高校毕业生实行收费优惠政策的通知》（2006）、《科技型中小企业创业投资引导基金管理暂行办法》（2007）等。可以说，中国的创业扶持政策还仅是中小企业政策和科技创新政策的组成部分，并不是一种系统全面的整体创业政策。

二、当前中国的创业扶持政策现状及其缺陷

（一）中国创业扶持政策现状分析

近年来，中国各级政府对创业越来越重视，扶持创业的法律和政策相继出台。当前中国的创业扶持政策可以从以下三个方面来加以考察：

1. 创业机会方面

为扩大创业规模，降低创业弱势群体的创业成本，政府规定下岗失业人员、退役军人及基层创业的高校毕业生，可申请两年期限最高5万元的小额担保贷款，并且财政贴息50%～100%。此外，对从事个体经营的下岗失业人员、高校毕业生免交登记类、证照类和管理类的事业性收费三年。为鼓励高技术创业，对国家高新区内新创办的高新技术企业免征所得税两年，两年后减按15%的税率征收。对一般符合条件的小型微利企业，减按20%的税率征收企业所得税。[①]

为帮助创业企业融资，中国政府大力发展创业投资和各种创新基金，

---

① 数据来源于《关于改进和完善小额担保贷款政策的通知》（2006）、《财政部、国家发展改革委关于对从事个体经营的下岗失业人员和高校毕业生实行收费优惠政策的通知》（2006）、《实施〈国家中长期科学和技术发展规划纲要（2006～2020年）〉的若干配套政策》（2006）、《企业所得税法》（2008）。

对向各种创新基金的捐赠给予税前扣除以扩大基金规模，同时建立了创业投资引导基金，对符合条件的创业投资企业也给予按投资额的 70% 抵扣应纳税所得额的优惠①，促进了创业投资的发展，2007 年前 11 个月中国创业投资总额达到 31.80 亿美元。[12]此外，中国正尝试建立多层次的创业创新资本市场，2004 年设立了中小企业板，2006 年启动代办股份转让系统的试点。

政府通过集群式创业的方式，增强创业企业对信息、社会网络、孵化平台等资源的可获得性。在一般产业，以区域性小企业创业基地的形式；在高技术产业，则以科技创业孵化器的形式来构建创业集群。科技企业孵化器或称高新技术创业服务中心是培养高新技术企业和企业家的创业服务机构，主要有科技企业孵化器、留学人员创业园和大学科技园三种形式。2005 年中国科技企业孵化器达到了 534 家，其中国家级 135 家，建立在国家高新区内的有 239 家，毕业企业已经达到 15815 家，毕业企业创造的营业总收入达 1433.3 亿元。[13]2006 年底，中国已成立了留学人员创业园 100 多个，入园的留学人员企业 6000 多家，人数 15000 多人。[14]2005 年底中国已建成 62 个大学科技园，转化科技成果近 3000 项，有在孵企业 5700 多家，累计毕业企业 1400 多家，提供就业岗位 7 万余个。[15]

2. 创业技能方面

1998 年教育部公布的《面向 21 世纪教育振兴行动计划》提出："加强对教师和学生的创业教育，鼓励他们自主创办高新技术企业。"1999 年全国教育工作会议提出："要帮助受教育者培养创业意识和创业能力。"[16]在此基础上，高校逐步允许科技人员离岗创办高新技术企业、中介机构，并可在规定时间内（原则上为两年）回原高校竞争上岗。2002 年中国教育部已确定清华大学、中国人民大学、复旦大学等为我国创业教育试点院校。此外，中国还通过中小企业银河培训工程为社会创业人士提供创业和管理技能培训，至 2006 年 5 月已累计培训了 1.55 万名创业者。[2]2007 年 12 月，中国启动了火炬创业导师行动，首批聘请了 39 位企业家和专家成为火炬创业导师，以帮助初创企业和创业者提高创业技能。

---

① 数据来源于《关于促进创业投资企业发展有关税收政策的通知》（财政部、国家税务总局，2007）。

3. 创业意愿方面

自 2002 年以来，中国加入"全球创业观察"研究体系已进入了第六年。清华大学撰写了四个中国创业研究报告，成为研究中国创业问题的重要工具。再加上，近年来清华大学、南开大学、浙江大学等高等学府纷纷建立的创业研究专门机构，使中国的创业研究初具规模，成为传播创业思想的重要阵地。中国于 2001 年 8 月建立中小企业信息网，2006 年底总站和分网已拥有 36 万企业会员。[17] 2007 年 12 月，国家科技部主管的中国技术创业协会在北京成立，这些设施和机构已成为开展创业交流、树立创业模范、传播创业意识的重要平台。

（二）中国创业政策的缺陷与创业"瓶颈"

从重视科技创业、下岗再就业到重视普遍的创业活动，从单纯提供优惠政策到提供创业辅导，中国的创业政策正在不断改进。创业活动是一项复杂的系统工程，而中国创业政策的制定又缺乏理论上的系统思考，造成创业政策的扶持力度不够，创业水平相对较低。有测算表明，我国每千人不到 10 个中小企业，而发达国家和发展中国家每千人拥有的中小企业数量平均分别为 50 个、20～30 个。我国的创业"瓶颈"和创业政策缺陷主要表现在以下几个方面：

1. 创业融资难，融资缺口大

根据 2006 年中国创业观察报告的研究，创业融资主要依靠血缘、亲缘关系，其次才是金融机构的信贷融资和政府的资金扶持。初创企业时常是无资信、无固定资产，想从银行获取贷款相当困难，这一问题在世界范围内普遍存在。另外，由于中国 90% 以上的中小企业是私营企业，在以国有商业银行为主体的银行体系中，初创企业融资除了受到"重大轻小"的"规模歧视"外，还要受到"重公轻私"的"所有制歧视"，融资难度更大。据对中关村所做的一项研究表明，中关村科技园区 7200 家具备一定规模的企业中，就至少有 280 亿元人民币的资金需求缺口，而 90% 的中小科技型企业长期处于发展资金极度短缺之中。对 GDP 贡献超过 50% 的中国中小企业，所获得贷款占全部金融机构贷款比重只有 10% 左右。

2. 有效规避创业风险的机制不健全

初创中小企业由于各方面条件的限制，与大企业相比承担风险的能力相对较弱。有关研究表明，约有 50% 的中小企业在创立的 3 年内死亡了，在剩下的 50% 企业中又有 50% 的企业在 5 年内消失，即使剩下的这 1/4 企业也只有少数能够熬过经济萧条的"严冬"。[18]美国等发达国家主要通过发达的创业投资体系来分散初创企业的风险，与之相比，中国的创业投资发展仍然滞后。从总体规模上看，美国创业投资占 GDP 的比重为 1%，而 2006 年中国创业投资仅占 GDP 的 0.025%，[19]差距明显。从结构上看，创业投资可以分为一般创业投资和天使投资，后者单笔投资额度小，主要针对种子期和初创期的企业融资，并能有效提高创业企业对下一阶段创业投资的吸引力。美国的天使投资总额上已与一般创业投资相当（见表 1）。2006 年中国种子期投资占境内创业投资额总量的比重仅为 17%，[20]天使投资的发展严重滞后。创业投资的介入不仅帮助初创企业融资，还能凭借自身经验，帮助企业提高管理水平；创业投资通过组合投资规避项目风险和市场风险，着眼企业的发展前景和长期经营利润，能够降低创业失败的几率。而我国创业投资发展的相对滞后，既不能为创业企业提供足够的融资支持，也不能充分发挥其分散风险的制度功能。

表 1　美国创业投资与天使投资比较

年　　份	2002	2003	2004	2005	2006
一般创业投资					
总额（亿美元）	219	197	224	230	264
投资创业企业数（个）	3092	2920	3073	3131	3608
投入种子期和初创期企业的资金比重（%）	1.5	1.8	2.0	3.6	4.3
天使投资					
总额（亿美元）	157	181	225	231	256
投资创业企业数（个）	36000	42000	48000	49500	51000
投入种子期和初创期企业的资金比重（%）	47	52	–	55	46

注：一般创业投资数据根据 Pricewaterhouse Coopers /National Venture Capital Association, *Money Tree Report*, *Historical Trend Data for the U. S.* (www. pwcmoneytree. com) 计算；天使投资数据来源于 Jeffrey Sohl, *The Angel Investor Market 2002-2006*, Center for Venture Research, University of New Hampshire (www. unh. edu)。

3. 创业扶持对象设限，竞争环境有待优化

政府给予科技人群和弱势人群创业以融资倾斜和税收优惠，但对一般

人群的扶持力度较弱；对高技术创业高度重视，但对低技术行业创业活动的支持不够，不利于创业活动的普遍开展。德鲁克早就指出，"高科技只是创新与创业领域的一部分，绝大部分创新产生于其他领域"[5]。此外，近年来出台的政策多是按照企业规模和所有制设计的，对大企业优惠多，对中小企业考虑少；对公有制企业优待多，对非公有制企业考虑少。各地中小企业之间在相当大的范围内存在低水平过度竞争的问题。市场竞争不公，降低了中小企业创业的收益预期，挫伤了中小企业创业的积极性。

4. 创业服务体系不完善，创业成本较高

政府的不规范行为极大地提高了中小企业的创业成本。《全球创业观察（GEM）2006 中国报告》中指出，我国创业所需审批程序相对复杂，耗时较长。此外，企业创业创新的服务机构数量少，专业化水平低，运行不规范，服务功能单一，加大了创业企业的运营成本。调查显示，最近半年得知他人创办企业的个体，投入创业活动的水平可达那些缺乏别人创业信息的人的 2 ~ 3 倍。[21]创业信息的广泛传播有助于提高创业活动的水平。但作为传播创业信息的重要平台之一的中国中小企业信息网的全部企业会员不到中小企业总数的 1%，[22]难以满足广大创业企业获取和发布相关信息的需要。

5. 创业教育落后，创业人才短缺

为了适应美国经济结构的变革，美国百森商学院 1967 年在全球第一个设立了创业教育课程，目前美国创业教育已贯穿从小学到大学的教育体系。欧盟大多数国家也致力于在本国的教育系统中强化创业教育，而中国才刚开始在高校进行创业教育试点。多年的 GEM 报告均显示，受过高等教育或研究生教育的个体从事创业活动的比例更高。[23]当前创业教育的发展远不能满足中国大学生强烈的创业意愿及其对创业技能培养的需求。最新的调查数据显示，78.95% 的中国学生表示自己希望能创业，但仅47.22% 的大学生参加过有关创业方面的活动，因此在创业能力的获取上，有 3/4 以上的学生希望学校进行创业创新教育。[24]创业教育落后限制了民众创业精神和创业技能的培养，不仅抑制了创业家的成长，还使得创业企业难以获得合适的人才。另一项问卷调查显示，有 49% 创业者认为"最头疼的问题是缺少合适人才"。[25]

三、完善中国创业政策体系的对策思考

中国创业活动与其他国家既有共性,又存在差异。针对中国创业活动的问题和创业政策的缺陷,本文从创业融资、创业服务、创业集群、创业教育和创业文化五个方面提出了完善中国创业政策体系、促进创业带动就业的战略对策(见图1)。

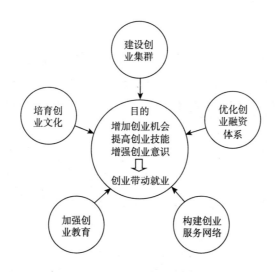

图1 完善创业政策体系的战略对策

(一)优化创业融资体系,提高创业融资水平,构建分散创业风险的有效机制

1. 放松金融管制,大力发展中小社区银行,提高中小企业创业的外源性融资水平

发展与创业企业规模结构和所有制形式相适应的银行体系,社区银行是一种有效的形式。它一般是指资产规模较小(如美国的标准是10亿美元以下),以盈利为目的,经营范围局限于一定区域的现代商业银行。其竞争优势首先是扎根当地,能够利用当地关系网络获取社区内创业者和中

小企业的软信息，减少信息、谈判和监督成本，从而能解决银行与中小企业之间信息不对称的顽疾。其次，具有"草根"特质的社区银行，与同为"草根"的中小企业具有体制上的对称性，而且真正将当地吸收的存款用于社区经济发展，更能获得当地政府和创业者的支持。中国未来的社区银行可以借鉴我国村镇银行和美国硅谷银行的模式，优先在高新技术开发区鼓励民间资本试办社区银行，化解科技型创业企业融资难问题。在高新区外民营经济发达地区，应放松金融管制，引入民营机制，引导民间非正规金融发展成社区银行，从制度上缓解中小企业创业融资难问题。

2. 优化创业投资结构，完善创业融资资本市场体系，拓展创业企业的股权融资渠道

发达国家的经验表明，资本市场、创业投资和创业企业的相互联动，形成了一整套独特的发现和筛选机制，成为创新和创业的发动机。应抓住当前国家推进多层次资本市场体系建设的契机，优化创业投资结构，完善为创业融资服务的资本市场体系。

一方面，需要优化创业投资结构。应扩大创业投资规模，通过政府引导，让保险资金、银行资金、社会资本都可以参与创业投资基金的设立，使其拥有一个新的资金汇聚渠道。更重要的是要优化创业投资结构，大力发展天使投资。建议我国尽快制定天使投资的专门扶持政策和法律法规体系，构建天使投资与创业企业的网络交流平台，在有条件的地方鼓励民营企业家等先富人群加入天使投资网络，建立区域性天使投资市场试点，以优化创业投资结构。另一方面，需要完善为创业融资服务的资本市场体系。发达的资本市场既是创业投资的最佳退出通道，又是创业企业的重要融资渠道。当前，要加快完善创业板市场。创业板必须在发行条件和目标定位上紧紧围绕成长型、科技型、创新型的创业企业，充分发挥其区别于主板、中小企业板和其他融资方式的特定优势。应总结代办股份转让系统成功试点的经验，加强挂牌标准、信息披露、转板机制等制度建设，先将其加速覆盖到其他的国家高新区。此后，在规范化和标准化运作的基础上，将代办股份转让系统逐步覆盖全国的创新创业企业，为发展真正意义上的"三板市场"奠定基础。要积极发展技术产权交易市场。可在各类地区性技术产权交易机构基础上，建立全国性的技术产权交易市场管理机

构，制定统一管理原则；通过建立技术产权交易全国信息共享平台，加强行业自律和监管。利用技术产权交易市场的作用机制，提高技术与资本两个市场的交易效率，为大量暂时达不到上市"门槛"的科技型中小企业提供融资安排。

（二）构建创业服务网络系统，提供针对性的、有效率的创业服务，增加创业机会

多层次、全方位、网络化的创业服务能够极大降低企业创立和成长的成本，使创业者能够发现、识别直至开发创业机会。中国创业服务网络系统应覆盖从高技术到低技术全行业的创业活动，应针对种子期、初创期和成长期创业企业的不同需要提供专门服务。一是要提高政府的管理服务效率，缩短企业注册时间，减少审批环节，实现"一站式"服务。要降低进入"门槛"，减轻初创中小企业的税费负担，杜绝乱收费、乱罚款和乱摊派，轻赋养育中小企业，营造一个外部成本较低的成长环境。二是各地要进一步将富有创业实践经验、熟悉创业政策的成功创业家（包括离退休人员）及管理、咨询、财税、法律等专业服务人员组织起来，建立高素质的创业辅导队伍，立足于区域特色为创业者提供信息、咨询、指导、培训等创业服务，帮助和鼓励有意创业者识别创业机会，开展创业行动。这里要依托创业基地和创业服务机构，打造优秀创业服务品牌。三是在创业中小企业成长阶段，要扩大国家科技创新基地向全社会开放，推进大学、科研院所和大企业同中小企业的合作，帮助创业企业借助"外脑"、运用社会资源弥补企业自身不足，增强成长力。

（三）加强创业基地、科技孵化器等创业集群建设，集聚社会资本，形成创业集群效应，降低创业风险

创业信息、知识和社会资本的获取通常是创业者的弱项，但同时也是创业成败的关键。集群系统在知识溢出、信息扩散和网络关系等方面具有正的外部性，对于创业有着重要的作用。将创业企业纳入集群系统可以帮助创业者及创业企业利用知识溢出获取创新技术和产品的信息，通过网络学习积累创业及管理经验，通过网络交流积累社会资本。因此，政府应加强

以创业基地和科技创业孵化器为主要形式的创业集群建设，通过集群效应降低创业风险，提高创业成功率。当前中国政府对科技创业集群的扶持力度最大，扶持体系较为完备，下一步一是要把重点放到整合资源、完善功能、优化服务、培育品牌上来。二是要加强全国科技孵化器、创业园等科技创业集群之间的网络交流，发挥资源共享、优势互补、互惠发展的整体效能。而对以市场力量推动的、一般产业的创新创业活动，政府要加大扶持力度，可以考虑将有限的资金、人力及政策资源集中到各地的创业基地中，实现资源的优化配置，促进一般产业创业集群的发展，提高创业成功率。

（四）通过提升创业教育地位、改进创业教学内容和模式等措施，加强高校创业教育，提升创业意愿和技能

创业机会只是创业活动的外部环境因素，一个国家创业活动水平的提高，最终要靠创业者愿意并且有能力成功创业。创业技能和创业意愿的提升关键在于以培养具有开创性个性的人为目的的创业教育，这也是中国创业政策最大的缺陷所在。考虑到政府教育支出水平有限，中国应分阶段，先在高等教育中加强创业教育，待民众创业认识提升到一定水平之后，再普及到包括中小学在内的整个教育系统。加强高校创业教育，一要在高校明确设立创业学科，组织专家制定指导性的课程体系框架和教学大纲，以提高创业教育地位。二要完善创业课程设置和教学内容，从创业兴趣和价值观、创业技巧和能力等多方面提高创业者综合素质。三要改进创业教学模式，实行包括课堂讲授、基地实习等多形式相结合的创业教学方法。也可以尝试将创业教育引入职业技术教育和成人教育领域，通过论坛、创业计划大赛等形式扩大创业教育的培养对象，提高职业技术人才的创业水平。

（五）通过政府引导和制度创新，传播创业信息，树立创业典型，弘扬创业文化

创业需要有一种崇尚创新、宽容失败、支持冒险、鼓励冒尖的文化氛围和制度保障。中国应加强报纸杂志、广播电视、互联网等媒体的创业宣传，传播创业信息和成功创业故事，提高大众的创业认识。要通过构建创业科研、实践等相关活动的奖励机制，鼓励创业研究，树立创业模范。如瑞典设立的"瑞典创业与小企业研究奖",对提高创业研究水平具有积极作用。在制度层面,要进行破产制度创新,放宽对创业失败者的限制,减少他们重新创业的制度障碍;进行社会保障制度创新,保障创业失败者的基本生活,同时也能减少预创业者的失败恐惧感,提高创业水平。通过这些举措,在社会上营造尊重创新创业人才、崇尚创业精神、支持创新产品、宽容创业创新失败的风气,使创业创新成为社会习惯,为中小企业创业创新提供文化支撑和制度保障,增强创业意愿。

参考文献

〔1〕 邱琼、高建(2004):《创业与经济增长关系研究动态综述》,《外国经济与管理》,第 1 期。

〔2〕 国家发展与改革委员会中小企业司(2007):《2006 年中小企业发展情况和 2007 年工作要点》,http://www.sme.gov.cn/web/assembly/action/browsePage.do? channelID=10089&contentID=1167587742566。

〔3〕 姜彦福等(2004):《全球创业观察 2003:中国及全球报告》,清华大学出版社。

〔4〕 熊彼特著,何畏等译(1990):《经济发展理论》,商务印书馆。

〔5〕 彼得·德鲁克(2002):《创新与创业精神》,上海人民出版社。

〔6〕 Morris, M. H. (1998), *Entrepreneurship Intensity: Sustainable Advantages for Individuals, Organizations, and Societies*, Westport, Corm.: Quorum.

〔7〕 雷家骕(2007):《国内外创新创业教育发展分析》,《中国青年科技》,第 2 期。

〔8〕 姜彦福等(2003):《全球创业观察 2002 中国报告》,清华大学出版社。

〔9〕 Anders Hoffmann (2004), "A General Policy Framework for Entrepreneurship", FORA-Centre for Economic and Business Research, www.foranet.dk.

〔10〕 Roy Thurik (2007), "Entreprenomics: on Entrepreneurship, Economic Growth and Policy", *Entrepreneurship, Growth and Public Policy*, Z. J. Acs, D. B. Audretsch and R. Strom (eds), Cambridge University Press, Cambridge, UK, forthcoming.

〔11〕 Anders Lundström & Lois Stevenson (2001), "Entrepreneurship Policy for the Future", Volume 1 of the Entrepreneurship for the Future Series, Swedish Foundation for Small Business Research.

〔12〕 周明(2007):《今年前 11 个月中国创业投资比去年全年增长 78.9%》,《中

国证券报》，12 月 28 日。

〔13〕科学技术部（2006）：《2005 年科技企业孵化器发展情况分析》，http://www.most. gov. cn/bstd/cx/kjtjcx/kjtjzx/200612/t20061212_38806. htm。

〔14〕张景华（2006）：《中国留学人员创业园喜中有忧》，《光明日报》，10 月 21 日。

〔15〕科学技术部、教育部（2006）：《国家大学科技园"十一五"发展规划纲要》，http://www. most. gov. cn/tztg/200612/t20061213_38824. htm。

〔16〕教育部高教司编（2000）：《高职高专教育改革与建设——1999 年高职高专教育文件资料汇编》，高等教育出版社。

〔17〕郑昕（2006）：《以创新精神开拓创办小企业工作新局面》，http://zxqys. ndrc. gov. cn/zsqyjb/t20061206_97861. htm。

〔18〕辜胜阻（2007）：《用过剩流动性破解创新融资难》，《科技日报》，7 月 22 日。

〔19〕李良、朱茵（2006）：《中国创投业迎来"黄金时代"》，《中国证券报》，12 月 8 日。

〔20〕北京软件和信息服务业促进中心等（2007）：《中国天使投资研究报告（2006）》，《新经济导刊》，第 1 期。

〔21〕Paul D. Reynolds, William D. Bygrave, Erkko Autio, et al. (2004), *Global Entrepreneurship Monitor* 2003 *Executive Report*, Babson College, London Business School, Ewing Marion Kauffman Foundation: 1-88.

〔22〕辜胜阻、李俊杰（2007）：《区域创业文化与发展模式比较研究——以中关村、深圳和温州为案例》，《武汉大学学报（哲学社会科学版）》，第 1 期。

〔23〕Niels Bosma, Rebecca Harding (2006), "Global Entrepreneurship Monitor 2006 Results", http://www. gemconsortium. org.

〔24〕全国高等学校学生信息咨询与就业指导中心（2007）：《大学生创业和创业教育问题调查报告》，http://job. chsi. com. cn/jyzd/jyxx/200711/20071116/1542783. html。

〔25〕佚名（2007）：《〈快公司2.0〉创业者生态调查活动问卷分析》，《中国电子商务》，第 5 期。

—5—

扶持农民工以创业带动就业的
战略意义与实施对策*

一、全球金融危机与农民工面临"就业难"

从世界范围来看，全球金融危机已经对世界各国造成了巨大的冲击，就业压力逐渐成为日益严峻的经济社会问题。就业是民生之本，危机对民生的影响突出表现为大量企业经营困难甚至倒闭而引发的大量失业。美国20世纪30年代大危机时，失业率曾经超过20%。国际劳工组织也在近期的报告指出，发达国家的金融危机正演变为全球性的经济和就业危机。[1]就中国而言，当前危机的影响仍在不断加深，全球金融危机对中国的影响不仅表现在实体经济方面，而且已经波及民生，并突出表现为就业形势的恶化，以农民工为代表的存量就业和以毕业大学生为代表的新增就业出现了较大困难。

在当前异常严峻的就业形势下，农民工的就业环境也发生了显著变化。受全球金融危机的冲击，大量农民工失业，就业困难增加，农民工"就业难"的问题凸显出来。有很多报道和文章甚至使用"失业潮"、"返乡潮"来描述当前的农民工的就业困难。[2]据农业部抽样调查，有15.3%

* 本文发表于《中国人口科学》2009年第3期，文中核心观点已形成全国人大建议。易善策协助研究。

的农民工现在失去了工作或者没有找到工作。[3]数以千万计的农民工失业，而计划招工的企业和空闲岗位同时在减少。据调查，2009年春节后计划招工企业的数量与2008年相比减少了20%，空岗数量减少10%。[4]因而农民工的就业问题尤为突出。从地区分布来看，农民工相对集中的地区也是金融危机影响较为严重的地区。据统计，在东部地区务工的农民工占全部外出农民工的比重在70%以上，而这里是受金融危机冲击最大的地区。从行业分布来看，农民工相对集中的行业也是金融危机影响较为严重的行业。在制造业中的农民工占农民工总数的30%，建筑业则占23%。[5]但是，伴随着外需的减弱，大量劳动密集型的制造业企业缺乏订单，出口受阻；同时，房地产等建筑行业也进入调整期，新开项目减少，直接影响到农民工的就业问题。

表1 1978～1984年城市新就业人数及安置去向

年份	当年就业总量（万人）	全民所有制		集体所有制		从事个体劳动	
		就业量（万人）	占总量（%）	就业量（万人）	占总量（%）	就业量（万人）	占总量（%）
1978	544.4	392.0	72.0	152.4	28	0	0
1979	902.6	576.5	62.9	318.1	35.2	17	1.9
1980	900.0	572.2	63.6	278.0	30.9	49.8	5.5
1981	820.0	521.0	63.5	267.1	32.6	31.9	3.9
1982	665.0	409.3	61.5	222.3	33.4	33.4	5.0
1983	628.8	373.3	59.4	170.6	27.1	84.0	13.4
1984	721.5	415.6	57.6	197.3	27.3	108.6	15.1

资料来源：国家统计局（1983～1985）：《中国统计年鉴（1983～1985）》，中国统计出版社。

应当看到，危机的影响是双重的，不仅会对原有的经济发展形成冲击，而且会形成"倒逼"的机制改变原有发展路径。从这种意义上来看，就业困难一方面是压力，同时也会形成"倒逼"机制，激发人们的创业热情。改革开放之初，我们也面临着类似当前的就业困境，数以千万计的城镇知识青年返城。面对当时的就业压力，政府放宽政策允许非公经济的发展，一大批人通过自谋职业进入非公经济领域，掀起了一次创业浪潮。

1979～1984年，全国共安置4500多万人就业，城镇失业率从5.9%迅速下降到1.9%，[6]非公经济发挥了重要作用。从表1中可以看出，1978～1984年城市新就业的人口中全民所有制企业吸纳就业所占的比重从72%降至57.6%，而从事个体劳动的人数上升迅速，到1984年已占全部就业的15%。创业型就业成了当时缓解沉重就业压力的一大创举，在非公经济发展相对较快、创业活动相对活跃的地区，就业压力也相对较小。历史经验启示我们，危机会形成一种"倒逼"机制，在政策的引导下，待业者被迫创业最终化解了就业的压力。

一般认为，创业有生存型创业和机会型创业两种类型。生存型创业背后的主要动力机制是"倒逼"机制。改革开放以来，三次创业的活跃期显示，个体工商户与私营企业户数的增长率显著升高都与失业率有密切联系（见图1）。因而，面对当前的就业压力，也要充分重视"倒逼"机制对创业活动的推动作用，抓住机遇，用创业带动就业，主动引导第四次创业浪潮，利用危机"倒逼"机制使更多的劳动者成为创业者。如果说30年前的创业浪潮是改革开放以来的第一次，即以城市边缘人群和农民创办乡镇企业为特征的"草根创业"，那么第二次创业浪潮则是以体制内的精英人群（科研部门的科研人员和政府部门的行政精英）下海创业为特征的精

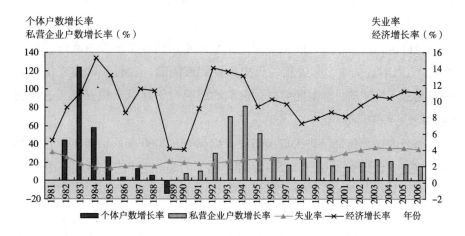

图1　1981～2006年我国创业活动与就业、经济增长

资料来源：中华全国工商业联合会（2005）：《中国民营企业发展报告（2004）》，社会科学文献出版社；中华全国工商业联合会（2006）：《中国民营经济发展报告（2005～2006）》，社会科学文献出版社；1980～2006年各年《中国统计年鉴》。

英创业。据报道，1992 年邓小平南方讲话后，有 10 万人从体制内走向体制外"下海"经商。第三次是加入世界贸易组织后，伴随新经济的发展以大量留学人员回国创业为特征的"海归"创业。当前，第四次创业浪潮正在形成，即由这次全球金融危机和就业危机所"倒逼"的农民工创业和大学生创业。由金融危机带来的就业压力已使很多人选择自己创业。例如，从 2008 年 9 月以来，淘宝网上新开店铺每个月近 20 万家，每天有 5000 人在淘宝网上开店，网络创业热潮正扑面而来。[7]

二、鼓励农民工创业的必然性和战略意义

农民工是我国劳动力流动过程中的一个特殊群体。在对其有关的研究中，农民工返乡创业受到相当多的关注。早在 20 世纪 90 年代有学者就指出"打工潮"的兴起，带出了"创业潮"、"开发潮"、"建城潮"，开创了农村进一步开发劳动力资源和解放生产力的新机遇与新的增长点。输出劳动力回家乡创办企业，也可以实现农村富余劳动力的就地转移，为避免"城市化过度综合症"的出现提供了一种有益的探索。[8]通过一些地区"创业神化"的描述，很多学者都相信"民工潮"的背后将有回乡的"创业潮"。[9]还有人认为返乡创业是外出劳动力的最终归宿。[10]同时也有学者调查研究后指出，虽然不乏回乡创业的生动案例，但是绝大部分回流者回到了传统经济结构之中，返乡创业只是个别现象，调查结果并不支持"创业神话"。因而，从城市化进程的历史角度观察问题，农村劳动力外出就业的意义远大于回流。[11]由此可见，前期的研究对于是否支持农民工返乡创业的结论并不一致。

当前农民工流动已进入新的阶段。据调查，2000 年后回乡创业占全部返乡创业人数的 65.4%，即 2/3 的回乡创业者是在近几年实现的，农民工回乡创业步伐正在明显加快。[12]同时，农民工的就业环境也发生了显著变化，扩大农民工就业是应对全球危机和维护稳定的重大战略。因此，对待农民工返乡创业问题，需要结合当前人口流动的新趋势和就业环境的新变化，充分认识农民工回乡创业的必要性和重要意义。

(一) 鼓励农民工创业的必要性与战略意义

在当前的就业压力下，迫切需要实施积极的就业战略，多种渠道妥善解决当前农民工的就业难题。鼓励农民工创业的当务之急是为了应对当前的就业危机；从长远发展来看，农民工创业有利于解决"三农"问题，有利于工业化的可持续发展，有利于城镇化的健康发展，可以"引爆"中国最大的内需。

1. 鼓励农民工创业是解决农民工就业问题、缓解当前的就业压力的有效途径

创业不仅能够解决自身就业，而且在扩大就业方面具有倍增效应，一人创业可以带动多人就业。调查表明，平均每名创业者带动就业3.8人。据调查估计，回乡农民工已经有800万人创业，并带动了3000万人就业，达到了"吸引一人返乡创业，带动一批人就业致富"的效果。[12]安徽现有70万农民工回乡创业，约占全省转移就业农民工总数的7%。[13]"引凤还巢"正在成为安徽非公经济发展的一支生力军。因而，破解当前的就业压力重在"开源"，即创造新的就业载体，通过鼓励创业来带动就业。

2. 鼓励农民工创业有利于提高农民收入和农村消费水平，进一步扩大内需

扩大内需的关键在于启动农村消费市场，农村消费市场活跃的关键又在于提高农民收入。农民工返乡一人创业，可以致富一方，进而拉动内需。一方面，农民工回乡创业可以吸纳当地农民进入企业。农民通过兼业经营，获得打工收入，有利于提高非农收入。另一方面，很多农民工回乡创业所从事的经营活动与当地的农业生产相联系。在这种"农产品加工企业＋农户"的模式下，不仅分散的农户被有效地组织起来，加强了与市场的联系，而且深化了农产品加工，提高了当地的农业产业化水平，有利于帮助农民增收。通过回乡创办经济实体，返乡农民工有效带动一大批农民发展生产和就业致富，已从昔日的城乡游民转变为当地经济的"领头羊"，成为县域经济发展的重要推动力量。

3. 鼓励农民工创业有利于减少大规模的异地流动带来的沉重代价

农村劳动力的外出虽然有力地推进了中国工业化和城镇化的整体水

平，但同时也产生了诸多的社会负面效应。由于家庭分离，农民工的异地流动形成了诸如农村劳动力弱质化和留守问题等巨大的社会代价。当前农村地区的留守儿童、留守妇女和留守老人问题相对突出。首先，留守儿童数量庞大。目前全国农村留守儿童约 5800 万，在全部农村儿童中，留守儿童的比例高达 28.29%。[14] 由于家庭的不完整、父母在家庭功能中缺位，农村留守儿童的健康成长受到严重影响，出现了学习滞后、心理失衡、行为失范、安全堪忧等诸多问题。其次，大量农民工夫妻分居，严重影响了农民工正常的家庭生活。再次，农村地区人口老龄化相对严重。第五次全国人口普查资料显示，60 岁及以上的农村老年人口占农村人口的 10.92%，2001 年农村老年抚养比为 11.6%，比城市的 11.25% 和镇的 9.68% 都高。[15] 在目前农村仍以家庭养老为主的情况下，大量留守老人缺乏照顾，感觉孤独。而农民工回乡创业将有利于农民工的就地就近转移，化解多年来农民工进城务工所形成的一些社会问题，减少大规模的异地流动带来的不利影响。

4. 鼓励农民工返乡就业和创业有利于农村水利等基础设施建设和整个新农村建设

返乡农民工对当地县域经济而言，不仅是"资金库"，而且是"人才库"。农民工返乡也将为新农村建设注入新的力量。农民工群体以初中文化的青壮年为主，整体上年龄较轻，是农村劳动力中受教育程度较高的群体。据调查，全国农民工的平均年龄为 28.6 岁，其中 40 岁以下的占 84%。[5] 与未外出的农村人口相比，农民工的劳动力素质普遍较高，是农业生产的主力军。这一部分人在农村大量流失势必影响农村建设和农业生产。据调查，一些地区由于缺乏必要的青壮年劳动力，当地的耕地要么被撂荒，要么粗放经营，农业生产率下降，农业基础设施建设更是无法开展。同时，农民工具有在外的经历，见多识广。回乡后他们不仅成为当地农村与外界联系的重要桥梁，成为当地农村了解外界的重要渠道，而且他们带回的城市文明给当地的农村文化带来了冲击，对人们原有的生活方式能够产生积极的影响，有利于实现"人"的城镇化。

5. 鼓励农民工创业有利于农村城镇化和县域经济发展

当前，农民工回乡创办的企业近半数在小城镇或县城。农民工返乡创业在增强县城经济实力、集聚资金、扩大城镇人口规模等方面都能起到重要的作用。首先，农民工返乡创业直接推动了县城的民营经济的发展，使县城能够形成一定的产业支撑，极大地提升县城的经济实力。其次，农民工通过返乡创业，带动资本等要素向城镇集聚，有效推动了当地城镇的建设。有些农民工甚至直接投资参与城镇建设，进而形成城镇建设多元化的投资主体，有利于克服城镇化进程中的资金约束，加速了农村城镇化的发展。再次，国际经验表明，当一个城镇的人口达到 10 万人时，城市的集聚功能才能得以充分发挥。农民工返乡创业加速了人口向县城的集中，扩大了当地的人口规模。

（二）鼓励农民工创业与引导新一轮创业潮的可能性

当前，农民工创业既有必要性，又有可能性。从外部环境来看，就业压力所形成的"倒逼"机制、产业转移所形成的创业机遇及一些经济政策的陆续出台都为鼓励农民工创业提供了条件；从农民工自身来看，多年的打工经验为农民工从打工者转变为创业者提供了可能。

1. 产业转移所形成的创业机遇

东部地区结构转型和产业升级需要劳动密集型产业向中西部地区转移，这为农民工返乡提供了创业机遇：一是基于要素价格相对优势的创业机遇。当前，东部地区的要素资源价格不断升高，导致土地租金等创业成本较高，返乡创业更具吸引力。例如，原来中国水暖工业三大基地之一的温州市梅头镇集聚了很多河南省固始县人，他们在这里租地办翻砂厂，生产水暖器材半成品，向较大企业供货。但近年由于当地租金已由 10 多年前每亩年 4000 元增加到 4 万元左右，2005 年后，很多人陆续"打捆"移址到家乡创业。目前水暖工业已经成为河南省固始县的六大支柱产业之一。[16]二是基于为大企业配套而产生的机遇。当前一些东部的劳动密集型企业向中西部转移，这就需要相当多的企业为其提供配套服务及上下游产业链上的协作，也为当地的创业提供了良好的机会。

2. 积极创业政策的实施

回顾前三次创业浪潮，其背后都有宏观政策的积极推动（见表 2）。改革开放初期的创业浪潮得益于国家出台的恢复和发展个体经济的政策。1992 年前后的创业浪潮得益于邓小平南方讲话和社会主义市场经济体制改革目标的确立。同时《有限责任公司规范意见》和《股份有限公司规范意见》两份文件的出台进一步带动了创业浪潮的高涨。2002 年前后的创业浪潮一方面得益于加入世界贸易组织等宏观环境改变，积极鼓励"海归"创业；另一方面政府提出"实施积极的就业政策"，并大规模开展创业培训项目，并以项目开发、融资服务、跟踪扶持等对创业进行配套服务。

表 2　改革开放以来推动创业高潮重要的政策举措与法规文件

时　间	代表性的政策举措与法规文件
第一次创业浪潮	1980 年 8 月，提出实行劳动部门介绍就业、自愿组织起来就业和自谋职业相结合的"三结合"就业方针； 1981 年 7 月《关于城镇非农业个体经济若干政策的规定》； 1981 年 10 月《关于广开门路，搞活经济，解决城镇就业问题的若干规定》等
第二次创业浪潮	1992 年春邓小平同志南方讲话； 1992 年 5 月《有限责任公司规范意见》和《股份有限公司规范意见》； 1992 年中国共产党十四大报告确立社会主义市场经济体制的改革方向等
第三次创业浪潮	2001 年 5 月《关于鼓励海外留学人员以多种形式为国服务的若干意见》； 2001 年原劳动保障部引进国际劳工组织"创办你的企业"的 SYB 培训； 2002 年 9 月《中共中央、国务院关于进一步做好下岗失业人员再就业工作的通知》； 2002 年 12 月《下岗失业人员小额担保贷款管理办法》； 2002 年 12 月《关于下岗失业人员再就业有关税收政策问题的通知》； 2003 年原劳动保障部依托全国 10 个创业基础较好的城市建设国家创业示范基地等

　　当前，农民工创业也已经得到了中央和地方政府的共同鼓励（见表3）。中央连续出台有针对性的文件，从提出鼓励农民工返乡创业到明确要求完善支持农民工返乡创业的政策措施。同时，不少地方政府也出台了一些引导和鼓励农民工返乡创业的政策，并对支持农民工创业的优惠办法进行了积极的探索，改善了农民工创业的环境。

表3 近来关于支持鼓励农民工创业的相关文件与表述

时间	文件	表述
2008 年 9 月	《关于促进以创业带动就业工作指导意见的通知》	重点指导和促进高校毕业生、失业人员和返乡农民工创业
2008 年 10 月	《中共中央关于推进农村改革发展若干重大问题的决定》	鼓励农民就近转移就业，扶持农民工返乡创业
2008 年 12 月	《关于切实做好当前农民工工作的通知》	抓紧制定扶持农民工返乡创业的具体政策措施，引导掌握了一定技能、积累了一定资金的农民工创业，以创业带动就业
2009 年 1 月	《中共中央国务院关于2009年促进农业稳定发展农民持续增收的若干意见》	充分挖掘农业内部就业潜力，拓展农村非农就业空间，鼓励农民就近就地创业
2009 年 2 月	《关于做好春节后农民工就业工作有关问题的通知》	根据当前新的就业形势，完善支持农民工返乡创业的政策措施

3. 农民工自身条件

如果说普通农民成为外出打工者是第一次飞跃，那么农民从打工者成为创业者则是第二次飞跃。发展经济学家托达罗认为，农村剩余劳动力进入城市非正规部门，而非正规部门用极为低廉的费用培养了劳动力，在人力资本的形成中扮演着重要角色。农民工通过外出打工的经历，不仅获得了人力资本，而且也积累了一定的社会资本，为创业提供了有利条件。打工场所是锻炼人的"熔炉"和培养人的学校，外出打工是农民工回乡创业的"孵化器"。他们回乡创业具有以下几大优势：第一，经历了城镇化和工业化的洗礼，接受了现代城市中创业观念的熏陶，熟悉了市场规则，磨炼了意志，具有饱满的创业激情；第二，通过打工直接和间接学习，不少农民工已经成为熟练的产业工人、企业技术骨干，甚至成为管理人员，拥有一定的技术和资本，具备了创业能力；第三，农民工在外打工也积累了一定的社会资本，在自己创业过程中可以与原来的打工企业老板和客户保持多种形式的联系，拥有相对优越的创业资源；第四，对于家乡的市场情况更加了解，对家乡的认同感使他们在外学有所成或者积累一定资金后愿意返乡归根，具有回乡创业的意愿。

三、支持农民工以创业带动就业的对策思考

面对危机，政府要把扩大就业作为第一工作目标，利用就业压力所形成的"倒逼"机制引导新的创业浪潮，用创业带动就业。要通过给广大农民工提供创业培训提高农民工创业能力，增强创业意识，通过有效的货币政策和财政政策保障农民工创业资本供给，降低创业"门槛"和创业成本，建立各类返乡农民工创业园区，提高农民工创业的组织化程度，使更多的打工者成为创业者，让农民工返乡创业就业和就地城镇化"引爆"农村内需（见图2）。

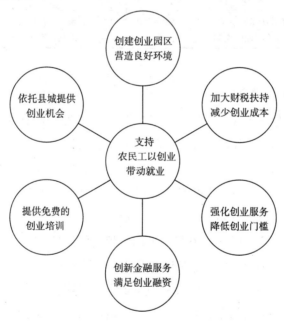

图 2　支持农民工以创业带动就业的战略对策

（一）把农民工创业与农村城镇化结合起来，中央和地方政府要联手依托县城发展一批中小城市，让农民工在新兴城市安居乐业，为农民工市民化和实现创业梦想创造机会

鼓励农民工返乡创业并不是让其返回农村，而是要将农民工创业与多

向分流农民工、走多元城镇化道路统筹考虑，使农民工返乡创业成为农村城市化的有力推手。浙江省义乌市是一个通过农民创业带动就业推动县域城镇化的成功典范。义乌通过农民创业所推动的城镇化，使原来只有 2 万人口的县城发展成拥有 70 万以上城区人口、位居全国百强县第八位的中等城市，实现了由落后的农业小县到实力雄厚的经济强市的跨越，由创业农民转变成的职业商人构成了义乌小商品市场的主体。当前，把县城作为农民工创业的主要载体、鼓励创业农民工向县城集聚、发展依托县城的新型城市化是将农民工创业与农村城市化的结合起来的重要途径。县城是县域工业化、城镇化的主要载体，是农村城镇化最有发展潜力的区位，是形成城乡经济社会发展一体化新格局的重要战略支点。鼓励创业农民工向县城集聚，发展依托县城的新型城市化，不仅可以逐步形成县域范围内功能互补、协调发展的"中小城市—中心镇—集镇"体系，有效提高农村城镇化的发展质量；而且鼓励创业农民工向县城集聚，有利于农民工的合理流动和市民化，改变当前已经进城的农民工实际上仍是没有市民化的"半城镇化"状态，满足农民的"城市梦"。更重要的是依托县城的新型城市化是我国最大的内需所在，发展依托县城的新型城市化可以创造出持续增长的需求。据国家统计局数据，2007 年中国共有城市 655 个，其中人口规模在 20 万以下的城市不到全部城市的一半（见图 3），依托县城发展中小城市潜力巨大。为此，一要按中小城市标准规划，在 2800 多个县级市、县、区中依托县城建设一批具有一定规模效应和集聚效应、人口规模为 10 万～30

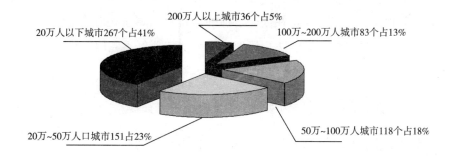

200万人以上城市36个占5%

100万~200万人城市83个占13%

20万人以下城市267个占41%

50万~100万人城市118个占18%

20万~50万人口城市151占23%

图 3　我国 2007 年 655 个城市规模分布

资料来源：国家统计局（2008）：《改革开放 30 年报告之七：城市社会经济建设发展成绩显著》，http：//www.stats.gov.cn。

万人的城市。二要在县城等中小城市率先全面推进户籍管理制度改革，增强县城等中小城市吸引力，使农民工能够在户籍所在地的县城就地市民化。

（二）提供免费的创业培训，提高农民工创业能力，增强创业意识

创业是一个十分复杂的过程，创业者必须具备多方面的综合素质才能成功创业。创业培训在激发创业激情、提高创业能力等方面具有积极的促进作用。从国外的实践经验看，政府都是创业培训的积极推动者，收到很好的实效。当前，鼓励农民工返乡创业同样需要政府的积极参与。一是在创业培训保障上，政府要加大对农民工培训的投入，将农民工培训资金列入政府预算，通过投资组织实施大的培训项目，确保创业培训能够有效开展。二是在创业培训内容上，要将技能培训与培养创业意识、创业能力结合起来。要重视创业的典型示范在培养创业意识、激发创业激情中的作用，通过舆论宣传、物质和精神鼓励等措施，积极发挥创业带头人的典型示范作用。要强化农民工技能培训，突出培训的实用性和针对性，使农民工拥有一技之长。要加强创业辅导和指导，邀请创业之星、企业家、专家学者向返乡创业者传授创业经验和创业技能、现代经营管理理念和政府扶持返乡创业的优惠政策，解决他们创业过程中遇到的困难和问题。三是在创业培训机制上，要在政府主导的原则下，引入多方主体参与，充分发挥各类职业学校、技术学校和培训机构、农业协会、农村经济组织及农村龙头企业的积极作用，积极整合多方培训资源。尤其要加强培训的师资队伍建设，确保培训质量。四是在创业培训的运行上，要建立培训信息反馈机制和培训效果的评价机制，防止培训项目出现"叫好不叫座"的现象，提高创业培训的效率。

（三）创新金融服务，为农民工创业提供创业资本

创业融资是创业最重要的活动之一，相当多的创业者在创业的过程中都遇到创业资金筹措困难的问题。农村是中国金融体系中尤为薄弱的地区，农户和中小企业的金融需求得不到满足是农村金融的主要矛盾。据测算，农村金融的供需缺口在继续扩大，2010 年将达到 5.4 万亿元，2015 年

将达到 7.6 万亿元。[17] 在这种情况下，农民工创业过程中遇到的突出困难就是创业资金问题。据调查，近八成农民工回乡创办的企业发展得不到金融机构的支持，农民工回乡创业开业时主要靠自有资金。[12] 因而，鼓励农民工返乡创业就必须加强农村金融体系建设，创新金融服务，有效解决农民工创业的资金障碍。一要放宽创业融资抵押物的范围。当前，有相当多的地区已经进行了积极而有意义的尝试，如允许返乡创业农民工房屋产权、机器设备、大件耐用消费品和有价证券及注册商标、发明专利等无形资产均可作为抵（质）押品。要在此基础上进一步探索，试行农民承包土地抵押。二要加强政策性金融的扶持力度，放宽政策性金融的扶持对象和地区范围，加大对农民工创业贷款的支持。三要放宽农村地区银行业金融机构准入政策，培育农村新型金融机构，健全农村金融机构组织建设。要积极发展服务于农村的中小银行，进一步推进村镇银行、贷款公司、农村资金互助社三类新型农村金融机构的试点工作，有效填补农村金融服务的空白。四要针对农民工创业的特点，创新金融产品，有效满足贷款需要。要积极发展小额信贷，为农民工回乡创业提供额度不大但期限长、利息低、覆盖面广的贷款。五要加强农村信用担保体系建设，要充分发挥政府担保的作用，建立"农民工回乡创业担保基金"，通过担保风险的补偿和担保机构的激励，提高商业性的小额贷款担保机构的积极性，为农民工回乡创业获取贷款提供方便。

（四）强化创业服务，尽可能降低创业"门槛"

宏观调控有着多重目标，在多重目标中要突出重点，确保重中之重。面对严峻的就业形势，政府要努力扩大就业，用创业带动就业，就业是民生之本，保就业目标应高于保增长目标。要在政府宏观调控的多重目标中树立"就业和创业是工作重中之重"的观念，把就业工作放在政府政绩考核的首位。中国的创业环境仍待优化，创业仍然面临较高的"门槛"。《全球创业观察（GEM）2006 中国报告》中指出，与其他国家和地区相比，我国创业审批程序相对复杂、耗时较多。因而，鼓励农民工创业要重视政府创业服务的改善。首先，在创业服务观念上，要转变思想，强化政府的服务意识。要理顺政企关系，树立为企业服务的思想。其次，在创业服务方式上，要简化程序，提高创业的审批效率。针对农民工创业，及时开辟农民工创业的绿色通道，要按照"特事特办"的原则，设立审批大厅，相关部门集中并联审批，提供"一站式服务"。再次，在创业服务内容上，要放宽登记条件，降低创业"门槛"。要放宽创业市场准入，按照"非禁即入"的原则，凡是国家法律法规没有明令禁止和限制的行业和领域都不能设置限制条件。要放宽经营场所的范围，回乡创业人员的家庭住所、租借房、临时商业用房，可视为创业经营场所。另外，要建立健全政策扶持、创业服务、创业培训"三位一体"的工作机制，使更多的打工者成为创业者。

（五）进行财税扶持，使农民工创业成本最小化

在创业之初给予创业者以财税支持是世界各国鼓励创业活动的普遍做法。当前鼓励农民工创业的财税政策可以从以下方面考虑：一是加大财政扶持。要将财政政策与其他相关措施综合考虑，配套实施，为创业培训、创业服务、创业融资等措施的实施提供强有力的资金支持。二是给予税收优惠。对于农民工的新创企业可以规定在一定期限内实行免税政策或者优惠税率；对于解决就业贡献突出的企业实行优惠税率或者实行"先征后返"的办法。三是扩大财政补贴。要设立农民工返乡创业专项扶助基金，为农民工返乡创业提供融资补贴；将农民工参加创业培训纳入就业再就业培训补贴范围；政府也可以在一定时期内对新创企业进行用地、厂房租赁、用电和用水方面的政策支持，通过财政补贴，给返乡农民工创业提供以低于市场的价格。四是减免行政收费。减免返乡农民工创业的工商登记费等行政事业性收费。通过"减税、降息、免费"，对农民工创业给予特殊的减免优惠，大力降低农民工的创业成本。

（六）创建各类创业园区，营造农民工创业的良好小环境

20世纪80年代，乡镇企业的异军突起极大地推动中国的经济发展。但是，许多地方乡镇企业的发展缺乏规划，布局分散，甚至出现"村村点火，户户冒烟"的现象，造成集聚效应不强、效率低下的问题。当前鼓励农民工创业要竭力避免这种现象的重演。创业园要集多重功能为一体，不

仅是"政策洼地"、创业者的天堂，而且也是政府加强经济规划、增强集聚效应的重要工具。安徽在全省建成 124 个创业园及 123 条创业街，为农民工返乡创业构筑了良好的创业平台。2008 年返乡创业农民工 5.26 万人，创办经济实体 14706 个，带动就业 27.25 万人。[13]当前要组建农民工创业园，制定优惠政策，搞好创业规划，增强农民工创业的组织化程度。要比照外商享受的政策，对园区内企业实行同样优惠的政策，在基础设施、政策扶持、配套服务、产业引导、人才供给、土地优惠等方面给予农民工创业系统的支持；要设立农民工返乡创业者指导（服务）中心，打造优质创业平台，为农民工创业提供咨询和信息服务；要积极营造园区浓厚的回乡投资氛围，增强对农民工返乡创业的吸引力。

总之，大规模的农民工异地流动在经济发展上创造了辉煌的成就，但同时这种"候鸟"式的流动也有巨大的社会代价。当前，伴随着宏观经济形势的变化、东部产业向中西部的梯度转移、农民工多年打工经验的积累和国家强农惠农政策的实施，农民工回流的态势正日益加强。鼓励农民工返乡创业就业不仅是顺应农民工流动趋势新变化的需要，而且也是缓解就业压力、积极扩大内需的重大战略举措。将农民工返乡创业的意愿转变为现实需要政府强有力的鼓励和扶持。当前，一部分农民工返乡创业的条件已经具备，但创业环境尚待改善，创业政策仍需优化。要从创业机会、创业培训、创业融资、创业服务、创业成本、创业孵化及园区等方面构建一个相对完整的扶持农民工创业的政策体系，以积极引导新一轮农民工创业浪潮。

参考文献

〔1〕 International Labor Organization（2009），"Global Employment Trends：January 2009"，http：//www.ilo.org/wcmsp5/groups/public/－dgreports/－dcomm/documents/publication/wcms_101461.pdf.

〔2〕 谢卫群（2009）：《辩证看待农民工返乡潮 转"危"为"机"》，《人民日报》，12 月 1 日；甄静慧（2008）：《金融海啸与民工失业潮》，《南风窗》，第 23 期；常红晓等（2009）：《农民工失业调查》，《财经》，第 2 期。

〔3〕 赵琳琳（2009）：《2000 万农民工因金融危机失业返乡》，《广州日报》，2 月

3 日。

〔4〕人力资源社会保障部（2009）：《农民工就业形势、对策和建议》，http：//www. china. com. cn/policy/txt/2009 – 02/06/content_17237133. htm。

〔5〕国务院研究室课题组（2006）：《中国农民工调研报告》，中国言实出版社。

〔6〕莫荣（2004）：《中国就业 55 年的改革和发展》，《中国劳动》，第 11 期。

〔7〕徐安琰（2009）：《淘宝每月新增 20 万卖家》，《杭州日报》，1 月 16 日。

〔8〕秦德文（1994）：《阜阳地区民工潮回流现象的调查与思考》，《中国农村经济》，第 4 期。

〔9〕王郁昭、邓鸿勋（2005）：《农民就业与中国现代化》，四川人民出版社；欧阳普、廖闻菲（2005）：《2005 年湖南省劳动就业工作稳步前进》，《统计信息》，第 16 期。

〔10〕庾德昌、王化信（1999）：《外出农民回乡创业的理论与实践》，中国农业出版社。

〔11〕白南生、何宇鹏（2002）：《回乡，还是进城？——中国农民外出劳动力回流研究》，《社会学研究》，第 3 期。

〔12〕农民工回乡创业问题研究课题组（2009）：《农民工回乡创业现状的调查与政策建议》，《人民日报》，2 月 5 日。

〔13〕汪孝宗（2009）：《安徽："凤还巢"工程引农民工"返乡创业"》，《中国经济周刊》，3 月 3 日。

〔14〕陈丽平（2008）：《农村留守儿童高达 5800 万　新数字催生新建议》，《法制日报》，3 月 3 日。

〔15〕丁志宏（2004）：《人口流动对农村留守老人的影响》，《人口研究》，第 4 期。

〔16〕崔传义、潘耀国、伍振军（2008）：《河南省固始县鼓励支持农民工回乡创业实地调研报告》，http：//www. drcnet. com. cn/DRCNet. Common. Web/DocView. aspx? docId = 1737414&leafId = 3086&chnId = &version = Integrated&viewMode = content。

〔17〕王敬东（2009）：《创新体制机制　破解农村金融难题》，《人民日报》，1 月 9 日。

$$—6—$$

扶持大学生以创业带动
就业的战略思考[*]

自 2008 年底以来，温家宝总理多次在正式场合提到了大学生就业，强调"就业不仅关系个人生计而且关系到尊严"，要求将高校毕业生就业工作摆在突出位置甚至是首要位置。就业是民生之本，大学生就业作为社会就业的重要组成部分，关系到人民的根本利益和社会稳定。当前，受全球性金融危机的影响，大学生就业形势更加严峻。面对危机，政府要把大学生就业与大学生创业结合起来，用创业带动就业，利用就业压力所形成的"倒逼"机制引导新的创业浪潮，使更多的大学生成为创业者。

一、创业带动就业是缓解大学生就业难的有效途径

自 1998 年高校扩招以来，我国大学生数量有了较快的增长，与此同时，大学生就业形势日益严峻，成为全社会关注的问题（见表1）。大学生作为国家培养的高层次人才，是国家建设的重要战略资源，承担着中华民族伟大复兴的历史任务。大学生不能实现充分就业将给个人、社会和国家

＊ 本文发表于《教育研究》2010 年第 5 期，文中核心观点被形成全国人大建议。洪群联协助研究。

带来不利的影响。对个人而言，大学生就业难直接影响到大学生个人的生存生活，影响到与家人、朋友的关系；对社会而言，失业率较高增加整个社会保障系统的负担，加剧社会贫富差距，容易引发多种社会问题；对国家而言，知识型失业会造成巨大的经济浪费，削弱国家竞争力，影响经济社会可持续发展。一方面，大学生失业将使庞大的培养成本变为沉没成本。以大学生每人每年 1 万元的培养成本计算，1 千万名大学生的培养成本将高达 1000 亿元；另一方面，大学生失业是严重的人力资本流失和劳动力资源浪费。以每个劳动力一年创造的国内生产总值按 1 万元计算，如果实现 1 千万大学生的充分就业，我国每年将可多创造 1000 亿元的产值。

表 1　1999～2007 年全国高校招生人数及毕业生就业情况

年　份	1999	2000	2001	2002	2003	2004	2005	2006	2007
招生人数（万人）	159.7	220.6	268.3	320.5	382.2	447.3	504.5	546.1	565.9
毕业生数（万人）	84.8	95.0	103.6	133.7	187.8	239.1	306.8	377.5	447.8
年末总体就业率（%）	84.6	84.2	75.7	64.7	70.0	73.4	73.2	-	-

　　资料来源：招生人数、毕业生数来自教育部历年教育统计年鉴及教育发展公报，其中高等教育招生、毕业人数为普通高校本科及专科招生、毕业人数；年末总体就业率转引自张腾元 (2008)：《大学毕业生就业问题研究》，吉林大学硕士论文。

　　我国大学生就业难既有来自于经济结构本身的原因，也受到当前全球经济金融危机的影响。一方面，当前中国以加工制造业和技术含量较低的第二产业为主，先进制造业和现代服务业发展不足的经济结构，对普通劳动力需求相对旺盛，对较高素质大学生吸纳能力不强。近年来，由于我国经济增长方式的转变，技术进步和资本有机构成的提高，经济增长对就业的拉动作用日益呈现下降趋势。据估计，"九五"时期国内生产总值每增长 1 个百分点能带动 90 多万人就业，"十五"时期下降到仅能带动 80 多万人就业。另一方面，受国际金融危机影响，企业用人需求总量减少，相当多的企业延缓或者放弃了招聘计划，可供给高校毕业生的就业岗位将进一步减少，数以百万计的大学生就业困难。2009 年，毕业生数量增加 9.3%，超过 700 万毕业生需要解决就业问题，而 2008 年 9 月至 2009 年 3 月间，企业岗位累计净减 7.3%，市场供需矛盾突出。据统计，2009 年一季度应届高校毕业生的签约率仅为 20% ~ 30%。[1]

为了解决大学生就业难题，近年来从中央到地方都出台了一系列应对措施，其中鼓励大学生创业被摆在了突出的位置。从十七大报告到 2009 年的政府工作报告，"大力支持自主创业、促进以创业带动就业"成为应对就业难题的重大战略。鼓励大学生创业不仅是解决当前大学生就业压力的应急之策，也是推动中国经济迈向创业型经济的长远之计。

首先，创业具有扩大就业的倍增效应。创业不仅能够解决自身就业，而且在扩大就业方面具有倍增效应，一人创业可以带动多人就业。调查表明，平均每名创业者带动就业 3.8 人。长期以来我国大学生自主创业水平较低。据社科院发布的 2009 年《社会蓝皮书》的数据显示，2007 年实现就业的大学毕业生自主创业的比例是 1.2%，而在美国大学生实际创业的人数占到 20%。[2] 如果 700 万大学毕业生中有 10% 的人选择创业，按照"1人创业带动 3 人就业"的倍增效应计算，将解决一大批的大学生就业问题。

其次，创业是提高大学生素质的重要方面。首届世界高等教育会议发表的《高等教育改革和发展的优先行动框架》强调："高等教育必须将创业技能和创业精神作为基本目标，以使高校毕业生不仅仅是求职者，而且首先是工作岗位的创造者。"[3] 为鼓励大学生创业而开展的创业教育课程，将有助于强化大学生的动手能力、实践能力，培养大学生的创新精神，提高大学生的综合素质，使大学生能够更积极灵活地应对日益复杂多变的就业形势和经济社会发展环境。

再次，创业是实现技术创新和建设创新型国家的重要载体。为了转变长期以来的粗放型经济增长方式，提高技术进步对经济增长的贡献率，中央提出了推动自主创新和建设创新型国家的重大战略。创业作为科技成果转化的组织形式之一，是实现技术创新的重要载体，对促进经济增长、扩大就业容量和推动技术创新起了重要的作用。目前我国 75% 以上的自主创新产品、80% 以上的专利都是中小企业完成的。从国际经验看，1997 年亚洲金融危机后，韩国因失业大潮带来了"创业蜂拥期"，为韩国新一轮的经济发展注入了新鲜血液；1980 年以后，美国超过 95% 的财富都是由经济大变革中新兴的中小企业创造的。[4] 因此，当前金融危机给我国带来的不仅仅是挑战，同时也蕴涵着机遇。在危机时促进创业，有利于促进经济发展方式转变，建设创新型国家。

二、当前我国大学生创业面临的主要困难

创业是一项系统性工程，创业机会、创业能力和创业意愿是创业活动的三个基本决定因素。其中，创业机会指开创新事业的可能性以及通过自身努力达到创业成功的余地；创业意愿指一个人从潜在创业者变成实际创业者的期望程度；创业能力指创建和管理新事业的技术与商业知识和能力。[5]从我国现实情况看，一方面，我国创业机会丰富，个体创业意愿比较强烈；另一方面，个体却因为缺乏创业能力、把握不好创业机会、创业容易失败而不得不放弃创业。[6]《全球创业观察中国报告》对中国创业环境的基本判断是中国的创业属于创业意愿强、创业机会多、创业精神强、创业能力弱的状况。大学生创业更是如此，据麦可思调查，全国2009届大学毕业生有创业意愿的达到18%，而2008届大学毕业生实际创业的是1%。[7]大学生创业虽然具有年纪轻、精力旺盛、学习能力和创新精神较强、专业知识和综合素质较高等优势，但同时也面临着资金短缺、经验缺乏、人际网络缺乏、创业能力较弱等创业障碍，致使大学生创业的成功比率较低。据统计，广东大学生创业成功率只有1%，全国大学生创业成功率最高的浙江省只有4%。[8]当前我国大学生创业面临的瓶颈主要表现在以下几个方面：

（一）大学生创业教育相对滞后，创业能力有待提高

创业是一项高风险的活动。据《中国人才发展报告NO.5》的不完全统计，一般创业企业的失败率在七成，大学生创业成功率则只有2%~3%。据教育部2004年的一项报告，全国97家比较早的学生企业，赢利的仅占17%，5年内仅有30%能够生存下来。[9]从创业活动的三个基本决定因素来看，创业能力是实施创业活动的保障，是创业活动发生的充分条件。对于大学生而言，由于实践活动缺乏，创业能力的提升更主要来自于高等教育阶段的创业教育。多年的GEM报告均显示，受过高等教育或研

究生教育的个体从事创业活动的比例更高。然而，当前创业教育的发展远
不能满足中国大学生强烈的创业意愿及其对创业技能培养的需求。调查数
据显示，78.95%的中国学生表示自己希望能创业，但仅47.22%的大学生
参加过有关创业方面的活动，在创业能力的获取上，有3/4以上的学生希
望学校进行创业创新教育。[10]大学生创业教育相对滞后主要表现在：一是
创业教育普及率还比较低，创业教育没有得到足够的重视。2005年初，美
国已有1600多所高等院校开设了创业学课程，而目前我国只有94所高校
开设了KAB创业教育课程。[11]二是创业教育课程设置尚不合理，教学方式
还不灵活，尤其是实践性教学环节更为薄弱。三是缺乏具备一定理论知
识、具有一定创业实践经验的教师，创业教育的师资力量有待加强。

（二）大学生创业融资仍然困难，融资体系需要健全

创业融资是创业最重要的要素之一，相当多的创业者在创业过程中都
遇到创业资金筹措困难的问题，甚至因此而搁浅了创业梦想。广东省2008
年的调查显示，有73.47%的大学生所能承受的自主创业资金不足10万
元，61.63%的大学生认为"缺乏启动资金"是创业的最大障碍。[12]创业
融资包括直接融资和间接融资，前者主要是指不通过金融中介机构的民间
借贷、股票债券、风险投资等，后者主要是银行信贷资金。根据2006年中
国创业观察报告的研究，创业融资主要依靠血缘、亲缘关系，其次才是金
融机构的信贷融资和政府的资金扶持。对于多数大学生而言，既少有自有
资本，缺乏信用记录，也无固定资产或抵押品，想从银行获取贷款相当困
难。近年来，政府出台了鼓励大学生创业的小额信贷扶持政策，但因手续
繁琐、配套措施缺乏，实施情况极不理想。例如，广州市大学生小额贷款
优惠政策自2005年实施以来，至今没有贷出一笔。从国际经验来看，风险
投资是创业企业融资的重要渠道。风险投资中的天使投资，更是专门为那
些具有专有技术而缺少自有资金的创业者所准备。天使投资者更多由私人
来充当投资者角色，投资数额相对较少，对被投资企业审查不太严格，手
续更加简便、快捷。但与美国等发达国家相比，中国风险投资发展仍然滞
后，总体规模还比较小，天使投资的发展严重滞后。

（三）大学生创业成本还比较高，创业环境有待改善

创业环境是大学生创业的外部条件和活动舞台，良好的创业环境是大学生成功创业的基础。《全球创业观察中国报告（2007）》显示，2007 年中国在 31 国中排名 16 名，排在巴西、意大利、俄罗斯、西班牙等国的前面，创业环境评分略高于平均值，略高于国际中等水平。[13]但中国整体的创业环境没有得到大的改善。一方面，近年来从中央到地方为了推动大学生创业都出台一系列创业优惠政策（见表 2），但是在实践中，很多地方却没有真正落实好政策，致使大学生创业遭遇"收费经济"、"执法经济"等问题，创业成本升高。在行政方式上，审批事项繁多，审批手续复杂，行政效率低下。《全球创业观察（GEM）2006 中国报告》指出，与其他国家和地区相比，我国创业政策方面的劣势在于新公司的审批成本高，平均创办一个企业需要 6 次批示，耗时 30 天。而英国、新加坡、中国香港只需 2 次批示。在冰岛创办一个企业只需 5 天就可将所有手续办完。[14]另一方面，大学生创业政策扶持体系还不够完善，特别是在提供创业信息、强化创业指导、营造创业氛围等方面还很欠缺，严重影响了大学生的创业意愿。

表 2 大学生创业扶持政策

扶持方式	政策内容
创业基金	拜丽德全国大学生创业基金"千万亿"工程：针对全国高校（含有关科研院所）在校大学生，以十人团队为一资助单位，每个项目投资的额度为 10 万元
小额担保贷款	可按照有关规定向银行申请两年期限最高 5 万元的小额担保贷款
贷款财政贴息	小额担保贷款财政贴息 50%
税费优惠	注册之日起三年内免交登记类、证照类和管理类的行政事业性收费； 大学毕业生在毕业后两年内自主创业，注册资金 50 万元以下允许分期到位； 大学毕业生新办指定行业经批准，最多免征或减征企业所得税两年
创业培训	加强的创业课程设置和师资配备，对参加创业培训的创业者给予职业培训补贴

资料来源：辜胜阻（2008）：《民营企业技术创新与制度创新探索》，科学出版社，第 351 页；《大学生创业优惠政策》，大学生创业网，http://www.studentboss.com/html/news/2007 - 10 - 18/12843.htm。

三、鼓励和支持大学生创业的对策思考

尽管大学生创业具有一定的优势，但创业教育相对滞后、创业融资比较困难、创业环境有待改善仍然是制约大学生创业的主要瓶颈。当前迫切需要从直接关系大学生创业最为迫切的方面着手，通过加强创业教育提高大学生的创业能力，通过改善创业环境增加大学生的创业机会，通过完善融资体系提高大学生的创业意愿，积极引导大学生创业浪潮，使更多的大学生成为创业者（见图1）。

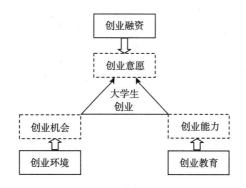

图1　大学生创业活动的决定因素及其政策支持

注：虚线方框表示创业活动的三个基本决定因素，实线方框表示对创业活动决定因素的支持政策。

（一）加强大学生创业教育，提高大学生创业能力

联合国科教文组织认为，创业能力是学习的第三本护照，创业教育与学术教育、职业教育具有同等地位。创业教育是激发大学生创业动机、提高创业能力的基础，在促进大学生创业方面绩效显著。尽管从2002年教育部确定清华大学、中国人民大学、复旦大学等为我国创业教育试点院校以来，我国创业教育取得了较大的进步，但与欧美大多数国家相比尚处于起步阶段。当前，需要借鉴发达国家创业教育的成功经验，探索建设中国特色的大学生创业教育体系：一是强化创业教育理念，在高等院校普遍推行

创业教育。要加大对创业教育的资金投入力度，加强高校创业教育，将 KAB 创业教育课程推广到更多的高等院校，将创业教育作为大学生的公共必修课和基础课，提高创业教育地位，推动创业教育由精英模式向大众模式、由业余实践向系统学习，在高校普遍推行创业教育。二是加强创业教育师资队伍建设。鼓励教师走进企业、吸引企业家走上讲堂、开展师资培训和交流。斯坦福大学的教授每周允许有一天在企业兼职，对企业的运行状况就有很好经验，然后又指导他的学生，这种培养模式的成效十分显著。据统计，硅谷 60% ~70% 的企业是由斯坦福大学的老师和学生创设的，麻省理工学院的毕业生和教师自 1990 年开始平均每年创建 150 个新公司，仅 1994 年这些公司就雇佣了 110 万人，创造了 2320 亿美元的销售额。[15] 三是创新创业教育课程设置和教学模式。编撰适合学生多样化创业需求的创业教育教材，完善创业课程设置和教学内容，培育包括创业兴趣和价值观念、创业心理品质、创业技巧和能力等在内的全面创业素质；改进创业教学模式，将课堂讲授、案例讨论、角色模拟、基地实习、项目实践等教学方法结合起来，提高教学效率。也可以尝试通过开展包括论坛、创业计划竞赛、培训班等多种形式的创业教育模式。鼓励高校、政府和企业联合建立大学生创业见习基地、创业实习基地，设立创业岗位，通过开展模拟创业积累创业经验，提高大学生创业实践能力。

（二）完善创业融资体系，增强创业资本的可获性

创业者的融资需求往往具有融资额度较小、无担保抵押、前景不确定等特点，我国现有的融资渠道和金融体系无法满足创业者的融资需求，迫切需要构建多层次、多元化的创业融资体系：一是完善小额信贷政策。目前小额贷款条件严格、额度有限、手续繁琐，如一般要求要先办企业才能申请贷款，而办企业所要取得的执照和场地租赁的费用往往就难倒了不少创业大学生。需要进一步完善小额信贷政策、简化贷款程序、减少对创业项目的过多限制。适当放松小额担保贷款的利率，增强对金融机构推广小额贷款的内在激励。二是加强信用担保体系建设。充分发挥政府担保的作用，建立"大学生创业担保基金"，通过担保风险的补偿和担保机构的激励，如按税后利润的一定比例提取风险准备金或对实际发生的代偿损失部

分抵扣所得税，提高商业性的小额贷款担保机构的积极性，为大学生创业获取贷款提供方便。三是设立政府、高校和企业等多方面参与筹资的大学生创业基金。借鉴拜丽德全国大学生创业基金"千万亿"工程的模式，政府联合企业或有关部门设立大学生创业基金，由企业冠名并对创业项目进行审批，全权发放免息贷款或资金支持，政府不再单设申请门槛，而对参与项目的企业按发放的金额和数量给予适当的减税和表彰。探索把扶助大学生创业与企业慈善行为结合起来，利用慈善资本成立"大学生创业慈善基金"，[16]对参与该项目的企业给予慈善捐助的税收减免和政策优惠。四是鼓励和引导风险投资支持大学生创业项目。引导民间资本进入风险投资和天使投资，或鼓励社会资金成立大学生创业风险投资基金，支持大学生创业项目。利用包括税收优惠、财政支持等在内的激励措施，引导基金前移，发挥天使投资支持创业项目和初创企业的作用，真正解决我国大学生创业的早期资金瓶颈障碍。地方政府应积极搭建投资与创业者、创业项目的交流平台，建立项目风险和资产评估机制，方便大学生通过商业计划书和创意比赛获得风险投资，实践创业梦想。

（三）建设大学生创业基地，优化大学生创业环境

优化大学生创业环境，一方面，要依托高新技术开发区、经济技术开发区和大学科技园建立大学生创业园，为大学生创业提供良好载体。充分利用全国高新区和科技园，建立大批的创业孵化器，为大学生创业提供免费或优惠的办公场地、创业辅导、孵育保障以及畅通的创业融资、成果转化及项目合作交易渠道，对进入创业园的大学生创业企业以高新技术企业的标准给予政策优惠，促进更多大学生实施以技术创业带动大学生团队和社会就业。另一方面，要完善大学生创业政策支持体系，贯彻落实相关优惠政策，有效地降低创业门槛和创业成本。政府首先要树立创业服务观念和服务意识，有关部门在创业者办理有关手续时，要提供更加方便快捷的优质服务；开通大学生创业绿色通道和"一站式"的创业服务，出台注册"零首付"、资本金分期到位等降低创业门槛、简化创业程序、提高创业的审批效率的具体措施；减轻大学生创业的税费负担，杜绝乱收费、乱罚款和乱摊派的"收费经济"、"执法经济"现象，落实好税收优惠、费用减免

和财政补贴等优惠政策，使大学生创业有一个外部成本较低的成长环境；借鉴和推广中国青年创业国际计划（YBC），通过动员社会各界特别是工商界的资源，为创业大学生提供导师辅导以及资金、技术、网络等全方位创业支持。此外，创业需要有一种崇尚创新、宽容失败、支持冒险、鼓励冒尖的文化氛围。要通过报纸杂志、广播电视、互联网等媒体的创业宣传，加大创业政策宣传力度，让更多的大学生了解政策内容。引导大学生树立新形势下的正确就业观念，让全社会真正实现传统就业观向现代就业观的转变，激发大学生创业热情，为大学生创造良好的社会创业环境。

参考文献

〔1〕人保部（2009）：《高校毕业生签约率近三成二季度会更高》，《每日经济新闻》，4 月 14 日。

〔2〕杜文景、王世玲（2008）：《2009 年〈社会蓝皮书〉发布明年就业形势更严峻》，《21 世纪经济报道》，12 月 16 日。

〔3〕赵中建（1998）：《21 世纪世界高等教育的展望及其行动框架》，《教育发展研究》，第 12 期。

〔4〕王烨捷（2009）：《把金融危机变成发展创业教育的良机》，《中国青年报》，3 月 2 日。

〔5〕Gnyawali, D. R. and Fogel, D. S. (1994), "Environments for Entrepreneurship Development: Key Dimensions and Research Implications", Entrepreneurship Theory and Practice, (18): 43 – 62.

〔6〕张玉利、陈立新（2004）：《中小企业创业的核心要素与创业环境分析》，《经济界》，第 3 期。

〔7〕王伯庆（2009）：《搬走大学生创业路上"三座大山"》，《中国教育报》，4 月 9 日。

〔8〕宋伟（2009）：《大学生创业成功率较低忌"盲人摸象"》，《人民日报》，3 月 4 日。

〔9〕祝捷、董伟（2009）：《知识失业"逼迫"创业教育必须前行》，《中国青年报》，9 月 22 日。

〔10〕全国高等学校学生信息咨询与就业指导中心（2007）：《大学生创业和创业教育问题调查报告》，http://job.chsi.com.cn/jyzd/jyxx/200711/20071116/1542783.html。

〔11〕梁杰（2009）：《创业教育在高校走俏改变就业观提高创业成功率》，《中国教育报》，3 月 8 日。

〔12〕刘茜（2009）：《大学生创业步履依旧"蹒跚"》，《南方日报》，4 月 14 日。

〔13〕高建（2008）：《全球创业观察中国报告（2007）：创业转型与就业效应》，清华大学出版社。

〔14〕唐学锋（2006）：《为高技术企业筑巢——高技术企业创业与企业孵化器》，重庆出版社。

〔15〕侯锡林（2007）：《企业家精神教育：高校创业教育的核心》，《高等工程教育研究》，第 2 期。

〔16〕陈华（2009）：《鼓励企业设立创业慈善基金更新时间》，《深圳特区报》，3 月 9 日。

7

应对危机既要刺激内需又要促进转型[*]

在当前全球金融市场大动荡和实体经济受到巨大冲击的国际形势下，中国应对危机需要促使经济发展模式由出口拉动型向内需驱动型转变，改变经济对外依赖性过高的局面，帮助中小企业渡过难关，鼓励百姓创业，推动产业升级，通过城镇化提升农民有效消费需求，重振市场消费信心。

当前全球金融危机正在向深度和广度发展，并已经影响到实体经济。在全球经济增速减缓的背景下，中国保增长、保中小企业、保就业的任务相对紧迫和艰巨。就直接影响而言，由于中国参与国际金融市场的比例和深度有限，金融危机对我国的冲击并不太大。但是伴随着金融危机的不断深化，尤其是在危机逐渐从虚拟经济蔓延至实体经济的背景下，金融危机对中国经济平稳运行的潜在威胁不可小视。中国作为世界经济一个重要的组成部分，也难以在危机中独善其身。一方面，在"美欧消费—中国制造"的产业链条中，受美欧消费需求下降的拖累，中国的出口外向型企业首当其冲受到影响；另一方面，受多重因素的影响，房地产、汽车、钢铁等多个行业已显疲态。2008年第三季度我国经济增速已经回落至9%。在这种情况下，中小企业发展的问题相对突出，中小企业发展面临着"多重因素齐聚头"的艰难困境。

＊ 本文发表于《中国经济时报》2008 年 12 月 10 日。

危机对我国经济的影响是双重的，"危"中有"机"，要辩证看待才能全面把握。客观来讲，当前危机中间有很多好机遇。一是外需困难是经济增长转向内需驱动的好时机。从结构上看，我国经济增长过多地依赖出口和外需。近几年，我国外贸依存度不仅增速较快，而且与美国、日本等发达国家相比明显偏高。据测算，我国2007年上半年经济的外贸依存度高达71.7%。这种发展模式势必给我国的经济运行带来巨大的风险。当前，外需萎缩对我国经济造成了较大冲击，这就逼迫我们必须有效扩大内需，将经济增长的驱动力从外需转到内需上来。二是企业融资困难是金融体制改革的好时机。由于我国金融体系发展滞后，中小企业融资难问题相对突出。当前，中小企业融资问题加剧，这使得我们要针对中小企业完善金融体制，发展中小社区银行，让民间非正规金融浮出水面，努力形成多层次的资本市场体系。三是国外经济衰退是国内企业走出去的好时机。国外相当一部分知名企业纷纷在金融风暴中陷入经营危机，这为我国企业进入国际中高端市场、树立自身品牌提供了一个难得的机遇。四是低价位是国家和企业进行战略性投资的好时机。我们可以用外汇储备去购买有助于培育国内自主创新能力的先进技术和设备以及石油、黄金等战略资源，并对重要的战略物资和技术资源进行股权投资。五是歇业是进行人力资源投资的好时机。由于外需萎缩，长三角和珠三角出口型企业订单减少，已经存在不少农民工被迫返乡的现象。农民工应该充分利用这段时间参加培训，积累人力资本，提高职业技能，寻求再就业和创业的机会。政府应加大对农民工培训的财政投入力度，帮助返乡农民工培训"充电"并提供创业扶持，鼓励他们创业，维护农村社会稳定。六是经营困难是淘汰"两高一资"企业的好时机。国内也有部分企业倒闭、停业或者歇业。在市场竞争的法则下，势必逐步淘汰高污染、高能耗、资源消耗型的企业。总之，这次危机是我国对内结构调整、转型升级，对外提升国际地位的好时机。

本次金融危机与1997年亚洲金融危机存在很大不同，因而调控政策也需要相应调整。应对金融危机，我们积累了很好的经验，成功抵御了1997年亚洲金融危机。但是时过境迁，这次金融危机与1997年亚洲金融危机有明显的不同。此次全球金融危机发生在美英等国家相对成熟的金融市场，涉及银行等金融机构以及房地产、制造业等行业，并迅速波及全球。就我国所处的发展状况来讲，与亚洲金融危机发生时的情况不同，本次金融危机发生时我国已经成为"世界工厂"，在全球化进程中加入 WTO 并参与到国际产业分工中，经济的对外依存度增加了。在这种情况下，即使当前采取与亚洲金融危机时相似的措施，收到的政策效果却可能有所不同。其中一个显著的区别就在于，1997 年亚洲金融危机爆发时，全球的消费需求并未受到很大影响，我国通过一系列扩大基础设施建设的措施促进了面向外需的制造业发展。但是，当前外需出现了显著的萎缩，这需要我们进行重新思考，采取不同的对策。以史为鉴，1997 年的经验告诉我们，启动内需是应对危机的关键；但是具体到本次危机，实际情况要求我们启动内需的方法要有所不同，要在鼓励投资的同时，还要进一步刺激消费需求。

为此，不久前中央提出了扩大内需十项措施，这些措施具有以下特点：一是从调控工具上来看，更加突出财政政策的作用，实现调控政策的协调性。之前央行一系列降息和调低存款准备金率的行动都是通过货币政策对经济进行调控。但货币政策存在一定的局限性，货币政策作用的外部时滞较长，难以在短期内有针对性地调整供给结构，因而单独的货币政策难以实现调控的目标。财政政策可以有效弥补货币政策的不足，利用财政政策调整经济结构的外部时滞短、指向性强，在强势政府主导的宏观调控中效果更加明显。二是从调控目标上来看，更加突出扩内需、保增长的任务，调控的指向性更加明确。应对全球金融危机、确保经济平稳较快发展需要有强劲的内需。这就需要采取积极灵活的政策，用内需弥补外需萎缩对经济增长的影响。中央扩大内需的十项措施果断地、鲜明地、有针对性地对当前扩内需、保增长的任务进行了战略部署。三是从调控内容上来看，在兼顾消费的同时偏重于战略性投资对经济的拉动作用。十项措施中包含了积极促进住房建设、基础设施建设、医疗卫生服务体系建设、节能减排工程建设等多个方面的投资，并要求"扩大投资出手要快，出拳要重"，"优先考虑已有规划的项目，加快工程进度，同时抓紧启动一批新的建设项目"，突出了投资对经济增长的巨大拉动作用。除此之外，十项措施还兼顾了经济转型和结构调整的战略任务。四是把民生问题与扩大内需结合起来，在地域上加大了向农村地区的倾斜力度。"十大措施"对城乡居民生活带来积极影响：通过直接增加城乡居民收入，使城乡居民有钱可花。广大农民和低收入群体代表的是潜力巨大的市场，让他们手头有钱可花，将直接刺激消费需求。通过强化社会保障，加快医疗卫生、文化教育事业发展，有利于破解长期以来看病贵、上学难的问题，使城乡居民有钱敢花。五是从调控力度上来看，投资规模巨大，有利于提振市场信心。十项措施中不仅有增值税转型，直接减少企业负担1200亿元，而且最终投资总规模将达到4万亿元。这体现了中央对保增长的信心和决心，势必会收到良好的效果。

搞好下一步宏观调控需要注意以下五点：

第一，少点应急之策，多点长效管理，在调周期的同时要高度重视调结构。当前需要以宏观经济政策来调整经济周期，进而保持经济稳定较快发展。但是从提高经济持续增长能力的角度来看，宏观调控必然包含着结构转型的艰巨任务。长期以来，我国依靠"低成本、低技术、低价格、低利润、低端市场"的低价工业化模式在国际市场上赢得了竞争优势，但是在价值链环节上利润空间十分有限，使我国的经济发展付出了"高能耗、高物耗、高排放、高污染"的巨大代价。经济的可持续发展要求我们必须转变这种发展模式。破解当前的多重困境必须采取"非常之策"，但是要防止出台"头痛医头，脚痛医脚"的短视政策，要统筹全局，站在战略的高度制定长远之计。

第二，在财政政策上，少补贴，多减税，用积极财政政策刺激和引导消费。补贴会出现不该补的补了，该补的没有补，容易造成"好心办坏事"，形成调控目标与实际效果之间的偏差。减税则比较公平，作用比较快，更有利于实现调控效果。要依靠积极财政政策，鼓励和引导城市不同收入人群的消费。要提高个人所得税起征点，放宽税前扣除范围，刺激消费需求。要增加城镇居民的可支配收入。要继续加大公共支出，通过政府采购、转移支付等手段刺激和引导消费，利用乘数效应增加社会总需求。继续改善中低收入人群的生活状况，提高居民的边际消费倾向。要充分重视旅游、文化、娱乐等服务业在扩大内需中的作用，通过将带薪休假制度化，促进带薪休假的社会化，强制执行公务员带薪休假制度。同时，要发展个人消费信贷，倡导适度负债和超前消费的新观念。

第三，在货币政策上，少用额度管理，多用政策性金融扶持，完善多层次的信用担保体系。虽然信贷额度有所放宽，但是目前银行仍然存在"惜贷"现象。其中一个重要原因就是中小企业的信用等级较低，贷款困难。这就需要用政府的信用来解决中小企业信用低的问题。当前，需要加快建立多层次中小企业担保基金和政策性担保机构，完善多层次的信用担保体系。第一层次建立以政府为主体的信用担保体系，不以赢利为目的。第二层次是商业性担保体系，实行商业化运作，坚持按市场原则为中小企业提供融资担保业务。第三层次是互助型担保体系。由于相关机制不健全，一些担保机构承担风险过大，往往通过寻求反担保条款或提高担保收费来转移风险。这极大地限制了担保机构便利中小企业融资的功能。为此，要充分发挥财政资金的杠杆作用，建立风险担保基金，主要用于担保风险的补偿和担保机构的激励，提高商业担保机构为中小企业融资提供担保服务的积极性。

第四，保增长，保就业，保内需，保中小企业。宏观调控有着多重目标，在多重目标中要突出保重中之重。当前，不仅要关注危机对我国经济增长的冲击，还要重视对我国就业的影响。在一定的就业弹性下，经济增长率的下滑必然导致就业增长率的下降。当前经济增长放缓，势必降低对就业的持续拉动作用。目前相当数量的中小企业接不到订单，经营困难，对就业形成巨大挑战。在危机中受冲击较大的行业部门，如房地产、金融证券业、进出口行业是整个金融危机中被卷入最深的领域。相当多的企业也放缓了招聘计划，这对大学生等新增就业人口的影响较大。在保增长、保就业的过程中，要高度重视内需与中小企业的作用，将保内需、保中小企业作为有效的撬杠。扩大内需的关键在于启动农村消费市场，农村消费市场活跃的关键又在于提高农民收入。启动农村消费市场，首先，需要稳步推进农村土地流转制度改革，创新农地流转模式，提高农民收入和增加农民财富。其次，还需要进一步疏通农村商品流通渠道。另外，还要重视加快城镇化进程，变农民消费为市民消费。针对中小企业的困境，保中小企业要实施对企业的各种税收优惠和财政补贴政策，帮助中小企业减轻要素成本上涨压力；要积极构建支持中小企业的融资体系，拓展中小企业的融资渠道；要帮助中小企业转型升级和实施产业转移，推进中小企业二次创业；要使中小企业积极拓展产品的国内市场。

　　第五，要当机立断出"有形之手"救市、救产业，提振市场信心。在当前的特殊时期，从某种意义上来说，信心比黄金和货币更重要。由于金融危机造成实体经济下滑，以及全球经济未来走向并不明朗，消费者普遍信心不足。危机本身所形成的恐慌和悲观情绪正迅速扩散，严重打击了投资者和消费者的信心。尤其是在中国，目前股市深度调整，楼市已显疲态，不少高收入人群的家庭或个人资产在市场的剧烈震荡中缩水，消费热情受到抑制，具有高边际消费倾向的中低收入阶层观望心理浓厚。当前要尽可能降低实体经济下滑的幅度，缓解社会对未来经济发展的担忧，提升市场信心。

8

保持经济可持续成长需要
培育内生动力[*]

中共十七届四中全会指出：我国经济形势总体呈现企稳向好势头，但经济回升基础还不稳定、不巩固、不平衡。要把保持经济平稳较快发展作为经济工作的首要任务，保持宏观经济政策的连续性和稳定性。经济发展是多种因素共同作用的结果，既需要经济系统自身内生动力的持续推动，也需要政府政策进行"相机抉择"以熨平经济周期的波动。当前应对全球金融危机的过程中，要积极处理好两者之间的关系，在发挥政府政策作用的同时，尤其重视经济内生动力和活力的培育，使经济能够尽快摆脱危机，并实现持续、平稳、较快发展。

一、经济系统的修复机制尚未健全

经济学理论认为，经济长期增长不是由于外部力量，而是经济体系内部力量作用的结果；同时，政府政策对增长具有重要影响。由此可见，经济的内生动力与政府政策在推动经济发展的过程中发挥着不同的作用。经

　　* 本文发表于《中国经济导报》2009 年 12 月 10 日。核心观点源于辜胜阻教授 2009 年 8 月 26 日在第十一届全国人大常委会第十次会议分组审议国务院关于今年以来国民经济和社会发展计划执行情况的报告时所作的发言。

济系统自身的内生动力是最根本的推动力量，处于决定性地位；而政府政策起着引导性作用。

当前，我国政府政策在弥补经济内生动力减弱、保持经济增长方面已经取得了显著效果。在全球金融危机爆发后，我国政府及时、有效地实施"保增长、扩内需、调结构"的政策，并配合以积极的财政政策和适度宽松的货币政策，成功使我国经济逐步企稳向好。据测算，如果没有中央一揽子刺激计划的拉动，这一轮调整中经济增长的低点可能会降低至1%左右。

目前，在世界经济仍未见明显好转的情况下，我国实现前三季度经济同比增长7.7%的增长率，实属来之不易的成绩。但同时也应当注意到，尽管政府政策阶段性成效显著，经济也已经出现了许多积极的变化，但是经济系统的修复机制尚未健全，经济回升的基础不牢固，形势依然严峻。

二、培育内生动力是实现可持续发展的关键

从根本上来讲，培育经济发展的内生动力就是为了实现经济的持续性发展、均衡性发展和创新型发展。

培育内生动力是实现经济发展可持续性的关键。培育经济内生动力就是要形成经济体系自演进、自增强的能力，使经济不依赖于外部力量的推动就能够实现持续增长，进而解决经济的长期发展问题。当前，我国政府政策对经济的主导性较强，中小企业处于弱势地位，民间投资仍不活跃，经济增长的持续性面临较大挑战。强有力的政府政策推动使政府投资在刺激经济增长中作用比较明显。据统计，投资在2009年一季度拉动经济增长4.3个百分点，上半年拉动经济增长6.2个百分点，前三季度拉动经济增长7.3个百分点。伴随着大规模的经济刺激计划的实施和"天量信贷"的投放，未来政策直接推动经济的力度和空间势必逐步减弱和缩小。实现经济发展的持续性亟待转换经济的推动力，使民间投资尽快成为推动经济的有力支撑。

培育内生动力是实现经济均衡性发展的关键。培育经济内生动力就是

要充分发挥各种力量对经济的推动作用，使各种力量处于一种相互促进、彼此协调的均衡状态，进而使经济能够有序发展。我国经济结构存在失衡状况，主要表现为两个方面：内需与外需之间的失衡、投资与消费之间的失衡。长期以来，我国的经济发展高度依赖外需，对外依存度较高，内需相对不足。近几年，我国外贸依存度不仅增速较快，而且与美国、日本等发达国家相比明显偏高。据测算，我国经济的外贸依存度高达70%左右。我国实体经济在金融危机中受到冲击就是因为经济中长期存在的内需与外需之间的结构性矛盾所至。同时，相对于投资的高速增长，我国的消费明显不足。消费增长相对缓慢与我国的收入分配状况有直接联系。从整个分配格局来看，我国的劳动报酬总额占GDP比重一直偏低，且呈下降趋势。我国经济结构的失衡状态势必严重影响经济发展的质量和效率，需要积极扩大内需，提高居民消费水平，实现内需与外需、投资与消费之间的均衡发展。

培育内生动力是实现创业创新型经济发展的关键。培育经济内生动力就是要高度重视技术创新、知识积累和人力资本水平的提高，充分激发创业创新活力，使经济的发展建立在强劲的创新基础之上。改革开放以来，我国依靠廉价的劳动力资源优势形成了"低成本、低技术、低价格、低利润、低端市场"的"低价工业化模式"，在国际市场上赢得了竞争，确立了世界制造业大国的地位。但是，伴随着经济发展和经济结构的演进，低价工业化的弊端逐渐显露。一方面，我国的经济发展付出了"高能耗、高物耗、高排放、高污染"的巨大代价；另一方面，由于缺乏创新动力，产业升级缓慢，经济发展缺乏后劲。日本在战后经济起飞同样主要靠的是廉价、肯干、守纪律的劳动力。伴随着经济的高速增长，日本逐渐转向高工资、高福利、高劳动生产率的发展战略。重在推进技术进步和人力资本培育的发展战略为日本的经济发展提供了强大的动力，使日本即使在进入人口老龄化之后，仍然维持着强有力的国际竞争力。因而，实施科技创新是关系国家长远发展的重大战略。与创新紧密相连的是创业，我国的创业相对不足。据调查显示，城市居民有10万元钱愿意创业的不到5%，大学生毕业创业的不到1%。有测算表明，我国每千人不到10个中小企业，而发达国家和发展中国家每千人拥有的中小企业数量平均分别为50个、20～30

个。同时，我国的就业仍面临巨大压力。目前尚有近 300 万大学生未实现就业，返城农民工也普遍存在工作不稳定的情况。实施以创业带动就业是解决就业问题的重要途径。

三、推动经济发展向内需为主、消费支撑、均衡发展、创新驱动的模式转变

全球金融危机虽然对原有的经济发展形成冲击，但同时也形成了"倒逼"的机制，对培育经济发展的内在动力提供了有利时机。当前，要保持经济的持续增长，需尽快培育经济增长的内生动力，扩大民间投资，调整分配关系，刺激居民最终消费，扶持中小企业发展，确立保就业为政府工作第一目标，推动经济发展向"内需为主、消费支撑、均衡发展、创新驱动"的模式转变。具体来讲，需要协调好六个方面的关系：

一要处理好民间投资与政府投资的关系。政府投资是短期内增加社会总需求的重要方式。同时，政府投资还可以起到"四两拨千斤"的作用，有效带动民间投资。针对当前"政府热，企业冷；公共投资热，民间投资冷"的局面，要优化投资环境，给予民间投资法律上的平等保护，保障不同市场主体经济上的平等竞争。要加快重点垄断行业改革，推进可竞争性环节的分离，降低民间投资准入门槛。要引导民间资本发展新兴产业，拓宽民间投资领域，防止政府投资对民间资本的挤出效应和大规模"国进民退"。要引导民间非正规金融发展中小民营金融机构，让民间资本参与金融业务，用中小金融机构支持中小企业。要健全民间投资服务体系，建立专业化的投资服务机构，充分发挥市场中介组织的积极作用。

二要处理好居民消费与政府消费的关系。扩大内需关键在于扩大国内消费需求，包括政府消费和居民最终消费，但从经济增长的内生动力来看，重点应在后者。当前，扩大居民消费首先需要调整收入分配格局，逐步提高居民收入在国民收入分配中的比重，提高劳动报酬在初次分配中的比重，并进一步调整收入分配差距过大的状况，逐步缩小行业间、部门间收入差距，扩大中等收入阶层在整个社会中所占的比重。其次，积极扩大

农村消费市场。要创新农村土地流转制度，继续加大支农力度，落实各项惠农政策，加快农业产业化经营，多渠道提高农民收入和增加农民财富。要进一步推进产品下乡，提高补贴水平，扩大补贴范围，简化补贴手续，充分调动农民消费的积极性。要推动城镇化进程，变农民消费为市民消费。再次，鼓励和引导城市不同收入人群的消费。要充分重视旅游、文化等服务业在扩大内需中的作用。要继续加大政府在医疗卫生、社会保障、保障性住房等领域的投入，解除居民消费的后顾之忧。最后，要积极发展消费信贷，健全消费信贷的法律法规，逐步建立个人征信体系，通过税收、利率优惠积极鼓励个人消费信贷发展，倡导适度负债和超前消费的新观念。

三要处理好国内需求与国外需求的关系。在全球经济放缓、需求疲软的情况下，以外需为主拉动经济增长的路子越走越窄，进一步扩大内需将成为我们应对全球经济危机的关键。当前，我国经济发展正处于工业化、城镇化加快发展的重要战略机遇期，工业化、城镇化是支撑我国经济持续增长的最重要的动力。将扩大内需与推进我国的城镇化进程紧密结合起来，可以实现经济发展与内需持续扩大的良性互动，是当前扩内需促增长的有效途径。首先，城镇化的加速发展会给建筑和房地产市场带来巨大需求。政府要调整不同利益主体之间的关系，推进房地产行业健康发展，帮助城市居民实现"住房梦"。要加快发展县城及中小城市的住房市场发展，调整房地产市场的住房供应结构，加大小套型住房、廉租房建设。要积极推动二手房市场、住房租赁市场的发展，有效满足居民多样化的住房消费需求。其次，城镇化加速发展需要解决数以亿计的农民工市民化问题。中央和地方政府要联手对农民工转移进行分类指导，依托县城发展一批中小城市，增强中小城市吸引力，让农民工通过稳定的职业安居乐业，帮助农民工实现"城市梦"。

四要处理好中小民营企业和国有大企业的关系。要增强经济增长的内生动力，必须协调好两者的关系，不仅要重视大型企业，更要扶持中小企业，形成良性的企业生态。对于大型企业，尤其是国有大型企业，要加快结构优化，合理调整国有大型企业布局，增强企业核心竞争力。针对当前中小企业的困难，政府要给予积极的帮助。在财税方面，加大扶持力度，对新产品的开发、员工培训、产品出口等活动提供资金资助、贴息贷款和风险担保，运用失业保险基金对困难企业给予社保补贴、培训补贴和岗位补贴，减收、缓缴社会保险费，大力减轻中小企业税费负担。在金融方面，要高度关注信贷结构和资金流向，制定相对稳定的支持中小企业融资政策，完善多层次银行体系和资本市场体系，加大政策性金融对小企业的扶持力度，充分发挥政策性担保机构的积极作用，通过减免银行营业税、贴息等方式引导银行向中小企业贷款，切实解决中小企业融资难问题。在市场需求方面，要强化政府对中小企业的采购，尽快制定出台《中小企业政府采购管理办法》，鼓励政府投资向扶持中小企业倾斜，扩大中小企业内需市场。

五要处理好廉价劳动力所形成的市场优势和创新驱动的竞争优势的关系。经济学认为，经济增长的过程可以分为要素驱动、投资驱动、创新驱动和财富驱动四个阶段。这就迫切需要实施自主创新战略，转变现有的经济发展模式，使创新成为驱动经济发展的内在动力。要充分发挥企业创新主体的作用，重视民间创新，激发民间创新的激情与活力。要完善企业创新的利益补偿机制、风险分担机制和创新合作机制，建立科技开发准备金，鼓励中小企业与大企业进行战略联盟，实施有效的产学研合作，加大对自主知识产权的保护与激励。要积极推进创新的中介服务体系建设，完善包括技术市场、人才市场、信息市场、产权交易市场等在内的市场体系，逐步培育规范各类社会中介组织。实施创新人才战略，营造有利于各类人才智慧和才能施展的宽松环境，激励科研人员的积极性，培养一批既懂科技又懂市场的创新创业人才。实施国家区域创新战略，选择几个产业集群基础好的国家高新技术开发区，建设一批具有国际竞争力的创新集群。要重塑区域经济文化，弘扬创业创新文化，营造鼓励创新的良好氛围。

六要处理好保就业与保增长的关系。就业，乃民生之本。保增长更加需要重视民生，应服从保就业，保就业目标高于保增长目标。面对严峻的就业形势，政府应调整目标考核体系，在政府宏观调控的多重目标中树立"就业和创业是工作重中之重"的观念，把就业工作放在政府政绩考核的首位。要推行更加积极的就业促进政策，努力创造更多就业机会，维护社会稳定。同时，政府要利用就业压力所形成的"倒逼"机制，鼓励大学生创业和农民工返乡创业。要提供免费创业培训，建立针对大学生和农民工的"创业担保基金"，并加强创业基地、科技孵化器建设，依托高新技术开发区和经济技术开发区建立大学生创业园，在县城组建农民工创业园，以创业带动就业。

9

中国经济要在"两难"格局中前行[*]

目前中国经济整体回升向好,上半年经济同比增长 11.1%,成绩显著。但是当前影响经济持续健康发展的不确定性因素还很多,经济持续稳定增长的基础还需要进一步巩固,尤其是多个相互掣肘的问题交织在一起使得下半年经济将在两难中前行。

下半年的经济需要在平衡多重关系的基础上实现进一步发展。温家宝总理在 2010 年《政府工作报告》中提出要"处理好保增长、调结构与管理好通胀预期三者之间关系"。当前,我国经济在发展过程中积累了许多"两难"问题。收入分配改革与企业发展、资源价格改革与物价调控、人民币汇率改革与出口企业生存发展、房地产调控与经济增长、货币政策与其他宏观调控政策的协调配合等问题给下半年"保增长、调结构与管理好通胀预期"的调控任务增加了新的难度。宏观经济调控既是一门艺术,也是一种技巧。针对当前经济中的诸多两难问题,宏观调控需要把握好时机、方式和力度,实现有机协调、互补平衡。

下半年应坚定不移地加快分配制度改革、加快汇率制度的改革、加快基础性产品的价格改革,用价格信号引导节能减排,要改变经济增长过度依赖房地产业的格局,防止经济过度下行,保持经济平稳持续增长。为

---

　　* 本文核心观点源于辜胜阻教授2010年7月15日在第十一届全国人大财政经济委员会全体会议上的发言。易善策、杨威协助研究。

此，需要处理好五方面的关系：

一是处理好收入分配改革与企业发展之间的关系，既要提高劳动者收入，又要防止短期内企业生产成本增长过快影响企业发展。当前，我国企业尤其是中小企业主要依靠廉价劳动力的成本优势，"利润比刀片还薄"，同时还面临融资困难、用工艰难、市场萎缩、负担沉重、成本攀升等问题。劳动者工资与企业生产成本直接挂钩，劳动成本的过快上涨会降低企业利润空间，最终不利于扩大就业、改善人民群众生活。但消费是经济增长的根本动力，要提高居民消费能力、转变经济发展方式、更好地实现人民群众体面劳动和尊严生活，就必须坚定不移地稳步推进收入分配改革，逐步提高劳动者收入报酬。在推进改革过程中，政府要重视对企业的引导，使企业通过技术创新、管理创新等来增强企业核心竞争力，提高利润率。同时，政府要"化税为薪"，通过减税、减费等手段，适度降低国民收入分配中政府所得，提高居民所得和企业所得，实现藏富于民。

二是处理好基础性产品价格改革与物价调控之间的关系，既要利用资源价格改革引导企业节能减排，又要运用财政政策提高低收入者物价承受能力。加快经济发展方式转型，必须加快资源价格形成机制改革，形成企业节能减排、淘汰落后产能的"倒逼"机制。但是资源性产品多属生产资料，其价格上涨会向下游产品传导，从而加剧物价上涨压力。当前推进资源价格改革是转变经济发展方式、调整经济结构的重要环节，需要大力贯彻落实。但资源价格的改革要积极稳妥地进行，并把握好改革的节奏和力度。在价格改革的同时，要积极发挥财政政策的调节作用，加强对低收入者和中小企业的应急救助和财政扶持。

三是处理好人民币汇率改革与出口企业生存发展之间的关系，既要利用人民币汇率调整加快经济发展方式转型，又要切实关注出口企业生存状况，为其提供调整过渡期。人民币升值在有利于平衡国际收支、抑制输入型通胀、优化产业结构、加快我国经济发展方式转型的同时，会降低出口企业的利润空间，给我国劳动密集型、贸易加工型、中小型出口企业的生存发展造成严重冲击。有研究表明，如人民币在短期内升值3%，部分企业利润将下降30%至50%，许多议价能力低的中小出口企业将面临亏损。当前，要把握好汇率调整方式和策略，建立贸易援助机制，关注出口企业生存和发展。

四要处理好房地产调控与经济增长之间的关系,既要有效遏制房地产价格过快上涨,又要推动经济持续稳定增长,减弱经济增长对房地产的过度依赖。当前房价的过快上涨不仅使住房这一民生问题成为社会的焦点,而且也在一定程度上增加了未来房市的风险。对房地产市场的调控势在必行。同时,房地产业是各行各业开发的先导,综合性强,关联效应大,直接影响到整个经济的健康发展。调控房价"保民生"就会影响房地产业发展速度,进而在一定程度上影响经济的增速。改变这种两难境地的关键在于:在保持房地产调控政策稳定性的同时,积极建立多层次的住房供给体系,满足人们多元化的需要,改变千军万马过独木桥的状况。如同当前的公汽、地铁、低档车、豪华车各行其道的多层次交通体系能够基本满足人们的出行需要一样,住房也需要形成多层次的供给体系,通过多向分流以满足不同群体的不同需求。同时,我国地方政府收入过度依赖土地财政、过度依赖融资平台和过度依赖转移支付的问题,客观上要求加快财税体制改革,实现地方事权与财力相匹配。改变经济增长过度依赖房地产业的局面需要加快新兴战略性产业发展、扩大民间投资、发展中小企业、推进城镇化进程等新举措来培育新的经济增长点。

五是处理好货币政策与其他宏观调控政策的协调配合,既要防止通货膨胀,又要防止经济过快下行甚至出现二次探底。2009年"天量信贷"给宏观经济注入了充裕的流动性,使得未来通胀的预期增强。但是管理通胀预期,不能"急刹车"。如果银根过多紧缩,这将给企业带来融资困难,使宏观经济"硬着陆"。下半年要继续实施适度宽松的货币政策,同时加大力度调整信贷结构和资金流向,加强对中小企业创新、节能环保、扩大就业等方面的信贷支持,优先保障中小企业流动资金贷款,防止经济出现过快下行或二次探底。

$$—10—$$

市场力量和政府调控合力促经济转型*

当前中国经济正在进入转型拐点，多种有利于经济转型的积极因素正在发挥作用，市场的"倒逼"机制与政府的推动力量正在形成强大合力，使我国的发展方式转型进入快车道。

一、应对拐点需要市场作用和政府改革相结合

一方面要顺应市场经济规律，利用"倒逼"机制加快转型；另一方面，政府要进一步深化改革，使经济增长改变高度依赖房地产的格局，寻求新的发展动力，大力推进城镇化，推动战略性新兴产业和现代服务业的发展，实行减税政策引导企业转型升级，扩大民间投资，推进经济朝着"内生增长，创新驱动"的方向发展。

发展方式转型已刻不容缓，加快转变发展方式要全面客观认识当前经济发展的形势，正确把握未来经济发展的趋势，充分利用积极有利因素，推动经济发展方式转变不断取得扎实成效。胡锦涛总书记年初曾指出，加快经济发展方式转变是我国经济领域的一场深刻变革，转变经济发展方式关键是要在"加快"上下功夫、见实效。近年来我国在转方式、调结构方

---

* 本文核心观点源于辜胜阻教授 2010 年 7 月 20 日在民建中央经济委员会主办的"全国宏观经济形势分析研讨会"上所作的发言。马军伟、易善策、李华、杨威协助研究。

面做了很多工作，政策也不断出台，取得了很大进步。但面对严峻的形势，我国经济转型的步伐还不够快，离预期效果仍有一定距离。当前，经济发展过程中不断涌现的一些新趋势形成了市场"倒逼"机制，正在推动我国的经济转型。

二、市场力量和政府调控正在加快中国经济转型的进程

我国农村劳动力由无限供给转向局部短缺、新生代农民工的崛起、环境资源约束推动的节能减排行动、经济增长过度依赖房地产格局的调整、产业向中西部转移和外出劳动力的回归、企业高成本时代的来临这六大因素正在"倒逼"我国经济进入转型拐点。

一是农村劳动力由无限供给转向局部短缺，这种供求关系的变化迫使企业提高员工待遇和福利保障，有利于改变经济发展过度依赖廉价劳动力的模式，提高劳动报酬在初次分配中的比重，进而在改革分配关系的基础上扩大居民消费。目前，在劳动力供求市场上一个比较明显的趋势是，我国农村劳动力由无限供给转向局部短缺。从数量上看，目前我国处于剩余状态的农村劳动力已明显减少。从结构上看，在农村剩余劳动力中，30 岁以下的劳动力占比很低，年轻农民工出现短缺。从区域来看，东南沿海地区的用工短缺现象更为明显，招工难将会常态化。据调查，超过 90% 的受访珠三角企业表示存在劳动力短缺的问题。这种供求关系的变化迫使企业提高员工待遇和福利保障，有利于改变经济发展过度依赖廉价劳动力的模式。日本和韩国的发展历程已证明，尽管在经济起飞阶段廉价劳动力发挥了巨大作用，但是伴随着经济的发展，依靠廉价劳动力实现经济增长的路径难以为续。2010 年以来，在劳动力市场供求关系的作用下，员工的薪酬待遇有所提高，员工的工作环境、发展需求、权益保护、社会保障等问题也越来越受到企业重视。同时，随着劳动力变得相对稀缺，用于支付劳动力成本的收入将会增加，这有利于提高劳动报酬在初次分配中的比重，扩大居民消费。

二是新生代农民工崛起、以农民工市民化为特征的城镇化新政有利于改变长期以来农民工候鸟型钟摆式流动的状况，在帮助农民工实现安居乐

业的市民梦的同时引爆巨大内需，实现经济的可持续发展。诺贝尔经济学奖获得者斯蒂格利茨曾经指出，中国的城市化与美国的高科技发展将是影响 21 世纪人类社会发展进程的两件大事。2010 年政府工作报告中，温家宝总理部署了以农民工市民化为特征的城镇化新政，提出了推动城镇化发展的新战略与新思路。在城镇化进程中大力推进农民工市民化，有利于改变长期以来农民工候鸟型钟摆式流动的状况，也有利于实现经济发展与内需持续扩大的良性互动。从某种意义上说，工业化创造供给，城镇化创造需求。城镇化是消费需求和投资需求的结合点，是未来经济发展的持久动力。

研究表明，如果未来 10 年我国的城镇人口比重上升到 2/3，年均社会消费额可以从目前的 10 万亿元增加到 20 万亿元。城镇化率每提高 1 个百分点，新增投资需求 6.6 万亿元，能够替代 10 万亿出口。当前，进城农民工虽然实现了产业转换和地域转移，但没有实现身份转变，处于一种"半城镇化"状态。同时，农民工阶层也在不断分化，出现了与老一代农民工具有显著差异的新生代农民工，这成为当前我国城镇化发展必须面对的新课题。未来，要总结重庆、江苏、浙江宁波等地的经验，通过改革户籍制度、完善创业扶持政策、推进城镇安居工程建设、创新城镇化建设筹资机制等办法，积极稳步推进农民工市民化。

三是政府当前强有力的节能减排行动有利于改变经济增长以过高的环境资源代价支撑粗放增长的格局，使经济转向"低能耗、低物耗、低排放、低污染"的发展方式。减排是世界性问题。我国要增强可持续发展的能力也必须推行节能减排。"高能耗、高物耗、高排放和高污染"的工业发展模式使经济发展代价巨大。而当前中国工业化和城镇化正在加速进行，经济发展总体正处于"环境库兹涅茨曲线"左侧的"爬坡"阶段，能源消耗总量还将继续上升。如果不加强节能减排，将给我国能源安全供给、生态环境保护造成巨大压力，经济社会发展难以持续。在 2009 年应对危机的过程中，一些需淘汰的落后产能有所反弹，使 2010 年上半年我国单位 GDP 能耗反而上升 0.09%。我国政府 2010 年以来连续出台了多项政策，并公布了 18 个工业行业 2087 家淘汰落后产能企业名单，进一步加大了节能减排力度。在后危机时代，我们要继续通过建立健全技术引领机制、结构调整机制、政策激励机制、市场诱导机制及社会参与机制等，进一步推动节能减排，实现经济发展方式从粗放型向集约型转变、从低效益向高效益转变。

四是以战略性新兴产业和现代服务业发展为特征的产业结构调整有利于培植新的经济增长点，形成经济的多元支撑和动力替代，改变经济增长过度依赖房地产的格局。在经济发展过程中，由于房地产业是各行各业开发的先导，综合性强，关联效应大，直接影响到整个经济的健康发展。房价的过快上涨不仅使住房这一民生问题成为社会的焦点，而且也在一定程度上增加了未来经济发展的风险。为此，我国经济增长高度依赖房地产业的格局必须改变，迫切需要培植新的经济增长点，通过"增量创造"来推动"存量调整"。

战略性新兴产业和现代服务业的发展是后危机时代创造经济增长存量的最大潜力所在，是经济增长的新动力、新源泉，有利于形成经济发展的多元支撑，改变经济增长过度依赖房地产的格局。目前传统产业利润率低，因此必须实现产业升级转型，大力推动战略性新兴产业和现代服务业的发展。我国必须抓住战略性新兴产业发展的历史机遇，通过技术创新和金融创新"双轮"驱动，通过政府引导和市场调控双重推动，通过新兴技术的产业化与改造传统产业协同并进来加快战略性新兴产业的发展。同时，发展现代服务业有助于优化经济增长方式，实现从"粗放"到"集约"的转变。其中，生产性服务业是现代服务业的核心内容，尤其要发展软件服务、现代物流、电子商务、工业设计、文化创意等生产性服务业。要合理确定现代服务业的外延和边界，通过加强财税引导和发展环境优化，不断挖掘现代服务业的发展潜力，提高其对经济发展的贡献。

五是以产业从沿海向中西部转移和外出劳动力回归为特征的"双转移"趋势日渐显著，这将为下一个十年的西部大开发和中部崛起注入新的活力，有利于实现区域的均衡发展和人口的合理流动。目前我国已经进入从过去的产业活动高度向东南沿海集中逐步转变为由东南沿海向中西部地区转移扩散的新时期。与之相伴随着的一个比较明显的趋势是中西部地区农民工的就业数量大幅度增加，外出劳动力向中西部回归。当前，我国东部沿海地区宛如"头雁"，广大中西部地区好比"尾雁"，区域板块之间已经具备"雁阵式"产业及要素转移的条件。一方面，近年来东部一些地区正面临着土地空间、能源资源、人口重负及环境承载力难以为继的问题，传统制造业的进一步发展受到制约。特别是受国际金融危机的影响，东部地区产业结构升级的问题显得尤为迫切，东部地区产业向中西部地区转移是产业发展的新趋势。另一方面，在经历了多年的外出流动之后，农民工的回流创业趋势也日益显现。许多农民工经过打工实践，在外开阔了眼界，学会了本领，掌握了技术，拥有了资本，接受了现代城市中创业观念的熏陶，具有饱满的创业激情，返乡创业成为农民工流动的新趋势。有调查表明：2009 年中国沿海地区外出就业的农民工减少了 880 万人，而中部地区农民工的就业数量增加了 617 万人，西部地区增加了 775 万人。这种"双转移"趋势对于我国的区域均衡发展具有重要意义。农民工的回归也有利于减轻异地流动形成的社会成本。目前，农民工大规模异地流动形成了数以千万计的留守儿童和留守妇女，带来了沉重的社会代价。

为此，一方面要提供均等化的公共服务，通过解决农民工住房、子女就学等问题帮助一部分农民工实现举家搬迁；另一方面要鼓励产业转移，引导农民工返乡创业就业，实现家庭团聚。在推进"双转移"的过程中，要发挥区域优势，合理分工合作，建立分享机制，实现互利共赢；要重视长远发展，推动结构升级，重视环境保护；要改善投资环境，完善协调机制，积极构建服务型政府。

六是高成本时代的来临和企业成本的上升有利于改变过度依赖低端市场的局面，迫使企业从价值链的低端走向高端，提升产品附加值，提高企业竞争力，由红海战略走向蓝海战略。长期以来，我国企业，尤其是中小企业依靠廉价生产要素形成了"低成本、低技术、低价格、低利润、低端市场"的"低价工业化"模式。虽然我国大部分企业技术水平低下，品牌建设落后，管理水平较低，核心竞争能力不强，利润微薄，但企业依靠廉价劳动力不进行创新也能生存。这种低成本竞争战略使我国企业，尤其是劳动密集型中小企业，陷入了廉价劳动力"比较优势陷阱"，对创新缺乏动力，导致核心技术受制于人，全球价值链受控于人。在后危机时代，国内外不确定性因素大大增加，共同推动了企业成本上升，如人工成本上升、汇率改革、资源产品价格改革大大推升企业的成本。

　　2010 年一季度调查显示，"人工成本上升"、"能源、原材料成本上升"、"税费、社保等负担过重"已成为当前企业面临的最主要困难。成本上升压缩了企业利润空间，给依赖低成本竞争战略的企业带来了生存危机，形成了企业转型升级的市场"倒逼"机制。这将迫使企业由价值链的低端走向高端，由红海战略走向蓝海战略，推动企业不断创新，提升产品附加值，提高企业竞争力。可以预计，在后危机时代，企业的战略转型应该实现从低成本向差异化转变、从多元化向专业化转变、从规模扩张向质量提升转变、从跨越式发展向可持续发展转变、从粗放型向集约型转变，通过技术创新和管理创新来提升企业核心竞争力。

—11—

调整国家、企业、居民的分配
关系刻不容缓[*]

当前，我国收入分配和居民消费格局存在居民收入和劳动报酬比重过低并呈现不断下降趋势、收入差距日益扩大、居民生活成本不断攀升、企业薪外各类附加费过重、居民即期消费存在后顾之忧等问题，这使我国消费偏低成为经济发展中的最大"短板"。调整国家、企业、居民三者之间的分配关系刻不容缓。当前，我国经济正在进入转型拐点，农村剩余劳动力由无限供给转向局部短缺，这种供求关系的变化迫使企业提高员工待遇和福利保障。经济发展过程中不断出现的新趋势形成了市场"倒逼"机制，正推动我国收入分配格局发生根本变化。对此，政府和企业应利用市场力量顺势而为，联手推动收入分配制度的改革，使经济进入均衡共享的包容性增长阶段，让广大劳动者分享经济发展的成果。国家要在"十二五"规划中把分配制度改革作为重中之重，让国民经济进入"GDP 增长—居民收入提高—消费增长—内需扩大—经济持续增长"的良性循环。

2009 年我国的经济改革取得了辉煌的成就，政府公共投资对保持经济稳定增长起到了力挽狂澜的作用，是保障经济复苏的"强心剂"。但是，

　　* 本文核心观点源于辜胜阻教授 2010 年 9 月 25 日在中国人民大学"中国宏观经济论坛（2010 年第三季度）"上所作的主题演讲。马军伟、易善策协助研究。

我国经济内部却面临着分配结构、消费结构和增长动力机制失衡等问题。其中，劳动报酬占 GDP 的比例不到 40%，滞后 10～15 个百分点。居民消费率只有 35% 左右，相当于美国的一半。消费过低成为经济增长过程中最大的"短板"。因此，如果把我国经济前一阶段保障经济复苏靠公共投资的"强心剂"比作"西医"的疗法，后一阶段则要采取"中医"的疗法来调理结构失衡问题。而当前最重要的结构问题是互相关联的消费结构和分配结构。消费问题的解决一方面需要把财富的"蛋糕"做大，另一方面又需要把"蛋糕"分好。

我国收入分配和居民消费格局存在五个方面的问题：

一是报酬比重低。我国职工工资的上涨幅度，大大低于劳动生产率的增长幅度。我国居民收入和劳动报酬比重低，而且呈现下降的趋势。我国过去十年间财政收入年均增长超过 20%，GDP 增长 10% 左右，但城乡居民收入只增长了 6%～8%，出现政府在分配中得"大头"、居民收入占"小头"的失衡格局。同时，资本所得也高于劳动所得。

二是收入差距大。我国城乡之间、行业之间、阶层之间、地区之间的收入差距非常大。据统计，我国城乡之间收入比达 3.3 倍。最高收入行业与最低行业的收入差距扩大到 15 倍。我国基尼系数接近 0.5，全国收入最高 10% 人群和最低 10% 人群的收入差距达到 23 倍之多。在地区收入方面，人均 GDP 最高的地区与最低的地区之比达 13 倍。

三是薪外附加重。有报道显示，目前搭载在工资上计提的"五险一金"等缴费项目有 20 多项，企业负担太多太重，客观上挤占了企业为员工加薪的空间。同样，工资被扣除一部分缴纳到各项基金中，员工实际到手的现金减少。

四是居民生活成本不断攀升。研究表明，我国教育、医疗和社保三项支出占政府支出的比重只有 29.2%，比同等发展水平的国家低 20 个百分点以上。居民生活成本过高，特别是高房价使城市居民生活成本有难以承受之重。

五是未来预期忧。老百姓对未来消费有后顾之忧，上学难、看病贵、住房难、养老负担重等问题成为阻碍居民消费的障碍，影响居民的消费预期。

我国经济正在进入转型拐点，当前经济发展过程中不断涌现的一些新趋势形成了市场"倒逼"机制，正在加快我国经济转型的进程。我国农村剩余劳动力由无限供给转向局部短缺，沿海地区的招工难特别是熟练工人短缺问题十分突出。调查表明，2008 年调研企业反映最大的问题是融资问题，融资难、融资成本高；2009 年是需求问题，市场萎缩、订单减少；2010 年企业普遍反映的是用工问题，招工难、用工成本大大上升等等。一项对"珠三角"企业的生存状况调查显示，超过 90% 的受访企业表示存在劳动力短缺的问题。另外，新生代农民工崛起，他们不仅要求工资待遇的提高，而且要寻求精神生活的满足和市民身份。这种供求关系的变化迫使企业提高工资待遇和福利保障。

工资增长是补偿性的，是对报酬水平过低的矫正，有助于提高劳动报酬在初次分配中的比重，扩大居民消费，有助于形成创新的"倒逼"机制，推动企业转型升级，改变低价工业化模式，实现从依靠价格低廉劳动力的要素驱动发展模式转向创新驱动和内生增长的发展模式。同时，劳动力成本的上升还会加速产业转移和升级的进程，促进产业分工和合理布局。日本在 20 世纪 60 年代出现了刘易斯拐点，迫使工资上涨，最后推动了产业的升级换代。在产业空间布局上，我国东部沿海地区宛如"头雁"，中西部地区好比"尾雁"，区域板块之间已经具备"雁阵式"产业及要素转移的条件。当前，我国东部地区要素资源价格不断升高，传统产业发展优势逐步减弱，面临经济转型和结构调整的紧迫任务。有资料显示，广东、上海、浙江、福建四省市需要转出的产业总值将增至 14000 亿。广大中西部地区基础设施逐步完善，要素成本优势日益明显，产业发展空间相对较大。工资上升也会推动企业转型，迫使企业从产业链的低端走向高端。

为此，政府要发挥宏观调控作用，和企业联手推进我国收入分配制度的改革。当前需要采取以下举措：

一要与经济发展同步提高居民收入与劳动报酬比重，实现政府企业居民三者分配关系的协调发展。建立居民收入跟经济增长挂钩、劳动所得与企业效益挂钩、工资与物价水平挂钩的机制，逐步提高居民收入在国民收入中的比重和劳动报酬在初次分配中的比重，改变财政收入和企业利润增速远快于城乡居民收入增速的现状。

二要调节收入差距，深化垄断行业收入分配制度改革，扩大中等收入阶层比重。要扩大中产阶层的比例，构建"橄榄型"分配格局。鼓励创业，使更多的创业者成为中等收入者。要平衡垄断国企与一般国企、国企与民企的收入分配差距，完善国有资本预算，规范国有企业分红。要调整不合理的高收入，坚决打击取缔非法收入。要扶持低收入和困难人群，探索建立城乡低保标准正常调整机制和与物价变动相适应的动态补贴机制。

三要政企联手推进收入倍增计划，提高财产性收入，让老百姓"能消费"。现在企业利润率很低，加薪不能完全靠企业。政府要积极实施"化税为薪"或"提薪让税"，为企业增加员工工资创造条件。减少地方政府对企业的各种收费，减轻企业负担。要坚持企业自主分配与平等协商相结合。要实行综合与分类相结合的个人所得税制度，充分考虑家庭综合税负能力，以家庭为单位进行计征和抵扣。提薪是渐进的，扩大收入是多元化的。要深化土地制度改革，让农村居民拥有财产性收入，推进农村宅基地、住房、土地使用权的抵押贷款，将资产变为资本，让老百姓创业有资金。要拓宽居民金融投资渠道，提高居民的股息、利息、红利等财产性收入。

四要解除居民消费的后顾之忧，改变消费预期，让城乡居民"敢消费"。政府要让利于民和藏富于民，加大对社保、教育、医疗等民生支出的投入，降低企业和职工缴纳比例。要建设惠及全民的基本公共服务体系，调整政府投资结构，大幅度提高政府公共服务支出在政府支出中的比重，推进城乡、区域公共服务均等化。

五要量化改革目标，制定分配制度改革的时间表，提高改革政策的执行力。要对居民消费率、居民收入和劳动报酬比重以及中产阶层比例分别设置科学、合理、量化的改革目标，明确推进收入倍增计划的实施时间表，加快推进收入分配改革的进程，使消费成为经济增长的持久动力。

12

新型工业化与我国高等职业教育转型*

新型工业化和 2020 年我国基本实现工业化的目标为我国高等职业教育发展提供了巨大的市场需求。高等职业教育是推进新型工业化的重要力量，工业化、城镇化和信息化目标对高等职业教育培养的人才在数量、质量及层次结构等方面也提出了新的要求。为适应新型工业化发展的需要，我国高等职业教育需要在发展方向、目标规划、办学机制、教学模式及师资队伍建设等方面进行改革。

一、新型工业化对高等职业教育的需求

与传统工业化道路不同，新型工业化道路是信息化和工业化互动的工业化，信息化带动工业化、工业化促进信息化是新型工业化的实现方式。表 1 从人均 GDP、城镇化率、三次产业结构和信息化水平等方面展示了我国工业化、城镇化、信息化方面的发展目标。

表 1　我国工业化、信息化与城镇化发展目标

	工业化中期（2004 年或 2005 年）	基本实现工业化（2020 年）
人均 GDP	1269 美元	4000 ~ 5000 美元

* 本文系国家社会科学基金项目"新型工业化与中国城镇化协调发展研究"（项目编号：05BJL036）的研究成果，发表于《教育研究》2006 年第 10 期。洪群联协助研究。

续表

	工业化中期（2004 年或 2005 年）	基本实现工业化（2020 年）
城镇化率	41.76%	60%
产业结构	2004 年，我国一、二、三产业比重：15.2%、52.9%、31.9%；一、二、三产业就业比重：46.9%、22.5%、30.6%	一、二、三产业比重：10%、50%、40%；就业结构与产业结构相一致
电脑与互联网	2005 年，我国计算机装机数超过 6000 万台，互联网用户数达到 1 亿。全国家庭电脑普及率达到 8%～10%，城市达 15%～20%	计算机装机数超过 2 亿台，互联网用户数超过 4 亿，占总人口的 25%～30%。全国家庭电脑普及率达 35%～40%，城市家庭电脑普及率达 60%～70%
信息产业	2005 年，信息产业增加值占国内生产总值的比重达到 7.2%	2010 年，信息产业增加值占国内生产总值的比重达到 10%
研发投入占国内生产总值比重	1.44%	2.5%
技术进步贡献率	39%	60%
对外技术依存度	54%	30%

资料来源：人均 GDP、城镇化率、产业结构数据来自《中国统计年鉴》（2005）；2020 年人均 GDP、城镇化率、产业结构数据参见赵国鸿（2005）：《论中国新型工业化道路》，人民出版社，第 64～65 页；电脑与互联网数据参见龚炳铮（2005）：《"十一五"至 2020 年我国信息化目标与战略》，《中国信息报》，10 月 19 日；信息产业数据参见中共中央办公厅、国务院办公厅（2006）：《2006～2020 年国家信息化发展战略》，《中国信息界》，第 9 期；研发投入占国内生产总值比重、科技进步贡献率和对外技术依存度数据参见国务院（2006）：《国家中长期科学和技术发展规划纲要》，《人民日报》，2 月 10 日。

本质上看，新型工业化道路在于使推动工业化的要素由资源高消耗和低素质劳动力投入向技术进步、高素质劳动力投入转变。技术进步的实现在很大程度上归结于劳动力素质，掌握高技术的人才是实现技术进步、推进新型工业化的支撑。而目前我国劳动力资源的基本特征是数量大但素质较低，劳动力的数量结构和素质层次都远远没有达到新型工业化的要求。从表 1 显示的数据可以看出，我国基本实现工业化的任务还很沉重，技能型人才和高素质劳动力的需求巨大。为实现新型工业化，以教育为核心的人力资本投资是关键。20 世纪末以来，我国高等职业教育招生人数迅速增加，到 2002 年，高等职业学校招生人数已经超过了普通本科，高等职业教育将成为推进我国新型工业化的重要力量。

（一）城镇化为高等职业教育提供了广阔的人才需求空间

2004 年我国城镇化率为 41.76%，到 2020 年我国基本实现工业化的城镇化率要达到 60%，即约有 3.5 亿的新城镇市民产生，这意味着平均每年将新增 2200 万城市人口。城镇化的发展，首先要提高农村人口的素质，把沉重的农村人口负担转化为高质量的人力资源。农民工量大且素质不高是我国经济发展过程中面临的现实情况。目前，农民工在我国第二产业从业人员中占 58%，在加工制造业从业人员中占 68%，在建筑业从业人员中占 80%。[1]高素质的农民工将是我国新型工业化顺利实现的重要保证。但是，直接从农业生产脱离出来的农民工接受的基础教育程度并不高。受到年龄、收入水平和教育制度等的限制，他们在城市也不可能参与正规化的基础教育或普通高等教育。国务院研究室发布的《中国农民工调研报告》显示，我国农村劳动力中接受过短期职业培训的占 20%，接受过初级职业技术培训或教育的占 3.4%，接受过中等职业技术教育的占 0.13%，而没有接受过技术培训的高达 76.4%。[2]由此看来，我国农村劳动力受过职业教育的数量和层次都不高，因此通过职业教育培训特别是高等职业教育提高农民工的素质不仅是我国工业化城镇化的迫切要求，也是一个切实可行的途径。

（二）实现我国经济增长方式转变需要高等职业教育培养高素质劳动者

新型工业化要求经济结构发生根本性的转变。首先，产业结构和就业结构需要发生转变。2004 年，我国一、二、三产业的比重为 15.2%、52.9%、31.9%，一、二、三产业就业比重为 46.9%、22.5%、30.6%，产业结构和就业结构严重不一致。到 2020 年，我国一、二、三产业的比重要达到 10%、50%、40%，与之相一致的就业结构将表现出大量农业劳动力向第二和第三产业转移，据估算，近 2 亿的劳动力将从农业部门转移到非农业部门。要适应这些产业部门的要求，从农业生产脱离出来的劳动力迫切需要提高职业技能和素质。其次，新型工业化要求经济增长方式发生根本性的转变，经济增长不能依靠简单的劳动力投入，而更多地要依赖于人力资本投资和技术进步。劳动力结构要从低素质的劳动力和简单的机械化的劳动向高素质的劳动力和复杂的智能化的劳动转变，在这一转变过程中，高等职业教育必然大有作为。

（三）增强我国国际竞争力需要高等职业教育培养高素质技能型人才

随着我国加入 WTO 和参与国际经济程度的加深，我国在国际市场的作用将越来越重要。但从目前对外贸易来看，全国出口企业中拥有自主品牌的只有20%，自主品牌出口约占全国出口总额的1%，贸易中的"贴牌"现象仍十分普遍。[3] 从国际分工的角度看，我国目前多供给低附加值、低技术含量的中低端产品，处于国际分工体系"微笑曲线"的底端。出现这种状况的根本原因就在于我国严重缺乏具有创新能力的高技能人才。只有改变这种状况，我们才能在未来以高附加值、高技术含量的技术密集型产业为主体的国际市场竞争中取得优势，否则我们将永远成为"世界加工厂"，而不可能成为"世界工厂"。这也就是国家提出建设创新型国家、强调自主创新的关键所在。高素质技能型人才是发展现代制造业、增强技术比较优势、参与国际中高端产业链竞争的基础，高等职业教育要担起培养高技能人才的重任。

（四）信息化要求高等职业教育提供具有较高信息素养的人才

以信息化带动工业化是实现我国跨越式发展的要求。从国际经验来看，虽然发达国家信息化是在实现工业化后才进行的，但信息产业的作用却非常强大。2005 年我国信息产业增加值占 GDP 的比重达到7.2%，对经济增长的贡献度达到16.6%，但与发达国家信息产业及其紧密相关产业的增加值比重60%～70%差距甚远。[4] 未来中国信息化的发展，将在多个方面齐头并进，一是优先发展信息产业和高技术产业，提高电脑、互联网、手机等信息产品普及率；二是用信息技术改造传统产业，使产业信息化、企业信息化；三是发展信息化、数字化的城市。信息技术和信息产业的快速发展，需要高等职业教育培养大量的具有较高信息素养的人才。

二、适应新型工业化需要高等职业教育转型

2004 年，全国共招收普通本科、高职学生 447.34 万人，其中高职招

生237.43万人，占53.1%；普通本科、高职在校生1333.50万人，其中高职在校生595.65万人，占44.7%；全国共有普通高校1731所，其中高职院校1047所，占60.5%。[5]无疑，高职已经成为我国高等教育的"半壁江山"，成为推动我国高等教育大众化的重要力量。尽管如此，我国高等职业教育仍然存在众多与我国新型工业化发展不相适应的问题：

一是我国高等职业教育的发展方向上存在偏差。现阶段很多高等职业学校以扩招、升格、创收为目标，严重偏离了职业教育以就业为导向的办学方向，造成了就业的结构性矛盾，一方面是生产服务一线的高技能人才严重短缺，一方面是高等职业学校毕业生就业率偏低，高等职业教育与岗位需求不相匹配。

二是人才结构层次上存在失衡。一般来说，就业人员中高级管理人才、高级研究型人才、应用型专业技术人员、高素质的技术工人的结构模式应该呈金字塔型，而现在我国的就业人员队伍的结构却呈现倒金字塔型。[6]我国低素质劳动力比重较大，高素质劳动力和专业技术工人的比重过小。现阶段，农民工是我国劳动力较大的供给部分，大部分农民工受教育程度不高、专业技能薄弱，难以适应新型工业化的要求。

三是教学模式和办学机制上缺乏实践性的教学和动手能力的培养。职业教育与普通教育最大的不同就在于它的职业性，实践性教学是职业教育的重要形式，我国高等职业教育却严重缺乏实践性教学。其主要原因有：资金的缺乏，使大部分高等职业学校难以建立现代化的实验室和实习场地；高等职业学校盲目扩招，造成学生过多，学校难以负担和实施实践性教学；与企业的联合培养或在企业的实习基地常常因为企业经营的不稳定或从成本考虑，而不能发挥应有的作用。

另外，在社会观念上存在对职业教育的偏见和误区。长期以来，受传统观念、教育体制和招生模式等因素的影响，地方政府对职业教育的支持力度远远弱于普通教育，用人单位过分重视学历、轻视职业能力，民众对职业教育的认识也存在严重偏差，这些都阻碍了高等职业教育的发展和作用的发挥。为了充分发挥高等职业教育在新型工业化进程中的作用，高等职业教育需要实现以下几方面的转变：

（一）在发展方向上，从沉溺于"升格"向适应社会经济结构的变迁转变

由于就业渠道不畅，社会对职业学校的认同度较低，在办学方向上，一些职业学校沉溺于"升格"，中职要升高职，高职要升本科，有的高等职业学校在招生宣传中甚至用90%的"专升本"率作为广告吸引力。这是职业教育在发展方向上的严重误区。高等职业教育一定要改变这种以"升格"为发展方向的误区，要植根于行业、面向社会结构的变迁，全力打造面向就业市场的核心竞争力。

社会经济结构变迁会给高等职业教育带来巨大的发展机遇。一是信息化会创造上百万计算机操作人员的市场需求。二是工业化需要大量的高级技工和技师。国际劳工组织的研究成果显示，劳动者的技能水平对经济发展具有决定性作用。发达国家的技术工人构成中，高级技工占35%以上，中级技工占50%，初级技工占5%；目前中国的高级技工仅占技术工人总量的4%，中级技工占36%，初级技工占60%。[7]高技能人才的短缺，已明显制约先进工艺设备的广泛有效应用，直接影响工业竞争力的提高。三是经济全球化一方面创造了跨国公司对职业技术人才的需求，另一方面也带来技术人才"走出去"的机会。目前，世界企业500强中，已经有400多家来华投资了2000多个项目，特别是我国加入WTO以来，电子、机械、汽车、化工等先进制造业的国内外企业增长迅速，对劳动者素质的要求越来越高。四是城镇化也会带来巨大的人才需求。城市基础设施建设、市政、园林、商业及生活服务、交通旅游等方面需要数以千万计的技能型、应用型人才。如果说普通本科人才是百万级的市场需求，那么高职院校人才是千万级的市场需求。高等职业教育要把着力点放在对这些市场需求的研究和相应的人才培养上。

（二）在目标规划上，从只满足考生上学的"中间需求"向满足毕业学生就业的"最终需求"转变

招生是学校的"进口"，这个"进口"只是满足了学子求学的"中间需求"；毕业生就业是学校的"出口"，是学生和家长的"最终需求"。现在一些高等职业学校根据考生需要上学的旺盛需求，推进超常规的规模扩张，实现"万人大学、千亩校园"，不注意学生未来的就业；只注重大规模的招生收费，"进口"痛快，而忽视毕业生就业难，"出口"痛苦。根据教育部等部门联合发布的消息，截至 2004 年 9 月 1 日，全国普通高校毕业生平均就业率为 73%，其中，研究生就业率达到 93%，本科生就业率为 84%，高职（专科）生就业率仅为 61%。高职毕业生就业率大大低于研究生和本科生的就业率，高等职业学校的毕业生就业问题十分突出。[8]

高等职业教育的发展不能只满足学生上学的"中间需求"，最重要的是以就业为导向，以为社会提供人力资源为目的，以保证学生掌握实际技能和顺利就业为办学宗旨，把满足毕业学生就业的"最终需求"作为根本目标。实践中，应该把招生与就业有机结合起来，根据社会需求设置专业、确定招生计划和培养计划。专业设置要充分考虑地区经济发展情况和市场前景，根据高等职业教育的特点，着重发展短线专业。对连续两年就业不足 50% 的专业要严格控制招生规模，就业率连续三年不足 30% 的专业要减少招生甚至停止招生，[9]对不符合市场社会需求的专业应予撤销。高等职业学校要通过专业调整、产学合作、体制创新，保证毕业生就业。良好的就业形势和对职业技能的掌握，无疑会对高等职业学校产生无形的也是最好的宣传效果，促进其良性发展。

（三）在办学机制上，从只重课堂教学的关门办学向课堂教学和实践操作相结合的开放办学转变

高等职业教育是以培养生产、管理、服务一线的高技能应用型人才为目标，离不开产业和企业的需求导向。高等职业教育要从以资源供给驱动、以国家为主导的范式向以需求驱动、以市场为主导的范式转变。

要发挥企业在高等职业教育发展中的重要作用。一方面，鼓励企业参与办学。企业投资职业教育的好处：一是能为企业培养自身所需要的人才，二是能集生产技术的学习和企业的技术创新于一身，三是高等职业教育同样可以为企业获得一定的利润，四是它是企业回报社会、赢得声誉、扩大知名度的一种方式。

另一方面，高等职业教育要在教学活动中主动与企业合作，学校、企业共同办教育，进行互动性产学合作。高等职业教育产学合作的模式可以多样化：一是"三明治课程"或厂校交替课程的"工读轮换"模式，如第一年在学校学习，第二年到企业接受实际培训，第三年再回学校学习。还可试行弹性学制，实行半工半读，分阶段完成学业。二是"实训、科研、就业"模式，即企业和学校合作，通过优质课程与有效实训的整合，以项目开发或技术服务等科技活动为媒介，培养学生技术应用能力和发展能力。[10]三是"订单式"模式，即高等职业学校与用人单位共同签订人才培养计划以及用人订单，学生既接受学校基础理论的教学又接受企业实践性的教学，毕业之后可以直接到用人单位就业。无论是哪种模式，产学合作的形式都具有很大的优势：第一，它使得职业学校的培养计划和课程设计直接面向企业和市场，课程设计得到优化；第二，可以发挥学校和企业、理论和现实、课堂教学和实践操作的综合优势，培养学生的理论功底和实践能力，提高学生的综合素质；第三，企业优先录用联合培养的高职学生，提高了高等职业学校的就业率。

（四）在教学模式上，从重知识传授的"本科压缩型模式"向重技能培养的应用型人才培养模式转变

目前许多高等职业学校实施的是重知识传授、轻技能培养的传统的学科教育模式，基本是"本科压缩型"。要推进高等职业教育的健康发展，必须打破传统的学科教育模式，建立具有高等职业教育特色的培养模式。高等职业教育的发展不是单一模式，而要多领域、多方位的发展。针对不同工作领域，既要发展工业技术方向的高等职业学校，又要发展以培养从事服务性行业的劳动力为主的高等职业学校；针对不同的教学目的，既要改进知识传授的教学方式，以提高学生的基础技能和普通文化水平，又要强化实践性教学，重点培养学生的动手能力。

高等职业教育要培养生产、服务和管理第一线的应用型人才，实践性教学将是职业教育培养方式的必然选择。首先，要改革教学内容和课程体系，根据专业能力培养的要求调整课程比例，适当提高实践课程的比重；其次，要利用信息技术改造传统的教学手段，采用互联网、多媒体等多种教学手段，激发学生积极性、强化技能训练；再次，要采用多种教学方

式，将课堂实验、案例分析、基地实习等形式结合起来，安排学生进入企业调查和实践，实训特别是以项目为导向的产学合作，对学生职业技能的掌握和综合素质的提高都有极其重要的作用。

· （五）在师资队伍建设上，从传授知识的理论型教师向"双师型"教师转变

现在高等职业学校面向就业市场、培养应用技术型人才的最大障碍是师资不适应。目前我国高等职业学校师资队伍存在的问题主要表现在：一是教师结构不合理，文化和理论课教师的比重较大，专业课教师的比重很小；二是不少教师知识结构老化、教学方法陈旧，对学科前沿的新知识、新理论了解不多；三是一些专业教师也缺乏实践性职业技能，不会培养学生的动手操作能力，不能给学生谋生的一技之长。要解决这些问题，加强"双师型"教师队伍的建设是根本的途径。

首先，要优化师资结构，引进具有较高学历、高技能、高素质的教师，针对市场需求的专业设置，合理配置师资力量。其次，要重视兼职教师队伍建设，充分发挥兼职教师的重要作用。从国外的经验看，兼职教师是高等职业教育师资的重要组成部分，美国社区学院兼职教师占教师总数的2/3，加拿大社区学院兼职教师达到80%以上。[11]兼职教师既可以缩小高等职业学校与社会、与企业、与实践的距离，又可以优化当前高等职业学校师资结构和解决"双师型"教师数量不足的问题。[12]再次，要通过建立实训基地或产学合作的方法，为高等职业学校教师提供职业培训的平台。定期安排教师深入企业，了解新信息、掌握新技能，强化和不断更新教师的职业技能。最后，要建立和完善高等职业学校教师评审、考核制度和激励机制，将"双师型"作为一项重要的考核标准和目标要求，促进教师从理论型向"双师型"转变。总之，一支既有理论又有实践技能与经验的"双师型"师资队伍是实现高等职业教育发展的根本保证。

除了高等职业教育本身的改革外，在社会用人观念上也需要从过分追求高学历向重能力、重绩效的务实性用人观念转变。当前在招聘中，一些用人单位故意抬高"门槛"，往往规定第一学历为正规本科，似乎学历高的人多了，单位就会有面子。这是一种用人标准的唯学历误区，是不利于

职业教育发展的障碍性外部环境。一些学生和家长认为高等职业教育是高等教育中的一种低层次教育，普通高等教育培养的是国家干部、是白领，高等职业教育培养出来的是工人、是蓝领。[13] 还有一部分人认为，高等职业教育是"非正规教育"和"高考落榜生教育"，充其量只能算是不入流的高等教育。这样导致众多学生不愿报读高等职业学校，给高等职业教育带来了相当大的负面影响。地方政府和有关部门，往往重视普通教育、忽视职业教育。政府在投资、政策支持和发展措施上对职业教育与普通教育存在差别性的待遇。

要保障职业教育的健康发展，需要从"学历本位"的用人观念转向"能力绩效本位"的用人观念。社会观念上，需要提高职业教育的地位，弱化不同种类文凭之间的差异，强调以能力为核心的用人观念。通过舆论宣传改变人们的认识误区，正确宣导职业教育在整个教育体系中的重要作用，扶持高等职业教育的发展。从政府的角度看，要从重视普通教育、轻视职业教育向普通教育和职业教育并重转变，关键在于在资金和政策支持上公平对待职业教育和普通教育。从学生和家长的角度看，要改变读书只能做官的观念，树立读书——做事和实现自身价值的观念。

参考文献

〔1〕国务院研究室课题组（2006）：《中国农民工调研报告》，中国言实出版社，第7页。

〔2〕国务院研究室课题组（2006）：《中国农民工调研报告》，中国言实出版社，第165～166页。

〔3〕陈刚、吴琼（2005）：《我国出口结构亟待调整》，《中国税务报》，12月19日。

〔4〕商务部科技发展和技术贸易司（2004）：《世界高新技术产业发展及对外贸易现状》，《国际技术贸易》，第3期。

〔5〕杜晓利（2006）：《我国高等职业教育发展的现状、问题与对策》，《职业教育研究》，第1期。

〔6〕辜胜阻、岳颖（2001）：《推进我国高等教育大众化的战略选择》，《教育研究》，第6期。

〔7〕刘超（2005）:《高职教育要为21世纪制造业提供人力支持》,《机械职业教育》,第4期。

〔8〕温红彦（2004）:《今年高校毕业生就业好于预期》,《人民日报》,9月29日。

〔9〕肖锋（2004）:《就业率不达标专业要停招》,《京华时报》,12月11日。

〔10〕王波（2006）:《论高等职业教育产学研合作人才培养模式》,《辽宁高职学报》,第4期。

〔11〕陶树中（2006）:《"双师型"教师队伍建设的探索与实践》,《黑龙江高教研究》,第1期。

〔12〕黄祐（2005）:《关于高职院校兼职教师队伍建设的几点思考》,《职业教育研究》,第10期。

〔13〕刘佳俊（2006）:《浅析我国高等职业教育的发展困境》,《当代教育论坛》,第4期。

13
信息化推动工业化的战略研究[*]

用信息化带动工业化是我国 21 世纪的一项重大战略举措。信息化是由计算机与互联网生产工具的革命所引起的工业经济转向信息经济的一种社会经济过程。它包括信息技术的产业化、传统产业的信息化、基础设施的信息化、生活方式的信息化等内容。在信息化和工业化的关系问题上，有两种极端的观点：一种观点认为，我国的工业化水平很低，离开了工业基础谈信息跨越只能是空中楼阁，信息化这种新经济现象是发达国家的事；我国工业化的任务尚未完成，我们必须坚守传统产业，把注意力放在工业化上；我国在信息技术的开发领域和应用领域与发达国家都存在巨大差距，过分强调信息化，必然会产生泡沫经济；面对巨大的"信息鸿沟"谈"赶超"和"跨越"是不现实的，对新兴的信息产业只能慢步走。我们把这种观点称作"坚守—慢步论"，即坚守传统产业，慢步信息产业。另一种观点认为，信息化与工业化没有必然联系。我们必须紧跟时代步伐，放弃夕阳工业，大力发展信息产业这种朝阳产业。这种观点是"放弃—跨越论"，即放弃传统产业，在信息产业领域实现全方位的跨越。

"放弃—跨越论"者关注的是西方国家在工业化过程中实行的放弃转

---

* 本文发表于《中国软科学》2001 年第 12 期。收入本书时对文中的重要数据进行了更新。

移型战略。20 世纪 50 年代（以下均指 20 世纪）美国将钢铁、纺织等传统产业向日本、西德等国家转移，集中力量发展半导体、通信、电子计算机等新兴技术密集型产业；六七十年代日本、西德等国家转向集成电路、精密机械、精细化工、家用电器、汽车等技术密集型产业，新兴工业化国家和地区获得了扩大劳动密集型产品出口的良机；80 年代以后，出现了美国、日本和欧洲发达国家发展知识密集型产业，新兴工业化国家和地区发展技术密集型产业，劳动密集型和一般技术密集型产业转向发展中国家的趋势。笔者认为："坚守—慢步论"的片面性在于忽视了我国信息技术的后发优势和跨越式发展的可能性；而"放弃—跨越论"则过分强调新兴产业，忽视了传统产业的作用。笔者的观点是：我国要把发达国家近 200 年内完成的实现工业化进而进入信息化社会的过程，压缩到今后几十年内完成，必须发挥后发优势，实现跨越式发展。在用信息化带动工业化的过程中，要处理好新兴产业与传统产业的关系，坚持以信息技术对传统产业的应用为主导；处理好教育与经济的关系，坚持教育先行，用"头脑"信息化带动社会经济的信息化；处理好现代化的大都市与落后的广大农村的关系，坚持局部突破、都市跨越、整体追赶，率先把大都市建成信息化的发动机。我们把这一战略概括为"应用主导、教育先行、局部突破、都市跨越"。

"坚守传统产业，慢步或停步信息产业"的观点是不可取的。一方面，我们要看到，我国同发达国家乃至发展中国家的差距。据国际权威机构统计和预测，2008 年世界电子信息产业总产值达 4.96 万亿美元，同年我国电子信息产业产值达到 6.3 万亿元，占世界总产值的 18.5%，居于世界首位。[1]虽然产业规模较大，但是发展水平低下。首先，产业结构内硬件与软件比例失衡。2008 年我国信息产业中软件产业比重仅占 12%，远低于全球 39% 的平均水平。[2]其次，核心技术缺失，对外依赖度大。数据显示，当前我国企业所需要的许多信息化的专业装备和工业软件 90% 以上依赖进口。[3]经济学家胡鞍钢认为我国与发达国家之间的发展差距，突出表现在两个方面：一是经济发展的差距。目前，按实际购买力评价计算，我国与西方 7 国相差 5.6 ~ 8.12 倍，到 2015 年可能缩小为 3 ~ 5 倍。二是知识与信息差距。2009 年，我国平均计算机普及率达到 11% 左右，互联网普及水平约是 28.9%，而发达国家计算机基本普及，互联网普及率达 70% 左右。[4]另一方面，看到差距的同时，我们要正确认识我国的后发优势，探讨实现信息领域的跨越式发展的可能性。

我国实现信息技术和信息产业跨越式发展具有以下条件：

一是后发成本优势。我国能够通过贸易、投资和技术转让，超越一些历史发展阶段，直接学习和利用发达国家已有经验和技术，享受"后发优势"。作为后来者，我们不需要花费巨资来从事研究与开发，大大减少开发过程的风险成本，可以把节约下来的大量资源用于其他经济活动，促进经济更快的发展。网络技术为后来者开辟了"新大陆"并大大降低了后继者的进入成本，可以利用先行者的知识和经验。这些知识和经验对后来者来说，重要性不亚于对科学技术的引进和利用。此外，国际贸易不仅使后来者扩大了销售市场，促进了国内生产规模的扩大和生产效率的提高，而且还能引进国外的先进技术、资金和科学的管理方法。后发者在劳动力成本上具有比较优势，可以吸引先行者的资本和技术，从而有利于克服要素"瓶颈"。

二是后来者没有结构惯性。发达国家的产业结构体系完整而且联系密切，具有强大的惯性，进行结构调整，成本过大。我们可以在新的起点上，用全新的方式和更短的时间，实现具有现代意义的建立在信息化基础上的工业化。

三是信息产业容易跨越。信息产业历史不长，具有技术密集和劳动密集的双重属性。互联网的历史更短，我国与西方国家在此领域的差距不大，至多落后 10 至 15 年。近些年来，世界经济的年均增长率在 3% 左右，而信息技术及相关产业的增长速度是经济增长速度的 2 至 3 倍。"九五"期间，我国信息产业增长速度是总的国民经济增长速度的 3 倍。

四是信息市场潜力大。我国消费信息产品和服务市场增长迅速，潜力巨大。2008 年，中国信息产业实现销售收入是 1978 年的 4000 多倍，年均增长超过 30%。2009 年，中国生产计算机 18215 万台、手机 6.19 亿部、彩电 9899 万台、集成电路 414 亿块，分别占全球的 60.9%、49.9%、48.3%、12.9%。[3]我国的有线电视用户达 1 亿户，电视网络已成为世界第一，固定电话与移动电话用户规模均居世界第一，[5]这也会有利于吸引跨国公司和国际资本进入，从根本上提升相关产业的素质。

五是信息设施有较好的基础。在过去的 5 年中，全国通信投资累计达到 8000 亿元。目前我国通信网已拥有光纤、数字微波、卫星、程控交换、移动通信、互联网等多种技术手段，长途传输、电话交换以及移动通信都实现了数字化，正在向新一代宽带多媒体信息网络推进。全国性信息应用系统现已经达到 100 多个，遍及金融、海关、财税、外贸等各个部门与行业，区域信息化水平也不断提高，各种类型的电子商务发展加快，上网企业迅速增加，网上交易额逐步增长，远程教育、远程医疗、网络媒体等各种信息产业形态已经起步。2009 年，我国现有网站 323 万个，网页数达 336 亿个，光缆线路长度达到 826.7 万公里。[6]

六是有民间资本支撑和局部技术优势。我国有 10 万亿元的民间资本可为加大资金投入、实现技术和产业的跨越式发展提供一定的资金支撑。尽管我们国家在总体上，经济科技实力与世界发达国家还有明显差距，但在计算机、系统集成、信息处理与应用技术、数字程控交换、光通信、第三代移动通信技术等领域取得了具有自主知识产权的技术，这为实施技术跨越奠定了物质基础。我们有可能利用"胜者全得"的规律，即技术上领先一步，有可能占领该领域的大部分市场。

七是有一批创新主体和示范工程。当前，我国有 54 个国家高新区，拥有认定高新技术企业 3.23 万家[7]作为创新主体和载体。我国信息化工程建设取得显著成效，金桥、金卡、金税、金关等重大信息化工程均已开通运行。

八是有市场体制支撑。随着改革的不断深化，我国的社会主义市场经济体制日臻完善，国民经济的市场化程度明显提高。通过改革，特别是一系列有利于发挥知识、技术和人力资本作用的制度创新，人的积极性、创造性将会被进一步调动和激发出来，所有这些都为激励和促进信息产业的发展提供强大的动力。要把上述跨越式发展的潜在因素变成现实，必须进行制度创新。没有制度创新，技术跨越是不可能的。

一、用信息技术改造传统制造业，带动工业化向纵深发展

（一）"在放弃传统产业的基础上实现信息产业的绝对跨越式发展"的观点是具有片面性的

从国外现实来看，发达国家在抓信息技术产业化的同时，大力推进传统产业的信息化。20 世纪 90 年代以来，发达国家一方面高速发展以信息产业为核心的高新技术产业；另一方面，加速利用信息技术对传统产业进行改造，使产业结构进一步高级化。美国通过信息技术对传统产业进行改造，重新夺回了在半导体、汽车等领域的竞争优势。在近年来美国出现的"新经济"中，高新技术对经济增长的贡献率占 33%，传统产业的增长对经济增长的贡献率占三分之二。[8]

从国内现实来看，我国传统产业面大量广，应用前景广阔。传统产业与人民生活息息相关。目前我国非农产值比重超过 80%，工业经济得到了较充分的发展，形成了一个门类较为齐全、上中下游产业衔接的比较完整的产业结构。信息技术具有扩张性、渗透性等特征，信息技术与传统产业的融合可以使我国具有传统国际竞争优势的产业焕发生机，为我国具有雄厚基础和国际竞争优势的传统产业实现跨越式发展提供技术支持。

从理论上讲，信息化与工业化是一种互动、互补关系，不是替代关系。信息化产生于工业化，信息化的发展又需借助于工业化的手段，两者相互作用，共同发展。信息化主导着新时期工业化的方向，使工业朝着高附加值化发展；工业化是信息化的基础，为信息化的发展提供物资、能源、资金、人才以及市场。信息产业是知识密集型产业，把信息化与工业化结合起来，有利于搞好劳动密集型产业、资本密集型产业、技术密集型产业和知识密集型产业的合理搭配，优化我国产业结构。

从发展的趋势来看，信息技术赋予工业化以新的内涵。信息同其他两大资源——材料和能源一样，自身具有增值的作用。此外，信息还能使非资源转化为资源。例如，石英是生产玻璃的原料，在加入大量的信息后，变成信息装置——硅片，成为电子计算机的"大脑"，点石成金。信息革命的伟大成果使信息收集、信息处理、信息存储、信息传递、信息分析、

信息使用以及交互式网络化的信息交换实现了便捷、大容量、高速度和低成本，这就赋予工业化以新的内涵。由于我国的工业化远未走完，如果抛弃工业化来实现信息化是不可能的。只有用信息化武装起来的自主和完整的工业体系，才能为信息化提供坚实的物质基础。信息技术会使工业化产生倍增效应。一项最新的调查表明，信息技术在改造传统产业方面的投入产出比一般都在1：4以上，有些领域甚至达到1：20以上，能否用信息化推动工业化已经成为当代后发展国家实现工业化、现代化的关键。

（二）推进信息化应坚持以信息技术应用为主导的方针，用信息技术改造传统产业

信息化包括信息的生产和应用两大方面：一是信息技术的产业化，二是传统产业的信息化或称应用。信息生产要求发展一系列高新信息技术及产业，既涉及微电子产品、通信器材和设施、计算机软硬件、网络设备的制造等领域，又涉及信息和数据的采集、处理、存储等领域。信息技术在经济领域的应用主要表现在用信息技术改造和提升农业、工业、服务业等传统产业上。[9] 每一次科技革命都是通过应用对人类的生产、生活产生重大影响。指南针的发明使先人能轻松地辨别方向，卫星定位系统让茫茫大海中的航船能够轻松找到航线；笔墨纸张的发明让居住在异地的人们有了书信的交流，电话的发明让人们的交流从无声变成有声，视音频技术的运用又让人们的交流更为轻松和有趣；算盘改变了人们结绳记算的方式，电脑则使得每秒上亿次运算轻松成为现实。[10] 信息技术对传统工业的推动表现在：

1. 信息技术辐射传统产业

信息生产力具有极大的辐射性。如在农业生产中发展精准农业，利用计算机和控制技术实现品种选育、模式化栽培、节水灌溉等系列的自动化和智能化；在工业中大力推广应用计算机集成制造技术，缩短开发周期，降低制造成本，满足用户多样化的需求，增加产品技术含量，实现产品更新换代；在服务业中以计算机技术为支撑，大力推进现代物流管理，优化供应链，降低流通成本，增加产业附加值。[11]

2. 信息技术提升传统产业

信息技术有高度创新性、高度渗透性和高度倍增性。它能提高传统产业产品的科技含量，增加其附加值。如计算机辅助设计、计算机集成制造、机电一体化以及电子商务引发商务领域的变革等，成为推动产业升级的重要力量。信息技术对结构升级的作用是深入、立体和内在的提升，能够在其他产业的研发、生产、销售等所有环节发挥作用，提高技术水平，降低产品成本，增加产品附加值，实现产业升级。美国布鲁金斯学会一项研究成果表明：因特网给美国人带来的成本节约每年高达2000亿美元，相当于国民生产总值的2%，每年可以提高劳动生产率0.4%。[12]

3. 信息技术能够促进传统产业的分化和替代

高新技术产业的发展将对传统产业造成巨大的冲击，并使传统产业不断走向分化，在分化过程中，有的被淘汰出局，有的实现了升级换代。通过信息化带动经济结构调整，促使我国经济增长方式从高投入、高消耗、低效益、低质量的粗放型增长转变为高速度、高效益、低投入、低消耗的集约型增长。信息产业因其关联度、感应度、带动度大，能提供高技术、高性能的产品和服务，从而突破现有的需求约束，创造新的需求，带动新产业的发展。

4. 信息技术能够通过管理创新重组传统产业

经济活动的效率决定于人、财、物的动态配置效率，而决定配置效率的是信息。信息技术在很大程度上改变着生产组织、经营模式和社会协作方式，为结构调整提供新型管理模式。

5. 信息技术突破了传统产业的时空限制

卫星通信、高速网络、可视电话、联机检索、电视会议系统等一系列先进技术使信息的流通时间由过去的以周、日计缩短为现在以分、秒计，大大加快了财富的增值过程。在信息技术的支持下，工业经济的空间扩大到覆盖全球的若干领域，大型跨国公司有效地组织其经营活动，互联网上的购物已没有了国界，也没有昼夜之分。

推进信息技术的发展与运用，一是要处理好技术创新与制度创新的关系，关注制度创新。在技术创新方面，要建立以企业投入为主体的创新体系，加大研发投入。根据经济合作发展组织（OECD）的规定，R&D 投入占销售收入的比率达到 10% 的企业或产业为高新技术企业或产业。OECD 国家信息产业企业这一比率在 10% ~20% 之间，而我国同类企业同一指标仅为 2% ~3%。由于投入不足，我国信息企业的附加值很低。国际微电子企业平均利润率为 10% 以上，而 2010 年 1 ~8 月，我国规模以上电子信息制造业行业销售利润率仅为 4%。[13] 推进信息化，在重视技术创新的同时，还要高度重视制度创新。例如，电信市场是信息化的一个重要"瓶颈"。电信的发展除了电信技术外，电信体制和机制的深化改革十分重要。据统计，当前我国宽带用户平均月资费为 83.8 元，是日本的 51.5 倍，是韩国的 18 倍，考虑到人均收入差距，我国的宽带资费水平相当于韩国的 124 倍。[14] 这种状况严重阻碍了信息化进程。电信市场具有规模经济的特点，市场需求必须达到相当的规模，才能充分降低产品和服务的成本，获得利润和投资回报。因此，应尽快打破电信业垄断，促使电信企业加快改革，鼓励竞争，促使提高效率以降低成本。[15] 我国电信市场中政企不分状况没有完全改变，电信产业服务效率低下，服务质量差，部分资费偏高，竞争意识缺乏，我们必须借鉴国际经验，改革电信体制，引进竞争机制。国际上大多数国家和地区为实现电信市场的充分竞争，一般在同一地区引入 3 个以上的电信运营商，发达的竞争市场一般有约占市场份额 30% 的 3 个竞争对手。[16] 二是要处理好自主创新与引进吸收的关系，发展具有自主知识产权的信息技术。在信息化过程中，一方面，我们要引进国外的高新技术和跨国公司，与巨人同行，扩大国际合作，积极引进外资，采取多种方式加快信息产业的发展；另一方面，要高度重视发展具有自主知识产权的信息技术。我国是信息产业的市场国而不是生产国。信息产业在高速增长中所大量采购的通信和网络设备大多是国外产品。信息产业的核心技术大多掌握在外国公司手上，电脑的处理器、内存、硬盘，手机和掌上电脑的芯片，VCD 和 DVD 的解码器，彩电、音响的核心元件等，都是进口外国的产品。光纤通信的路由设备、网络建设中的服务器，电脑中的操作系统和主要应用软件，也是外国公司一统天下。在信息技术产业硬件制造领域，美国微软和英特尔公司凭借垄断计算机硬件生产的核心技术 CPU 和存储器及其关键材料单晶硅的制造独占了该行业利润的绝大部分，我国计算机制造企业成为国外公司的"协作厂"。从总体上看，没有自主知识产权的核心技术对信息化的不利影响有：第一，市场会丧失。由于没有足够发达的自主技术，市场饱和就会很快来临，增长也会迅速减缓或下降。第二，会危及到国家安全。第三，难免被淘汰的命运。开始很热乎、规模很大，可后来因为没有自主技术而逐渐被吞噬，整个发展的主动权基本丧失。第四，在技术领域受制于人，处于一种"给别人打工"的境地，高额利润大都被国外企业抢走了。

二、坚持教育先行，用教育信息化带动社会经济信息化

有专家指出：决定21世纪的两种主要力量一是互联网，二是教育。而这两种力量的融合形成教育信息化。教育信息化是指在教育过程中比较全面地运用以计算机多媒体和网络通信为基础的现代化信息技术，促进教育的全面改革，使之适应于正在到来的信息化社会对于教育发展的新要求。推进信息化之所以要以教育为本是因为：第一，现代化电子信息技术是自印刷术发明以来对教育最具革命性影响的技术。第二，教育具有基础性，教育信息化会带动经济信息化和社会信息化。第三，信息技术和信息产业源于教育。在美国，信息产业的基石是5000家软件企业，而这5000家软件企业都同大学相联系。第四，教育人口是接受信息化最快的人口。第五，信息技术在教育领域最容易推广。

（一）教育信息化对于教育模式会产生革命性变化

第一，有利于缩小地区教育差距。我国社会经济发展不平衡，各地区之间的教育水平还存在着很大差别，远程网络教育将突破传统教育的时空限制，具有覆盖面广、全方位为各类社会成员提供教育服务的优势，对人力资源开发产生强大的推动作用。

第二，有利于低成本扩大教育规模。传统校园教育因其课堂面授性质和成本结构特点需要投入大量教师和巨额资金，限制了传统教育在短期内的大规模发展。利用现有的教学和科研力量，发展现代教育信息化，可以较快地将教育普及到传统课堂不能达到的地方。

第三，有利于实现教育资源共享。通过互联网跨越时空的特点，使优质的教育资源得到广泛的共享，形成跨城市、跨地区的分布式教育资源网。

第四，有利于提高教学效率。现代教育信息化克服了函授、广播与电视等教育方式中存在的师生分离、反馈滞后、交互困难等弱点，为在远程状态下进行个别化学习的学员营造能够再现面对面教学辅导的教学氛围，提供师生间相互沟通与交流的机会。

第五，有利于提高教育质量。网络教学具有主动性、互动性、创造性等方面的特征。254个对照实验表明，教学中适当使用计算机和互联网使学生掌握某种知识所用的时间减少了30%。

第六，有助于确立学习者的主体地位。计算机的最大教育价值在于让学生获得学习自由，确立了学习者的主体地位，为他们提供可以自由探索、尝试和创造的条件。

第七，能够突破教育环境的时空限制。利用计算机多媒体可以模拟大量的现实世界情境，把外部世界引入课堂，使学生获得与现实世界较为接近的体验。更进一步，利用计算机网络使学校与校外社会连为一体，例如：美国宇航局通过联网向中学生开放，允许他们与宇航员对话和收集关于太空的信息。[17]

第八，有助于加快知识更新速度。现代知识的发展日新月异，与这种"知识爆炸"相适应，计算机网络上的电子化课程知识能较快地进行更新，更新可发生在一周之内。

第九，有利于实施宽进严出的机制。

（二）教育信息化必须开展广泛的信息教育

坚持教育先行，要加强三方面的教育：

第一，学校教育。教育一方面要强调培养学生的"信息获取"、"信息分析"和"信息加工"能力，另一方面要利用计算机和网络探索新的教学模式。

第二，对管理者的教育，要提高领导干部的信息素质。信息素质是在信息社会中人们所具备的信息处理所需的实际技能和对信息进行筛选、鉴别和使用的能力。网络已成为开展领导活动和行使领导职能的重要平台，提高领导干部信息素质迫在眉睫。

第三，国民素质教育。在全社会开展广泛的信息教育，提高计算机和网络的普及应用程度，加强信息资源的开发和利用。

三、用都市信息化推动国家信息化

我国是一个二元经济的国家，现代化的大都市和落后的农村并存。这一国情决定了我们只能坚持非平衡发展战略，实现局部跨越，都市先行。在推进信息化的过程中，要防止"一哄而上，普遍开花"的倾向，避免一场自下而上的大规模的重复建设。笔者认为：国家信息化战略的重点是发展"数字城市"，推进城市信息化，选择北京、上海、广州、武汉、西安这类大都市作为我国信息极、信息源或信息化的发动机，率先实现大都市的跨越式发展。

（一）推进信息化要率先实现大都市的跨越式发展

第一，大都市是信息化的栖身之地。按人类社会学家贝尔的社会发展理论，城镇化大约产生于18世纪中叶，而信息化则始于20世纪40年代。信息化是城镇化、工业化发展到一定历史阶段的产物，是城镇化与工业化互助互进的直接成果。城镇化是信息化的主要载体和依托。从国际比较看，我国的城市化水平大约要比经济发达国家水平落后11～22个百分点。预计我国的城镇化发展将出现一个高速增长期，城镇化的高速发展要求加快信息化进程，城镇化能够为信息化的发展提供广阔的发展空间。

第二，大都市将是信息产业的增长极。信息化能够提升和整合城镇功能，改善城镇产业、就业结构，提高城镇居民素质。在信息时代的大都市，信息网络设施成为最大的投资方向之一，信息产品和服务成为最大的消费热点，信息将成为经济增长的最大推动力和最大的产业部门。

第三，信息流的源头集中在大都市。在工业时代，大都市的要素流是人流与物流，而在信息时代，大都市最重要的要素流是信息流。随着信息网络技术的迅猛发展和推广应用，信息技术将渗透到社会经济的每一个角落，信息流将成为城市经济最重要的要素流。由于互联网和电子商务的应用能够突破时间和空间的限制，解决了跨区域联络不便和信息不畅的问题，大城市人流和物流的规模将大幅度减小，发展趋缓。[18]

第四，知识产业需要在大都市集聚。发达国家的大城市中心区日益成为跨国公司总部和银行、保险、营销、法律与管理咨询等生产者服务业高度集中的地区，成为协调全国乃至全球生产的信息和服务中心。在过去的20年中，包括银行、信托、保险、会计、法律和管理咨询服务、广告等市场营销服务在内的生产者服务业成为发达国家城市发展最迅速的行业。产业集聚的动力也从过去共享基础设施、节约运输成本等静态的集聚效益转向有利于技术和知识的创新、传播等动态的集聚经济效益上来。也就是说，产业向城市集聚主要不是节约生产成本，而是更快捷地获取技术创新和市场营销等方面的信息，并在与同行企业或关联企业的交流和接触过程中，企业自身能够及时跟踪技术和市场发展的前沿信息，进行不断创新。这样，信息时代城市产业集聚的一个特点是形成有规律的簇群。

（二）要在大都市实施"数字城市"工程，推进城市信息化

第一，处理好基础设施与信息内容的关系，重视信息内容的开发。在信息化过程中，要防止"重硬轻软"的倾向。一些城市在推进信息化的过程中，盲目追求建立宽带网和形形色色的网站，而忽视了大规模信息管理的基础建设，致使耗费巨资建设的网络和各种网站因没有可以运行的信息而形同虚设。建设数字化城市的重心，不仅仅是电脑网络、光纤通信这些硬件建设，更重要的是内容和信息资源的建设。在工业经济时代，推进工业化最重要的是铁路、公路、港口、机场等基础设施的建设，在这一时代，有所谓"要想富，先修路"的说法。在信息化过程中，要发展和完善高速宽带接入和电信、电视、计算机三网融合，提高通信普通服务水平，确保信息网络的安全性。将先进的基础设施和信息的组织与应用有机地结合起来，使信息资源、基础设施融为一体，让信息高速公路充分发挥作用，让上面跑的"车"（信息）越来越多，上网者越来越多。

第二，处理好营造环境与运作项目的关系，重视为信息人才营造环境。在信息化过程中，需要运作项目，但环境营造更为重要。信息在全世

界自由地流动带来人才特别是信息人才的完全自由流动，信息人才完全可以在世界范围内选择最适合自己发展的环境。如何引进并留住这样的人才，成为信息经济时代必须解决的问题，我们的当务之急是要为两类信息人才营造良好的创新、创业环境：一是留住自己培养的信息人才，不使其外流；二是出国留学人员回国服务和回国创业。

第三，处理好统一规划与鼓励竞争的关系，当前要特别重视统一规划。政府要统一规划，统一领导，统一管理，同时又要充分调动包括企业、政府和家庭在内的各主体的积极性。通信资源的相互融合是世界发展趋势，我国的局面是部门分割，资源分散，各种行业专网由部门拥有，自成体系，亟待打破"围墙"，形成全国统一的网络资源。坚持统一性，还应注意信息、技术、设施、管理等信息化要素的共享，搞好社会和企业的分工与协作，避免大而全、小而全的格局和新的重复建设。

第四，处理好典型示范与整体推进的关系，坚持示范先行。在信息化过程中，政府应率先实施信息化，推进电子政务。电子政务是在互联网络平台上实现政府资源、企业资源、社会资源和中介服务资源的整合，为企业和家庭提供全方位的数字化的快捷、简便、高效的政务服务。经济信息化的主体是企业，企业是信息化过程中市场风险的主要承担者，企业通过信息资源的深度开发和信息技术的广泛应用，可以提高经营管理、决策效率，降低产品与服务成本，拓展网络业务，确立在经济全球化中的竞争优势。在引导政府上网、企业上网、家庭上网过程中，要加快信息化示范区的建设，为信息化提供载体。

参考文献

〔1〕于凌宇（2010）：《世界电子信息产业新局势与我国应对新举措》，《中国电源博览》，第107期。

〔2〕周子学（2010）：《电子信息产业结构调整十年路》，《中国电子报》，3月5日。

〔3〕王茜、王清霖（2010）：《〈信息化蓝皮书：中国信息化形势分析与预测〉发布》，http://www.gov.cn/jrzg/2010-08/19/content_1683939.htm。

〔4〕余建斌（2010）：《新一代互联网：速度更快容量更大》，《人民日报》，7月

5 日。

〔5〕国家统计局（2009）：《新中国 60 年报告之十五：邮电通信业发展突飞猛进》，http://www. gov. cn/gzdt/2009 – 09/24/content_1425053. htm。

〔6〕李瑞英（2010）：《我国信息化水平基本达到中等发达国家水平》，http://www. gov. cn/jrzg/2010 – 08/20/content_1684179. htm。

〔7〕韩义雷（2008）：《改革开放 30 年"科技改变中国"系列报告之三》，《科技日报》，11 月 11 日。

〔8〕荆林波（2001）：《数字鸿沟中西差距触目惊心》，《中国经营报》，1 月 16 日。

〔9〕杜登彬（2001）：《信息化与工业化是互动的》，《中国经济时报》，3 月 6 日。

〔10〕乔松（2001）：《迎接企业信息化的新变革》，《上海热线》，5 月 25 日。

〔11〕王亚平（2001）：《以信息化带动工业化实现跨越式发展的思考》，《经济要参》，第 46 期。

〔12〕萧琛（2001）：《新经济——向传统理论宣战》，《中华工商时报》，9 月 6 日。

〔13〕工业和信息化部（2010）：《前 8 月中国规模以上电子信息制造业增加值增 19%》，http://finance. sina. com. cn/roll/20100930/20438733569. shtml。

〔14〕国家信息中心信息化研究部（2010）：《我们距离信息社会还有多远》，《中国经济导报》，8 月 9 日。

〔15〕林志远（2000）：《网络经济发展需相关政策支持》，《中国经济时报》，10 月 27 日。

〔16〕柳过云（2001）：《打破行业垄断迎接"入世"竞争》，《市场报》，4 月 26 日。

〔17〕祝智庭（1999）：《世界各国的教育信息化进程》，《外国教育资料》，第 2 期。

〔18〕徐匡迪（2000）：《工程科技与城市经济》，《光明日报》，12 月 10 日。

14

发展文化创意产业与促进经济转型[*]

金融危机在深度和广度上的不断蔓延扩散正深深地影响世界经济的走势。面对严峻的经济形势，如何最大程度利用危机形成的"倒逼"机制，变压力为动力，变挑战为机遇，推动经济转型升级，保持经济平稳较快发展，成为当前亟须解决的问题。金融危机中，诸多传统行业均受到严重影响，而新兴的创意产业却呈现出旺盛的生命力，成为拉动经济增长的新"亮点"。目前，北京市文化创意产业增加值已经占地区 GDP 的 10% 以上。2008 年，尽管受到金融危机的影响，北京市 1～8 月规模以上创意企业仍然实现收入 3354.2 亿元，同比增长 23.3%，增幅高于 2007 年同期 4 个百分点，成为北京经济发展的重要支柱之一。[1]研究创意产业的发展路径和促进政策，在当前形势下具有重要的意义。

一、文化创意产业发展的理论基础

文化创意产业，亦称为创意产业、创意工业、创意经济，是基于人们对新技术、新文化的需求而产生的，被誉为"过剩经济时代的朝阳产业"。它是综合开发和运用个人创意、技巧和才华，生产拥有知识产权的产品，

  * 本文发表于《科技进步与对策》2010 年第 6 期。核心观点源于作者 2008 年 12 月 19 日在北京召开的"北京文化创意产业发展论坛"上所作的主题演讲。王敏、刘波协助研究。

为社会创造财富和就业的一种新型产业形态。文化创意产业脱胎于文化产业，但又超越了文化产业，成为知识经济时代最具活力和成长潜力的行业，具体包含文化传媒、休闲娱乐和设计策划三大类的数十个行业。截至目前，各国对文化创意产业的内涵和外延界定仍各不相同，但这些定义至少存在三项共通的核心构成元素，即文化创意产业以创意为产品内容、利用符号意义创造产品价值、知识产权受到保障。[2]

大量文献研究发现，文化创意产业理论、创新理论、新经济增长理论、创意经济理论存在较大联系：

一是创新理论。熊彼特（Schumpeter）创新理论认为，现代经济发展的根本动力并非资本和劳动力，而是创新。知识和信息的生产、传播和使用是创新的过程中最为关键的因素。经济发展就是在创新作用下形成的繁荣与萧条的交替。

二是新经济增长理论。传统理论认为要素的生产效率是边际递减的。而美国经济学家保罗·罗默（Paul M. Romer）在资本和劳动两大传统生产要素基础上新增加了边际效益递增的生产要素——知识，并认为特殊的知识和专业化人力资本是决定经济增长的最主要因素。他认为，新创意会衍生出无穷的新产品、新市场和财富创造的新机会，所以，新的创意才是推动一国经济发展的原生力量。

三是创意经济理论。"创意产业之父"约翰·霍金斯（John Howkins）最早提出创意经济的概念，较为系统地论述了文化创意产业的内涵和外延，认为创意经济和创意产业应该包括版权、专利、商标和设计四大产业，其最大的特征在于产品都在知识产权法保护范围之内。理查德·佛罗里达（Richard Florida）进一步完善了创意经济理论，认为技术、人才和宽容是创意经济发展必不可少的三大要素。

以上三大理论着重强调创新、创意在经济发展中的作用，这也是文化创意产业的本质特征。国内外许多学者在理论上和实践上对文化创意产业的经济社会功能展开了深入研究。杰森·鲍茨（Jason Potts）和斯图亚特·坎宁安（Stuart Cunningham）通过实证研究，指出文化创意产业的经济价值已经超越其生产文化产品或者创造就业的范畴，更重要的作用是推动了整个社会经济的变革。[3]迈克尔·皮奥雷（Michael Piore）从产业升级角度出发，认为文化创意产业通过占领设计前沿、应用新技术，形成密集但自由的创新者、生产者和消费者网络保持竞争优势，进而影响传统产业部门。[4]中国学者厉无畏等从经济发展模式角度出发，认为文化创意产业颠覆传统的产业发展模式，通过资源转化模式、价值提升模式和结构优化模式三种途径促进经济增长方式转变。还有学者研究发现，文化创意产业具有与生俱来的城市集聚化趋势，[5]对特定地域具有生产和再生产功能。[6]

二、发展文化创意产业对我国经济转型的战略意义

自从 20 世纪末以来，文化创意产业受到各国政府高度重视，呈现方兴未艾的发展态势，为经济的发展注入了生机与活力。在一些国家，文化创意产业被提升到国家战略层面，作为实现工业化后催化经济转型的重要战略举措，成为推动这些国家经济快速发展的重要引擎之一。创意产业帮助英国实现了从"保守绅士"到"创意先锋"的成功转型，使其成为名副其实的"世界创意之都"。[7]韩国为走出 1997 年亚洲金融危机的泥沼，提出"文化立国"的战略，将文化创意产业作为促进 21 世纪国家经济发展的战略性支柱产业，创造了国家整体经济"谷底反弹"的奇迹。日本为了克服 20 世纪 90 年代以来的经济低迷徘徊，确立了面向 21 世纪的文化立国方略。新加坡也制定了"创意新加坡计划"，发布"创意产业发展战略"，试图推动艺术、经济、科技的融合，寻求新的经济竞争优势，打造全球"文化和设计业中心"、"媒体中心"。借鉴国外经验，把发展文化创意产业作为应对当前危机的重要手段，并将扩内需、保增长与调结构有机统一，推动产业转型升级和发展模式转变，具有重大战略意义。

（一）创意会衍生新技术、新产品、新市场和创造财富的新机会，是实现经济发展的新动力源泉，发展文化创意产业，有助于保增长和培育新增长点

2006 年全球创意经济的总产值达到 3.2 万亿美元，约占世界贸易量的 8%，到 2010 年将达到 4.6 万亿美元。继资本、技术之后，文化创意成为推动经济增长转型的重要驱动因素。文化创意产业对经济转型的作用有三

方面：一是传统制造业通过技术创新，为产品注入特定的文化内涵，产品附加值增长；二是产业的跨边界融合与创新加深了产业横向联系，促进了新的价值链结构与产业组织形式的诞生；三是通过文化竞争树立国家的文化形象，进而带动一国文化产品出口贸易的大幅增长。[8]文化创意产业对国民经济中各产业进行渗透、融合和优化，改变产品的观念价值，在创造新技术、新产品和新市场的同时，创造出更大的社会财富。例如，2008年，我国网络游戏出版产业发展良好，实现销售收入183.8亿元，同比增长76.6%，同时，它还拉动电信、IT、出版和媒体等相关产业增收达478.4亿元，是网络游戏市场实际销售收入的2.6倍。[9]在金融危机中，文化创意产业是转变经济增长方式的"加速器"，是培育经济增长亮点的"孵化器"，是促进经济复苏的"助推器"。文化创意作为知识经济的核心，是提升产业附加值和竞争力的强大引擎。同时，文化创意产业软驱动取代硬驱动、价值链取代生产链以及消费导向取代产品导向的内在特征，[2]有助于其顺应市场需求变化，构建新的价值链条，催生新的经济增长点。美国好莱坞电影在20世纪30年代的世界经济大危机中崛起、日本动漫在西方经济危机中苏醒、韩国电子游戏自亚洲金融危机后腾飞等案例，就是文化创意产业"孵化"功能的杰出表现。2008年我国高成长创意企业实现主营业务收入增长79.23%，平均利润增长31%，远远高于其他行业。[10]这一事实充分说明了文化创意产业是促进经济复苏的"助推器"。大力发展文化创意产业、加大其基础设施的投资力度，对于拉动内需和推动经济增长会起到积极作用。

（二）创意产品富有精神性、文化性和娱乐性，能改变居民消费观念，增进服务型消费，优化消费结构，发展文化创意产业，有助于扩大内需和消费升级

文化创意产业改变传统产业生产销售模式，以消费需求为导向，以科技创新为手段，通过价值创新提升产品的观念价值，引导生产和消费环节的价值增值，使其更富有精神性、文化性和娱乐性。创意企业根据消费者的需求层次和价值认同差异度，推出多样性的产品以满足消费者的现有需求，同时也改变着居民的消费观念。除了最基本的生存性消费需求，人们越来越注重发展性和享乐性等较高层次的消费需求，同时对物质产品中的文化含量也有了更高要求，更加重视产品的外观、包装、品牌以及所传达的观念价值。根据国际经验，人均 GDP 在 1000 美元以下，居民消费主要以物质消费为主；人均 GDP 在 3000 美元左右，进入物质消费和精神文化消费并重时期。[11] 当前，我国人均 GDP 已经超过 3000 美元，城乡居民消费水平总体上应迈向发展性和享受性消费阶段，对文化艺术、休闲娱乐、网络服务、时尚设计等精神消费需求将日益增长。然而，目前我国人均文化消费水平只是发达国家的 1/4，以文化创意产业为代表的"新兴服务业"远没有发挥应有的作用。[12] 可见，发展文化创意产业不仅有助于启动城乡消费市场，而且有助于优化城乡消费结构，增进服务型消费，对于扩大内需和实现消费升级大有作为。

（三）文化创意产业具有高知识性、高融合性、低资源消耗的特点，能加速第一、第二产业的"三产化"和第三产业内部结构合理化，发展文化创意产业，有助于调整结构和产业升级

从产业属性上看，文化创意产业本身既是生产型服务业也是消费型服务业，不仅包含设计、研发、制造、销售等生产领域的活动，而且包含艺术、文化、信息、休闲、娱乐等消费领域的服务。它改变了传统的产业要素依赖路径，以知识、文化、人力资本等软性资本取代土地、劳动、金融资本等硬性资本，把文化创意作为产业发展的核心要素，优化了传统的要素结构，具有高知识性、高附加值、高融合性、低资源耗费、低环境破坏的特点，是符合科学发展观、可持续发展的产业。创意农业就是创意渗透传统产业、加快产业融合、实现产业升级和产业结构优化的典型案例。创意农业是以传统农业生产为重要依托，以咨询策划、金融服务、旅游餐饮等现代服务业为支撑，带动服装服饰、玩具箱包、纪念品等加工制造业的发展，实现传统产业与现代产业有机嫁接，第一、二、三产业融合互动，推动传统单一农业和农产品向现代创意服务和时尚创意产品的转化。发展文化创意产业能够加速产业融合，提高第三产业占 GDP 的比重，推进建设以创意产业为代表、服务性产业为主导的现代创新型产业体系。

（四）创意产业的核心是设计，大力发展创意经济和设计产业，有助于我国制造业在金融危机中升级换代，改变"低成本、低附加值、低端市场"的发展模式，实现"中国制造"向"中国创造"的转变

创意产业的核心价值是设计。设计能提升产品价值，是创意设计产业经营的价值所在。创意设计产业涵盖着从产品与服务的功能研发、形态设计延伸到市场销售推广的全过程，包括产品设计、视觉传达设计、形象设计、环境设计、展示设计、服装设计、装饰设计、传统与现代手工艺设计等相关领域。根据相关数据，2008 年香港设计类行业在创意产业中比重高达83.44%，伦敦也达到58.86%。我国制造业长期以来的"低成本、低附加值、低端市场"发展模式，导致其"大而不强，快而不优"，迫切需要引入创意设计来推动"中国制造"向"中国创造"的转变。把设计作为提高技术创新水平和企业竞争力的战略工具，可以使我国企业改变依赖模仿的思维惯性，通过开发差异化产品来增加产品附加值和提高市场占有率。据美国工业设计协会调查统计，美国企业平均工业设计每投入 1 美元，销售收入为 2500 美元；在年销售额达到 10 亿美元以上的大企业中，工业设计每投入 1 美元，销售收入甚至高达 4000 美元。我国"十一五"发展规划纲要中明确提出"要鼓励发展专业化工业设计"，这一战略性决策标志着中国政府已充分认识到设计在创意产业中的核心地位。发展设计产业是实现"中国创造"的重要途径，是实现产业升级和结构调整的必然选择。

（五）创意企业具有活跃的创业创新活动，创意人才最富有创造激情，发展文化创意产业，有助于培育创业创新精神，激发全社会的创业创新热情

创意本质上就是一种创新，创新活动伴随着创意企业生产和营销的整个过程。在将创意市场化的过程中，创意产业的发展本身就在鼓励创业、激励创新。创意产业是创意市场化、产业化的产物，是技术、经济和文化相互交融的结果，是创新要素与金融资本相结合向企业积聚的结晶。创意成果的产生，离不开创意人才的创新精神。而创意财富的实现，更离不开由创意企业家主导的以创新型企业为主体的创业活动。与其他产业相比，

创意企业的创业活动显得更活跃。据统计，2000～2005 年，澳大利亚创意企业累计年度增长率为 11.3%，而同期所有行业新生企业增长率仅为 8.3%，创意企业占该国企业总数的比例从 5.9% 上升到 6.6%。[13] 总之，创意与创业创新之间有着与生俱来的联系。创意需要创业创新环境的"孕育"，创业创新文化也需要创意思想的"营养"。没有创业创新精神，就不可能有创意的产生与创意产业的可持续发展；没有创意思想的深化，创业创新精神也将失去发展动力。发展文化创意产业，有助于培育创业创新精神，有助于培养具有创新精神的行业人才，有助于激发全社会创新的意识和热情。

三、我国文化创意产业发展的比较及其特征

环顾全球，文化创意产业形成以纽约、旧金山、硅谷为中心，以高新技术为特色的北美创意产业带；以伦敦、巴黎为中心，以传统创意思想为特色的欧洲创意产业带；和以日本、韩国、新加坡等地区为中心，以传统文化为特色的新兴创意产业带。[14] 作为东亚创意产业带的重要组成部分，我国文化创意企业迅速成长，产业规模不断壮大，销售收入大幅攀升。2009 年上半年，我国文化创意产业增速高达 17%，高出同期 GDP 增长水平近 10 个百分点。[15] 在地方城市中，2009 年上半年，杭州文化创意产业增长 15.2%，占全市 GDP 的 12.8%。[16] 深圳文化产业增加值以年均 20% 的速度增长，已成为该市的第四大产业。上海、广东、湖南、云南等文化产业较为发达的省市，2008 年所占当地 GDP 份额已经超过了 5%。[17] 文化创意产业正逐步成为我国抗击金融危机、推进经济转型和保持经济持续发展的战略性产业。由于起步较晚，我国文化创意产业与美国等文化创意产业发达国家相比还有不小的差距。2008 年，美国、英国、日本的文化创意产业分别占 GDP 的 25%、17%、16%，而我国同期不到 3%。[18]

中国政府在 2009 年 9 月 27 日颁布了《文化产业振兴规划》，该规划的推出标志着文化产业已上升为国家战略性产业。自 2006 年以来，全国地方性文化创意政策不断出台，产业政策体系正日益完善。以北京为例，为支撑文化创意产业发展，北京市政府出台了《北京促进文化创意产业发展的

若干政策》、《北京市文化创意产业投资指导目录》、《北京市文化创意发展专项资金管理办法》、《北京市文化创意产业集聚区基础设施专项资金管理办法》《北京市文化创意产业分类标准》等十余项政策法规，涵盖产业投融资、财税政策、产业规划、产业研究等相关领域，充分发挥政策在产业发展中的引导作用，推动文化创意产业的健康发展。目前全国31个省、自治区、直辖市和新疆建设兵团以及5个计划单列市中，有33个制定出台了扶持文化产业发展的政策措施，22个制定下发了文化产业发展规划纲要，23个出台了扶持文化产业发展专项资金。[18]

我国文化创意产业的发展呈现出以下几方面特征：

一是高技术企业成为产业主体。我国各主要创意产业园区的行业发展主要集中在软件、动漫游戏、工业设计等行业。据初步统计，软件、网络及计算机服务、动漫游戏、工业设计等以技术创新为核心的技术内生型创意企业约占我国创意企业总数的63%，其从业人员约占全行业的61%，成为我国文化创意产业最主要的构成。[15]

二是出现一批各具特色的创意城市。一些城市提出建设"创意中心"、"设计之都"、"文化名城"等战略口号，努力打造主题鲜明、特色突出的创意城市。例如，北京借助其全国文化中心的城市定位制定文化创意产业发展战略；上海凭借其优越的金融环境和外向型市场经济氛围，建设"国际创意中心"和"亚洲会展之都"；深圳大力发展工业设计、时尚设计等设计产业，成为"创意设计之都"；昆明、大理、丽江以优美的自然风光和和谐的人文环境成为手工艺创意人群的天堂。

三是集群化成为产业发展的大趋势。目前已初步形成以北京为核心的首都创意产业集群，以上海、苏州和杭州为核心的长三角创意产业集群，以广州、深圳为核心的珠三角创意产业集群，以昆明、丽江、三亚为核心的滨海创意产业集群，以重庆、成都和西安为核心的川渝陕创意产业集群等颇具特色的文化创意产业集群。

四是区域发展呈多层次特征。我国文化创意产业在不同行业和不同区域发展速度和水平各不相同。从增长速度上看，各创意行业发展速度不平衡。例如，网络游戏、影视行业呈现高速发展，年增长速度均在30%以上，而文化艺术等行业却因为受到各种因素影响，发展相对较缓。从发展水平上看，各创意城市发展水平差异较大。据《中国创意产业发展报告（2007）》显示，我国各城市创意产业发展水平层次不一。其中，北京和上海在产业规模、发展速度、经济效益等方面都相对其他城市拥有更大的实力优势，居于"先锋地位"；广州、深圳、杭州、成都、南京和天津六个城市居于第二层次；重庆、长沙、青岛、苏州、西安、昆明和大连七个城市的文化创意产业也具有一定的基础，居于第三层次（如表1所示）。从产业实力的区域分布来看，这些城市主要集中在长三角、珠三角和环渤海地区，明显呈现出"东强西弱"的态势。

表1 我国城市文化创意产业发展层次

城 市	得 分	排 名	层 次
北京	5	1	第一层次
上海	7	2	
广州	12	3	第二层次
深圳	17	4	
杭州	19	5	
成都	28	6	
南京	28	7	
天津	28	8	
重庆	41	9	第三层次
长沙	44	10	
青岛	45	11	
苏州	48	12	
西安	50	13	
昆明	53	14	
大连	54	15	

资料来源：课题组（2007）：《中国创意产业发展报告（2007）》，中国经济出版社，第11页。

四、发展创意产业实现经济转型的对策思考

发展文化创意产业要突出创意的核心地位，重视人才和资本的力量，

培育创意企业家和专门人才，要推动制度创新与技术创新，健全知识产权服务体系，要多渠道解决融资瓶颈，营造产业发展的有利环境，要实现技术创新与文化创意"两轮"驱动，要采取强有力的财税扶持，提升创意企业的创新能力和竞争力，使创意集聚区成为创意要素的"栖息地"。

（一）文化创意产业发展的核心要素是创意人才。发展文化创意产业关键是要培育创意企业家和专门人才，通过人才"绿色通道"引进熟悉国际文化市场规则和环境的高端专业人才，完善人才激励机制，探索建立以知识产权参与分配的新路径，营造有利于发挥各类人才智慧和才能的宽松环境

创意人才是推动（文化）创意产业发展的根本动力和核心要素，是创意资本的创造者，成为催化经济增长的"创意之本"。[19]文化创意产业的高速发展必须依靠文化创意人力资本的投入和文化创意阶层的崛起。[20]统计资料显示，纽约创意产业人才占就业人口总数的12%，伦敦为14%，东京为15%，而我国创意人才不足就业人口的千分之一。同时，我国人才培养模式与产业实践的严重脱节、人才结构失衡，以及人才外引渠道不畅，导致行业需求与人才储备之间存在较大缺口。为了解决目前面临的瓶颈，我们必须培育一批创意企业家和专门人才，特别是要培育既懂文化创意和技术创作又懂经营管理和市场营销的复合型人才和创意CEO。而要培育创意企业家和专门人才，关键在于构建人才培养和智力支持体系：一要以市场为导向，以行业门类和市场运行程序为依据，整合教育资源，充分利用高等院校、研究机构、职业培训机构等各方力量，创新"高校专业教育、社会职业培训、企业实践检验"的人才培养模式，自主培养综合性创意人才。二要建立健全创意教育认证制度，提升创意教育地位，完善创意教育配套体系。三要出台优惠的政策和措施，营造有利于各类人才展示智慧和才能的宽松环境，注重引进优秀创意人才。四要重视创新用人制度，完善人才管理系统。运用市场化机制，建立和完善人才激励机制，为具有特殊才能的创意人才和管理人才提供施展才华的"舞台"，同时也鼓励"良禽择木而栖"，以实现资源优化配置，人尽其才。

（二）文化创意产业是基于创造力来获取发展动力。发展文化创意产业需要加大知识产权保护的执法力度，杜绝假冒伪劣创意产品，保障创意开发者的利益，对违法行为加大处罚力度，提高违法者的违法成本，健全知识产权服务体系

创意是文化创意产业的核心竞争要素，但由于它的非竞争性和部分排他性特征，使其很容易被人复制、剽窃、盗用。据统计，2008 年中国软件产品价值盗版率高达 29％，直接经济损失 2000 多亿元。[21]突出创意的核心地位，尊重创新主体的创造价值和合法权益，需建立完善知识产权保护体系：一要借鉴发达国家先进的法治经验和国际立法惯例，进一步完善知识产权保护相关法律法规，健全知识产权法律保障体系。要增强涉及国际知识产权的保护规则，强化对传统文化知识、民间文学艺术、历史文化遗产等创意源泉的产权保护。二要进一步理顺知识产权管理体制，加强国家知识产权局、工商局、版权局、商务部等相关行政管理部门的合作，建立高效的协调机制和仲裁机制，提升产权管理效能。三要利用现代信息技术，建立跨地区、跨部门的信息沟通机制和联合执法机制，加强各执法部门和司法部门之间的信息共享与协调配合，针对文化创意成果转化的重点领域和重点环节展开专项行动，严厉打击知识产权侵权行为，杜绝假冒伪劣创意产品。四要加大知识产权保护的宣传和教育，营造保护知识产权的社会氛围，增强全社会知识产权保护意识，让创新主体自觉维护自身的合法权益，及时有效地制止侵权行为。五要积极发挥社会舆论、创意产业协会和知识产权中介服务机构等社会中介组织的监督和规范作用，披露侵权违法行为，协助解决业内知识产权纠纷问题，规范知识产权服务市场。

（三）文化创意产业需要完备的投融资体系相匹配。发展文化创意产业需要多渠道解决融资瓶颈，要针对创意企业可供抵押的实物少、无形资产评估难、抵押变现难、抵押担保信用程度低等问题，健全多层次信用担保体系，加大风险投资和私募股权基金对创意企业的投入，为文化创意企业在国内外资本市场融资创造条件

创意产业的发展需要充裕的资金支持。但是，由于创意生产机制和产品利润回流方式的特殊性，以及创意载体化产品的非保值性，使得其创意产品缺乏风险分摊机制，从而导致创意产业的高风险性。同时，在过高门槛条件的资本市场和"僧多粥少"的资源分配格局中，"融资难"成为制约中小创意企业成长的外部瓶颈。解决瓶颈的手段在于完善投融资体制机制，拓展企业融资渠道：一要放宽市场准入条件，出台各项优惠政策，利用财政、税收、信贷等经济杠杆，积极鼓励并引导民间资金和国外资金向政策允许的文化创意产业领域流动。二要加快建立以政府为主体的政策性信用担保机构、按市场规则运行的商业性担保机构、以企业合作为特征的互助性信用担保机构，健全多层次信用担保体系，主动为优质的创意企业融资提供信用保障。三要积极构建多层次资本市场，完善创业板和产权交易市场，推动优秀的文化创意企业通过直接上市和知识产权的市场化运作获取直接融资。四要鼓励投资主体多元化，拓展风险投资基金与私募股权基金的资金来源，壮大风险投资事业，健全风险投资体系，创新风险管理制度，充分发挥风险投资和私募股权投资的要素集成和资金放大功能，解决创意企业的资金短缺问题，为文化创意产业的健康成长提供良好的外部环境。

（四）技术创新是提升创意企业竞争力的根本源泉。发展文化创意产业要大力推动以信息网络技术为主的技术创新，推动产业之间的融合，建设共性技术研发平台，加快创意专业孵化器和技术市场交易平台建设，使技术创新与文化创意成为驱动当代经济发展的"两个轮子"，培育骨干文化创意企业，引导中小创意企业走"专、尖、特、新"的道路

创新性是创意产业的本质特征，而技术创新是提升企业竞争力的根本源泉。创意企业与信息技术的发展互为因果，互动共生。一方面，创意产业为信息技术的发展提供内容支撑。例如，文化会展、数字内容和动漫等产业就是基于互联网技术的新型业态。另一方面，信息技术在经济、社会生活中的广泛渗透正在深刻地改变着创意产业的发展。还如，数码科技在创意产业中的融入，广播、电视等媒体与信息网络的整合，都是高新技术与创意产业紧密结合的产物。技术创新和文化创意作为知识经济的核心，是提升产业附加值和竞争力的两大引擎，是驱动经济发展的"两个轮子"。

推进文化创意的技术创新，一要培养企业自主创新意识，改变目前对外技术的过度依赖、缺乏自主创新能力的局面。金融危机形成的"倒逼"机制促使我国创意企业必须通过技术创新来增加自身竞争能力，企业可以在产品设计中融入文化创意，以实现产品的价值创新。二要建设信息网络基础设施，优化信息网络环境，搭建信息技术服务平台，通过信息化技术手段，合理开发、利用与整合各种产业资源，实现资源共享与优化配置，降低技术创新成本。三要搭建企业创新平台，建设共性技术研发平台、实验室和专业孵化器以及技术市场交易平台，加强企业技术开发和交流，促进技术转让，利用知识溢出效应提升企业技术创新能力。四要积极培育实力雄厚、规模较大的骨干创意企业和具有高成长、高创新能力的中小特色创意企业，通过两者的战略联盟，完善创新合作机制，实施有效的产学研合作，推进开放创新，让不同类型和不同规模的企业在互惠共生的环境中提高创新能力。

（五）文化创意产业是新兴的幼稚产业。发展文化创意产业需要政府完善文化创意产业政策体系，同时采取强有力的财税扶持，设立"文化创意产业引导基金"与"文化创意产业担保基金"，引导政府采购向创意产品倾斜，通过利益补偿使创意企业创新有利可图，推进具有重大示范效应和产业拉动作用的重大创意项目

国外经验表明，文化创意产业是后起的新兴产业，它的勃兴需要政府实施广泛有效的政策支持。2009 年，财政部注资 100 亿元成立中国文化产业投资基金，鼓励引导有条件的文化企业通过主板和创业板上市融资，通过深化文化体制改革推动文化资源向优势企业适度集中。[22]这表明国家对文化创意产业的政策支持已迈入实质性阶段。要推动文化创意产业发展，还需加大政府政策的支持力度：一要制定出完善的文化创意产业政策体系，明确产业发展规划，明晰创意产业分类标准，提出重点扶植项目和优先进入领域。二要采取强有力的财税扶持政策，加大"减税、减费、减息"力度，降低创意企业的税费负担。要根据创意行业的不同特征以及创意产品和服务的特性，分类实行差别税率，杜绝"一刀割"问题。要扩大税收减免领域，对于文化体改转制的创意企业和新创企业免征企业所得税，对于从事创意产业技术咨询、开发、转让与服务所得收入免征营业税，允许创意企业固定资产加速折旧和自主创新投入所得税前抵扣，给予创意企业出口退税优惠，允许个人独资和合伙中小创意企业在企业所得税和个人所得税之间进行选择等多种税收优惠形式。三要设立"文化创意产业引导基金"与"文化创意产业担保基金"，发挥专项资金的示范和引导作用，广泛吸纳社会投资，重点扶持具有示范效应和产业拉动作用的重大创意项目。四要完善政府采购配套措施和强化政府采购政策的执行力，引导政府采购向创意产品倾斜，加大对创意企业尤其是中小创意企业的市场扶持。五要建立健全利益补偿机制，通过贷款贴息、项目补助、成果奖励等多种形式，降低创意产业创业创新风险。要建立科技开发准备金制度，允许创意企业按其销售收入的一定比例提取科技开发基金，以弥补科技开发可能造成的损失。建立创意企业"经济贡献奖"、"创新成果奖"等奖励专项基金，用于奖励对创意产业发展具有重大带动作用或取得重大创新成果的创意企业。

（六）文化创意产业的大发展需要产业集聚。发展文化创意产业需要加快文化创意产业基地和区域性特色文化产业群建设，引导创意企业、专业供应商、服务供应商和相关机构等依据分工和合作关系集中，建立"文化创意综合配套改革试验区"，壮大文化创意产业的整体实力，使创意集聚区成为创意要素的"栖息地"

文化创意产业与生俱来的具有城市集聚化趋势，其发展与区域经济水平是息息相关的。随着城市功能的完善，文化创意产业也越来越要求集体的互动和企业的地理集聚，形成集群化环境。"少量的大企业，大量的小企业"成为创意产业中的普遍现象。[23]近些年我国文化创意产业的发展经过了高新产业园区、文化创意产业基地和文化创意产业集聚区三个阶段，截至2007年6月，由文化部或者其他部委认定的国家级文化基地超过70个。无论是从发展阶段还是从文化基地数量的角度衡量，我国文化创意产业的集聚化发展趋势已初步显现。文化创新产业在产业聚集的同时也产生了产业关联度低、产业链脱节、企业成长环境不理想等问题。解决好这些问题的关键在于建立一套符合我国文化创意产业发展的集群政策：一要以市场机制为导向，综合考虑现有产业基础和区域资源环境特点，合理规划创意产业空间布局，加快建设文化创意产业基地，搭建公共服务平台，建立服务专业化、发展规模化、运行规范化的科技中介机构，完善专业化创新服务体系，营造创意企业集群化发展的良好环境。二要协调产业集群内部各组成部分的关系，构建一个有利于参与方协作的文化创意产业资源整合平台。平台依托政府、企业、创意机构、社会团体、传媒网络和创意人才为主的六种力量，以政府为基础，企业、传媒网络、创意机构为主要承担者，引导社会团体、创意群众积极参与，其中传媒网络成为六方信息交流互动、创意成果展示和创意产品推介的载体，形成六方力量对话与互动的文化创意产业发展格局。三要充分发挥龙头创意企业的示范作用，带动其他相关企业进驻园区，加强创意企业、专业供应商、服务供应商和相关机构的紧密联系，形成从创意产生、设计策划、生产加工、运营推广、渠道销售、增值拓展到市场消费的"一条龙"循环系统，建设区域性特色文化产业群。四要树立高度的品牌意识，将培育创意企业品牌、打造创意集聚区品牌与创建区域文化品牌有机结合，加强宣传推广，提升文化创意企业的知名度和影响力。要深入挖掘区域文化特色，赋予创意产品更深刻的文化内涵，培育创意企业核心竞争力和品牌知名度。同时，也要充分利用龙头创意企业的品牌影响力来提升创意集聚区的品牌价值，扩大区域文化的影响半径，塑造良好的区域形象。五要建立"文化创意综合配套改革试验区"，鼓励先试先行，积极探索文化创意集聚区的可持续发展模式，打造有特色、有实效的国际化文化创意"特区"。

参考文献

〔1〕李洋（2008）：《北京文化创意产业强劲增长》，《北京日报》，12 月 24 日。

〔2〕厉无畏、王慧敏（2006）：《创意产业促进经济增长方式转变——机理、模式、路径》，《中国工业经济》，第 11 期。

〔3〕Potts, Jason D. & Cunningham, Stuart D. (2008), "Four Models of the Creative Industries", *International Journal of Cultural Policy*, 14(3):233-247.

〔4〕李清娟等（2006）：《大城市传统工业区的复兴与再开发》，上海三联书店出版社。

〔5〕Allen J. Scott（2004），"Cultural-Products Industries and Urban Economic Development"，*Urban Affairs Review*，39（4）：461-490.

〔6〕Crewe，L. & Beaverstock，J.（1998），"Fashioning the City：Cultures of Consumption in Contemporary Urban Spaces"，*Geoforum*，29（3）：287-301.

〔7〕柯亚莎、常禹萌（2008）：《从保守绅士到创意先锋：英国创意产业的奥秘》，http：//www. cnci. gov. cn/news/culture/200824/news_12744_p1. htm。

〔8〕胡彬（2007）：《创意产业价值创造的内在机理与政策导向》，《中国工业经济》，第5期。

〔9〕课题组（2009）：《2008 年度中国游戏产业调查报告》，http：//tech. sina. com. cn/i/2009 - 01 - 14/09502748252. shtml。

〔10〕CIDA 创意产业测评中心（2008）：《2008 中国创意产业高成长企业发展报告》，http：//money. 163. com/08/1225/20/4U1NJ49U002533R6_2. html。

〔11〕李舫（2009）：《逆势上扬　春暖花开——文化产业的观察与思考》，《人民日报》，3 月 20 日。

〔12〕李亚彪、傅琰（2009）：《"文化产业振兴规划"释放新信号》，《瞭望》，第 32 期。

〔13〕Potts，Jason D. & Cunningham，Stuart D.（2008），"Four Models of the Creative Industries"，*International Journal of Cultural Policy*，14（3）：233-247.

〔14〕科技部办公厅调研室、赛迪顾问股份有限公司（2007）：《中国动漫游戏及创意产业发展研究报告》。

〔15〕梅松（2009）：《文化创意产业成为我国经济增长的新引擎》，《经济日报》，4 月 5 日。

〔16〕张哲、刘正卓（2009）：《杭州文化创意产业增长 15.2%　增速超杭州 GDP 增速》，《每日商报》，8 月 11 日。

〔17〕佚名（2009）：《2009 年文化创意产业反经济周期中的暖流》，《北京商报》，12 月 26 日。

〔18〕佚名（2009）：《中国文化创意产业融资难题将解决》，新浪财经，11 月 13 日。

〔19〕李具恒（2007）：《创意人力资本"信念硬核"认知》，《中国软科学》，第 10 期。

〔20〕理查德·佛罗里达著，方海萍、魏清江译（2006）：《创意经济》，中国人民大学出版社。

〔21〕课题组（2009）：《2008 年度中国软件产业盗版率调查报告》，http：//www.

chinanews. com. cn/it/it − itxw/news/2009/05 − 27/1709773. shtml。

〔22〕李舫、杨暄（2009）：《中央财政注资引导百亿基金助推文化产业》，《人民日报》，7 月 27 日。

〔23〕张京成、刘光宇（2007）：《创意产业的特点及两种存在方式》，《北京社会科学》，第 4 期。

—15—

实施可持续能源战略的路径选择[*]

2010 年，胡锦涛总书记在中科院工程院两院院士大会上发表讲话时指出，要"大力发展能源资源开发利用科学技术"，"坚持节能优先、绿色低碳"，"形成可持续的能源资源体系，切实保障我国能源资源有效供给和高效利用"。胡锦涛总书记的讲话给我国未来的能源战略指明了方向。我国的能源问题主要涉及能源供给安全和能源高效利用两个方面。保障能源供给安全需要开发新能源，能源高效利用则客观要求加强节能。因此，面对新能源发展机遇和传统能源短缺挑战，我国应当实施可持续的能源战略，"开源"与"节流"并重，确保能源供给安全和能源高效利用，一方面要积极推动新能源产业发展，另一方面要深入开展节能降耗工作。

一、新能源战略与新产业革命

当前，新能源所引发的绿色经济浪潮正在席卷全球，许多发达国家和地区纷纷将发展新能源产业作为应对经济危机、实现可持续发展的重要举措。世界新能源产业的发展将带来一场重大的能源革命，而且可能引发新一轮的科技革命和产业革命。积极发展新能源对保障我国能源安全、推动

---

* 本文核心观点源于作者 2010 年 5 月 14 日在北京召开的"两岸新能源产业发展研讨会"上所作的主题演讲。杨威、易善策协助研究。

经济发展模式转型、实现可持续发展等具有重要意义。

第一，新能源多为可再生能源，取之不尽用之不竭，有利于解决我国能源短缺危机，保障能源安全。长期以来，我国传统能源相对短缺，已探明的常规商品能源总量仅占世界总量的 10.7%，人均能源资源探明量仅为世界人均量的 51%，[1]而煤炭、石油和天然气等资源的储采比年限均低于世界总体水平（如表 1 所示）。但我国新能源开发潜力极大，据有关统计，生物质能可开发 1 亿千瓦、水电蕴藏 3.78 亿千瓦、风电可达 2.53 亿千瓦、太阳能资源蕴涵量达 2.1 万亿千瓦。[2]大力发展新能源，有利于弥补我国常规能源短缺，保证能源安全。

第二，新能源发展有利于保护环境，实现经济与生态协调发展。我国传统的"高能耗、高物耗、高排放和高污染"工业发展模式给生态环境带来巨大破坏，经济发展代价巨大。据中科院测算，2005 年中国的环境成本大概要占到 GDP 的 13.5%，而当年中国的 GDP 的增速只有 10.4%。而新能源生产使用过程中排放较少，能够有效减少对生态环境的破坏。如每发电 1 千瓦时的碳排放量，煤电、水电和风电分别为 304 克、20 克和 6 克。

表 1　我国化石能源探明储量与世界其他地区比较

	煤炭		石油		天然气	
	比重	储采比（年）	比重	储采比（年）	比重	储采比（年）
北美	29.8%	216	5.6%	15	4.8%	11
中南美	1.8%	172	9.8%	50	4.0%	46
欧洲和欧亚	33.0%	218	11.3%	22	34.0%	58
中东	<0.05%	>500	59.9%	79	41.0%	>100
非洲	3.9%	126	10.0%	33	7.9%	68
中国	12.9%	41	1.2%	11	1.3%	32
亚太	31.4%	64	3.3%	14	8.3%	37
世界	100%	122	100%	42	100%	60
中国/世界	13.9%	33.8	1.2%	26.5	1.3%	53.5

资料来源：BP（2009），"BP Statistical Review of World Energy June 2009"，www. bp. com/Statistical review。

第三，新能源发展有利于抓住第四次产业革命机遇，抢占未来发展制高点。新能源产业极有可能引领第四次产业革命，赢得了新能源竞争优势就把握了新一轮发展的先机。新能源产业及其技术具有很强的产业关联性，不仅有利于传统产业提升，而且能培育一大批新兴产业，对形成国家产业竞争优势、提高综合国力具有重要意义。历史上中国曾错过多次科技革命的战略机遇。目前新能源开发中我国并不落后，这次产业革命为我国实现"弯道赶超"创造了绝佳机遇。

第四，新能源发展在带动产业结构优化、促进经济增长方式由粗放型向集约型转变过程中能发挥重要作用，有利于优化经济结构，促进经济发展方式转型。新能源产业及其相关技术发展，有利于推动产业结构优化升级，推进企业节能减排，加快经济增长由粗放型向集约型转变，实现可持续发展。

第五，新能源发展将会拉动投资、带动相关产业发展，创造大量就业机会，有利于创造新的经济增长点。如 2010 年"全球气候网络"组织研究报告显示，风能、太阳能和水电计划将在中国创造的工作岗位达 679 万个。初步测算，我国《新兴能源产业发展规划》实施后，将累计增加直接投资 5 万亿元，每年增加产值 1.5 万亿元，增加社会就业岗位 1500 万个。[3]

第六，新能源发展有利于促进农村地区和西部地区发展，减少城乡、地区发展差距。西部地区可再生能源资源占全国资源总量的 70% 以上，农村地区生物质能源潜力巨大，积极发展新能源有利于带动这些地区经济发展。如目前全国农村户用沼气，每年可为农户直接增收节支 150 亿元。[4]

二、推动我国新能源产业发展的战略对策

低碳经济强调不排放和少排放，这要求我国能源发展应该坚持"开源节流"的战略，积极推进新兴能源的开发利用。当前我国新能源产业发展迅速，成绩显著。截至 2009 年底，我国风电、太阳能发电装机总量相比 2000 年分别增长了 51 倍和 7.7 倍，太阳能装机容量居世界第一，风电装机容量居世界第二，在建核电装机容量居世界第一。[5]虽然我国新能源发

展较快，但是新能源在能源供给结构中的比重仍然偏小，如表2所示，与其他国家和地区相比，我国化石能源在能源消费结构中占比偏高，而且高于世界平均水平。同时，与发达国家整体上化石能源占比下降的趋势不同，2001～2007年我国化石能源占比呈逐年上升趋势。这表明，我国在水能、太阳能、风能等可再生新能源利用方面与发达国家还有差距，潜力巨大。

表2　部分国家和地区的化石能源占消费能源的比重（％）

	2007年	2006年	2005年	2004年	2003年	2002年	2001年
世界	81.31	81.00	80.92	80.86	80.64	80.17	80.00
欧盟	75.73	75.94	76.68	76.65	76.90	76.93	77.03
OECD	81.64	81.46	81.84	82.08	82.46	82.24	82.20
美国	85.57	85.67	86.05	86.14	86.30	86.33	86.40
日本	83.24	81.22	81.36	82.41	84.01	81.58	80.35
中国	86.88	86.48	85.46	84.49	82.48	80.35	78.93

资料来源：世界银行数据库（http://databank.worldbank.org）。

目前我国新能源产业发展仍存在多种问题，尤其是成本高成为新能源发展的最大瓶颈。有数据显示，风能和太阳能发电的单位成本分别是传统火力发电成本的2倍和4倍。高成本使得新兴能源技术难以商业化，高价格则阻碍了其市场化进程。破解新能源的高成本问题、推动新能源的发展需要采取以下三个方面的举措：

（一）要加快技术创新来化解高成本

我国新能源技术呈现"低端过热、高端不足"的倾向，基础研发领域投入不足，核心技术和关键零部件长期依赖国外，技术成本高昂。如太阳能光伏产业的硅料提纯技术长期以来基本上依靠国外"技术租借"，用太阳能光伏每发1度电国外技术拥有者就会从中拿走0.1元钱。技术创新不足、核心技术对外依赖过多不仅使得新能源生产成本居高不下，而且加大了产业发展风险。当前，要加强新能源技术研发的超前规划，制定清晰、有序的国家新能源技术开发路线图，重视中长期战略技术的储备，避免被动跟从。要整合政府、企业和高校科研院所的研发资源，完善新能源技术创新的产品研发、检验检测和技术推广等公共服务平台。要加强对新能源领域基础性、前沿性技术的研发，集中力量攻克共性技术和关键技术瓶颈，获得自主知识产权。要有目的、有选择地引进国外新能源先进技术、工艺和关键设备，组织研发力量在消化吸收的基础上实现再创新，避免重复引进和陷入"引进—落后—再引进"的恶性循环。要引导企业加大研发投入，向核心技术研发和关键零部件制造倾斜。要鼓励企业建立技术创新产学研合作体系和企业间战略联盟，以合作创新克服技术难题。要完善相关技术及产品的规范和标准，积极争取国际新能源标准制定竞争中的主导权。加强国际新能源技术交流与合作，积极发展论坛、展会等多形式、多层次的新能源技术交流。要重视新能源技术研发人才的培养和引进，创新人才培养模式，完善人才流动与激励机制，实施"以用为本"的人才战略，为新能源技术开发提供人才支撑。

（二）要发挥规模经济效应来降低高成本

规模化运营是降低企业单位生产成本的有效手段。世界风能理事会研究表明：风电成本下降，60%依赖于规模化发展，40%依赖于技术进步。但当前我国新能源产业区域间缺乏协调、行业内集中度不高、企业生产规模偏小，严重制约了新能源规模化发展。据统计，目前国内已经有18个省份提出打造新能源基地，或把新能源当做支柱产业来发展，另外有近百个城市把太阳能、风能作为城市的支柱产业。这种状况不但不能实现规模化运营，反而还会造成产能过剩、恶性竞争等问题。为此，要统筹新能源发展规划，加强区域间协调，合理布局、有序推进新能源产业，防止陷入一哄而起、无序竞争的状态。要提高新能源行业准入门槛和技术标准，遏制重复建设，淘汰落后产能，加快行业内整合力度。要扶持技术领先企业兼并联合，培育龙头企业，重点扶持一批具有较强竞争力和发展前景的重点企业做强做大。在行业整合中，要充分运用市场机制，对民企和国企实行同等待遇。要以功能互补、适当错位、集群发展为原则，推进新能源产业园区建设，鼓励专业化分工，完善产业链布局，形成若干龙头企业与一大批"专精特新"中小企业分工协作的局面。要推进新能源产业与传统产业协同发展，实现资源互补、整体效益提升。

（三）要加大政府补贴力度来补偿高成本

新能源发展初期投入大、风险高、周期长，仅靠市场这只"无形之手"难以获得健康快速发展，政府必须利用"有形之手"来确保新能源企业获得合理利润，解决市场失灵问题。目前，我国新能源市场化发展亟须政府补贴。调查显示，目前全国风电场普遍经营困难，甚至亏损；大部分投产生物质电厂存在运营问题，仅有 1/3 的企业尚有微利；2009 年国内光伏发电系统的装机容量仅占总产能的 5%。为此，要完善新能源定价机制，实行统一的分类固定定价制度，适度提高上网电价，简化上网电价落实程序。要尽快建立新能源和可再生能源项目专项开发建设基金，加强对新能源技术创新、规模化发展的投资补贴、产量补贴或贴息贷款。要积极实施新能源示范工程，加快实施"十城万盏"、"十城千辆"等示范工程，探索新能源利用示范社区、示范县的建设，尤其是推广农村生物能和太阳能利用，引导居民对新能源产品的消费。要修改政府采购目录，设定相关产品中新能源产品采购比例，加强对新能源产品的政府采购。要向新能源企业技术创新及"引进—消化吸收—再创新"、规模化发展提供优惠政策。要加大政策性融资支持力度，创新投融资模式，加强对新能源发展的投融资支持。要探索建立绿色信贷、绿色证券及绿色基金来构建新能源发展的绿色金融支持体系。

三、提高我国能源利用效率的对策思考

提高能源利用效率是能源战略的重要组成部分，在积极开发新兴能源的同时，也要充分挖掘节能降耗的潜力。如美国能源新政以发展新能源和提高能效为主要内容，对节能非常重视。美国 2009 年《清洁能源安全法》规定，所有电力公司到 2020 年其电力供应的 15% 需来自风能、太阳能等可再生能源，5% 来自能效提高。[6] 我国能源发展"十一五"规划提出了"节约优先、立足国内、多元发展、保护环境"的原则方针。

目前，大力推进节能降耗具有重大的现实意义。为应对全球气候变化，我国政府承诺到 2020 年单位国内生产总值二氧化碳排放要比 2005 年下降 40%～45%，其中节能的贡献率要达到 85% 以上。而当前中国又正处于"环境库兹涅茨曲线"左侧的"爬坡"阶段，距离能源消耗拐点临界值还有较远距离，[7] 我国能源消耗总量还将继续上升。2009 年，中国能源消费总量约为 31 亿吨标准煤，2020 年预计将达到 45 亿吨标准煤。[8] 如果不提高能效，将给我国能源安全供给、生态环境保护造成巨大压力。目前，我国的总体能源利用效率仅为 33% 左右，比发达国家低约 10 个百分点，节能降耗空间巨大。有测算显示，按单位产品能耗和终端用能设备能耗与国际先进水平比较，我国节能潜力约为 3 亿吨标准煤。

此外，节能降耗相比新能源开发具有成本低、风险小、效益高和影响广的优势。以煤炭高效利用为例，发达国家和地区都十分重视，如美国出台了"清洁煤技术计划"，日本制定了"21 世纪煤炭计划"，欧共体也实施了"清洁煤发展计划"。在煤炭作为我国一次能源供给的主要能源的背景下，煤炭的节能降耗优势极为明显。如表 3 所示，在对我国 2020 年装机容量中各种能源节能减排潜力的估算中，清洁煤炭的节能潜力和减排潜力分别达到 3.76 亿吨、9.78 亿吨，大大超过水电、风电、太阳能和生物能等。

表 3　我国 2020 年装机容量中各种能源节能减排潜力估算

类别		水电	风电	核电	光伏	生物质发电	生物质燃料	清洁煤发电	总计
装机	绝对值（亿千瓦）	3	1.5	0.7	0.2	0.3	/	9.9	16
节约标准煤	绝对值（亿吨）	3.15	0.82	1.63	0.09	0.36	0.5	3.76	10.6
减排二氧化碳	绝对值（亿吨）	8.19	2.11	4.23	0.23	0.94	1.3	9.78	27.56

资料来源：整理自李春艳（2010）：《洁净煤技术：节能减排的最现实选择》，《中国高新技术企业》，第 2 期。

当前，我国节能形势严峻，"十一五"提出的单位 GDP 能耗减少 20% 的节能目标值前四年仅完成 15.60%，而 2010 年上半年，单位 GDP 能耗反而上升 0.09%，[9] 使得节能工作压力更为艰巨。为此，要建立健全以下五大机制，加快推进节能降耗工作：

（一）要建立技术引领机制

提高能效，技术进步是关键。有报道称，美国现在每创造 1 美元经济产出消耗的能源比 30 年前减少了 47%，这在很大程度上要归功于技术进步。当前要加强已有节能技术成果的转化、示范、推广和产业化，使现有成熟技术能够迅速投入到节能服务中。要结合当前中国节能实际情况，有针对性地积极引进国外先进节能技术，并消化吸收再创新。要加大科技投入，加强技术攻关，突破关键技术，建立以企业为主体的节能技术创新体系，为国内各行业节能提供技术支撑。当前，尤其要加强对煤炭高效开采、清洁生产和循环利用技术的研发和推广示范，提升煤炭能效。有数据显示，如果我国将煤炭燃烧效率提高 10%，2010 年可减少煤炭消费 2 亿吨。[10]

（二）要完善结构调整机制

当前，建筑、工业和交通是我国三大高耗能行业，能耗总量占全社会能耗的 75%，其中的工业耗能尤其是高耗能工业节能潜力巨大。而研究表明，结构节能对实现节能目标的贡献率为 60% ~ 70%。据测算，服务业占 GDP 的比重每提高 1 个百分点，万元 GDP 能耗可降低 1 个百分点；工业中的高新技术产业比重每提高 1 个百分点，万元 GDP 能耗可降低 1.3 个百分点。[11] 因此，要加快服务业发展，尤其是生产性服务业发展，提高三次产业结构中服务业比重。要控制高耗能工业行业过快增长，加快淘汰其落后生产能力，重点推进钢铁、有色金属、煤炭、电力、石油石化、化工、建材等高耗能行业的节能降耗。要扶持新兴战略性产业发展，提高工业结构中高新技术产业比重。要推广循环经济，实施清洁生产改造，降低工业能耗。要强化原有建筑节能改造和新建筑节能准入，尤其是加紧推进大型公共建筑的节能改造，降低建筑能耗。要调整交通发展规划，大力发展公共交通，提高机动车能效及排放标准，扶持清洁能源汽车发展，降低交通能耗。

（三）要健全政策激励机制

世界银行的有关研究发现，在政府不加干预的情况下依靠市场机制本身，只能解决 20% 的节能问题。因此，要完善促进企业和社会节能降耗的政策激励机制，建立绿色财政、绿色金融和绿色税收制度（如表 4 所示），增强企业节能动力。通过增加节能减排专项经费、落实政府优先和强制采购节能产品制度、实施节能示范工程等加大节能财政支持力度。要向生产和使用节能产品、开发和引进节能技术及设备、从事节能技术推广和服务的企业和单位提供加速折旧、放宽费用列支标准、设备投资抵免、亏损抵免、再投资退税、营业税及所得税减免等税收优惠政策。

表 4　我国促进节能降耗的政策激励和市场诱导体系

制度类型	制度内容	制度功能	制度手段
政策激励	绿色财政制度	财政支持	财政补贴、绿色采购 转移支付、政府奖励
	绿色税收制度	税收引导	环境税、资源税、 消费税、税收优惠
	绿色金融制度	融资支持	绿色信贷、绿色保险 绿色证券、绿色基金
市场激励	排污权交易制度	利益转化机制	排污监管、排污权交易
	碳汇交易制度	利益转化机制	碳汇管理及交易

（四）要建立市场诱导机制

市场机制是配置资源的重要手段，要充分利用市场的价格规律形成节能减排的诱导机制。实证研究发现，能源相对价格的上升是我国能源强度下降的主要动力，中国整体能源强度下降的 54.4% 源于能源价格效应。[12]当前，加快推进能源价格机制改革，推行"阶梯能源定价"，提高用能成本，引导企业主动节能。推广自愿节能协议，并给予相应政策奖励，鼓励市场主体自发节能。推行综合资源规划和电力需求侧管理，引导资源合理配置。积极促进碳汇交易和排污权交易发展，加强交易评估和交易机构建设，创造节能盈利空间。扩大能效标识实施范围及节能产品认定，引导居民扩大节能产品消费。大力扶持合同能源管理发展，鼓励大型企业和公共建筑将能源管理服务外包，促进节能产业化。

（五）要完善社会参与机制

节能降耗目标的有效实现，也有赖于各社会群体共同参与。要加大节能宣传，加强节能的基础教育和知识普及，倡导全民参与，形成绿色消费、勤俭节约的良好消费习惯和社会文明理念。节能不仅涉及生产方式转变也涉及生活方式改变，如我国居民遵行《全民节能减排实用手册》中衣、食、住、行、用等方面的 36 项日常行为，一年节能总量约为 7700 万吨标准煤。要发挥行业协会的作用，通过行业内节能竞赛、节能培训、经验技术推广等活动来推动企业提高能效。要加强政府节能规划和管理，完善节能统计、监测及考核体系，推行强制能源审计，加强政绩考核力度。要建立节能技术、设备及经验的信息发布制度，引导企业挖潜增效。要引进社会监督力量，鼓励相关非政府组织（NGO）发展，发挥新闻媒体表扬先进、曝光落后的舆论监督和导向功能。

参考文献

〔1〕张坤民（2008）：《低碳世界中的中国：地位、挑战与战略》，《中国人口资源与环境》，第 3 期。

〔2〕郎婧婧（2010）：《加快新能源产业发展已成全球共识》，《经济参考报》，7 月 1 日。

〔3〕国家能源局（2010）：《新兴能源发展规划将增 5 万亿元投资》，《经济参考报》，7 月 21 日。

〔4〕李慧（2009）：《沼气每年为农户增收节支 150 亿元》，《光明日报》，8 月 29 日。

〔5〕国家信息中心经济预测部宏观政策动向课题组（2010）：《我国新能源产业发展将处于快车道》，《中国证券报》，4 月 23 日。

〔6〕刘卫东（2010）：《美国新能源利用全面铺开》，《瞭望新闻周刊》，3 月 2 日。

〔7〕李世祥（2010）：《能源效率战略与促进国家能源安全研究》，《中国地质大学学报》，第 5 期。

〔8〕巢新蕊（2010）：《2020 年非化石能源消费量要提高 2 倍》，《财经》，3 月 8 日。

〔9〕宛霞（2010）：《上半年单位 GDP 能耗不降反升》，《每日经济新闻》，8 月 4 日。

〔10〕郝来春（2010）：《中国煤炭储量多于其他能源须注重高效利用》，http://finance. ifeng. com/video/zbzg/20100710/2394335. shtml。

〔11〕李铁映（2007）：《发展必须节约，节约才能发展》，《求是》，第 4 期。

〔12〕段海艳（2010）：《能源价格研究最新进展》，《会计之友》，第 4 期。

—16—

保持环境与经济协调发展的思考[*]

环境系统与经济系统的协调是我国可持续发展战略中的一个核心问题，我们必须正视环境恶化带来的巨大经济损失，努力保持环境与经济协调发展。

一、环境影响的经济分析

（一）环境影响分析与绿色 GNP

环境现状在任何时候都是一个国家决定其战略的重要依据。在我国实施可持续发展战略时，更不能脱离环境的约束，要充分考虑环境的现实情况。但是，在我国现行的体制下，环境问题并没有纳入国民经济的核算体系中，这造成人们可以从自然中无限地索取资源，而不必顾及对环境的危害。因为用现行 GNP 去衡量国民经济时，企业不管采取什么手段，即便是污染环境所获得的利润，也都是正常的。虽然国家可以通过法律的、行政的和经济的手段去引导企业爱护环境、保护环境，但是只要在国民经济核算体系中环境不算成本的问题不解决，在市场经济条件下企业的外部效应

* 本文发表于《武汉大学学报》2000 年第 3 期。文中的重要数据进行了更新。魏珊协助研究。

就无法彻底解决。当前，我国环境（包括人文环境和自然环境）恶化对可持续发展经济的影响是巨大的。这种影响大致包括如下几个环节：

一是人口再生产的膨胀将导致人口与物质资料的再生产脱节，物质资料满足不了过快增长的人口的要求，最终危及人类自身的发展，破坏可持续发展战略。目前，我国的人口压力是严峻的。

二是人的"自然中心"观念使人类对自然资源的掠夺没有节制，许多自然资源达到某种临界点，人类自己毁坏了养育自己的自然生态基础，最终破坏发展的可持续。

三是一些区域和地方不择手段去占用环境这个"公共财物"，在一种"环境赤字"的状态下运行经济，使对环境容量的无偿占有与对环境质量的自觉维护之间产生严重的失衡，导致可持续发展战略的失败。

四是社会公平与效率的关系处理的失衡，偏重于公平或偏重于效率都将引发社会矛盾，最终引起社会结构的失衡，从而造成可持续发展战略的破坏。

因此，针对环境对可持续发展经济的限制，不少国家在国民经济的核算中采用了绿色 GNP 这个概念。这一指标试图把不属于真正财富积累的虚数部分从传统意义上统计的 GNP 中扣掉，形成一个公正、客观的衡量一国和地区可持续发展经济的标准尺度。[1]

所谓绿色 GNP（绿色国民生产总值），它是将现行统计下的 GNP，扣除两大基本部分的"虚数"，以真实的、可行的和科学的标准去衡量国家或地区实质性的进步。其表达式为：绿色 GNP = 现行 GNP − 自然部分虚数 − 人文部分虚数。其中，自然部分的虚数，应从以下所列因素中扣除，即环境污染所造成的环境质量下降、自然资源的退化与配比的不均衡、长期生态质量退化所造成的损失、自然灾害所引起的经济损失、资源稀缺性所引发的成本、物质和能量的不合理利用所导致的损失。而人文部分的虚数，应从以下所列的因素中扣除，它大致包括：由于疾病和公共卫生条件所导致的支出、由于失业所造成的损失、由于犯罪所造成的损失、由于教育水平低下和文盲导致的损失、由于人口数量失控所导致的损失、由于管理不善（包括决策失误）所造成的损失。

在国民经济核算体系中实施绿色 GNP 指标，其意义是非常重大的。

首先，它是人类认识史上的一次飞跃。从过去单纯追求经济数量增长的 GNP 到追求经济发展质的变化的绿色 GNP，本身说明了人类对自身行为的反省，必须要保护环境和生态，其影响将是深远的。

其次，它是一种科学全面的指标体系。它是对经济发展的评价，这与传统 GNP 的方向是一致的，但是它涉及环境问题，也涉及社会问题。它概括了可持续发展的主要方面和主要内容，将经济现象、社会现象和环境问题都纳入了其框架体系，并考察了经济、社会和环境的各个环节。因此，这一指标与传统的国民生产总值相比，科学而全面。

再次，绿色 GNP 是一种全新的指标体系。对绿色 GNP 的追求与传统 GNP 的追求在方向上是一致的，都是衡量经济的增长。但是，绿色 GNP 避免了传统 GNP 中的缺陷部分，同时考虑到了 GNP 在衡量经济增长中的作用，它比较合理地扣除现实中的外部化成本，并从内部去反映可持续发展的质量和进程。因此，它是对传统 GNP 的扬弃。

最后，绿色 GNP 为经济的发展手段提供了全新的视角和思路。从上面的表达式中我们可以看出，绿色 GNP 的增长必须要以现行 GNP 的增长和自然部分及人文部分虚数的下降为前提。对照我国的产业行业分类目录，我们将会看到，在我国目前的薄弱产业——环保产业是对绿色 GNP 的增长贡献最大的产业。它既对现行 GNP 的增长有利，又对自然部分及人文部分虚数有抑制作用。因此，该产业的大力发展，其作用是双重的。它是绿色 GNP 快速增长的加速剂。

（二）环境影响的经济分析

由于没有考虑到环境的外在效应，目前我国的生态环境破坏形势严峻，自然灾害发生频繁，造成对人的生命的危害和财产的损失。因此，绿色 GNP 中的虚数是较大的。

1. 环境污染损失

据国家环保总局和国家统计局联合发布的《中国绿色国民经济核算研究报告》显示，2008 年全国因包括水污染在内的环境污染造成的经济损失为 5000 多亿元，约占当年 GDP 的 4%。[2] 我国的生态环境的现状是不容乐观的。

第一，我国水环境污染问题突出。数据显示，2009 年全国废水排放量达 589.2 亿吨，同比增长 3%。[3]据环境保护总局发布的《中国环境状况公报》称，对全国近 14 万公里河流进行的水质评价表明，近 40% 的河水受到了严重污染；全国七大江河水系中劣 V 类水质占 41%。同时，海洋污染严重。据广州海洋地质调查局的调查结果表明，珠江口海域有 95% 的海水被重度污染。[2]

第二，我国大气污染严重。我国 2008 年二氧化硫排放量 2321.2 万吨，烟尘排放量 901.6 万吨。目前全国约 1/5 的城市大气污染严重，113 个重点城市中 1/3 以上空气质量达不到国家二级标准。[4]据联合国开发署 2002 年报告，我国每年有 1500 万人因空气污染患上各种呼吸道疾病。[5]

第三，农业自身污染。这主要是由于滥用农药、过量使用化肥和塑料薄膜造成的。据统计，我国每年农药的使用面积达 25 亿亩以上，受农药污染的面积约 2 亿亩。污染物在农田土壤中引起大宗农畜产品污染物含量超标，这危及人民群众的身体健康。农药对生物种群、土壤中的动物以及鸟类也直接或间接产生危害。

第四，城市垃圾污染。随着我国城市化进程的加快，城市垃圾的产生量和清运量也大幅度增加。有数据显示，2007 年全国 655 个设市城市的垃圾总量达 1.25 亿吨，这样的数字每年还在以 8%～10% 的速度增长，其增速堪与 GDP 增速比肩。[6]

2. 自然灾害所引起的损失

第一，水土流失严重、自然灾害发生的频率高。当前我国水土流失面积占国土面积的 38%，在长江上游这一比例高达 41%；沙漠化面积占国土面积的 27%；半个世纪以来，中国 5000 万亩耕地水土流失，每年水土流失造成的经济损失超过 2000 亿元。中国 76% 的贫困县、74% 的贫困人口都集中在水土流失区。[7]

第二，水灾频繁。我国以长江为首的主要河流大水成灾的频率加大，长江从公元前 185 年至 1911 年的 2096 年中，共发生大洪灾 214 次，但越接近现代，洪灾发生的频率越高，损失也越大。在 1998 年，我国由南至北普遍发生了历史上罕见的大洪水，造成的直接经济损失达到 2000 多亿元人民币，死亡人数达到 3404 人。

3. 资源退化与配比不平衡所造成的损失

据有关部门统计，全国 640 个城市中有 300 多个缺水，每年影响工业产值 2300 多亿元，农村每年缺水 400 多亿立方米，因缺水减产粮食 400 亿斤，并有 7000 多万人饮水困难，我国已被联合国列入世界地区性贫水的 13 个国家之一。45 种支柱性矿产中，到 2010 年不能满足要求的有 24 种，到 2020 年有 39 种，石油储采比级为 14，远低于世界 44 的水平。

4. 疾病和公共卫生条件所造成的损失

据国务院八部委 2008 年环保专项行动的最新检查结果显示，全国 113 个重点监测城市饮用水源地水质达标率仍然偏低，其中 35% 的城市饮用水不达标。另有数据显示，目前全国有 3.2 亿农村人口喝不上符合标准的饮用水，大约每年有 200 万人因为饮用含砷量很高的水而患病。[2] 被污染的饮用水导致每年成百万人丧生和患某些疾病，如伤寒和霍乱是通过带菌的饮用水传染的。

二、实现环境系统与经济系统良性循环的对策

针对我国环境问题的严峻现状，从维持绿色 GNP 的快速增长出发，我们认为保持环境和经济协调发展的对策为：

（一）正确理解环境系统、社会系统、经济系统三者之间的辩证关系，处理好经济效益、社会效益与生态效益三种效益的关系，增强决策者的环保战略意识和可持续发展意识，提高决策者对环保工作的重视程度

从对绿色 GNP 的分析中可以看出，要实现经济的增长，涉及社会其他部门的努力工作。从实现可持续发展的战略高度出发，要使经济快速增长就必须综合考虑经济系统、社会系统和环境系统三者的辩证关系。首先，环境系统提供了经济发展所需要的客观条件，环境系统中的空气、阳光、土壤和地貌等因素都以不同的方式影响和制约着经济及其发展的某些特点，如经济实力和经济生产方式等。其次，建立在自然环境基础之上的经济系统，通过其产出的生活资料为社会系统提供了稳定的物质来源，为其

发展提供基础。在此基础上社会系统开始其运作和生活方式的建立过程。如包括人口素质、人口数量和消费方式等在内的社会再生产过程。再次，在社会系统中生活的人对环境系统有能动的反作用，社会系统中的残渣部分，必然要被自然环境所接纳，在超出环境的自我净化能力之后，就形成了对自然环境的污染和破坏作用。但是，这个过程并不是单向度的。反过来，社会系统中的要素优化和组合通过对经济系统的投入，可以改善经济系统运行的质量。经济系统素质的改善将提高经济系统的资源利用效率，这样可以减少排放到环境系统中去的废物的量，由此减轻对环境的污染程度，促进环境系统的良性循环。对社会系统、环境系统和经济系统的辩证关系的统筹把握，将有助于减少在经济决策和环境决策中的短期效应和短视行为，同时树立起可持续发展的信心。

（二）抓住源头，扣住关键，处理好源、流、场和效应四个环节的关系，坚持标本兼治，把人的生产方式、消费方式限制在生态系统所能承受的范围内

环境问题总是由源、流、场和效应四个环节构成的一个相互联系的系统。一个国家或一个地区性的发展模式、生活方式构成源；社会和经济发展、其他活动构成物质流和能量流；这些流对环境固有的物理、化学、生物过程产生着强烈作用，并在很大程度上影响着地圈、水圈和生物圈的生物地球化学循环过程，从而形成各种类型的作用场；这种场表现出在时空上分布的异常区，最后对社会、经济、人类健康等产生出负面效应。因此，综合治理必须从源治起，即从人类社会"发展"开始，把生态系统与人类经济社会系统作为一个大系统来思考，包括生产方式、消费方式等的合理性和目的性，才能保持生态平衡，最终形成适宜于人类生存和发展的环境。

（三）避免"吃祖宗饭，断子孙路"的恶果，处理好人口、资源、环境三者的关系，协调好资源消耗上的代际关系和代间关系，增强国民对人口控制的责任感和使命感

人口、资源、环境这三方面的工作，是一个具有内在联系的系统工程。我国在人口众多、环境负债较多的条件下进行经济建设，更要把实现人口、资源和环境的良性互动作为经济长远发展的战略目标。在人口、资源和环境三者的关系中，人口是具有主动和积极的因素。一方面，经济的发展是为人的需要服务的；另一方面，资源和环境与人的生存质量相联系。

一个显而易见的事实是资源和环境的数量与人口的数量成反向的关系，人口数量的减少必将带来人均资源占有量的增加。因此，国家必须大力控制人口的数量，提高人口的质量。要克服各种代际和代间不公平的现象。在思想观念上通过各种途径，加强公民的环境意识、生态意识和生态伦理的教育，使公民科学地认识到人与自然的关系及人在生物圈中的地位，从而把保护环境作为自己应尽的职责。在生产和生活上建立起资源节约、少污染环境型的国民经济体系，走生态农业、生态工业的发展之路。在人口增长上要严格控制人口的数量，提高人口的素质。

（四）加强综合治理，实现部门联动和相关子系统的一体化，处理好防与治的关系，通力合作，统筹安排，尽力减少部门之间、地区之间的不协调，确保可持续发展战略的实施

环境保护和经济发展是一个系统工程，要实施可持续发展战略，必须建立环境与可持续经济发展的综合决策机制，改变过去各个部门封闭地、分割地制定和实施经济、社会、环境政策的做法，把环境保护与其他政策的制定和执行结合起来。环保、监察、经济、计划、乡企等部门要参与环境保护的过程，统筹规划，合理安排，进行充分的协作和合作，使环境保护从根本上得到好转。各地、各部门在制定区域和资源开发规划、城市和行业发展规划、调整产业结构和生产力布局等重大决策时，必须综合考虑经济、社会和环境效益，进行充分的环境影响论证，避免规划布局的失误和走"先污染后治理"的老路。

（五）坚持依法治理环境，加大执法力度，强化人们环保的法律意识，鼓励和支持公众参与环境保护的积极性

环境保护是关系到国家长远利益和人民群众切身利益，关系到中华民族生存与发展的大事，各级政府、各级部门必须予以高度重视。不能用当前的、局部的发展去损害未来的、全局的发展，要正确处理好环境与发展的关系，加强法治是一个很重要的环节。我国在环境保护法律和规章制度方面已经形成了环境监测、环境影响评价、"三同时"、排污收费、排污许可证、排污申报登记、查处环境污染与破坏事故、防止污染转嫁、清洁生产、城市环境综合整治定量考核、环境保护目标责任、污染集中控制、污染物排放总量控制、防治污染设施管理等制度。这些制度在我国的环境保护中起到了相当大的作用。但是，我们并不能在此成果的基础上松懈，在相关部门配合下，环保、监察、经济、计划、乡企等部门要继续加大环境执法监管的力度，确保政令畅通，督促指导工业企业按照规定完成污染限期治理任务，最终实现达标排放。

（六）强化环保教育，增强环保意识，使公民树立生态危机意识，把维护环境变成消费者的自觉行动

在地球人口膨胀、环境压力加大的今天，环境保护需要公民的参与，在这个过程中，教育的作用非常重要。1992 年联合国"环境与发展"大会上通过的《21 世纪议程》中指出："教育对促进持续发展和公众有效参与决策是至关重要的。""建议将教育重新定向，以适合可持续发展的需要。"由此可见，强化环境教育，可以培育出一种保护环境的文化氛围，使人在这种氛围中发展负责任的环境行为，以文化的潜移默化过程影响人的决策。我国的国土面积辽阔，但人均占有量却极少，每年土地的沙漠化和退化、人为的浪费、城镇化和非农化的土地占用都使得我们不能有国土的优越感。居安思危，全体公民都应该对我国的现状有清醒的认识，认识到对土地的珍惜，对水、大气的珍惜，树立保护生态的观念，做到"从我做起，从现在做起，关心环境，人人有责"。

（七）推进环保技术的科学研究，处理好引进吸收和自主开发的关系，改进环保的技术监测手段，提高环保工作的科技含量

科技是第一生产力。在环保领域也不能缺少科技的投入和参与。我国环保技术的成果不少只是停留在试验室的阶段，不能转入产业化阶段。环保技术的产业化过程是一个充满了风险也具有极高收益的过程，一般的民间资本都无力承担这种风险，需要政府部门的积极参与。要提高环境科研的水平：第一，要加大环保科研的投入。一般，投入与产出是一种正向相关的关系，只有投入增加，才有可能推动环保技术的发展。除了政府要加大对环保产业的投入外，有条件的地方可以考虑引入风险投资机制。第二，要加强技术制度的建设，包括各项专利技术制度、环保产业及市场管理体系制度、环保产品资质许可制度等。这些制度将对科研人员的成果实施保护，从而调动科研人员的科研积极性，最终实现加快环保科技成果的转化和应用步伐。第三，要吸收先进的技术和自主开发相结合。引进先进的技术可以节约自主开发所耗费的时间，但是缺少该技术的知识产权。因此，对核心技术，环保产业应当加强自主开发，对通用技术，可以适当引进，以抢占技术领域的制高点。第四，要积极开展国际环境合作与交流，为自己的技术开发活动提供有益的借鉴。

（八）政府引导大力发展环保产业，适应环境保护工作的需要和居民对环境的需求，大力推进环保产业的技术进步，使环保产业成为重要的新兴产业或支柱产业

环保产业是当今经济社会中以防治环境污染、改善生态环境、保护自然资源为目的所进行的技术开发、产品生产、商业流通、工程承包、自然保护开发等活动的总称。据统计，当前全球环保产业市场规模超过6000亿美元，并以每年7.5%的速度增长。[8]我国环保产业还处于市场化早期发展阶段，行业总产值不到GDP的1%，而发达国家环保行业总产值一般占GDP的2.5%以上。[9]环保事业存在巨大的潜在市场，增长的潜力巨大。要努力促进环保产业成为我国产业结构中新的经济增长点，为环保提供充足的技术保障和物质基础。为此必须：制定当前国家鼓励发展的环保产业设备（产品）目录，并出台配套的鼓励政策。组织实施示范工程，引进消化吸收国外先进水平，加快重大技术装备国产化进程。要培育、发展和完善环保产业市场，规范市场秩序，尽快形成有利于企业公平竞争的市场环境。培育环保优势企业，逐步形成以大学、科研院所和环保骨干企业为主体的科研和技术开发体系，促进产、学、研一体化，从而加强环保企业新产品开发步伐，以最快的速度满足日益扩大的环保事业的需要。在市场经济条件下，要把环保产业的市场化工作做好，要在市场营销上狠下功夫，提高产品的生存力和竞争力。

参考文献

〔1〕中国科学院可持续发展研究组（1999）：《1999 中国可持续发展报告》，科学出版社，第 37 页。

〔2〕佚名（2009）：《中国深陷水污染公共危机 "黑色水图" 触及七大江河》，《经济参考报》，9 月 22 日。

〔3〕中华人民共和国环境保护部（2010）：《中国环境状况公报（2009）》，http://www.chinanews.com.cn/cj/news/2010/06 – 04/2323934.shtml。

〔4〕刘志全（2010）：《全国 1/5 城市大气污染严重 机动车成祸首》，《新京报》，9 月 6 日。

〔5〕桂知明（2006）：《公共政策强力推进可持续发展》，http://www.china.com.cn/chinese/zhuanti/hjwj/1164431.htm。

〔6〕徐楠（2009）：《中国城市面临垃圾危机 垃圾总量增速与 GDP 比肩》，《南方周末》，4 月 16 日。

〔7〕李瑶、朱晓颖（2010）：《中国每年 50 亿吨土壤遭侵蚀 水土流失问题严重》，http://www.chinanews.com.cn/gn/news/2010/06 – 02/2319325.shtml。

〔8〕张长江（2009）：《发达国家环保产业进入成熟期》，《宁波经济》，第 2 期。

〔9〕李禾（2009）：《我国环保产业：怎样才能 "不差钱"？》，《科技日报》，7 月 10 日。

—17—

绿色经济是引领经济转型的重大机遇[*]

　　发展绿色经济是应对全球气候变化的客观需要，也是当前应对危机、实现经济复苏的重大举措，更是调整经济发展模式、优化我国能源结构、增强国家竞争力的重大机遇，当前需要在国家发展规划中明确绿色经济的战略地位，并给予有效的财政扶持和金融支持，加强技术研发和人才培养，引导要素集成和产业集聚，加快推动绿色经济发展。

　　当前我国面临着经济发展与节能环保的双重任务与压力，绿色经济是实现经济与环境统筹协调发展的根本途径。我国已经成为世界上最大的温室气体排放国和气候变化的最大受害国，加快发展绿色经济是我国应对气候变化、推进节能减排、实现可持续发展的必然选择。同时，绿色经济倡导绿色生产、绿色消费，并不断催生新的绿色产业和绿色技术，对于成功应对当前危机、转变经济发展模式以及增强国家竞争力具有重要的战略意义。其具体表现，一是绿色经济综合性强、覆盖范围广，带动效应明显，发展绿色经济、加大绿色投资能够形成并带动一大批新兴的朝阳产业，有助于创造就业和扩大内需，化解产能过剩，是摆脱危机、实现经济复苏的新引擎。二是绿色经济被认为是下一轮经济增长的制高点，发展绿色经济是增强国家竞争力、增强国际话语权、提高我国国际政治经济地位的重大

---

　　* 本文核心观点源于辜胜阻教授2009年8月25日在第十一届全国人大常委会第十次会议分组审议国务院关于应对气候变化工作情况的报告时所作的发言。易普策、杨威协助研究。

战略。三是绿色经济以新能源产业为标志，发展绿色经济有利于转变我国高能耗高物耗的发展模式，推动我国能源结构的转变，推动我国的能源安全战略的实施。

绿色经济及其新能源产业是全球第四次产业革命，我国完全有可能抓住这次产业革命的难得机遇。为此，需要政府采取以下举措，努力推进绿色经济发展：

一要突出绿色经济在国家规划中的重要地位，制定全面、系统、前瞻、可操作及符合中国特色的国家"绿色经济发展规划"。

二要制定扶持绿色经济发展的产业政策，完善资源环境价格形成机制，发挥价格机制的引导作用。通过投资审批、土地供应、融资支持、财政补贴、政府采购和税费优惠等政策工具，来形成绿色经济的利益引导机制。

三要构建绿色经济的金融支撑体系，加强对企业节能减排、新能源研发等绿色经济领域投资的信贷支持；探索建立绿色经济投资基金，创新金融工具，鼓励企业利用资本市场。

四要开发绿色技术和培育人才，加强前沿技术攻关协作，优化产学研合作体系，强化政府研发投入，构建利益补偿机制和风险分担机制，克服发展绿色经济的技术瓶颈。要通过发现、评价、选拔、管理和激励等制度创新来培养一大批"顶天立地"的绿色经济技术领军人才和创新型企业家，同时借经济危机契机引进国内所稀缺的海外高端人才。

五要发展绿色经济集聚区，依托现有高新区、经济开发区，推广循环经济模式，推动绿色经济产业集群化，加强绿色经济集聚区建设，营造良好的软环境。

六要倡导绿色消费，培育绿色消费观和绿色消费行为，推进绿色建筑、绿色家庭和绿色交通建设，形成绿色消费与绿色生产的互动机制。

—18—
战略性新兴产业需要技术和金融
创新两轮驱动[*]

　　战略性新兴产业对国民经济和社会发展具有十分重要的意义，培育和发展战略性新兴产业不仅是当前推进经济结构调整的关键举措，也是提升国家综合竞争力和国际地位的重要途径。在"后危机"时代，经济发展亟须培育和激发内生动力，积极扩大内需，改变经济增长主要依靠外需和投资的格局，构建"内需主导、消费支撑、创新驱动、均衡共享"的发展模式。战略性新兴产业代表了未来技术创新及产业发展的方向，并对传统产业的转型升级具有重要促进作用，有利于推动产业结构调整，加快粗放型经济向集约型经济的转变，改变我国经济增长中"大而不强、快而不优"、"核心技术受控于人、全球价值链受制于人"的状况，推动创新型国家建设，实现经济发展的创新驱动。世界经济发展史表明，几乎每一次应对经济危机的过程中，都会有一批新兴产业在科技革新力量的推动下孕育和成长，成为摆脱经济危机、推动下一轮经济繁荣的重要力量。1997 年亚洲金融危机后互联网技术革命催生的互联网产业、移动通信产业至今仍在世界经济发展中扮演重要角色。当前，面对本轮全球金融危机引发的大变局，

　　* 本文发表于《中国经济时报》2010 年 7 月 20 日。核心观点源于辜胜阻教授 2010 年 6 月 4 日在深圳市"第十二届中国风险投资论坛"上所作的主题演讲。李华协助研究。

中国要着力使战略性新兴产业尽早成为国民经济先导产业和支柱产业，争取在新一轮全球经济增长中占得先机，使我国的综合国力和国际竞争力上升到一个新的台阶。

培育和发展战略性新兴产业要着重处理好技术创新与金融创新、市场调节与政府引导、新兴产业与传统产业三个方面的关系。既需要在重视科技创新的同时积极推进金融改革，构建技术创新和金融创新两轮驱动的发展模式；也需要兼顾市场和政府"两只手"的力量，建立市场调节和政府引导共同作用的动力机制；同时，还需要充分发挥新兴产业发展对传统产业转型升级的积极作用，形成新兴产业与传统产业协同共进的发展格局。具体而言：

一、培育和发展战略性新兴产业需要技术创新和金融创新两轮驱动

技术创新和金融创新是支撑战略性新兴产业发展的两个轮子，两者缺一不可。一方面，战略性新兴产业是新兴科技和新兴产业的深度融合，其核心内容是新技术的开发和运用，没有技术支撑，就谈不上新兴产业的大发展；另一方面，战略性新兴产业具有高投入、高风险、高回报的特征，其发展迫切需要通过金融创新来构建风险分担机制和区别于传统产业的特别融资机制，实现新兴产业与金融资本之间的良性互动，从而推动产业规模的不断壮大和产业层次的不断提升。美国高科技产业的发展是技术创新与金融创新共同推动新兴产业成长壮大的典型。诺贝尔经济学奖得主斯蒂格利茨曾经指出，中国的城镇化与美国的高科技发展将是影响21世纪人类社会发展进程的两件大事。美国的高科技产业之所以发展如此卓有成效，一个重要的原因就是以硅谷为代表的技术创新力量和以华尔街为代表的金融创新力量的有效结合，为美国高科技产业发展壮大并保持世界领先地位立下了汗马功劳。从中国发展的实践来看，技术创新与金融创新共同作用促进新兴产业发展也取得了一定的成效。例如，作为技术创新典型的北京中关村，近年来致力于通过多层次资本市场来解决融资问题，为其新兴产业发展奠定了坚实基础。截至2010年5月，中关村的上市公司已经达到

149 家，其中境内 89 家，包括主板市场 47 家、中小板 23 家、创业板 19 家，境外 60 家，进入三板市场交易的有 65 家，IPO 融资总额达 1300 多亿元。未来，我国需努力建立完善以企业为主体、市场为导向、产学研相结合的技术创新体系，增强企业自主创新能力。同时，还要进一步健全多层次资本市场，完善有利于创新的激励机制和风险分摊机制，推动高新技术产生和加快技术成果产业化进程，进一步发挥多层次资本市场在战略性新兴产业发展中的作用。首先，要构建完整的创业投资链，大力发展风险投资和私募股权基金，完善天使投资机制。支持新兴产业的风险投资（VC）和私募股权基金（PE）的发展需要着力推进三个改变：一是改变一哄而起的非理性行为。二是改变重短轻长的短期行为。鼓励"把鸡蛋孵化成小鸡，把小鸡养成大鸡"的长远战略。三是改变重"晚期"轻"早期"的急功近利行为，避免出现 VC 的 PE 化以及私募基金大量通过上市前投资（Pre-IPO）的投机现象。构建完整的创业投资体系还要十分重视天使投资的作用。天使投资是新兴产业企业初创时期发展的"钱袋子"。一方面，天使投资人有"闲钱"、有投资愿望、有冒险精神，能解决具有天然高风险性的新兴产业企业初创时期的融资需要；另一方面，天使投资具有"领投"效应，能有效吸引风险投资和银行信贷，从而满足新兴产业企业成长过程中的多轮融资需求。为此，要积极鼓励富人开展天使投资活动，培育壮大天使投资人群体，并通过构建网络和信息平台、健全相关政策和法律法规、优化区域市场环境等一系列措施完善天使投资机制。此外，要完善多层次的资本市场体系，在支持高技术产业进程中，做强主板，壮大创业板，大力推动新三板和产权交易市场的发展。美国资本市场是一个典型的"金字塔"型多层次资本市场。相比之下，我国主板市场容量有限、中小企业板需要进一步完善、代办股份转让系统发展不完善、创业板尚处发展初期，资本市场发展表现出产品结构单一、层次互补功能不足等问题，企业上市犹如"千军万马过独木桥"。未来，要充分重视创业板和新三板的发展壮大，完善多层次的资本市场体系。新三板市场是我国多层次资本市场体系的重要组成部分，是主板、创业板和中小板市场的基础和前台。要稳步扩大试点范围，将新三板推广到中关村以外其他国家级高新科技园区，建立统一监管下的全国性场外交易市场。

二、培育和发展战略性新兴产业需要市场调节与政府引导的双重推动

培育和发展战略性新兴产业需要充分发挥市场和政府"两只手"的作用。市场在资源配置中起基础性作用，但由于市场失灵现象的存在及新兴产业发展初期多为弱势产业的客观事实，战略性新兴产业的发展同样需要加强政府的引导、扶持和调控。一方面，充分发挥市场配置资源的基础性作用，利用市场的价值、供求和竞争规律，用利益诱导、市场约束和资源约束的"倒逼"机制引导科技创新活动，是推进战略性新兴产业发展的重要途径。例如，碳交易就是运用市场机制促进节能减排的有效方式。有研究表明，美国通过排放权交易，在 2005 年实现了二氧化硫排放量比 1990 年减少一半，并且在医疗保健方面每年节省 1120 亿美元。另一方面，政府同样需要在战略性新兴产业的培育和发展上发挥重要作用，弥补市场失灵。首先，要统筹新兴产业发展规划，加强区域间协调，合理布局、有序推进，防止陷入一哄而起、无序竞争的状态。其次，要充分发挥政府在公共资源配置中的引导性作用，利用财税、金融等政策工具引导社会资源合理流动，营造有利于战略性新兴产业发展的良好环境。新兴产业发展初期往往投入大、风险高、周期长，特别是面临高成本的瓶颈，依靠市场"有形之手"难以市场化和规模化。如我国风能和太阳能发电单位成本分别达到传统火力发电成本的 2 倍和 4 倍。因此，必须依靠政府"有形之手"，来确保新能源企业获得合理利润，解决市场失灵问题。当今世界许多国家的政府在新兴产业的发展上也都发挥着重要的作用。例如，美国政府未来 10 年将建立 1500 亿美元的"清洁能源研发基金"支持新能源技术研发，欧盟在未来 4 年将投入 32 亿欧元支持绿色技术研发，日本政府则出台了信息技术发展计划，提出重点发展信息产业、低碳产业、电动汽车等。

三、培育和发展战略性新兴产业需要实现新兴产业发展与传统产业改造协同共进

战略性新兴产业和传统产业是支撑经济增长的两个基点，培育战略性

新兴产业不能忽视传统产业的发展，要两条腿走路，将新兴产业发展与传统产业改造结合起来，获取协同效益。一方面，传统产业并不等于落后产业，发展新型产业也并不意味着对传统产业的简单替代。只有夕阳技术，没有夕阳产业。事实上，新兴技术对传统产业具有辐射、提升、重组、牵引、开拓、代替六大功能，能够使夕阳产品焕发生机，使传统产业重振雄风。比如以制造业为经济支柱的美国中西部在 20 世纪 90 年代实现"锈带复兴"很大程度上就是得益于高新技术的运用，使传统产业整体得到改造和提升。另一方面，战略性新兴产业的发展离不开传统产业，新兴产业往往脱胎于传统产业并将其作为发展基础。传统产业在一定时期内仍然是国民经济的重要组成部分，是支撑经济增长的基本力量。培育和发展战略性新兴产业需要传统产业的发展作为基础和支撑。研究表明：新材料产业的发展离不开钢铁、有色金属以及石化等产业的发展作为支撑，现代生物医药科技的发展也离不开现有医药工业的发展作为基础。推进战略性新兴产业与传统产业协同发展，不仅要注重新兴技术的产业化，推动新技术的应用和扩散，同时也要推进传统产业的高技术化，发挥高技术在推进传统产业升级换代中的作用。

—*19*—

城镇化是扩大内需实现经济
可持续发展的引擎[*]

一、"后危机"时代城镇化新政的发展背景

城镇化不仅在改革开放以来的中国经济高速发展中发挥了重要作用，而且关系到未来中国经济发展方式的战略转型。2009 年中央经济工作会议提出：要以扩大内需特别是增加居民消费需求为重点，以稳步推进城镇化为依托，优化产业结构，努力使经济结构调整取得明显进展。2010 年中央一号文件又进一步把城镇化升格为保持经济发展的持久动力。特别是在2010 年政府工作报告中，温家宝总理提出了推动城镇化发展的新战略与新思路。温总理的城镇化新政主要包括：要加强户籍制度改革，推进农民工市民化进程，实现农民工与市民的平等权；将发展大城市群和中小城市并重，坚持大中小城市协调发展的城镇化方向；合理引导农民工返乡创业，发展依托县城和县域中心镇的新型城市化。

现阶段推行城镇化新政有着深刻的"后危机"时代背景。当前中国经济已经进入"后危机"时代，调结构、培育经济增长的内生动力是时代的

---

* 本文发表于《中国人口科学》2010 年第 3 期。文中核心观点已形成全国人大建议。李华、易善策协助研究。

主题。2008 年下半年以来，受全球金融危机的影响，中国对外贸易大幅下降，经济形势十分严峻。危机爆发以来，中国政府通过一系列经济刺激政策减轻了金融危机冲击下外需衰退对经济的不利影响，较快扭转了经济增速下滑的局面，经济已经呈现出明显的企稳回升态势（见图1）。但应该看到，当前经济回升的基础还不稳定、不巩固、不平衡。这是因为中国长期存在外需与内需失衡、投资与消费失衡的经济现象。从内需和外需的关系来看，中国经济的对外依存度已超过 60%。[1] 过度依赖外需降低了经济的稳定性，一旦全球经济出现波动，中国经济也难以独善其身，这次全球金融危机对中国经济造成的影响就是明证。从内需中投资与消费的关系来看，中国仍处在投资驱动的经济增长阶段，消费特别是居民消费是国民经济的短板。图1显示，近年来全社会城镇固定资产投资同比增速虽有波动但涨幅较大，而社会消费品零售总额同比增长率则基本稳定。可见，当前的经济复苏是政府公共投资及其派生的引致性投资共同作用的结果。这种增长是不能长久持续的，"后危机"时代亟须培育和激发经济增长的内生动力，扩大内需，改变经济增长主要依靠外需和投资的格局，构建"内需主导、消费支撑"的发展模式。为此，将城镇化战略作为当前及今后工作的重点，显然是"后危机"时代中国经济社会发展的必然要求。

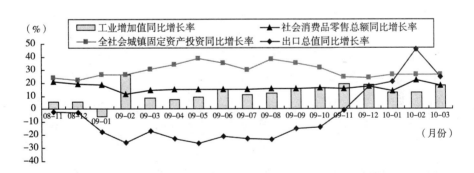

图1 2008 年 11 月至 2010 年 3 月中国宏观经济走势

资料来源：中华人民共和国国家统计局网站（http://www.stats.gov.cn/tjsj/）、中华人民共和国海关总署网站（http://www.customs.gov.cn/）。

现阶段推进城镇化新政也是顺应城镇化发展规律、充分发挥城镇化在经济发展中作用的战略选择。一方面，从当前中国城镇化的发展水平来看，改革开放以来，中国城镇化水平已经从 1978 年的 17.9% 上升到 2009 年的 46.6%，累计提高达 28.7 个百分点。根据美国地理学家诺瑟姆对世界不同国家和地区的人口城镇化轨迹的研究，中国城镇化水平正处在 30%～70% 之间的城镇化加速发展的黄金阶段，还具有较大的上升空间。[2] 2008 年世界高收入国家和地区的城镇化水平已经达到 77.66%，中上收入国家和地区的城镇化水平也高达 74.77%（见表 1）。2008 年中国人均 GDP 达到 3266 美元，处于中下收入水平国家行列，城镇化率水平与中上收入水平国家还有较大差距，未来发展的潜力巨大。另一方面，未来是中国城镇化与工业化互动和协调发展的战略机遇期。[3] 不断创新城镇化的体制机制以促进城镇化加速推进，更加注重城镇化的质量，实现城镇化进程的稳步推进，这是把握这个战略机遇期的关键环节。所以，推进城镇化是充分发挥城镇化在实现中国经济社会持续健康发展中作用的重要举措。

表 1 不同收入水平国家的城镇化率

收入水平		城镇化率水平（%）				
组别	人均 GDP 划分	2008 年	1998 年	1988 年	1978 年	1968 年
高收入国家	≥11906 美元	77.66	75.41	72.68	69.92	65.81
OECD 国家		77.30	75.09	72.52	69.98	66.08
非 OECD 国家		82.41	80.13	75.40	68.56	58.97
中上收入国家	3856～11905 美元	74.77	71.25	67.16	61.07	53.61
中下收入国家	976～3855 美元	48.13	42.92	37.83	32.43	28.85
低收入国家	≤975 美元	28.72	25.07	22.16	19.14	15.53

资料来源：世界银行数据库（http://databank.worldbank.org）。

二、利用城镇化扩大内需实施城镇化新政的战略意义

城镇化是实现经济可持续发展的引擎，是支撑经济发展的强大内在动力。诺贝尔经济学奖得主斯蒂格利茨直接指出，中国的城市化与美国的高科技发展将是影响 21 世纪人类社会发展进程的两件大事。如果说工业化是创造供给，那么城镇化主要是创造需求，将扩大内需与推进中国城镇化进

程紧密结合起来，可以实现经济发展与内需持续扩大的良性互动，是当前扩内需促增长的有效途径。城镇化发展不仅是引发消费需求、带动投资增长、推动经济服务化的重要途径，而且是培育创业者和新型农民、实现安居乐业市民梦的重要手段。

（一）城镇化可以引发消费需求，培育高消费群体

农村是中国最大的潜在消费市场。城镇化是推动农村劳动力转移、提高农业生产率，从而从根本上提高农民收入，进而启动农村消费市场的重要途径。首先，城镇化是创造非农就业机会的主要途径。特别是城镇化的推进为第三产业的发展提供了条件，而第三产业具有吸纳就业能力强的特点，其发展必将大大增强城镇化对农村剩余劳动力的吸纳能力。其次，城镇化有利于实现"耕地向种田能手集中"，通过农业的规模化经营有效提高农民收入。城镇化不仅通过农村剩余劳动力的转移，降低人地比例，为农业适度规模经营创造了条件，同时通过非农产业的发展和非农人口的增加形成了对农产品的巨大需求，而且城镇化特别是连接大中城市和农村的重点镇的发展，可以促进各种市场中介组织和农村社会化服务组织的发展，既拓展了农业产前产后发展的空间，也为孕育培育大批龙头企业和农副产品交易市场创造了条件，从而推进农业向更深层次发展。

改革开放以来，城镇化在培育消费需求、使农民变为市民、扩大中等收入人群的比重等方面也扮演了非常重要的角色。伴随着城镇化和非农化，农民总收入显著提高，工资性收入已经成为农民增加收入的重要来源，工资性收入占总收入的比重也从 1990 年的 20% 上升到 2008 年的接近 40%，这也直接拉动了农村居民消费支出的大幅增长，2008 年农村居民家庭人均消费支出达到 1990 年的 6.3 倍。[4]据麦肯锡全球研究院预测，按照目前中国城镇化的发展趋势，到 2025 年中国城镇化率将达到 66%，城镇人口将超过 9 亿，城镇化带来的城市消费增量足以创造相当于 2007 年德国市场总规模的新市场。[5]

（二）城镇化可以刺激投资需求，扩大民间投资

城镇化的过程能够推动城镇基础设施投资，刺激旨在满足人口居住需

求和企业发展需求的房地产投资，并产生极大的投资带动效应，有效刺激投资需求。城镇化进程中的基础设施建设既包括以排水、交通、通信、环境及防灾设施等为主要内容的经济性基础设施建设，也包括以医疗卫生、文化教育、科学技术及商业金融服务等为主要内容的社会性基础设施建设。其发展不仅意味着巨大的投资需求，更为重要的是，基础设施的完善将有效降低城市的生产成本、提高居民的福利和生活质量，从而提高生产率，增强城镇的吸引力和比较优势，吸引更多的劳动力和企业的进入，进而带动投资需求。同时，城镇化的推进将加速房地产业的发展。房地产业的产业链条较长，产业关联效应明显，其发展也能够极大刺激投资需求。

推进城镇化的重要意义还在于有效带动民间投资。城镇化与民间投资密切相关。统计显示，每年小城镇建设方面的农民投资达 700 亿 ~1000 亿元，用仅占全国基本建设投资 4% ~6% 的资金，形成了相当于全国 37% 的城镇人口。[6]浙江义乌的发展是城镇化带动民间投资、民间投资又反过来推动城镇化进程的典型案例。改革开放以来，义乌通过营造良好的创业环境，鼓励创业，从而有效激发了民间投资的积极性。活跃的民间投资所推动的城镇化使只有 2 万人口的县城发展成拥有 70 万以上城区人口、位居全国百强县第八位的中等城市，实现了由落后的农业小县到实力雄厚的经济强市的跨越。

（三）城镇化有利于实现产业结构转型升级，推进经济的服务化

城镇化有利于推进农业产业化，将农业生产过程的产前、产中、产后诸环节联结为一个完整的产业系统，延长农业产业链，推进一产向二三产业延伸，实现种养加、产供销、农工商一体化经营和三次产业的协调发展。这不仅有利于缓解小规模农户分散经营与农业现代化、集约化、规模化经营之间的矛盾，也有利于解决现行的生产环节和部门分割与提高农业整体效益和农业竞争力之间的矛盾，[7]从而有效推进农业产业结构调整和农业经济的可持续发展。城镇化也有利于推动"乡镇工业向工业小区集中"。推动乡村工业的集聚发展和结构升级，是转变农村经济增长方式、推动乡镇工业向集约化发展的"突破口"。将分散的乡镇工业向交通方便、基础设施较完善的县城适当集中，可以充分发挥城镇的集聚效益，可以集

中治理环境污染问题，可以减少对耕地资源的占用，从而提高乡镇工业的经济效益、社会效益和生态效益，促进乡镇工业迈上新的台阶。

城镇化和第三产业的发展紧密相连。第三产业的发展需要以一定的人口规模为前提。只有人口数量超过一定的门槛，一些服务业才会出现。邓肯曾说过，"在城市人口有 25000 人以上时，出现了擦鞋、女子理发、洗帽子、修皮货商店；而在人口超过 50000 人时，才会出现婴儿服务。"[8]因而，城镇化的发展能够为第三产业的发展提供必要的条件。城镇化的发展不仅能够推动以教育、医疗、社保、就业等为主要内容的公共服务发展，也能够推动以商贸、餐饮、旅游等为主要内容的消费型服务业和以金融、保险、物流等为主要内容的生产型服务业的发展。

（四）城镇化有利于实现安居乐业市民梦，培育创业者和新型农民

城镇化过程本身是一所培养现代农民的大学校，农民工经过城镇化、工业化的洗礼，创业观念得到了熏陶，熟悉了市场规则，磨炼了意志，具有饱满的创业激情，他们中的一部分已经具有一定的原始资本，有一定的技术和管理经验，具备了创业能力。这为他们在城镇化的进程中实现市民梦的同时，实现安居梦和创业梦创造了条件。

城镇化也有利于促进农民工作方式和生活方式的转变，提高农民素质，培育"新型农民"。一方面，城镇把人口、资金、技术、信息等各种要素聚集在一起，交通便利、信息灵通，新思想、新观念层出不穷，并能赋予人开拓进取的精神。农民进入城镇后，会极大地增加彼此的交往和接触，开阔自己的视野。特别是城镇社会是一个彼此竞争的社会，人们只有不断超越自我，不断学习新的知识和技能，才能在城镇立足。农民一旦被卷入现代社会生活的漩涡中，他们就会不满足现状，也不安于现状。因此，城镇化实际上是激发农民创新精神和冒险精神、塑造一代新农民的"催化剂"。另一方面，城镇化的推进有利于加强城乡之间的联系，打破城乡分割的局面。在城镇化进程中，通过不同层级城市以及重点镇的辐射作用的充分发挥，推动辐射范围内的农村发展，从而构筑开放有序、互补共享的城乡协调发展体系。因此，通过城镇化过程中城乡间劳动力的流动进而带动资金、技术、信息等要素的流动，从而打破城乡相互隔绝的格局，

推动城市文明向乡村的扩散和传播，带动农民思想观念的转变，使农村由封闭逐步迈上开放发展的道路。

三、利用城镇化扩大内需实施城镇化新政的战略思考

当前稳步推进城镇化的发展，关键要解决三个方面的问题：一是城镇化发展过程中"人往哪里去"的问题，即如何既克服大城市过度膨胀所形成的"城市病"，又可以消除小城镇盲目无序发展所带来的"农村病"。二是城镇化发展过程中"钱从哪里来"的问题，即如何帮助农民在摆脱土地束缚的同时获得城镇化的资本积累，让农民从农村"走得出去"。三是城镇化发展过程中"农民工市民化"的问题，即如何帮助农民在进城的同时获得市民身份，能够在城市安居乐业，让进城农民能够在城市"定得下来"。

（一）在因地制宜地发展大都市圈的同时，重点壮大一批中小城市，解决城镇化发展过程中"人往哪里去"的问题

城镇化的推进过程中要防止两种片面倾向：一个是撇开农村孤立地发展大城市的"大城建派"倾向，表现为片面追求城市规模的扩大、城市数量的增加。另一个是盲目无序发展小城镇，实施"村村点火，户户冒烟"的"乡村派"乡村城镇化倾向，表现为一些地区从维护本地利益出发，盲目上马工业小区、商贸区，缺乏长远规划和统一安排，基础设施、公用设施不全，服务设施不配套，同构、资源浪费现象严重；绝大部分城镇缺乏必要的支柱产业和"龙头企业"支撑，有的干脆就是一条"路边街"。有人形象地描述为"走了一村又一村，村村像城镇；走了一镇又一镇，镇镇像农村"。[9]

改革开放以来，中国城镇化的发展战略先后经历了"严格控制大城市规模，合理发展中等城市，积极发展小城市"、"严格控制大城市规模，合理发展中等城市和小城市"、"小城镇、大战略"以及"坚持大中小城市和小城镇协调发展"等阶段。党的十七大报告提出要"按照统筹城乡、布局合理、节约土地、功能完善、以大带小的原则，促进大中小城市和小城镇

协调发展"，这既是对过去中国城镇化发展经验教训的总结，也是为未来发展指明方向。国家统计局 2010 年调查显示，当前中国农民工总量已接近2.3 亿，其中外出农民工达到 1.45 亿。据有关部门预计，未来 30 年，中国还将有 3 亿左右农村劳动力需要转移出来进入城镇，将形成 5 亿城镇人口、5 亿流动迁移人口、5 亿农村人口"三分天下"的格局。[10] 面对人口迁移的艰巨性和复杂性，我们认为，中国城镇化的推进要因地制宜，在东部沿海和中西部采取不同的区域城镇化模式。对于东部地区，城镇化率已经达到了 56.2%（见表 2），形成了长三角、珠三角以及环渤海等初具规模的城镇密集区，未来可以继续采取以大都市圈为特征的城市化策略，实行组团式的城市结构，加强城镇之间的联系，推进城市群内部城镇之间协调发展，通过大都市的辐射能力，直接把周边的小城镇纳入块状的城市圈内。对于中西部地区，城镇化率明显低于东部及全国的发展水平（见表2），且主要以点状发展为主，未来可以通过据点式城镇化，在中西部把县城建成具有一定规模效应和集聚效应的中小城市。

东部三大都市圈可以吸收一部分农民工，但是大部分中西部的农民工可以在中西部通过县城的发展实现城镇化。县城是县域工业化、城镇化的主要载体，是农村城镇化最有发展潜力的区位，是形成城乡经济社会发展一体化新格局的重要战略支点。发展依托县城的农村城镇化不仅可以逐步形成县域范围内功能互补、协调发展的城镇体系，有效提高农村城镇化的发展质量，而且可以鼓励农村外出劳动力向县城集聚，有利于农民工的合理流动和市民化，改变当前已经进城的农民工实际上并没有市民化的"半城镇化"状态，满足农民的"城市梦"。表 2 显示，从城市数量上看，全国 655 个城市中人口规模在 20 万以下的城市不到总量的一半；从城市分布上看，占国土面积超过 70% 的西部地区城市比重却不到 30%，而且主要以大中等城市为主。广大的中西部地区分布着大部分的县级行政区划，可以预见，未来依托县城发展中小城市的城镇化战略潜力巨大。具体设想是，在 100 万以上人口的大县把现在的城关镇发展 30 万～50 万人的中等城市，在 50 万～100 万人的中等县以城关镇为依托建立 20 万～30 万人的中小城市，在 50 万人口以下的小县把县城做大。

表2 2008 年东—中—西地区城镇化发展现状及城市分布

地区	全国	东部地区		中部地区		西部地区	
		数量	比重	数量	比重	数量	比重
国土面积（万平方公里）	960	105.2	10.9%	167	17.4%	686.7	71.6%
城镇化率（%）	45.7%	56.2%		43.0%		38.3%	
县级行政区划数	2859	889	31.1%	894	31.2%	1076	37.6%
城市个数	655	263	40.2%	226	34.5%	166	25.3%
其中 特大城市	122	54	44.3%	38	31.1%	30	24.6%
大城市	118	40	33.9%	47	39.8%	31	26.3%
中等城市	151	72	47.7%	38	25.2%	41	27.1%
小城市	264	97	36.7%	103	39.1%	64	24.2%

注：1. 对东中西部的划分根据国发（2000）33 号文件，不包括港澳台，国土面积的分地区数据相加不等于全国总计的指标，在计算东、中、西地区占全国的比重时，分母为 31 个省（自治区、直辖市）相加的合计数。

2. 城市类型划分标准为，100 万人口以上的为特大城市，50 万 ~ 100 万人口的为大城市，20 万 ~ 50 万人口的为中等城市，20 万人口以下的为小城市。

资料来源：国家统计局（2009）：《中国统计年鉴2009》，中国统计出版社；住房和城乡建设部计划财务与外事司（2009）：《中国城市建设统计年鉴2008》，中国计划出版社。

（二）探讨土地融资的新模式，充分利用土地资本化红利，解决城镇化发展过程中新市民安居和创业"钱从哪里来"的问题

城镇化不是简单的将农民与土地剥离、实现人口由农村向城市的空间转移，而是要在合理的土地制度框架下引导一部分农民摆脱对土地的依附，使这些农民能够真正离开土地，走出农村。但现行土地制度束缚了农村剩余劳动力向城镇转移，导致了农民兼业化、两栖化现象的频繁发生，延缓了城镇化进程。[11]首先，农村土地征用制度不完善损害了农民的利益。中国的农村土地虽然是"集体所有"，但实际上村集体并不能买卖，只能由政府买卖定价。长期以来，政府通过低价征用、征购"集体所有"的农村土地高价出售的方式分享了农民土地的价值，并由此产生了大量"种地无田、上班无岗、低保无份"的失地农民。其次，土地使用权转让制度不健全限制了农民的自由流动。土地制度同城镇化与非农化有着内在联系，

影响着劳动力的非农化和城镇化。例如，荷兰、法国、丹麦、德国都曾通过一系列行政的、法律的、经济的调节措施，促使土地集中和农业规模经营，而农业的规模经营又推进了农村劳动力的转移。又如，日本在二战后对土地流转实行严格限制的措施，阻碍土地集中和规模经营，这在客观上延缓了劳动力的非农化进程。[12]同时，土地流转的一个重要意义还在于可以通过资金积累为农民向城镇第二、三产业转移创造条件。然而，当前中国缺乏合理的土地流转制度，使得土地成为了农民沉睡的资本；缺乏资金成为农民向城镇转移的一大障碍。

在规范征地制度、保障农民权益的同时积极探索农村土地流转的合理途径，允许用土地使用权进行财产抵押，有利于盘活土地。大量有能力进城从事二、三产业的农民就可以获得创业资金，从而顺利实现城镇化。2008 年中央十七届三中全会指出："允许农民不但拥有土地使用权，而且可以自主决定土地的转让、出租、抵押，享有土地增值的最大利益。"这反映出中国土地改革的新方向。目前全国的一些地方已经开始了农村土地经营权抵押贷款的试验，例如，成都就是农村土地产权和金融改革开展的较为深入的地区之一，确权、建市和金融是改革的亮点，不仅通过《农村土地承包经营权证》、《集体土地使用权证》、《房屋所有权证》和《林权证》的发放完成了针对农户的确权办证，而且推出了全国第一家农村产权交易所，并组建了专门服务农村金融的农村信用合作联社股份有限公司。

如果说"人口红利"造就了中国改革开放前 30 年的辉煌，那么未来经济发展要充分利用土地资本化红利。当前，要因地制宜、因人而异，稳步推进土地使用权抵押。对于农民来说，土地主要有生存保障和致富资本两种功能。从地区发展差异来看，在相对贫困地区，随着国家取消农业税等各种惠农措施的实施，种田的收益增加，土地的保障功能也在强化；在相对发达地区，随着进城打工和从事多种经营，土地的保障功能逐渐弱化。从群体特征差异来看，进城的农民从地位上看已经分化为不同的群体。大部分农民工处于弱势地位，工作和收入不稳定，家乡的土地是最后的依靠。同时，也有许多农民工经过打工实践，在外开阔了眼界，学会了本领，掌握了技术，拥有了资本，其中的一部分或通过创业成为私营业主扎根于城市，或成为精英农民工返回农村创业，土地对于这一部分人的保障功能在弱化。因此，对于那些土地保障功能已经弱化的地区和人群来讲，稳步推进土地使用权抵押能够有效地推动城镇化发展，解决创业的融资问题。土地使用权抵押在形式上也可以灵活多样，如只允许农民的部分土地抵押，留下一部分发挥生存保障功能。同时，稳步推进土地使用权抵押还要完善相关的配套制度建设。要积极推进农民贷款保险制度以及科学的土地评估体系的建立，加强指导、管理、监督、协调及服务。要通过政府完善农村社会保障体系割断农民同土地的"脐带"，逐步弱化土地的保障功能。

（三）改革户籍制度，完善创业扶持政策，推进城镇安居工程建设，创新城镇化建设筹资机制，加快农民工市民化进程

实现城镇化健康发展的一个重要内容就是要让进城农民能够在城市"安得下来"。这一方面要帮助进城农民在城市安居乐业。通过户籍制度的改革实现进城农民身份变换，推动城镇化进程中进城农民的地域转移、职业转换和身份变换同步进行。同时，通过创业扶持政策的完善以及城镇安居工程的建设解决进城农民的创业就业及住房问题，使进城农民在城市安居乐业。另一方面要搞好城市建设。通过城镇化建设筹资机制的创新，放宽民间投资的准入，构建政府和民间共同在城镇化方面投资的新格局，用好政府发动型和民间发动型的两种城镇化机制。

致力于帮助进城农民在城市安居乐业，就是要推进深度城镇化战略，把简单的城市常住人口的增加，改变为尽享城市公共服务的市民的增加。[13]一要改革户籍制度。要立足于中国城镇化发展的实际需要以及未来进一步发展的方向，对大城市、中等城市、小城市、县城的户籍制度改革应该实行不同的政策，调控农村人口的流量与流速，促进城镇体系的合理化。像北京、上海这样的大城市不可能完全放开，但是在中等城市，应该积极地放开户籍，小城市更是可以完全放开，县城则要"敞开城门"，让农民"自由进城"。要着眼于农民工作为一个新的社会阶层本身正在不断分化的现状以及新生代农民工正在成长壮大的实际，通过放开户籍限制，帮助新生代农民工以及老一代农民工的"精英群体"率先实现"市民化"。要先淡化城市偏向，通过先改内容后改形式的方式来缓和改革过程中的利益冲突和矛盾,再经过一系列发展环节过渡到以城乡公共服务均等化为基础的一元户籍管理制度,促进城乡一体化发展。二要完善创业扶持政策,积极引导和鼓励农民工返乡创业,使一部分农民工在当地县城实现市民化。政府在创业扶持方面,要构建完备的创业融资体系,增强创业资本的可获性;要健全创业的服务体系,使创业的门槛最低化;要健全创业的教育和培训体系,使创业者的能力最大化;要完善创业政策的扶持体系,使创业的成本最小化;要建设创业基地和园区,使环境优化。三要推进城镇安居工程建设。要完善多层次城镇住房市场体系,加大对以公共廉租房为重点的保障性住房供应力度;运用多种政策工具,发挥市场机制作用,形成保障性住房资金来源的多元化;逐步将农民工纳入城镇保障性住房的覆盖范围,促进城乡住房资源的合理配置。

致力于解决城市建设过程中的资金难题,要自上而下与自下而上的模式相结合,创新城镇化建设筹资机制。自上而下的城镇化建设关键是要完善相应的财政体制和金融体制:一要积极推行"扁平化"的财政体制改革。2009 年 7 月,财政部公布了《关于推进省直接管理县财政改革的意见》,提出 2012 年底前在全国大部分地区推行省直接管理县财政改革,通过政府间收支划分、转移支付、资金往来、预决算、年终结算等方面的改革,实现省财政与市、县财政直接联系。这种"扁平化"的财政体制改革是从制度上对城镇化发展资金问题的积极探索,是解决当前中国县域财政困难的新机遇。未来应该继续在省以下启动和推动"省直管县"财政管理体制和"乡财县管"财政管理方式的改革,逐步完善中央、省、市县三级财政体制。二要逐步健全金融体制,一方面要强化政策性金融机构在推进依托县城的农村城镇化进程中的作用,加大商业金融的支农力度,深化农村信用社体制改革,发挥农村信用社支农主力军作用。要推进金融部门进行金融工具创新,为农民和其他居民到城镇建房、购房提供抵押贷款。另一方面要在民间借贷比较普遍的地区,可组建区域性中小股份制商业银行、社区银行等,启动民间资本。自下而上的城镇化建设关键是要启动民间投资。要推进民营企业在城镇建设的基础设施、公共事业和社会事业中与其他所有制企业在投资审批、土地、财税扶持方面的待遇公平化。要健全民间投资服务体系,简化审批程序,加强政府对民间投资的财税支持和综合服务，充分发挥专业化的市场中介服务组织的积极作用，建立社会化投资服务体系。要构建政府和民间共同投资的新格局，创新投资模式，通过采取招标，让民间资本直接参与、特许经营、建设—经营—转让、建设—拥有—经营—转让、建设—转让—经营等方式构建公共部门与私人企业合作模式，建立和完善公共投资带动民间投资的新机制。要创新城镇化建设筹资渠道，发行城镇化建设债券、建立城镇发展建设基金。

总之，城镇化既能刺激投资，又能拉动消费；既能推动城乡协调发展，又能促进产业结构优化；是扩大内需实现经济可持续发展的引擎，是支撑未来中国经济发展的强大动力。稳步推进城镇化发展不仅是"后危机"时代转变发展方式、调整结构的客观要求，更是顺应城镇化发展规律、把握城镇化与工业化协调发展的战略机遇、实现中国经济均衡协调可持续发展的战略举措。未来，稳步推进城镇化的重点要解决"人往哪里去"，"钱从哪里来"以及"农民工市民化"等问题。要根据区域特点以及城镇化发展的差异采取不同的区域城镇化模式，引导农民工合理流动；要根据不同地域和人群对土地的依赖程度探讨土地融资的新模式，鼓励农民工离开土地、带资进城；要通过户籍、创业就业、住房等制度创新实现农民工的"市民梦"、"创业梦"和"安居梦"，帮助进城农民工安居乐业。

参考文献

〔1〕鄢来雄（2008）：《2008 年二季度经济述评：谨防输入型通胀带来"叠峰效应"》，《中国信息报》，8 月 4 日。

〔2〕Ray M. Northam(1975)，*Urban Geography*，New York：John Wiley & Sons.

〔3〕牛文元（2009）：《中国新型城市化报告（2009）》，科学出版社。

〔4〕国家统计局（2009）：《城乡居民生活从贫困向全面小康迈进》，http://www. stats. gov. cn/tjfx/ztfx/qzxzgcl60zn/t20090910_402585849. htm。

〔5〕McKinsey Global Institute(2008)，"Preparing for China's Urban Billion"，http:// www. mckinsey. com/ mgi/publications/china_urban_summary_of_findings. asp.

〔6〕谢扬（2000）：《中国城市化的道路与方向》，《中国经济时报》，6 月 28 日。

〔7〕王青云（2003）：《县域经济发展的理论与实践》，商务印书馆。

〔8〕K. J. 巴顿（1984）:《城市经济学：理论和政策》，商务印书馆，第91页。

〔9〕辜胜阻、李永周（2000）:《实施千座小城市工程　启动农村市场需求》，《中国银行武汉管理干部学院学报》，第1期。

〔10〕吕雪莉（2009）:《我国人口分布将形成"三分天下"格局》，http://news. xinhuanet. com/newscenter/2009 – 04/14/content_11184857. htm。

〔11〕曹宗平（2009）:《中国城镇化之路》，人民出版社。

〔12〕辜胜阻、刘传江（2000）:《人口流动与农村城镇化战略管理》，华中理工大学出版社，第43页。

〔13〕蔡昉（2010）:《城市化与农民工的贡献——后危机时期中国经济增长潜力的思考》，《中国人口科学》，第1期。

—20—

均衡城镇化战略需要大都市
与中小城市协调共进[*]

城镇化是关系中国经济发展转型的重大战略问题。当前，稳步推进城镇化发展已经被提升到一个新的战略高度，城镇化作为扩大内需和调整结构的重要依托、推进城乡统筹的战略着眼点以及保持经济发展的持久动力的作用越来越受到重视。特别是 2010 年政府工作报告中，温家宝总理部署了城镇化新政，提出要进行户籍制度改革，稳步推进农民工市民化进程；要加强对农民工的公共服务，实现进城农民工在劳动报酬、子女就学、公共卫生、住房租购以及社会保障方面与城镇居民享有同等待遇；要壮大县域经济，大力加强县城和中心镇基础设施和环境建设，引导非农产业和农村人口有序向小城市集聚；要引导农民工返乡创业浪潮，把城镇化建立在坚实产业基础上；要实行大中小城市协调发展的城镇化方向，发展大都市和中小城市并重。[1]实施城镇化新政，将扩大内需与推进中国城镇化进程紧密结合起来，可以实现经济发展与内需持续扩大的良性互动，是扩内需促增长的有效途径。城镇化是实现经济可持续发展的引擎，是支撑经济发展的强大内在动力，可以引发消费需求，培育高消费群体；能够刺激投资需求，扩大民间投资；有利于实现产业结构转型升级，推进经济的服务

* 本文发表于《人口研究》2010 年第 5 期。李华、易善策协助研究。

化；有利于培育创业者和新型农民。[2] 本文分析了当前实施城镇化新政的战略背景，并在此基础上讨论了未来中国城镇化发展的方向，提出了实施城镇化新政、推动城镇化健康发展的对策思考。

一、中国城镇化发展的战略机遇与失衡性挑战

（一）城镇化发展的重要战略机遇期

当前，中国城镇化率水平为46%左右，正处在30% ~ 70%之间城镇化加速发展的黄金阶段。如图1所示，1996年以来中国城镇化率水平已经连续14年每年增加超过0.8个百分点，高于世界城镇化率0.3 ~ 0.5个百分点的年平均增长速度，这反映出中国城镇化良好的发展态势。世界银行的数据表明，2008年人均GDP在976 ~ 3855美元之间的中下收入国家和地区的城镇化水平是48.13%，而人均GDP在3856美元以上的世界中上收入和高收入国家和地区的城镇化水平则已超过74.77%。2008年中国人均GDP为3266美元，[3] 处于中下收入国家行列，相应的城镇化率水平不仅大大低于中上收入和高收入国家和地区，也略低于同等收入水平的中下收入国家和地区，这说明中国城镇化发展还具有较大的上升空间，未来的潜力巨大。

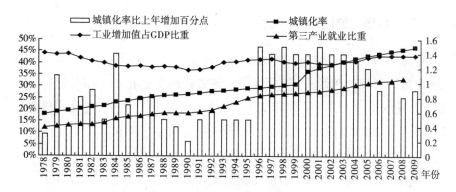

图1　1978 ~ 2009 年中国城镇化水平的变化趋势
资料来源：国家统计局（2009）：《中国统计摘要2009》，中国统计出版社。

发展经济学家认为，人口持续不断地从农村地区向城市转移的城镇化

过程和以农业为基础的经济向以工业和服务业为基础的经济转变的工业化过程是伴随经济增长最重要的社会经济结构变迁。[4]城镇化与工业化是紧密联系、互动发展的。工业革命以来的国际经验表明：城镇化是工业化的必然结果和重要标志，工业化是城镇化的加速器，工业化的战略模式制约城镇化的发展，工业化的发展程度决定城镇化的特点，城镇化又是工业化的有利条件，能够极大地促进工业化的发展。[5]新中国建立初期，面对当时复杂的国际国内形势，国家实行了以重工业优先发展的工业化"赶超"战略，随之派生出与之相适应的计划式的资源配置方式，进而扭曲了包括工农城乡关系在内的多种关系，使得中国客观上走出了一条"以农促工，以乡促城"、排斥城镇化发展的工业化道路，造成城镇化严重滞后于工业化的局面。改革开放以来，随着市场经济体制日渐完善，中国城镇化与工业化的差距已经趋于缩小，逐步走上了协调发展的道路。当前中国经济整体上还处于工业化发展的中期阶段，工业化发展的潜力及工业化与城镇化互动发展的空间很大，而且伴随着工业化持续推进过程中第三产业的崛起将为城镇化提供新的发展动力（见图1）。可以判断，当前及未来是中国城镇化与工业化进一步实现互动和协调发展的战略机遇期。[6]在充分认识当前中国城镇化发展状况的前提下，通过不断创新城镇化的体制机制以实现城镇化进程的稳步推进，是把握这个战略机遇期的关键环节。

（二）城镇化的区域不平衡性

中国作为一个大国，经济发展的区域差异十分明显。在东部沿海地区，上海、浙江、江苏、广东等经济发达省份的工业化水平相对较高，人均GDP基本超过4万元。尤其是北京、上海等城市，经济服务化的趋势日益显著，城市面临着转型的任务。而对于中西部地区来讲，工业化任务还相当艰巨，一些地方甚至还缺乏城镇发展的产业支撑。

中国区域经济的差异性对城镇化的发展产生了重大影响，城镇化发展表现出明显的区域不平衡性。如表1所示，从城市分布上看，十大城市群中有6个分布在东部，占国土面积不到11%的东部地区城市比重已经超过40%，城镇化率达到56.2%。而且，长三角、珠三角和京津冀三大经济圈工业化水平和城镇化率较高，城镇层次结构相对分明，空间布局较为合

表1　中国分地区城镇化水平及人口流动现状

地区			东　部		中　部		西　部	
			数量	比重	数量	比重	数量	比重
国土面积（万平方公里）			105.2	10.9%	167	17.4%	686.7	71.6%
城镇发展	城市个数		263	40.2%	226	34.5%	166	25.3%
	其中	特大城市	54	44.3%	38	31.1%	30	24.6%
		大城市	40	33.9%	47	39.8%	31	26.3%
		中等城市	72	47.7%	38	25.2%	41	27.1%
		小城市	97	36.7%	103	39.1%	64	24.2%
	十大城市群分布		6		3		1	
	城镇化率		56.2%		43.0%		38.3%	
人口流动	各地区农民工占全国比重（输出地）		62.5%		17%		20.2%	
	其中	外出农民工	31.9%		36.5%		31.6%	
		本地农民工	63.7%		21.9%		14.4%	
	外出农民工就业地域分布（输入地）		62.5%		17%		20.2%	

　　注：1. 对东中西部的划分根据国发（2000）33号文件，不包括港澳台，国土面积的分地区数据相加不等于全国总计的指标，在计算东、中、西地区占全国的比重时，分母为31个省（自治区、直辖市）相加的合计数。

　　2. 十大城市群包括：长三角城市群、珠三角城市群、京津冀城市群、山东半岛城市群、辽中南城市群、中原城市群、长江中游城市群、海峡西岸城市群、川渝城市群和关中城市群。

　　3. 外出农民工的输入地分布，除东部、中部和西部地区外，另有0.3%的外出农民工在港澳台地区及国外从业。

　　资料来源：国家统计局（2009）:《2009中国统计年鉴》，中国统计出版社；住房和城乡建设部计划财务与外事司（2009）:《中国城市建设统计年鉴2008》，中国计划出版社；国家统计局农村司（2010）:　《2009年农民工监测调查报告》，http://www.stats.gov.cn/tjfx/fxbg/t20100319_402628281.htm。

理，圈内城镇化发展能够利用都市圈的结构性和网络性，充分发挥"城市节点—网络—乡村腹地"的作用，形成城镇之间相互促进和共同发展。这表明中国都市圈的发展已初具规模。未来，都市圈不仅会推动城镇化迈上更高的发展阶段，而且会进一步推动城市转型，塑造区域性中心城市（Nodal Center），乃至世界城市（World City）。相比之下，占国土面积超过

70%的西部地区城市比重却不到30%，城镇化水平只有38.3%。而且广大的中西部地区城镇化主要以点状发展为主，面临着城镇布局分散、人气弱、中小城市发展不足的困境。未来，中国城镇化推进要在大力提升大都市圈发展的同时兼顾区域城镇化发展不平衡的实际，重视中西部地区现有中小城市和县城的发展，特别是可以通过据点式城镇化，在中西部把县城建成具有一定规模效应和集聚效应的中小城市。

（三）大规模人口异地流动与"半城镇化"状况

农民工是中国城镇化发展过程中的特殊群体。不同于发达国家城镇化发展过程中的人口流动模式，中国的流动人口需要完成"三维转换"才能真正实现城镇化过程：农村劳动力进入城市不仅要实现地域转移、职业转换，还要实现身份变换。因而，伴随着农民工的流动，中国的城镇化发展形成了一些特殊的现象，成为未来推进城镇化健康发展所必须考虑的现实背景。

农民工大规模的乡城流动对中国的城镇化产生了重要影响。改革开放30多年来，中国农民工总量已接近2.3亿，其中外出农民工达到1.45亿。[7]这些农民工虽然进入城市，但是并未获得市民身份。这使得中国的城镇化呈现出"半城镇化"的状况，并已经严重影响了中国城镇化的质量。进城农民工融入城市困难，对城市无法产生归属感和"主人翁"意识，而乡村社会的归属感使他们最终成为城市匆匆的"过客"。因而，如果将"半城镇化"的因素考虑在内进而按照户籍人口计算，中国的城镇化率只有30%左右。从农民工群体的流向来看，中国外出农民工的输出地主要是中西部地区，输入地主要是东部地区。2009年在东部地区务工的外出农民工已占全国外出农民工人数的62.5%（见表1）。农民工流向过度集中于东部沿海地区，不仅使得北京、广州、深圳等东部地区大城市人口严重超载，出现了不同程度的"大城市病"，而且还进一步加剧了中国城镇化的区域不平衡性。同时，大规模的人口异地流动也带来了沉重的社会代价。2005年中国留守儿童达7326万人，预计"十二五"时期，总量还将继续增长。[8]农村留守儿童问题不仅关系到千万个家庭的未来，而且关系到未来人口的素质和国家的长远发展，是中国工业化和城镇化进程中面临的一大挑战。所以，未来中国城镇化发展的重要内容就是要引导人口有序流动，实现人口合理分布，改变"半城镇化"状况。

二、大都市与中小城市协调共进的均衡城镇化战略

基于以上分析，本文认为，未来中国城镇化发展必须坚持走功能调整、适度集中的城镇化道路。当前，要实施均衡城镇化战略，在以大城市为依托发挥大都市圈规模效应和集聚效应的同时，重视在都市圈以外地区发展中小城市和县城，推进农村城镇化。

（一）发挥大都市圈的集聚效应和规模效应，构建支撑经济发展的增长极

从发达国家城镇化的历史和现状来看，当城镇化发展到一定阶段后，都市圈将会成为城镇化进程中的重要形态。由于在集聚经济和规模经济效应上的优势，大都市圈越来越成为国家和地域经济的重要增长极。比如，美国大纽约区、五大湖区、洛杉矶区三大城市群的经济贡献率就占到全美的67%，日本大东京区、阪神区、名古屋区三大城市群的经济总量则已达日本经济总量的70%。[9]

当前，中国东部地区已经形成了长三角、珠三角和京津冀三大都市圈，其经济总量占整个中国经济总量的40%左右，是拉动中国经济增长的巨大引擎。但与国外相比，东部三大都市圈还有不小的差距。未来进一步发展要采取以下对策：

1. 推动核心城市的转型升级，以战略性新兴产业和现代服务业的培育和发展为契机，提升都市圈的整体实力和竞争力

核心城市通过集聚和扩散效应影响着都市圈其他城市的发展，在都市圈的发展过程中扮演着十分重要的角色。如果都市圈中核心城市发展不充分，其作为增长极的示范效应和辐射作用就不能得到有效的发挥，也就无法有力地支撑都市圈的持续健康发展。伴随着产业结构的升级，城镇化进程中城市自身的发展日新月异。尤其是在经济服务化、信息化、全球化的过程中，城市功能转型成为当前发达国家城镇化过程中的重要现象。例

如，在 20 世纪 70 年代以来的"去工业化"过程中，美国的底特律、克利夫兰、布法罗等传统制造业城市出现衰落。而与这些城市相反，洛杉矶、休斯敦等城市积极发展高新技术产业等新兴产业以及以金融、保险和房地产部门（FIRE）为代表的现代服务业，城市实现成功转型，进而迅速崛起并辐射带动了周边地区的发展。美国人口普查局 1980 年与 1990 年两次调查数据显示，洛杉矶、休斯敦大都市统计区（CMSA）这十年间的就业人口分别增加了 48.8%、34.9%，远高于底特律（19.1%）、布法罗（13.2%）、克利夫兰（9.1%）的增长幅度。因而，积极发展新兴产业、推动核心城市的功能转型对提升都市圈的整体实力和竞争力具有重要作用。当前东部三大都市圈的核心城市正面临着经济转型的巨大压力，如上海正面临产业替代断裂的危险：一方面传统制造业开始加快转移步伐，另一方面由于新兴产业的培育和发展相对缓慢，无法有效支撑和进一步加快上海经济发展步伐，提升上海经济发展水平。[10] 所以，未来要以国家大力发展战略性新兴产业和服务业的契机，将核心城市建设成为战略性新兴产业和服务业发展的栖息地，充分提升都市圈的整体实力和竞争力。

2. 强化城市之间的内在联系，以合理的产业分工为主要途径，加快都市圈内经济一体化进程

都市圈的实质是经济一体化，要害是产业分工，推进都市圈建设要深化产业分工和加快经济一体化。针对中国都市圈发展普遍存在的城市之间产业结构雷同、关联度较低的问题以及城市体系失衡的现状，要明确都市圈中城市之间的功能定位，基于产业链互补、市场互补、功能互补等原则形成合理高效的城市分工体系，充分发挥大都市的区域性乃至全国性的综合服务功能，通过大都市的辐射能力，直接把周边的小城镇纳入块状的都市圈内。从大都市圈城市体系的纵向来看，核心城市与下一层级的城市之间要在制造业和服务业上形成相对明确的分工。一般来讲，伴随着经济发展，大都市圈内部的制造业逐步从核心城市向边缘城市或者下一层级的城市转移，核心城市则以第三产业尤其是现代服务业为主导。从横向来看，大都市圈内部同一层级的各个城市也要依据圈内一定的产业关联，立足于自身的特定优势，围绕产业链条上的特定环节，做强做大特色产业，进而形成城市之间分工合理、联系紧密的网络关系。

3. 重视市场在资源配置中的基础性作用，增强都市圈的内生发展动力

都市圈发展演进的基本动力来源于各种活跃的经济要素。在没有产业基础或者只是简单的产业空间集聚的情况下，由行政主导盲目推进都市圈进程的做法会使都市圈缺乏可持续运转的基础。从长三角都市圈的发展历程来看，长三角都市圈突破性发展的主要动力来自于市场的力量，对于江苏而言就是大规模引进外资后所形成的面向国际市场的外向型经济，对于浙江而言就是活跃的民营经济，而上海的开放给了跨国公司在全球范围内重新布局的机会，多元而强大的市场主体促进了区域经济的高速成长。未来都市圈的发展要进一步努力培育市场竞争主体，发挥市场力量配置资源的基础性作用。

（二）发挥县城和中小城市的集聚效应，通过农村城镇化引导人口适当集中

如果说以都市圈为中心的城市化战略是充分发挥现有城市经济效益的城市化战略构想，那么以县城为中心的农村城镇化战略则是充分考虑引导农村剩余劳动力合理流动的现实选择，更多地兼顾到了城镇化的社会效益。中国人口迁移具有艰巨性和复杂性，如何合理地引导人口流向对未来中国城镇化的健康发展至关重要。但是，对于"将人口引向何处"这一问题，目前还存在争论。有的学者着眼于经济效益极力主张重点发展大城市，使这些大城市成为未来中国城镇化过程中人口洪流的最终归宿。对此，我们并不主张这种"唯大城市论"的观点。中国的城镇化发展必须立足实际，统筹考虑。大城市固然存在效益上的优势，但是仅仅依靠大城市势必难以满足中国人口城镇化的需要。而且人口过度集聚于大城市不仅会带来社会问题，而且最终还可能削弱其经济效益。例如，在一些拉美国家人口大量涌向个别大城市，结果城市贫困人口大量增加。1980~1994年的15年间，拉美贫困人口由1.359亿增加到2.093亿，净增7340万，其中城市贫困人口增加7250万，而农村贫困人口增加了90万。[11] 因而，未来要引导人口的合理流动就必须坚持多向分流的原则，一方面通过发展大都市，使一部分流动人口继续流向大都市圈，并在都市圈内部不同层级的城

市间实现合理分布；另一方面要在非都市圈地区积极发展中小城市，尤其是在中西部地区重点依托县城发展县域城市，引导流动人口向中小城市的分流。这样，大都市圈可以吸收一部分流动人口，同时相当一部分中西部的流动人口可以就地通过县城的发展实现城镇化（见表2）。

县城是县域工业化、城镇化的主要载体，是农村城镇化最有发展潜力的区位，是形成城乡经济社会发展一体化新格局的重要战略支点。未来依托县城发展中小城市的城镇化战略潜力巨大。根据城镇发展规律和区域布局规律，综合考虑各地区人口密度、经济发展水平、现有城镇体系布局等情况，未来依托县城发展一批中小城市、推进据点式城镇化的总体设想是：在100万人口以上的大县把城关镇发展为30万~50万人的中等城市；在50万~100万人的中等县以城关镇为依托建立20万~30万人的中小城市；在50万以下人口的小县则要拓展县城，把县城建设成为县域经济的龙头和农村城镇化的经济中心。

表2　国家人口计生委对各类城市吸纳农村流动人口数量分布预测

城市类型	2015年累计吸纳农村迁移人口数		2020年累计吸纳农村迁移人口数		2050年累计吸纳农村迁移人口数	
	数量（万人）	占比（%）	数量（万人）	占比（%）	数量（万人）	占比（%）
城市群	5217	64.8	10671	64.8	34846	64.8
中心城市	1544	19.2	3159	19.2	10315	19.2
县域城市	1291	16.0	2640	16.0	8621	16.0
合计	8052	100.0	16470	100.0	53782	100.0

注：表格反映了都市圈以及非都市圈地区的中心城市和县域城市将是今后吸纳流动人口的重点区域，但国家人口计生委对上述地区吸纳农村流动人口数量的预测只是假设人口分布比率不变情况下的外推，事实上流动人口在不同城市地区的分布比率将会随着不同政策发生相应的改变，中小城市比重将会大大上升。

资料来源：国家人口和计划生育委员会流动人口服务管理司（2010）：《2010中国流动人口发展报告》，中国人口出版社，第30页。

在发展依托县城的农村城镇化过程中，一个尤其需要注意的问题是如何增强县城的吸引力。只有这些城市真正具有了吸引力，人口向这些城市的流动也才能够顺理成章地实现。因而，今后依托县城发展农村城镇化需要采取以下举措：

1. 要增强县城的经济实力，引导产业向县城集聚

经济因素是影响城镇化过程中人口迁移最主要的因素，经济增长热点在哪里，人口就会流向哪里。[8]为此，依托县城发展适度集中的农村城镇化需要不断夯实产业基础，增强经济实力，提高县城的吸引力，促进人流、物流、资本流、信息流等要素的集聚。这就需要在县域范围内考虑"发展什么产业"、"在哪儿发展产业"以及"谁来发展产业"的问题。首先，县域经济要以特色产业为抓手和突破口，并逐渐形成规模化经营。其次，县域产业要实现集聚发展，改变产业过度分散的状况，引导产业向城镇工业区集聚，实现集群化发展。再次，要着力推进民营经济发展，激发社会上自我创业、自我发展的欲望，形成尊重创业、鼓励创业和保护创业的社会氛围，形成推动县域经济发展的内在驱动力。

2. 要强化县城的公共服务功能，加强基础设施建设，走内涵式城镇化发展道路

温家宝总理在 2010 年的政府工作报告中指出，要着力提高城镇综合承载能力；壮大县域经济，大力加强县城和中心镇基础设施和环境建设。依托县城的农村城镇化的推进不能只注重以新建或者扩展某类城镇规模为主的外延城镇化，更要重视以加强城市基础设施建设、公共服务为特色的内涵城镇化。同时，在城乡公共服务依然处于相对分割的状况下，强化县城的公共服务功能无疑会对农村外出流动人口形成较大的吸引力。当前，要以城镇供水、供电、通信等基础设施以及城镇教育、文化、卫生、社会保障等公共服务体系建设为重点，增强城镇功能，以县城作为县域公共服务的载体。针对广大中西部地区以有限的县域财政实力进行基础设施投资、发展公共服务必然面临资金短缺的问题，要在加大中央与省一级转移支付力度的同时积极引导民间资本投身县城的建设。在进行县城建设的过程中还要重视科学规划，改变当前城镇规划编制缺少空间布局和产业支撑的统筹考虑以及规划水平不高、深度不够的现状，[12]根据自身发展潜力和区域经济社会发展态势，对土地和空间资源的利用以及各种建设活动要进行综合部署，兼顾区域的生态环境容量，合理谋划县城可持续发展。

（三）推进劳动力和产业向中西部的回归与转移，实现区域经济的均衡发展

当前，中国东部沿海地区宛如"头雁"，广大中西部地区好比"尾雁"，区域板块之间已经具备"雁阵式"产业及要素转移的条件。合理引导产业向中西部地区转移，不仅为东部地区城市的转型升级腾出了空间，也为中西部地区城镇结合自身优势和特点建立现代化产业体系创造了条件，从而有利于东部和中西部城镇化的协调共进。同时，合理引导劳动力向中西部地区转移，不仅可以缓解当前农民工流向过于集中的现状，有效克服东部地区大城市过度膨胀所形成的"城市病"，而且可以推动中西部城镇特别是中小城市的发展，从而有利于形成东中西部大中小城市协调发展的城镇结构体系。

引导农民工回流要以构建能人回流、要素集聚的机制体制为途径，以实现农民工的安居乐业市民梦为目标，坚持公共服务均等化的原则。

第一，进行渐进式的户籍制度改革。要立足于中国中西部城镇化发展的实际需要以及未来进一步发展的方向，实行有差别的改革方案。当前大城市不可能完全放开，但是在中等城市，应该积极地放开户籍，小城市更是完全可以放开，县城则要"敞开城门"，让农民"自由进城"。要实现进城农民工与市民在劳动报酬、子女就学、公共卫生、住房租购以及社会保障方面的平等权，让符合条件的农业转移人口逐步市民化，促进城乡一体化发展。

第二，加大对农民工返乡创业的扶持力度。政府要稳步推进土地使用权抵押，加大对农民工创业融资的支持力度。要在努力降低创业门槛和创业成本的同时加强农民工创业教育和培训，增强农民工创业能力。

第三，推进城镇农民工安居工程建设。要增加政府对公共廉租房建设投入力度，并发挥市场机制作用，吸引社会资金参与保障性住房建设。要加强对农民工保障性住房供应力度，改善农民工居住条件。

承接产业转移要以充分发挥中西部地区比较优势为立足点，以实现中西部地区的持续发展为目标，实施有选择的提升式承接战略。

第一，建立分享机制，实现互利共赢。要以本地资源优势为依托，以

经济效益为核心，承接符合地方资源禀赋条件和主体功能定位的产业。要把承接产业转移与加强区域分工合作结合起来，探索实现区域共赢的利益分享机制。当前中西部地区应该在承接产业转移的过程中，与相对发达的长三角、珠三角加强区域合作与分工，实现更有效的资源整合。

第二，推动结构升级，重视可持续发展。要将承接产业转移和优化产业结构、实现可持续发展结合起来，有选择、有重点地承接产业转移，更加注重项目质量，着眼于技术进步和产业升级，防止被淘汰的、污染严重的企业和项目转移到县域，做到引资不引污，力求在最小化资源消耗、环境负担的基础上，实现经济又好又快发展。

第三，改善投资环境，构建服务型政府。要注重改善中西部地区投资环境，提高相关产业的配套服务能力，吸引企业转移。要构建包括财税、金融、土地等方面的政策扶持体系，设立承接产业转移的典型示范区，积极探索规范有序的产业转移模式。要建立和完善区域间产业转移和承接的信息交流平台及协调机制，降低交易成本，提高效率。要理顺政商关系，转变政府职能，推动"全能政府"、"管制政府"向"有限政府"、"服务政府"转变。

参考文献

〔1〕辜胜阻（2010）：《城镇化新政将引爆巨大内需》，《证券时报》，3月8日。

〔2〕辜胜阻、李华、易善策（2010）：《城镇化是扩大内需实现经济可持续发展的引擎》，《中国人口科学》，第3期。

〔3〕肖京华（2009）：《我国人均GDP登上三千美元新台阶》，《中国信息报》，3月5日。

〔4〕库兹涅茨（1991）：《现代经济增长：速度、结构与扩展》，北京经济学院出版社；霍利斯·钱纳里、莫伊思·赛尔昆（1988）：《发展的型式：1950～1970》，经济科学出版社．

〔5〕辜胜阻、简新华（1994）：《当代中国人口流动与城镇化》，武汉大学出版社。

〔6〕牛文元（2009）：《中国新型城市化报告（2009）》，科学出版社。

〔7〕国家统计局农村社会经济调查司（2010）：《2009年农民工监测调查报告》，http://www. stats. gov. cn/tjfx/fxbg/index. htm。

〔8〕国家人口和计划生育委员会流动人口服务管理司（2010）：《2010 中国流动人口发展报告》，中国人口出版社。

〔9〕蔡继明、周炳林（2007）：《以大城市为依托加快城市化进程》，《经济学动态》，第 8 期。

〔10〕陈维：《长三角：2008 年经济形势分析与 2009 年展望》，载戚本超、景体华主编（2009）：《中国区域经济发展报告（2008～2009）》，社会科学文献出版社。

〔11〕郑文晖（2008）：《拉美城市化的发展特点及启示》，《科技风》，第 4 期。

〔12〕国务院发展研究中心课题组（2007）：《我国城镇化体制机制问题及若干政策建议》，《改革》，第 11 期。

—21—

城镇化道路的中国特色与发展战略[*]

改革开放以来，我国城镇化快速发展取得了巨大成就。城镇人口占全国人口的比重从改革开放初期的约 18% 增长到 2006 年的约 44%，年均提高约 0.93 个百分点。[1] 我国的城镇化道路是中国特色社会主义道路的重要组成部分，是我国社会经济健康稳定发展必然面临并需要科学引导与管理的重大问题，该问题亟须立足于我国特殊的背景进行深入系统的探索性、可行性和操作性的研究。中国的城镇化不能照搬别国的模式，必须从自己的国情出发，走中国特色的城镇化道路。我国城镇化道路的中国特色具体表现在几个方面：

一、我国城镇化快速发展的过程是农业经济向工业经济的一般转型和计划经济向市场经济的特殊体制转型交织在一起的"双重转型"过程

城镇化的快速发展一般与经济转型相联系。工业化是城镇化的发动机，城镇化与工业化密切相关。发达国家的城镇化发展总体上表现为单一

---

* 本文系国家社会科学基金项目"新型工业化与中国城镇化协调发展研究"（项目编号：05BJL036）的研究成果，发表于《中国人口·资源与环境》2009 年第 1 期。易善策、李华协助研究。

的脱离农业的结构转型过程，即农业在国民经济和就业中的份额下降，制造业和服务业份额上升。西方发达国家不存在由计划经济向市场经济转变的社会制度变迁。与这些国家不同，我国城镇化近 30 年的高速发展期不仅经历了农业大国向工业国的产业转型，而且面临从计划经济向市场经济的体制转型。

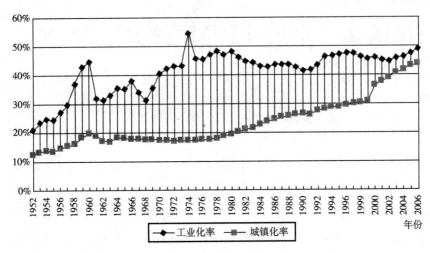

图 1　1952～2006 年中国的城市化率与工业化率

图 1 显示，我国的城镇化长期滞后于工业化，改革开放以后两者的差距呈逐步缩小的趋势。采用城镇人口占总人口比重、第二产业占 GDP 的比重以及非公经济就业人数占总就业人数比重分别反映城镇化率 Urb、工业化率 Ind 以及市场化程度 M。构造城镇化滞后于工业化的程度 $C_{(Ind-Urb)}$ 与市场化 M 的关系函数，利用 1984～2006 年的统计数据①，估计结果如下：

$$C_{(Ind-Urb)} = \underset{(1.21)}{18.21} - \underset{(0.068)}{0.379M}$$

$$R^2 = 0.949 \quad DW = 2.25$$

括号内表示系数估计量的标准差，可见，在 5% 的显著性水平下，市

---

① 数据来源：中国国家统计局（1999）：《新中国五十年统计资料汇编》，中国统计出版社；中国国家统计局（2007）：《中国统计年鉴 2007》，中国统计出版社；国家统计局人口和就业统计司、劳动和社会保障部规划财务司编（2007）：《中国劳动统计年鉴 2007》，中国统计出版社。

场化对城镇化滞后于工业化的程度有显著的负影响，即市场化程度的提高能够很好地解释改革开放后我国城镇化与工业化差距的缩小。所以我们认为，工业化和城镇化的协调发展是伴随着市场化进程而不断深入的。同时，中国经济转轨的独特特征体现在对国有企业的改革是采用企业制度渐进式的转变，并在农村提倡私营和集体所有的乡镇企业。[2]这种先"增量改革"后"存量改革"、先"体制外改革"后"体制内改革"的渐进式改革道路就决定了我国的体制转轨并非是"一夜之间"的巨变，而是在一定时期内不断延续的"渐变"。因而在当前及以后的一段时期内，"双重转型"是我国城镇化发展的基本背景，城镇化发展不仅与工业化发展存在着互动关系，同时还深受向市场化转型的影响。城镇化快速发展的过程也是农业经济向工业经济的一般转型和计划经济向市场经济的特殊体制转型交织在一起的"双重转型"过程。

"双重转型"特殊背景下，我国城镇化的发展与工农关系密切相关。建国初期，面对当时复杂的国际国内形势，我国实行了以重工业优先发展的工业化"赶超"战略，"一五"时期在限额以上的921个重点工程中，轻工业只有108个，仅占12%，其余基本上是重工业项目。重工业优先发展派生出与之相适应的计划式的资源配置方式，进而扭曲了多种关系，表现为扭曲相对价格和工农业交换关系；扭曲农业经营活动中的激励机制；扭曲整个经济发展政策，特别是扭曲工农业之间的产业关系；建立一个不公平的福利体系。[3]这一时期的城镇化是建立在农业支持工业、为工业提供积累、工农业间存在"剪刀差"的基础上的。城乡互动表现为以农促工，以乡促城。如果先将工业品成品销售价格与农产品的收购价格之间的差距排除在外，单从国家对农副产品收购价格与市场价格差距的角度来看，计划经济时期压低农产品收购价格的现象十分明显，两种价格所形成的差额也十分巨大，直到1979年改革开放后才形成了反向差额（见表1）。重工业优先发展遗留下了相对突出的"三农"问题。

表1 体制转型前后国家对农产品收购情况

年度	集市贸易价格指数（1952年=100）	农副产品国家收购价格指数（1952年=100）	农村的农副产品收购量（亿元）	集市价格与国家收购价格指数差额	农村的农副产品收购两种价格的差额（亿元）
1960	136.6	129.4	208.0	7.2	14.9
1965	173.2	154.5	299.3	18.7	55.9
1970	178.1	160.4	337.7	17.7	59.8
1975	233.8	171.6	457.3	62.2	284.4
1980	215.8	233.9	797.7	-18.1	-144.4
1981	228.3	247.7	908.0	-19.4	-176.2
1982	235.8	253.1	1031.0	-17.3	-178.4
1983	245.7	264.2	1206.0	-18.5	-223.1

资料来源：国家统计局贸易物价统计司（1984）：《中国贸易物价统计资料（1952~1983）》，中国统计出版社，转引自武力（2001）：《1949~1978年中国"剪刀差"差额辨正》，《中国经济史研究》，第4期。

在"双重转型"过程中，我国的城镇化不仅与工业化相联系，而且同市场化和市场化取向的改革紧密相关；不仅要实现与工业化协调发展，而且要实现与农业现代化协调发展。当前，我国总体上已经进入了以工促农、以城带乡的发展阶段，需要通过工业反哺农业、城市支持农村实现城乡统筹，建设社会主义新农村，推进农村城镇化。受"双重转型"背景影响的同时，中国特色城镇化道路还面对着信息化浪潮。应该看到，我国的城镇化是在我国市场化还没有完成、国际化又即将到来、新技术革命和信息化浪潮一浪高过一浪的形势下推进的。城镇产生于农业社会，工业革命的出现促进了城镇规模、数量的大发展，农业社会向工业社会的经济转型催生了真正意义的城镇化进程。如果说"农业革命使城市诞生于世界"，那么"工业革命则使城市主宰了世界"。当前，信息化和全球化方兴未艾，城市的结构和功能正在发生变化。如果说第一轮城镇化是以工业化为动力，那么当前我国城镇化的发展则以信息化和工业化为发动机。信息时代的城镇化扩散与集聚同时并存，城镇功能构造深受城市信息化的影响。胡锦涛同志在十七大报告中总结我国改革历程时指出：要全面认识工业化、信息化、城镇化、市场化、国际化深入发展的新形势新任务，深刻把握我国发展面临的新课题新矛盾。这"五化"是统一的,是互相影响的。工业化是城镇化的基础,市场化和国际化是城镇化的动力。而信息化则对我国城镇化的形态会产生重大影响,推动城市化向信息城市、智能城市和学习化城市发展。[4]因此,我国当前的城镇化与工业化、信息化、市场化、国际化同时并举。

二、我国的城镇化进程表现为:农村劳动力向城市的异地转移(人口城市化)和农村劳动力的就地转移(农村城镇化)的"双重城镇化方向"

城镇化本质上是各种经济要素向城市集聚的过程。一般来讲,在发挥集聚功能上,大中城市要强于小城镇。在城镇化的起步和快速发展阶段,先进工业化国家的城镇化尽管特点有所不同,但主要表现为单一的农村人口向城市转移的过程。比如,20世纪50年代后期至70年代中期,日本处于城市大发展时期,农村人口大量流向大城市,形成东京、大阪、名古屋三大都市圈,此时小城镇没有发展反而萎缩。[5]在先进工业化国家城镇化的起步和快速发展阶段中,大城市与小城镇的发展是非同步的。

相比之下,改革开放以来我国的城镇化进程则既有农村向城市的异地转移——人口城市化,也有农村劳动力的就地转移——农村城镇化。这里的城市化是指人口向城市的集中过程,而农村城镇化则是农村人口向县域范围内的城镇集中和农业人口就地转移为非农业人口的过程。下面表2反映了1982~1995年中国地区之间移动人口的构成情况。三次调查结果显示,分别有68.0%、62.6%、59.8%的流动人口来自农村地区。值得注意的是,农村地区输出的人口不仅主要流向了城市地区,而且还有相当部分流向了农村地区。表2不同时期的调查数据显示"乡村—市"以及"乡村—镇"的迁移人数占同时期移动人数比率分别为22.5%、36.8%、30.4%和28.1%、11.7%、5.6%。这在其他国家是不多见的,体现了城镇化的中国特色。

表2 1982~1995年中国地区间移动人口构成（%）

人口移动调查项目			合计	迁出地：市	迁出地：镇	迁出地：乡村
1987年全国1%人口抽样调查（1982~1987年）	迁入地	移动人口总数（万人）	3044	547	428	2070
		构成比	100	18.0	14.0	68.0
		市	36.6	10.7	3.3	22.5
		镇	39.8	4.7	7.0	28.1
		乡村	23.6	2.5	3.7	17.4
1990年人口普查（1985~1990年）		移动人口总数（万人）	3384	629	637	2118
		构成比	100	18.6	18.8	62.6
		市	61.7	12.6	12.3	36.8
		镇	20.1	3.7	4.7	11.7
		乡村	18.2	2.3	1.8	14.1
1995年全国1%人口抽样调查（1990~1995年）		移动人口总数（万人）	3323	1027	311	1986
		构成比	100	30.9	9.3	59.8
		市	61.4	24.9	6.1	30.4
		镇	10.0	2.7	1.8	5.6
		乡村	28.6	3.3	1.5	23.8

注：1990年普查移动人口离开户口登记处1年以上，其他为半年以上。

资料来源：严善平（2005）：《地区间人口移动的经济分析》，转引自南亮进、牧野文夫编（2005）：《转型时期中国工业化和劳动力市场》，中国水利水电出版社，第157~158页。

城市化与农村城镇化同时并举是基于我国国情的现实选择。改革前城市偏向、城乡分割的发展方式极大地强化了城乡二元结构：一方面是落后的农村，一方面是发达的城市。如果实行单一的人口城市化，让农村人口向城市特别是大城市过度集中，不仅给大城市的发展增加过度的压力，而且也不利于城镇结构的合理化。从这个意义上来看，不同于美国城镇化后期城市化扩散所致的小城镇发展，我国的小城镇建设则首先是立足于解决广大农村的发展问题。[6]相反，如果实行单一的农村城镇化方向，让农村人口滞留在农村地区，虽然能够有效缓解大城市压力，但并不能最终解决我国的城镇化问题。小城镇本身存在着集聚效应相对低下、城市功能弱的问题。我国的城镇化必须是二元的，不仅要发展城市化，让农村人口向城市地区集聚，而且要重视农村城镇化。我国面临着农村劳动力转移的艰巨任务。从近期来看，农村外出务工劳动力人数仍有逐年上升的趋势。2007年上半年，农村外出务工劳动力人数就比 2006 年同期增加 860 万人，同比增长 8.1%。[7] 从长期来看，以 1% 的增长速度预测，2020 年的城镇化水平将达到 57% 左右，城镇总人口 8.28 亿。从 2002 年起的以后 18 年内城镇总人口将增长 3.26 亿，农村向城镇移民 3 亿人左右，年均转移约 1660 万人。[8] 面对高速的人口城镇化和劳动力的非农化，必须坚持合理引导、多向分流才能保证我国城镇化的健康发展。我国城乡结构的二元性以及人口迁移的艰巨性和复杂性都决定了人口城市化和农村城镇化同时并举是基于我国国情的现实选择，通过在城市地区发展城市群发挥大城市的辐射作用，在农村地区发展县城和小城镇推进农村城镇化的"双重城镇化"道路。

改革开放 30 多年来，我国经济发展的地区差异明显。东部地区城镇化已经达到相当高的水平，而中西部地区的许多地方尚缺乏城镇发展的产业支撑。因而，在城镇化的方向问题上就是要因地制宜地采取不同的策略，走出一条在二元结构下通过在城市地区发展城市群发挥大城市的辐射作用、在农村地区发展县城和小城镇推进农村城镇化的"双重城镇化"道路。东部地区已经形成了长三角、珠三角和京津冀三大经济圈。圈内工业化水平和城镇化率较高，城镇层次结构分明，空间布局较为合理，城镇化发展能够利用城市圈的结构性和网络性，充分发挥"城市节点—网络—乡村腹地"的作用，形成城镇之间相互促进和共同发展。东部地区可以采取以发展城市群和大都市圈为特征的城市化策略，实行组团式的城市结构，通过大都市的辐射能力，直接把周边的小城镇纳入块状的城市圈内，使都市文明快速向周边地区扩散。而对于中西部地区，城市群的产业基础比较薄弱，城镇化发展仍然主要依靠本地的农转非，这就需要充分发挥小城镇的积极作用，在有条件的地区实行农村城镇化。因而，可以通过据点式城镇化，在中西部农村把县城建成 10 万至 30 万人的城市。十六大报告在谈到农村城镇化时指出：发展小城镇要以现有的县城和有条件的建制镇为基础，科学规划，合理布局，同发展乡镇企业和农村服务业结合起来。消除不利于城镇化发展的体制和政策障碍，引导农村劳动力合理有序流动。

三、我国城镇化体现了"政府推动"和"市场拉动"的双重动力机制，并表现为制度变迁方面自上而下的城镇化和自下而上的城镇化的"双重发展模式"

考察世界工业化发展的一般历程，按照推进力量的不同可以将工业化划分为市场主导型和政府主导型，相应的城镇化的动力机制也可以划分为"市场拉动"和"政府推动"。世界经济史表明：西方发达国家的城镇化基本上没有政府直接行政干预而主要依靠市场机制，是典型的"市场拉动型"的城镇化。我国城镇化的重要特色是体现了"政府推动"和"市场拉动"的双重动力机制的结合，政府在城镇化进程中扮演着十分重要的角色。建国以来，我国城镇化和初次工业化是由政府推动的。中央政府利用中央计划经济体制，集全国之力建立起重工业偏向的城市工业体系，发展"政府推动型"城镇化。这一时期，政府通过工业化项目安排、政府所在地的行政指向和相应制度安排推动了城镇化进程。例如，在"一五"时期随着 156 个重点项目的建设，新建了 6 个工业城市，大规模扩建了 20 个城市，一般扩建了 74 个城市。工业项目的实施同时也需要城市公共事业相应发展。在"一五"计划的后 3 年，18 个重点工业城市[①]分配公共事业投资102403 亿元，其他城市仅分配 24000 亿元。在政府有力的推动下，1955 年我国百万人口以上的城市已有 9 个，50 万人口以上 100 万人口以下的城市有 16 个；[②] 到 1957 年，全国城市人口由建国的 5765 万人增加至 9949 万人，增加了 72.58%。[9]同样，在"三线"建设时期，诸如攀枝花钢铁工业基地、十堰汽车工业基地、六盘水煤炭工业基地等一批城市逐渐发展壮大，都离不开政府的强力推动。改革开放以来，随着市场化改革的展开，我国一些地区出现了农民集资建镇、农民推进农村工业化的方式，开始了以基层组织和个

---

① 这 18 个城市是：北京、包头、太原、大同、石家庄、西安、兰州、武汉、洛阳、郑州、株洲、沈阳、鞍山、长春、吉林、哈尔滨、富拉尔基、成都。在 18 个重点城市里，一四一项目即有 88 个。

② 数据来源：中国社会科学院、中央档案馆（1998）：《1953—1957 中华人民共和国经济档案资料选编 固定资产投资和建筑业卷》，中国物价出版社，第 809 页、第 893 页。

人为发动主体、实现全部社会生产工业化的二次工业化进程，拉开了"市场拉动型"城镇化发展的序幕。一大批小城镇相继涌现，我国的城镇化率也开始快速增长。相关学者根据调查和统计资料总结分析了 20 世纪 80 年代中国人口流动的原因（见表 3），计划和市场的共同作用是中国人口流动的主要原因，两者构成了中国特色城镇化的双重动力机制。

表 3   20 世纪 80 年代中国人口流动原因

类　　型	1982～1987 年	1985～1990 年
市场型	46.6%	48.5%
计划型	45.8%	42.2%
其　　他	7.6%	9.3%
合　　计	100%	100%

资料来源：辜胜阻、刘传江主编（2000）：《人口流动与农村城镇化战略管理》，华中理工大学出版社，第 211 页。

·　与双重动力机制相伴随的是双重发展模式。20 世纪 50 年代以来，对应于"政府推动型"城镇化和"市场拉动型"城镇化，中国的城镇化出现了两种截然不同的制度变迁模式：自上而下的城镇化和自下而上的城镇化。自上而下的城镇化是政府按照城市发展战略和社会经济发展规划，运用计划手段发展若干城市并安排落实城市建设投资的一种政府包办型的制度变迁模式；自下而上的城镇化则是农村社区、乡镇企业、农民家庭或个人等民间力量发动的一种由市场力量诱导的自发型的诱致性制度变迁模式。自上而下的城镇化发展模式用较短的时间和较快的速度建立了中国门类齐全的独立的工业体系，奠定了中国城镇化体系和社会经济发展的基础。从 20 世纪 80 年代开始，随着中国市场化取向的经济体制改革逐步深入，在传统体制和传统模式的外围出现了自发的、诱致性的与城镇发展相关的制度创新，形成了自下而上的城市化模式。这方面的典型代表是农村城镇化的温州模式和苏南模式。温州模式是以个人或家庭为主体，以个体私营所有制形式为主要特征的家庭工业和专业化市场推动的城镇化；苏南模式是以社区集体为主体，以社区集体所有制为主要特征的社区政府推动型城镇化。

由此可以看出，我国城镇化的双重动力机制之间是相互补充、相互协调的。我国城镇化过程中的一个十分重要的限制是资金问题，迫切需要实现政府与民间力量合作共同投资城镇化的格局。实践证明：民间资本在推动温州模式、晋江模式、苏南模式的发展中扮演了重要角色，自下而上的资金来源在推进城镇建设中发挥了主导作用。目前，即使是一些原来由政府提供的城市公共物品（如基础设施、学校、医院等），以招标民间资本直接参与、吸引外资参与、BOT、特许经营等方式取得了很好的效果。通过市场化和国际化，在鼓励民间资本推进工业化的同时积极引进外资，能够有效加快城镇化的发展。在市场机制下探索多种形式、更多地吸引民间力量参与城镇建设是破解资金瓶颈的有效途径。在运用市场力量推进城镇化的进程中，政府在包括城镇建设体制、户籍制度、农村土地流转制度、非农企业产权制度、城建用地制度等方面的城镇化体制创新方面发挥了重要作用。

四、中国的城镇化是由农民工构成的城市流动人口和具有城市居民身份的市民形成的"双重推动主体"

城镇化过程也是农村劳动力转移的过程，这个过程关系到农村劳动力的从农村到城市的地域转换和从农业到工业的职业转换。世界城镇化过程中出现的劳动力转移的方式主要有英国圈地运动方式、德国容克赎买方式、美国农民自由迁移方式以及苏联指令性迁移方式等。所有这些方式，尽管形式有所不同，但流迁人口的地域转移和职业转换却是同时进行的，完成这两重转换的转移劳动力成为城镇化的重要推动力量。

我国农村劳动力在城镇化过程中要受到中国特色的户籍制度的影响。与其他国家的人口注册制度体系不同，我国的户籍制度不仅关系到人口统计和身份鉴别，而且直接控制分配并服务于政府的一些重要的政策目标。[10]由于这种特定的户籍制度，中国的城镇化是由"双重主体"推动的：由农村剩余劳动力构成的城市流动人口、农民工和具有市民身份的城市居民成为城镇发展的两股不同重要力量。例如，就北京市来说，截至2005年底，北京市常住人口已经达到1538万人，其中在京居住半年以上流动人口已经占到了全市常住人口的 23.2%，共 357.3 万人。整个"十五"期间，全市流动人口增加了 101.2 万人，占常住人口增加总量的 58%，全市户籍人口增加了 73.2 万人，占常住人口增加总量的 42%①。从流动人口和农民工在城市中的行业分布看，他们与城市居民实现了就业的互补。据统计，流动人口和农民工主要分布在制造业（30.30%）、建筑业（22.90%）、餐饮业（6.70%）、批发和零售业（4.60%）、社会服务业（10.40%）以及其他（25.10%）城市居民不愿意从事的劳动密集行业，其中制造业、建筑业和社会服务业三者就占据了全部人数的 60% 以上。因而，城市居民与流动人口、农民工共同推动了城镇的建设与发展，成为我国城镇化的"双重推动主体"。

我国城镇化与我国特定的户籍制度相联系，使得我国城镇化过程中的农村劳动力转移相比于西方发达国家表现出明显的复杂性。30 年来中国农民流动呈现三次浪潮：第一次是"离土不离乡、进厂不进城"的以乡镇企业为就业目的地的就地转移；第二次是"离土又离乡、进厂又进城"的以城市为目的地异地暂居性流动；第三次浪潮则是以长期居住为特征，且有举家迁移的倾向。也就是说，我国农村劳动力的流动过程中，其产业转移和地域转移最初是被割裂开来的，并且不同于一般意义上流迁人口地域、职业转换的路径，我国的城镇化需要有"三维转换"：农村劳动力在进入城市的过程中，不仅要实现地域转移、职业转换，还要实现身份变换。这也使城镇化了的农民难以市民化，农民工同市民存在着"同工不同酬、同工不同时、同工不同权"的不平等现象。这种特定制度决定我国城镇化是一种半城镇化。

改革开放 30 多年来，我国在社会阶层方面的一个重大变化是在工业化、城镇化、市场化的进程中逐渐形成了一个 2 亿人口左右的以农民工为主体的新社会阶层。农民工阶层已经成为我国产业工人的重要组成部分，是我国城镇化和工业化的主要力量。第五次人口普查资料显示，务工农民在第二产业从业人员中占 57.6%，在第三产业中占 52%，在加工制造业中占 68%，在建筑业中占 80%。必须正视农民工市民化趋势，把这一问题提

---

① 数据来源：佚名（2007）：《北京流动人口问题不容忽视》，《北京观察》，第 1 期。

上议事日程。农民工市民化是指离农务工经商的农民工克服各种障碍最终逐渐转变为市民的社会经济过程。实践证明，目前多渠道解决农民工市民化问题的条件已经具备。农民工市民化主要可采取两条途径：一是对于长期留在城市中的一部分农民工，尤其是那些私营企业主和技能型农民工，他们收入已经相当稳定，完全适应城市生活，可以让其率先在所在城市市民化，获得城市归属感。二是构建能人回流、要素集聚的体制和机制，在2800 多个县级市县区中依拓县城建设一批 10 万至 30 万人的城市，让农民工在户籍所在地县城市民化。为此，要把县城建设成为县域经济的龙头和农村城镇化的经济中心。发展以县城为中心、乡镇为纽带、农村为腹地的县域经济，发挥县城在突破城乡二元结构、实现城乡统筹的作用，通过县城把城市物质文明和精神文明扩展到乡村，使县城成为城乡融合的枢纽和桥梁，缓和农民工市民化对大城市的压力。

五、研究结论

中国城镇化之所以重要，其意义不仅仅在于几亿农民最终完成身份的转变，实现了巨大的社会变迁。更重要的是，作为一个发展中国家，中国的城镇化道路没有照搬其他国家的发展模式，是一条具有自身特色的、在实践中不断探索前行的城镇化发展道路：从转型特点来看，具有农业经济向工业经济的一般转型和计划经济向市场经济的特殊体制转型的"双重转型"背景；从发展方向来看，表现为人口城市化（异地转移）和农村城镇化（就地转移）"双重城镇化方向"；从动力机制来看，是在"政府推动"和"市场拉动"双重动力驱动下的城镇化发展；从发展模式来看，表现为制度变迁方面自上而下的城镇化和自下而上的城镇化的"双重发展模式"，需要探索多元化的城镇资金投入渠道，明确政府与市场在城镇化建设中的职能与分工；从推动主体来看，是由农民工构成的城市流动人口和具有城市居民身份的市民形成的"双重主体"推动的，需要积极多渠道解决农民工市民化问题。

参考文献

〔1〕国务院发展研究中心课题组（2007）：《我国城镇化体制机制问题及若干政策建议》，《改革》，第 11 期。

〔2〕青木昌彦（2002）：《中国经济制度转型的双重性》，《中国经济时报》，6 月 22 日。

〔3〕蔡昉、都阳、王美艳（2003）：《劳动力流动的政治经济学》，上海人民出版社，第 36～37。

〔4〕庞亚君（2002）：《信息化对城市化的影响分析》，《浙江经济》，第 16 期。

〔5〕庄侃（2006）：《他山之石：国外小城镇建设经验》，《经济日报》，6 月 1 日。

〔6〕陈强（2000）：《美国小城镇的特点和启示》，《学术界》，第 2 期。

〔7〕孙侠、于文静（2007）：《今年上半年农村外出务工劳动力同比增加 860 万人》，http://news.163.com/07/0913/17/3 O9M9MTD000120GU.html。

〔8〕叶如棠（2006）：《解读国家中长期科技发展规划纲要——"定量"描绘城镇化前景》，《光明日报》，1 月 12 日。

〔9〕魏津生（1985）：《五十年代以来我国人口城市化的一般趋势》，《人口与经济》，第 6 期。

〔10〕Kam Wen Ching and Li Zhang（1999），"The Hukou System and Rural-Urban Migration in China：Processes and Changes"，*The China Quarterly*，12：831-840。

—22—
工业化与城镇化协调发展的战略思考[*]

    作为一个发展中国家，工业化和城镇化始终是我国经济发展的两大主题。同时，我国的工业化和城镇化进程对世界经济也具有重要意义。美国著名经济学家、2001 年诺贝尔经济学奖得主斯蒂格利茨曾预言，影响未来世界经济发展的两件大事中，其一是美国高科技的发展，其二就是中国的城市化。随着人均 GDP 超过 1000 美元，我国步入了一个新的发展时期。一方面，社会结构面临着转型。农民工是我国特有的劳动力流动群体，尽管他们已经成为我国产业工人的重要组成部分，但作为我国改革和发展进程中一个重要的新社会阶层，使我国的社会结构表现出明显的"三元分层"的特有现象。[1]另一方面，工业化和城市化也进入了以工促农、以城带乡发展的新阶段。农民工是连接农业与工业、农村与城市、农民与工人的载体和桥梁。从长远趋势来看，农民工在今后一段时期将仍然是我国工业化、城镇化的关键因素。据农业部调研组调查，我国城镇化率从 1949 年的 10.6% 上升到 1978 年的 17.9%，年均上升只有 0.27 个百分点；而在 1978 年到 2004 年期间，城镇化率则从 17.9% 上升到 41.76%，年均增长 1 个多百分点。所以，以 1% 的增长速度预测，2020 年的城镇化水平将达到

    * 本文系国家社会科学基金项目"新型工业化与中国城镇化协调发展研究"（项目编号：05BJL036）的研究成果，发表于《人口研究》2006 年第 5 期。文中核心观点已形成全国政协大会发言。易善策、郑凌云协助研究。

57%左右，城镇总人口8.28亿。从2002年起的以后18年内城镇总人口将增长3.26亿，农村向城镇移民3亿人左右，年均转移约1660万人。[2] 因而，面对如此巨大的数量，如何解决好农民工在工业化、城镇化中的问题是新时期经济发展中的重大课题。

劳动力从乡村向城镇的转移，其他国家提供了丰富的经验。英美等早期发达国家的经验证明，工业化是农民脱离农村的加速器，工业化直接推动农村人口向城镇的集中，而且工业化与农村人口的转移几乎是同步的。从德国、日本等稍晚的工业化国家的城镇化过程来看，能够在较短的时间内顺利完成农村劳动力的转移，除了工业化、城镇化的相得益彰，农民的兼业经营和非农化转移也是重要的辅助途径。韩国台湾等新兴工业化地区与拉美等发展中国家的对比表明，虽然这些地区都保持了高城镇化率，但是韩国、台湾通过符合自己比较优势的工业化、城镇化战略保持了正常的农村劳动力加速转移；而巴西等拉美国家却出现了畸形的"过度城市化"现象，长期陷入"拉美陷阱"的泥潭。因而，农村劳动力转移的国际经验告诉我们，工业化是这一过程的最终推动力量，同时由于农村劳动力的"非直接转移"，兼业和非农化是积极的辅助手段。作为一个发展中国家，工业化和城镇化的发展战略尤其要符合自己的资源禀赋，合理稳步地推进农村劳动力的转移。

一、基于农民工流动的中国工业化、城镇化特征分析

农民工是我国农村劳动力转移在特定历史背景下伴随工业化、城市化和市场化推进而出现的一个社会现象。由于多种资源的缺位和错位，农民工和城市流动人口表现出了不同于其他国家流动人口的特征和状态，使我国的工业化和城镇化在模式、性质、进程等方面均体现出新的特点。我们认为，我国农民工现状以及工业化和城镇化具有如表1所述的六大特征：

表1 中国工业化与城镇化的六大特征

工业化与城镇化	人口流动特征
经济：工业化	我国由大量农村剩余劳动力进城推动的工业化是一种低成本的工业化（low cost industrialization）

续表

工业化与城镇化	人口流动特征
社会：城镇化	农村人口流向城市即使"进厂又进城"，但很难成为市民，是一种"农民工"，这种城镇化是一种半城镇化（semi-urbanization）
生活：城式化	数以亿计的农村人口流入城市，他们是城市建设者，但高额的房价、高额的医疗费和高额的子女教育费用使农民工的生活方式的城式化代价很高（high cost urbanism）
身份：市民化	我国城镇人口的增量或者说市民化呈现一种二元特征：农民即使进了城仍是农民，市民总是市民（dual system of citizenship）
流向：人口迁移	由于城市和地区之间的差距，我国乡城人口流动过度集中于大城市和沿海城区（badorder of migration）
社会流动：分化与融合	在农村人口城镇化过程中，城镇流动的新社会阶层不断分化而融合进程异常艰难（complicated integration of migrants）

（一）城市流动人口和农民工量大、质弱、价廉，这一特点决定了我国工业化表现为一种低价工业化模式

低价工业化是低要素价格推动的工业化模式，表现为"三低"，即低劳动力成本、低土地价格以及实际低税收。[3]而当前的廉价城市流动人口和农民工则有力地支撑了工业化的低价模式。"价廉"主要包括两个方面，一是工资水平低，二是非工资性的成本低。就工资平均水平来看，农民工的工资是城镇职工的一半。我国制造业工人的工资相当于发达国家的1/10或者1/20。并且在 GDP 构成中，工资占 GDP 比重在 1989 年为 16%，到 2003 年却下降至 12%。另外，发达国家人均工资占增加值的比重一般在 35% ~50%，而我国仅为 9.3%。就非工资性成本来看，农民工通过租赁廉价房、无社会保障等为政府、企业节省了需要支付的高额成本。2004 年我国因雇佣农民工一项就节省了 11462 亿元的工资开支，相当于当年中国 GDP 的 8.5%，这大体相当于中国当年的经济增长率。[4]然而"价廉"背后所隐藏的深层次原因就是流动人口和农民工"量大"、"质弱"的特点。根据劳动部和社会保障调研组统计，1993 年我国城镇流动人口数为 7000 万，到 2003 年上升到 1.4 亿，其中农民工为 1.2 亿，占 85% 左右，如果考虑在本地从事非农产业的农村劳动力，我国农民工为

2 亿人左右。农民工不仅量大，而且质弱，缺乏多领域就业和转换工作的素质。调查显示，83% 的农民工是初中及初中以下文化水平，80% 的农民工未受培训。[5] 数量大和质量差决定了农民工处于"刘易斯模型"中农村劳动力无限供给阶段，在劳动力市场上谈判能力低下，只能成为工资水平的被动接收者。这种低工资下的工业化以低成本维系中国工业制造的竞争优势。

（二）农民工退出农业难，进入非农产业取得稳定的工作进程缓慢，融入城市状况差，这些特点决定我国城镇化是一种半城镇化

半城镇化，就是"农村人口虽然进了城市但并没有完全成为城市居民（市民）的现象"。[6] 美国学者廖塔和米斯科尔认为，半城镇化的特点在于：第一，流入城市的是那些流民，他们根本没有生活机会和希望；第二，他们会长期在城市生活下去；第三，他们生活在城市贫民窟，那里已经成为社会动荡的沃土和类国家。一般说来，农村剩余劳动力转移出来，进入城镇有两种模式：第一种模式是农民工通过改变自我适应城市，第二种模式是农村人在城市中重建乡村社会的生活环境和文化模式。[7] 我国当前的"半城镇化"突出地表现为农民工既不能完全从农村和农业中退出，也不能完全融入城市，身份得不到确认。半城镇化现象的产生主要由于农村的"拉力"和城市的"推力"。在农村社会保障体制尚有待健全的前提下，土地制度的保障功能是农村"拉力"的主要来源。在城市无法得到保障的农民工往往把土地作为日后的保障，倾向于维持与土地长久联系，而不愿割断同土地的"脐带"。这就形成农民工在脱离农业关系时出现"退难"的问题。城市的"推力"主要表现为农民工在城市工作不稳定，很难融入城市生活，逐渐被"边缘化"。从职业分布上来看，农村转移的劳动力大都集中于就业不稳定的部门，而且农民工的职业分布比较稳定，进入正规部门取得稳定工作的进程十分缓慢。基于身份差别所形成的社会保障缺失以及"城中村庄"的构建往往使农民工缺乏对城市的认同，社会网络内向化，最终游离于城市经济的体制之外。目前，在我国加工制造业、建筑业和服务业的从业人员中，农民工已分别占 68%、80% 和50%，煤矿采掘业为 80%。农民工就业上的不稳定性导致其与城镇居民在工资和社会保障上存在很大差距。我国农民工参保率普遍偏低，在"五大社会保险"中，除工伤保险已有相当数量的农民工参加外，养老保险的总体参保率仅为15%，医疗保险的平均参保率为10%左右，失业保险、生育保险目前仍与绝大多数农民工无缘。[5]面对这种心理上和待遇上的差距，农民工最终偏离正常的融合方式，选择自己独特的融合模式，形成了融合上的偏差。

（三）城市流动人口和农民工是一种城乡两栖型，社会身份具有世袭特征，经济上处于弱势地位，农民工在城市的生活方式变革即城式化具有高价特征

城镇化可以分为有形的或物化的城镇化（Urbanization）和无形的或生活方式的城市化（Urbanism），[8]后者可以称为"城式化"。然而当前流动人口和农民工在城市和乡村之间双向流动，既有回流性的也有兼业性的。对于兼业性流动，由于其本身是农业生产的重要形式，也为农民工的非农就业提供又一保障，并且即使是一些发达国家在实现工业化和城市化之后兼业经营仍然占很大比重，因而兼业性流动具有长期趋势。农民工回流性的流动往往周期较长，"20定出山，40必收山"现象就属于这种性质的。除去少数回乡创业的精英农民工，大多是一种被迫的回流。这种"亦工亦农"、"亦城亦乡"形成的城乡两栖型使农民工实现了职业的转变，农民工的社会身份被固化，社会身份具有世袭的特征。城式化的高价特征表现为两点：第一，在两栖生存状态下，农民工在经济上处于弱势地位，改变生活方式的成本非常高。一方面，农民失地严重，据估计目前失去土地或部分失去土地的农民高达4000万～5000万人，这种失地农民很多是农民工；另一方面，土地流转的收益分配失衡。来自江苏的调查表明，在全省农地转用增值的土地收益分配中，政府大约得60%～70%，农村集体经济组织得25%～30%，而农民只得5%～10%。[9]第二，中国现有经济发展水平下，"城式化"本身的成本相当高。有人依照城市化"成本-收益"模型分析，按2000年不变价格，每进入城市1个人，需要"个人支付成本"1.45万元/人，"公共支付成本"1.05万元/人，总计每转变一个农民成为城市居民平均需支付的社会总成本为2.5万元/人。[10]不同城市的城镇化成本核算是不一样的。例如，一个新增加城镇人口需要增加市政公用设施配套费：小城市为 2 万元，中等城市为 3 万元，大城市为 6 万元，特大城市为 10 万元。[5]此外，城式化的高成本还表现在高额的房价、医疗费和子女教育费用使农民工的生活方式的城式化代价很高。

（四）农民工就业不稳定，待遇不公平，家庭不能团聚，这种状况使我国进城农民市民化进程呈现二元化特征

在就业方面，农民工往往集中于脏、累、险、重、苦、差的非正规部门，与城市居民形成了就业互补。在劳动力市场分割的情况下，非正规部门由于工作岗位激烈的竞争和缺乏相关法律的保护，就业往往不稳定。这种不稳定的状态直接影响市民化的进程，也难以培养正规部门所形成的职业技能、职业道德、职业精神。在农民工待遇问题上，农民工承受着"同工不同酬"、"同工不同时"、"同工不同权"的不公待遇。一方面，表现为城市"取而不予"，农民工没有享受到市民所有的子女教育、医疗卫生、计划生育、社会救助等公共服务；另一方面，企业"用而不养"，农民工在劳保、工资、社保、福利、培训以及劳动力市场信息服务等受到亏待。调查表明：农民工72%的计划生育手术费是自己负担；并且只有不到5%的人自购房，而90%以上的农民工住棚、租房或寄住亲属家。在家庭生活方面，由于城市高昂的生活成本，农民工往往选择单独外出，造成农村家庭分离。家庭分离一方面是夫妻分居，另一方面是老者、儿童留守。京、粤、青（岛）三地农民工调查显示，"一个人在城里打工"的占到71.3%，"夫妻在城里，孩子留在老家"的占到15.9%，"全家都搬到了城里"的仅占到9.9%。[6]家庭分离的这种家庭分离的状况使农村家庭在教育熏陶、培养亲情上不能发挥应有的作用。在市民化进程中，这种家庭的分离造成了家庭内部市民化进程的不同步，这最终拖延整个家庭的市民化步伐。因而，劳动力市场上的二元结构、待遇的差别、家庭内部的分离必将使整个市民化进程凸现出二元化特征。

（五）农民工和城市流动人口流向过度集中于东南沿海，过多流向大城市特别是特大城市，流动方式具有很大的自发性，我国由乡城人口迁移所推动的城镇化和人口流动具有一种无序性

城乡间的收入或者预期收入差距是人口迁移理论和模型中解释人口流动的决定性因素。在我国区域经济不平衡加剧、县域经济发展滞后的情况下，农民工当前主要集中在东南沿海和大中城市。2004 年，在东部地区务工的农民工占全部外出农民工的比重上升到 70% 以上，流入地主要集中在北京、天津、上海、浙江、江苏、广东、福建 7 个省市。[11] 我国北京、上海、广州等大都市都超负荷运行。有关研究也表明：北京流动人口突破 400 万，占总人口的 1/4，上海和广州均突破 500 万，深圳暂住人口超过 1000 万。此外，劳动力信息服务是影响劳动力流向的另一重要因素，由于劳动力市场中介机构不发达，劳动力信息服务覆盖面窄以及农民工缺乏信息搜寻、辨别、筛选的能力所导致的工作信息的获取方式十分有限，进城大部分由老乡亲友介绍，政府部门组织的劳动力输出少，农民工的社会资本网络有限，农民工的流动方式带有很大的自发性，这种帮带性的流动往往使流向过于集中。农民工的自发性流动将产生不良影响。首先，自发性往往造成盲目流动，宏观调控难以实施，地区性劳动力短缺时有发生。其次，自发性产生的过度集中于大城市，尤其是特大城市，使城市超负荷运转，"大城市病"日益显著。再次，城镇化发展出现脱节现象，"点"、"面"并未能有效结合，大城市往往只能"鹤立鸡群"，造成结构失衡，城镇化具有无序性。

（六）农民工阶层不断分化，素质退化，地位弱化，流动人口对城市的融合进程呈现多样化和复杂化态势

经过 20 多年发展，农民工阶层内部也开始出现分化。从时间先后顺序上来讲，老一代农民工在发展过程中面临着素质的退化，有所谓农民工"40 岁现象"。他们接受的正规化教育程度比较低，就业过程中，企业往往努力压低雇佣成本，极少对农民工进行在职培训，人力资本的积累极其缓慢。因此，除了体力之外他们就没有任何其他资本可以交换。随着年龄的

增加，老一代农民工"青春红利"逐渐折耗，素质不断退化。农民工阶层分化的最突出表现是新生代农民工或称第二代农民工的产生。他们是第一代农民工的后代，几乎与改革开放同龄，年龄一般在18至30岁之间。新生代农民工群体是"回不去农村，融不进城市"的农民工，他们大多没有务农经历，也不再适应农村生活；他们介于"生存者"与"生活者"之间，流动动机在很大程度上已由谋求生存向更高的追求平等和追求现代生活转变；他们素质相对较高，也更贴近城市的生活方式和思维方式。而从地位分化上讲，尽管大部分农民工仍然处于被雇佣的地位，但是也有一部分人或作为创业者成为私营企业主扎根城市，或返回农村创业成为"返航人"。据2004年全国第六次私营企业抽样调查，城镇私营企业主的原来职业分布中，进城农民约有1/5。许多农民工经过打工实践，在外开阔了眼界，学会了本领，掌握了技术，拥有了资本，具备了创业的能力。因而，面对农民工内部不同特点的亚群体，其对城市的融合必然体现出不同的方式。对于老一代农民工，他们的观念仍然是典型的传统农民思维方式，融合很难。新生代农民工的思想观念已经远离土地和农业生产而向更贴近城市的生活方式和思维方式转变，对城市体现出较多的认同感和更强的归属感，但他们面临能力与期望的失衡，他们自身能力有限但职位期望较高，在整个社会结构体系中，难以准确定位。对于那些成为城镇私营业主的人，他们早已熟悉城市生活，融合相当容易。

二、合理引导农民工，促进工业化和城镇化协调发展的战略对策

我国农民工现状的特殊性、工业化和城镇化问题的复杂性，以及三者之间的相互影响相互作用的交融性，决定了我们需要依据我国现实社会经济情况，将农民工问题的解决置于城镇化、工业化过程中，坚持四个"并重"，分步实施，分类指导，正确调节进城农民的流向和流速，最终促进工业化和城镇化的协调发展（见图1）。

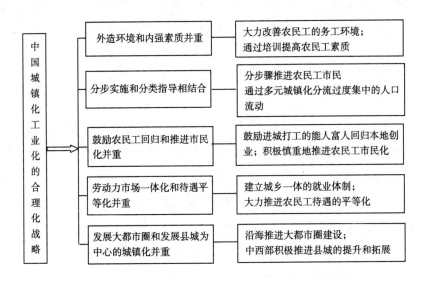

图1　基于农民工流动的城镇化与工业化合理化战略对策

（一）要外造环境和内强素质并重，一方面按"公平对待，一视同仁"的原则，大力改善农民工的务工环境；另一方面通过发展职业技术教育和在岗培训，提高农民工素质以适应新型工业化的需要

农民工在城市的弱势地位、边缘化状况以及城市的体制外生存，既与现有的歧视性务工环境有关，也与农民工自身的素质不高有关。因而，要外造环境和内强素质并重。公平对待就是要善待农民工，对农民工给予足够的重视和尊重，关心农民工的切身经济利益，以及相关的政治权利和文化权利，进一步清理和废止对农民工的各项歧视和限制政策，制止向农民工的收费和变相收费，努力营造公平的务工环境。同时，要提高农民工自身素质。当前教育和培训还存在相当多的问题：资源分配不均、政府投入不足、培训力度不够、内容与现实脱节。现行的"阳光工程"主要针对农村留守的人员，城市政府组织的培训对象主要是城镇下岗人员，因而在城镇的农民工就陷入了培训的"真空地带"。这就要求在新型工业化的需求下，重新整合教育资源，动用政府、社会、企业三方力量，努力发展职业教育和在岗培训。尤其是企业要严格执行劳动就业合同和树立现代用人观念，制止非正规部门就业的无保障状况。

（二）要把分步实施和分类指导相结合，正确处理进城农民工市民化的最终模式和过渡模式的关系，通过多元城镇化分流过度集中的城乡流动人口，缓和大都市压力

在农民工市民化问题上，我们决不能"一蹴而就"，要防止"拉美陷阱"。20世纪六七十年代，一些拉美国家为推动经济起飞，普遍实施快速推进城市化以减少农民的战略，大量"无土地、无保障、无固定岗位、无一技之长"的农民成为新市民，造成城市两极分化严重，社会矛盾激化。"拉美陷阱"的前车之鉴告诉我们，农民要成为市民必须要有所依托，即在城市要有稳定的职业和收入，只有在这样的基础之上的市民化才是稳妥的。结合我国实际情况，我们认为，当前农民工市民化要分步实施，突出市民化进程中的过渡模式和最终模式。市民化最终的目的是要转变为城市居民，但是农民工首先要能够成为现代产业工人以作为过渡模式。这种过渡模式不能仅仅从农民工的贡献来界定，更要注重农民工是否得到产业工人待遇。因而在农民工的市民化进程中首先要把重点放在农民工的产业工人待遇上，而不是过急的和市民完全等同的市民待遇。从这个意义上讲，市民化的实质应该是政府为进城农民提供的"公共服务"。[6]其中，农民工的社会保障问题是各种矛盾的焦点。目前，建立农民工的社会保障已经无可非议，但是关键在于哪些项目需要首先实施、如何实施。对农民工而言，工伤和大病是其面临的最大风险，因而要按分类指导原则建立适合农民工特点的社保体制：一要依法将农民工纳入工伤保险范围，二要抓紧解决农民工大病医疗保障，三要探索适合农民工特点的养老保险办法。同时，农民工的市民化可以分散实行，由于社会保障等公共支出，大城市的市民化成本是很高的，为了避免高价城式化，也可以通过多元城镇化实现农民工分流。

（三）要坚持把鼓励回归和推进市民化并重，一方面鼓励进城打工的能人富人回归本地创业；另一方面积极慎重的推进农民工市民化，让一部分人率先成为城市居民

从农民工的分化所导致的对城市融合的多样化和复杂化可以看出，农民工的最终去向也并非是一致的。当前农民工回归已经有非常好的基础。通过"进城打工学习—回流创业实践"模式，这类农民工带回了资金，学会了技术，引进了现代的经营理念和管理方法，成为城镇经济的"助推器"。湖南省迄今已有近20万外出农民工返乡创业，建起了8万多个"回流型"个体民营企业，吸纳近50万农村劳动力，年创造效益30余亿元。[12]湖北省通城县有40多万人口，有10万多人外出务工经商，占全县劳力的60%以上，成了名副其实的"打工之乡"。在这些务工经商人员中，涌现出一批大大小小的老板，其中资产过千万元的100多人，资产过百万元的1100多人。该县这几年把招商引资的目标瞄准那些在外创业的通城籍老板。通过实施"回归工程"，共引进项目324个，占招商引资总项目的96.1%，回归资金8.2亿元，占招商引资总额的72%。[13]因而，地方政府在鼓励回归的同时，应当积极营造良好的创业氛围，给予适当的政策优惠以壮大县域经济。而对于长期留在城市中的一部分人，尤其是那些技工型的、劳模以及私营业主，他们收入已经相当稳定，心态平稳，完全适应城市生活，可以率先实现市民化。

（四）要坚持把劳动力市场一体化和农民工待遇平等化并重，在建立城乡一体的劳动力市场和就业体制的同时，大力推进农民工企业待遇和社会待遇的平等化，清理和取消各种针对农民工进城就业的歧视性规定和不合理限制

我国农民工对城市发展做出巨大贡献，但他们没有分享到社会经济发展成果。农民工的不平等，首先源于就业体制，因为劳动就业不平等派生了其他不平等现象。因而，在劳动力市场一体化进程中，在劳动关系上要一视同仁，同时强化劳动部门的管理与服务职能，鼓励发展多种形式的就业中介组织，建立跨地区、跨部门的农村劳动力市场，推进劳动力市场信息网络建设，加强对农村劳动力市场的预测、规划、调控、立法、监管，使农村劳动力的转移走向制度化、规范化、组织化。在推进农民工待遇平等化过程中，要加强政府职能的转变，扭转政府职能偏差造成的政府缺位、政府越位和政府错位。在过去对待农民工问题上，政府往往采取"堵"、"轰"的行政性手段，[1]因而政府往往管理重于服务，对农民工的社会服务出现政府缺位。这种职能的偏差的矫正必须通过扭转政府的观念、大力推进农民工待遇平等化来实现。同时，要按照属地化管理的原则，充分发挥城市社区组织的作用，将农民工一并纳入城市居民的管理体系中，逐步健全覆盖农民工的城市公共服务体系。

（五）要把发展大都市圈为特征的城市化和以发展 2000 多个县城为中心的城镇化并重，一方面在我国东部推进都市文明向周边城区的扩散；另一方面在中西部地区通过大力发展交通和通信，缩短省会城市与县城的时空距离

在东中西部的梯度转移过程中，东部与中西部之间，尤其是各自内部城乡差距之间的状况很不相同。因而在农民工推进城镇化过程中要基于这种差异，因地制宜地采取不同的城镇化策略。对于东部地区，由于城乡差距以及收入差距不大，可以采取以大都市圈为特征的城市化策略，实行组团式的城市结构，通过大都市的辐射能力，直接把周边的小城镇纳入块状的城市圈内，使都市文明快速向周边地区扩散。而对于中西部地区，我们的构想是通过据点式城镇化，在中西部把县城建成 10 万至 30 万人的城市。要实现这一目标，必须大力发展县城经济，提高县的财政能力。在建设社会主义新农村的过程中，首要的是要改变县级财力太弱的局面。通过大力发展县域经济和政府财税政策的大力支持，加快县的城镇化建设，把县城作为吸纳农村剩余劳动力的重要载体。其次要注意城市与县城之间的对接，完善以交通通信为基础的公共设施建设，实现城市产业顺利向县城的转移。

参考文献

〔1〕李强（2004）：《农民工与中国社会分层》，社会科学文献出版社。

〔2〕佚名（2006）：《解读国家中长期科技发展规划纲要》，《光明日报》，1 月 12 日。

〔3〕张平、张晓晶（2003）：《经济增长、结构调整的累积效应与资本形成》，《经济研究》，第 8 期。

〔4〕黄广明（2005）：《农民工：不应被忽视的贡献者》，《人民日报（海外版）》，

11 月 10 日。

〔5〕国务院研究室课题组（2006）：《中国农民工调研报告》，中国言实出版社。

〔6〕李真（2005）：《流动与融和：农民工公共政策改革与服务创新论集》，团结出版社。

〔7〕吴振华（2005）：《农民工的城市适应模式选择及其原因探析》，《理论与改革》，第 5 期。

〔8〕辜胜阻、刘传江（2000）：《人口流动与农村城镇化战略管理》，华中理工大学出版社。

〔9〕林凌（2006）：《中国农民对城市化的贡献》，《光明日报》，1 月 17 日。

〔10〕王亚芬（2003）：《城市化是中国财富涌流的载体》，《科学时报》，1 月 15 日。

〔11〕彭丽荃（2005）：《农民工扎堆东部》，《中国国情国力》，第 9 期。

〔12〕湖南省统计局（2005）：《2005 年湖南省劳动就业工作稳步前进》，《统计信息》，第 16 期。

〔13〕张兴旺等（2006）：《让民间资本涌流——通城县实施"回归工程"纪实》，《湖北日报》，4 月 10 日。

—23—

推动县域经济发展的战略构想[*]

县域经济是我国国民经济的基本单元，在经济发展中具有举足轻重的作用。数据显示，我国共有 2070 个县域经济体，其国土面积占全国的 95%，人口占全国的 74%，地区生产总值占全国的 60%，财政收入占全国的 24%。全国已转移的农村劳动力中，县域经济体吸纳了 65%。[1]当前，受全球金融危机的影响，我国的经济发展面临巨大挑战。虽然政府通过一系列经济刺激政策弥补了金融危机冲击下外需衰退对经济的不利影响，经济已经呈现出明显的企稳回升态势。但回升的基础还不稳定、不巩固、不平衡，经济回升内在动力仍然不足，结构性矛盾仍很突出。2009 年中央经济工作会议在部署 2010 年经济工作的主要任务时提出："要坚持走中国特色城镇化道路，促进大中小城市和小城镇协调发展，着力提高城镇综合承载能力，发挥好城市对农村的辐射带动作用，壮大县域经济。"这充分肯定了县域经济的重要地位及对我国经济发展的重要战略意义。我们认为，壮大县域经济是促进经济结构调整、推动城乡统筹发展、保障经济均衡发展的重大举措。首先，县域农村作为县域经济的广阔腹地，包括了我国绝大部分的地域和人口，具有巨大的市场容量，是我国最大的潜在内需所在。发展壮大县域经济，能够有效拓宽非农就业水平，提高农民非农收

---

* 本文发表于《经济纵横》2010 年第 2 期。李华、易善策协助研究。

入，开辟农民增收空间，进而有利于激活农村消费市场，变潜在需求为现实内需，改变我国经济结构中内需与外需的失衡状况，实现经济发展模式由依赖外需转向内需驱动，推进经济结构调整。其次，我国已经进入工业化中后期阶段，步入着力破除城乡二元结构、形成城乡经济社会发展一体化新格局的重要时期。积极发展县域经济，并实现从以乡村为依托、以农业和农村经济为主体的传统县域经济，向以县城为依托、以非农经济为主导、一二三产业协调发展的新型县域经济转变，对于解决"三农"问题、实现城乡统筹具有极其重要的战略意义。

县域经济发展是应对危机、促发展的大战略，未来中国经济发展必须要做好县域经济发展这篇大文章。从总体上来看，县域经济在我国经济发展中占据了相当的比重。但是从结构上来看，县域经济发展存在很大差异。尽管部分发达地区的县域经济发展迅速，但是我国县域经济发展并不乐观，广大中西部地区县域经济发展相对落后。我们认为，要通过城镇化、工业化和农业产业化，以民营经济为主体，以"扩权强县"的改革为契机来发展壮大县域经济。

一、以农村城镇化为支撑，努力依托县城发展一批中小城市，增强县城城镇功能，培育县域经济发展的增长极

县域城镇是县域经济发展的重要载体，县域工业化需要以农村城镇化为支撑。在农村城镇化的发展过程中要防止出现"遍地开花"式的盲目无序发展小城镇的现象，鼓励和引导农村城镇集中发展。县城是县域工业化、城镇化的主要载体，是农村城镇化最有发展潜力的区位，是形成城乡经济社会发展一体化新格局的重要战略支点。发展依托县城的新型城镇化不仅可以逐步形成县域范围内功能互补、协调发展的城镇体系，有效提高农村城镇化的发展质量；而且可以鼓励农村外出劳动力向县城集聚，有利于农民工的合理流动和市民化，改变当前已经进城的农民工实际上并没有市民化的"半城镇化"状态，满足农民的"城市梦"。更重要的是，依托县城的新型城镇化是我国最大的内需所在，发展依托县城的新型城镇化可以创造出持续增长的需求。据国家统计局数据，我国共有城市 655 个，其

中人口规模在 20 万以下的城市不到全部城市的一半，依托县城发展中小城市潜力巨大。因而，当前在工业化和城镇化快速推进的新形势下，应该以县城为依托，把县城建设成为县域经济的龙头和农村城镇化的经济中心，通过县城把城市物质文明和精神文明扩展到乡村，使县城成为城乡融合的枢纽和桥梁，阻止农村人口向大城市的高速集中，缓和大城市的压力。

依托县城发展农村城镇化，要实施以下对策：

（一）依托县城发展一批中小城市，做大县城

当前中国的城镇化已经进入功能调整、适度集中的新阶段，表现为大城市的调整性扩张和小城市的集中发展。以全国 2000 多个县城为依托发展中小城市推进农村城镇化将是未来中国城镇化的重要发展方向。"依托县城的农村城镇化"要根据城镇发展规律和区域布局规律，充分考虑各地区人口密度、经济发展水平、现有城镇体系布局等情况建设不同规模的城市。具体设想是：在 100 万人口以上的大县把城关镇发展为 30 万～50 万人的中等城市；在 50 万～100 万人的中等县以城关镇为依托建立 20 万～30 万人的中小城市；在 50 万人口以下的小县要把县城做大，把县城建设成为县域经济的龙头和农村城镇化的经济中心。

（二）强化城镇功能，以县城作为公共服务的载体

依托县城的农村城镇化的推进不能只注重以新建或者扩展某类城镇规模为主的外延城镇化，更要重视以加强城市基础设施建设为特色的内涵城镇化。要以城镇供水、供电、通信等基础设施以及城镇教育、文化、卫生、社会保障等公共服务体系建设为重点，增强城镇功能，以县城作为县域公共服务的载体。同时，要加强服务型政府建设，按照"小机构，大服务"的目标把县级政府塑造成为与经济发展和现代化建设相适应的、协调高效的服务型政府。

（三）增强县城的吸引力，引导农村人口适当集中

依托县城发展适度集中的农村城镇化需要通过制度创新加大政策扶持力度，不断提高县城的吸引力，促进人流、物流、资本流、信息流等要素

的集聚，实现"耕地向种田能手集中、乡镇企业向工业小区集中、农村人口向县城集中"。为此，要在县城率先全面推进户籍管理制度以及与之密切相关的劳动就业、社会保障、教育等配套制度改革，降低县城的"门槛"。同时，要制定有利于农村工业和人口向县城集中的土地、投资以及产业发展政策等，鼓励和引导农村工业和农村剩余劳动力向县城集中。

（四）以规划为龙头，合理谋划县城科学发展

当前自然资源短缺已经成为城市发展的瓶颈，生态环境问题对城乡居民的生活质量构成了实际的威胁，粗放的城市发展模式已经难以为继。[2]针对我国城镇建设中存在的缺乏科学合理的统一规划以及粗放建设等问题，"依托县城的农村城镇化"要以规划为龙头，遵循先规划后建设的原则。要根据自身发展潜力和区域经济社会发展态势，把自身建设目标与特定地区可持续发展目标统一起来，立足于科学性、超前性、权威性和动态性，本着合理布局、节约用地、严格控制占用耕地、有利生产、方便生活等原则，[3]对土地和空间资源的利用以及各种建设活动要进行综合部署，兼顾区域的生态环境容量，做到统筹兼顾，全面安排。

二、以民营经济为主体，鼓励支持返乡农民工创业，重视引进外来企业和企业家群体，激发县域经济发展的活力

民营经济是市场经济的天然基础，民营经济的发展不仅形成了市场竞争的企业生态，激发了县域经济的活力，而且提供了一种人才形成机制，能够形成一大批勇于进取、善于开拓的企业家，带来真正的企业家精神和新的企业家风貌，极大激发创业热情。从浙江温州、义乌、珠江三角洲地区、福建晋江等地区的实践来看，民营经济的发展在很大程度上决定着整个县域经济的发展状况。当地县域经济之所以十分发达，主要是由于民营经济发展较好，创业活动十分活跃。因而，民营经济是县域经济发展最具活力的增长点，凡是民营经济越发达的地方，市场发育就越快，市场机制就越活，综合实力就越强，经济体制就越成熟（见表1）。

表1 我国部分地区民营经济与县域经济发展情况

东部地区	工业增加值民营比重（%）	"百强县"个数	中部地区	工业增加值民营比重（%）	"百强县"个数	西部地区	工业增加值民营比重（%）	"百强县"个数
江苏	86.5	27	山西	50.9	2	内蒙古	58.7	2
浙江	87.4	26	吉林	40.8	1	广西	69.7	0
山东	74.9	26	黑龙江	27.9	1	重庆	53.5	0
福建	86.1	8	安徽	55.9	0	四川	63.2	1
辽宁	54.1	5	江西	72.5	2	贵州	40.1	0
上海	59.1	1	河南	66.4	8	云南	36.9	0
北京	43.6	0	湖北	43.6	0	西藏	55.7	0
天津	50.6	0	湖南	64.2	4	陕西	31.2	2
河北	76.5	5				甘肃	35.5	0
广东	81.0	2				青海	21.6	0
海南	89.8	0				宁夏	37.9	0
						新疆	12.8	1
东部	71.8（平均）	100（总计）	中部	52.8（平均）	18（总计）	西部	43.0（平均）	6（总计）

注：1. 采用广义的民营经济概念，即除开国有及国有控股企业以外的其他经济成分。

2. 对东中西部的划分根据国发（2000）33号文件。

资料来源：1. 各省市《2008国民经济和社会发展统计公报》。

2. 中郡县域经济研究所（2009）：《第九届全国县域经济基本竞争力与科学发展评价报告》，http://www.china-county.org。

促进县域民营经济发展的关键在于营造良好的创业氛围。政府在创业扶持方面，要构建完备的创业融资体系，增强创业资本的可获性；要健全创业的服务体系，使创业的门槛最低化；要健全创业的教育和培训体系，使创业者的能力最大化；要完善创业政策的扶持体系，使创业的成本最小化；要建设创业基地和园区，使环境优化。同时，县域民营经济发展特别要重视两股力量：

（一）重视返乡创业的农民工群体

发展经济学家托达罗认为，农村剩余劳动力进入城市非正规部门，而非正规部门用极为低廉的费用培养了劳动力，在人力资本的形成中扮演着重要角色。农民工经历了城镇化和工业化的洗礼，接受了现代城市中创业观念的熏陶，熟悉了市场规则，磨炼了意志，具有饱满的创业激情。不少农民工已经成为熟练的产业工人、企业技术骨干，甚至成为管理人员，拥有一定的技术和资本，具备了创业能力。而且农民工在外打工也积累了一定的社会资本，在自己创业过程中可以与原来的打工企业老板和客户保持多种形式的联系，拥有相对优越的创业资源；同时他们对于家乡的市场情况更加了解，对家乡的认同感使他们在外学有所成或者积累一定资金后愿意返乡归根，具有回乡创业的意愿。积极引导他们返乡创业，必将成为县域经济发展的"助推器"。统计显示，安徽省已有70多万农民工回乡创业，创办各类企业30多万家，吸纳220多万农村富余劳动力实现就地就近就业，这些返乡创业的农民工精英群体已经成为地方经济发展的生力军。

（二）大力引进具有创业精神的外来企业和企业家群体

据估计，有390万浙商活跃在浙江以外的全国其他地区。具有草根创业精神的浙江商帮对各地县域经济发展扮演着非常的重要的角色。商帮是指称雄逐鹿于商界的以地域为中心，以血缘、乡谊为纽带，以"相亲相助"为宗旨的对区域经济产生重大影响的商人群体。[4] 其中最有代表性的是"想尽千方百计，走遍千山万水，历经千辛万苦，道尽千言万语"的浙江商人。他们不仅为当地创造了财富，成为区域经济发展的一支重要力量，而且他们背后的企业家精神有利于激发社会上自我创业、自我发展的欲望，形成尊重创业、鼓励创业和保护创业的社会氛围，成为推动县域经济发展的内在驱动力。

三、以新型工业化为主导，把承接产业转移与引导农民工返乡创业就业结合起来，大力发展具有竞争力的县域特色产业

工业化过程是县域经济发展不可逾越的阶段，县域经济发展要以工业化为主导。从总体上看，当前我国相当一部分地区县域经济缺乏必要的、

有力的产业支撑，县域经济发展底气不足。从产业结构上看，大部分县域产业集中在种植业和养殖业等传统农业上，产业结构单一、农业产业链条短、产业层次较低，自给自足的小农经济仍然在整个县域经济中占重要地位。从产业布局上看，中国现有的乡镇企业大部分分布在村庄和小集镇，只有小部分分布在县城以上。从产业特色上看，"小而全"的现象严重，产业发展"全而不专、多而不精"，产品竞争力较弱。

未来县域工业化的推进要在进一步优化工业结构的基础上促进产业结构向"高新特优"方向发展。

（一）强化特色产业

县域经济发展必须基于县域实际，以市场为导向，以本地资源优势为依托，以经济效益为核心，选择农业服务牵引型、工业催生型、城市辐射型、旅游开发型、矿产资源型、农产品加工型、外资推动型等不同产业发展模式。同时，要加强规划，合理布局产业，促进产业集聚。通过建立开发区、创业园，吸引企业集聚，发展专业化、规模化的产业集群，提高县域经济的集约化程度。对于技术水平比较高、发展基础比较好的现代加工型乡镇工业和服务面广的第三产业要向县城集中。

（二）优化县域产业结构

充分利用县城是沟通城乡的"商品链"、"资金链"、"物资链"、"信息链"以及"交通链"的优势，大力发展交通、通信、城乡贸易、仓储、信息中介、旅游服务等第三产业。对于一部分经济基础较好、地理位置优越并已形成相当规模的卫星城市，应考虑利用大中城市的辐射作用发展高新技术产业开发区和工业园区。

（三）把承接产业转移与走新型工业化道路结合起来

近年来，东部一些地区正面临着土地空间、能源资源、人口重负及环境承载力难以为继的问题，传统制造业的发展受到制约。同时，在当前国际金融危机的影响下，东部地区产业结构升级的问题也显得尤为迫切。在这种形势下，东部向中西部地区的产业转移给中西部地区的县域经济发展带来了难得的机遇。当前，中西部地区县域经济发展要将承接产业转移和优化产业结构结合起来，提高产业核心竞争力。要有选择、有重点地承接产业转移，不能只看项目数量，而要注重项目质量，要着眼于技术进步和产业升级，防止被淘汰的、污染严重的企业和项目转移到县域，做到引资不引污。

四、以农业产业化为抓手，稳步推进农村土地流转制度改革，探索农业产业化的有效组织模式，强化农业产业化的服务体系，增强县域经济发展的基础

农业的发展是县域经济发展的重要内容，尤其在中西部一些传统农业仍占据相当比重的地区，如何提高农业的层次和水平是当地经济发展的关键环节。农村实行家庭联产承包经营后，农业发展主要面临两个困难：一个是分散经营的小规模农户与农业现代化、集约化、规模化之间的矛盾；另一个是现行的生产环节和部门分割与提高农业整体效益和农业竞争力之间的矛盾。[5]实践证明，要使千家万户分散的小农能主动适应千变万化的市场需求，解决分散经营的小农与大市场的矛盾，一个行之有效的办法是发展社会化的农业生产服务体系，延长农业链条，提高农产品附加值，实现农业的产业化经营。可以说，农业产业化经营是我国农村改革继实行家庭承包经营之后农村经营体制和组织制度的一个重大创新，[6]是县域经济加快发展的重要途径。

当前，加快农业产业化经营需要从制度支撑、组织模式以及服务体系三个方面着手：

（一）稳步推进农村土地流转制度改革

在稳定土地家庭承包经营的基础上，创新农地流转模式，积极推进土地承包经营权的合理流转，发展适度规模经营。要健全土地流转机制，建立健全土地承包经营权流转市场。要创新土地流转模式，通过发放永久性土地使用权证，实行"一地一证"制，使农民只要凭土地使用权证和承包合同，就可以对土地实行互换、出让、出租、转包、入股、抵押等流转活

动。要提供土地流转配套服务，发展中介组织和相关服务机构，减少信息不对称，降低交易成本。同时，要通过政府完善农村社会保障体系割断农民同土地的"脐带"。

（二）发展壮大龙头企业和农民专业合作组织

要加大对龙头企业的扶持力度，通过财税、信贷、科技等方面的支持，做强、做大一批龙头企业。同时，要引导龙头企业与农户建立起长期稳定、密切相关的关系，实现两者的双赢。要壮大农民专业合作组织，进一步落实各项加快农民专业合作社发展的扶持政策。要加大人员培训力度，努力造就合格的农民专业合作社经营管理人才队伍和农民专业合作社业务辅导员队伍，使农民专业合作组织规范化。要加强专业市场建设，完善基础设施，健全物流、营销等配套服务功能，打造特色区域品牌。

（三）完善公共服务体系

要加强农村市场的信息网络建设，在有条件的地区设立专门的农业信息服务站，将农业信息的采集与发布规范化。要重视农业科研，加快农业技术转化，大力开展科技下乡，创新农业技术推广机制，积极推广农业新技术、新品种，提高农产品的科技含量和附加值。要建立健全农产品质量监督体系，编制相关的农业标准体系，提高农产品质量。

五、以"扁平化"的"扩权强县"的改革为契机，实施积极有效的财政金融政策，调动县级政府发展县域经济的积极性

应该注意到，当前我国县域经济发展活力不够的一个重要原因，就是"市管县"体制下县级政府权责不对等、经济管理权较弱、自主发展的空间较小。兴起于20世纪80年代初的"市管县"体制适应了当时的经济发展背景，通过提升市的地位促进了要素集聚和市县之间的经济协调，在增强中心城市对农村发展的带动以及加强管理等方面曾发挥过积极作用，一定程度上打破了城乡分割、条块割裂的局面。但随着经济社会的发展以及

市场经济体制的不断完善，"市管县"体制已经严重束缚了县域经济发展的积极性。尤其是在"市管县"的体制下，县域财政财权与事权不对称，县域财政的财源结构单一、财政实力弱，中央财政和省市级财政对县乡财政转移支付的规模较小、分配不规范，极大地制约了县域经济的发展。

美国经济学家道格拉斯·诺斯曾指出："有效率的组织是经济增长的关键，一个有效率的经济组织在西欧的发展正是西方世界兴起的原因。"[7]在经济的发展过程中，制度无疑发挥着重要的作用。当前促进县域经济的发展迫切需要进行制度创新，从管理体制上对县域经济"松绑"，以"扩权强县"的改革为契机，通过扁平化放权式改革把县域经济做强。

（一）把"扁平化"的财政体制改革作为扩权强县的突破口

要积极落实财政部《关于推进省直接管理县财政改革的意见》（财预〔2009〕78号），在省以下启动和推动"省直管县"财政管理体制和"乡财县管"财政管理方式的改革，逐步完善中央、省、市县三级财政体制，以制度改革释放县域经济发展的活力。

（二）把金融体制改革作为扩权强县的配套措施

要积极扩大县级金融机构的信贷审批权限，提高县级金融机构的金融服务能力。要进行金融工具创新，不断探索满足农民和其他居民资金需求的新形式。在民间借贷比较普遍的地区，可组建区域性中小股份制商业银行、社区银行等，积极启动民间资本。政府要通过法律手段降低中小银行、社区银行的准入门槛，通过税收优惠、政策倾斜等措施正确引导和大力扶持，同时加强金融监管，建立、健全防范和化解风险的机制。

（三）把因地制宜作为推进扩权强县改革的重要原则

对于一些经济比较发达、对周边地区辐射带动作用强的中心城市，对于周边县已经和中心城市在经济结构、产业布局等方面实现了紧密融合的地区，对于市县关系良好、"市管县"体制还在发挥着积极作用的地区，其改革需要做进一步的研究。西部一些地区存在着地域面积大、人口稀少、经济欠发达的实际情况，客观上需要维持现行的"市管县"的体制。

因此，扩权强县的改革要具体问题具体分析，因地制宜，不能"一刀切"。

参考文献

〔1〕曹健（2008）：《全国 2070 个县域经济体占地区生产总值六成》，《新华每日电讯》，9 月 16 日。

〔2〕仇保兴（2009）：《中国城镇化须采纳低碳发展战略》，《中华建设》，第 7 期。

〔3〕辜胜阻、李永周（2000）：《实施千座小城市工程启动农村市场需求》，《中国银行武汉管理干部学院学报》，第 1 期。

〔4〕辜胜阻（2007）：《区域经济发展要高度重视商帮的作用》，《中华工商时报》，2 月 8 日。

〔5〕王青云（2003）：《县域经济发展的理论与实践》，商务印书馆。

〔6〕黄连贵、张照新、张涛（2008）：《我国农业产业化发展现状、成效及未来发展思路》，《经济研究参考》，第 31 期。

〔7〕D. C. 诺斯、R. P. 托马斯（1999）：《西方世界的兴起》，华夏出版社。

—24—
家族企业治理模式及其路径选择[*]

家族企业深深扎根于世界各国经济之中，在有些国家甚至成为企业组织的主导模式。《财富》500 强企业有 37% 归家族所有，家族企业约占北美企业总数的 80%～90%，美国 60% 的上市公司为家族所控制。[1] 我国民营经济是国民经济的重要组成部分，家族企业是民营企业的主要企业形态，在数量上占有 90% 左右的份额。国家统计局的统计数据表明，截至 2004 年底，我国私营企业户数为 365.1 万户，解决就业人数 5017.3 万人，个体户数为 2350.5 万户，个体就业人数为 4587.1 万人。[2] 家族企业和家族化治理具有许多明显的比较优势，但是 70% 的家族企业的生命周期只能存续一代，30% 的家族企业可以延续到第二代，15% 的家族企业可能延续到第三代，有所谓家族企业"三代灭亡"现象。[3] 本文拟在分析影响家族企业治理模式的外部环境因素和内部环境因素的基础上，将家族化治理模式作为理论分析的逻辑起点，力求阐明家族化治理模式在特定环境条件下的合理性与局限性。然后从内部环境和外部环境动态变迁的角度，分析家族企业在特定成长路径上的治理模式的战略选择。

　＊ 本文系国家自然科学基金项目"高技术企业区域发展与创新模式研究"（项目编号：70573080）的研究成果，发表于《中国人口科学》2006 年第 1 期。张昭华协助研究。

一、家族企业治理模式的类型与特征

研究家族企业治理模式的重要内容之一是对其进行科学的分类。美国学者艾尔弗雷德·钱德勒曾经提出过第二形态的现代企业制度。[4] 所谓第二形态的现代企业制度，是指家族（或业主）仍然相对（或绝对）地控股，业主及部分家族成员仍参与企业的高层管理，在相当程度上，家族仍掌握了企业的经营控制权。然而，企业中很大部分中高层经理人员，甚至总经理都是非家族成员，基本实现了社会化，企业成为家族成员和职业经理人共同管理的现代企业。但是，学界似乎没有对家族企业的治理模式进行十分明确的分类。本文的研究是基于我们自己提出的分类法，并在此基础上，提出我们对家族企业治理模式选择的战略思考。

本文依据企业控制权的不同状况，将家族企业的治理模式划分为家族化治理模式、互信共治模式、职业化治理模式这三种治理模式。家族化治理模式是指家族成员掌握绝大部分甚至是全部的企业控制权的治理形态；职业化治理模式是指职业经理人拥有高度控制权的治理形态；互信共治模式是指职业经理人和家族股东之间互相信任、共同控制企业、分享管理权的治理形态。不同治理模式的特征比较如表 1 所示。

表 1　家族企业不同治理模式的比较

	家族化治理模式	互信共治模式	职业化治理模式
信任基础	家族内部信任为主	"家人"与"外人"互信	外部信任为主
经营主体	所有者与经营者合一	控制权分享	所有者与经营者分离
领导权威	家长单边权威	权威二元化	管理者权威
管理决策	家长集权决策	决策权共享	经理人专业化决策
股权结构	家族"一股独大"	股权多元化	股权多元化

我国民营企业普遍采取的是家族化治理模式。中国社会科学院社会学所、全国工商联研究室共同组织对 21 个省市自治区的 250 个市县区的 1947 家中小私营企业进行的抽样调查表明，有近 80% 是家族式企业。在这

些企业中，所有权与管理权紧密结合、决策权和管理权高度集中在企业主手中，内部普遍实行家族制管理，已婚企业主的配偶 50.5% 在本企业做管理工作，已成年子女 20.3% 在本企业做管理工作。[5]那么，是什么因素决定家族企业治理模式的具体选择？我们认为：家族企业治理模式是其外部环境因素与企业内部因素共同决定的，一定的外部环境因素与内部因素决定家族企业治理模式的具体形态特征。其中外部因素主要包括法律制度、社会信任程度、职业经理人市场、资本市场与家族文化；内部因素主要包括企业的成长阶段与规模、产品的技术特性、家族企业家的能力与控制愿望等。

二、民营企业"家族化治理"模式的合理性与局限性

当前，在家族化治理模式及其演变方向问题上有两种不同的代表性观点：一是"合理论"，这种观点充分肯定家族化治理模式的合理性，认为家族化治理模式是在中国特色的外部环境下非常有效率的模式，甚至认为西方市场经济中成熟的职业经理人制度至少不适合当前我国的社会文化与经济法律环境，因此应该肯定家族企业和家族化治理模式对我国经济发展的重要性。[6]卢福财与刘满芝认为，家族企业应该在了解自身的经营资源优劣势以及企业所面临的机会与威胁的基础上，"因地制宜"地选择适合自己的成长模式，不能一蹴而就地选择不适合自身当前发展的纯现代企业制度，否则只能是拔苗助长，得不偿失。[7]二是"局限论"，这种观点认为相对于外部经济环境不太完善而言，家族治理的内在缺陷更致命，家族化治理模式应该向职业化治理模式逐渐"演进"；应该在社会经济环境逐步完善中适度引入职业经理人。[8]在治理模式的变迁过程中，李新春主张实施介于家族化治理和职业化治理的折中治理模式。[9]总体而言，"合理论"比较强调外部环境的约束，"局限论"则比较强调家族化治理的内在缺陷。我们认为：民营企业"家族化治理"的制度合理性和历史局限性是融为一体的，我们既不能只看到合理性而否认局限性，也不能过分强调局限性而忽视合理性。对创业而言，家族企业"家族化治理"更显合理性，对发展而言，家族企业则必须力图走出其家治和人治的局限性。

（一）家族化治理模式的合理性

首先，我们来分析民营企业的外部环境因素对家族化治理模式选择的影响。

第一，法律制度不甚完善。

完善的法律制度既可以保护投资者和债权人的利益，也可以保护职业经理人的利益，因此既能够减少委托人的道德风险，又可以减少代理人的道德风险。在我国经济转型时期，尽管对私人产权的保护有法可依，但是执法效率还有待改进，司法有时还缺少公正性，监督和惩罚成本较高。储小平在 2002～2003 年间以广东潮汕地区、珠三角地区及浙江、福建与湖北等地区的部分私营企业为研究样本，在回收的有效问卷中，统计结果表明：认为"国家的法律不健全"占样本总数的 66.66%，认为"通过法律程序解决问题代价太大，不如私了"占样本总数的 33.33%。[10] 由于产权保护的法律制度不甚完善，民营企业担心引入职业经理人，增加了商业秘密被曝光的风险。相反，家族化治理模式建立在家庭成员的心理契约上，通过家庭伦理观念的道德束缚，能够有效建立一个防范道德风险的防火墙，在一定范围内弥补了法律制度对于私人产权保护的缺陷。

第二，信任制度的不完备。

信任在经济学中可以定义为一种治理机制，它是指交易对手不利用自己的脆弱性而行使机会主义的信心，能够为经济主体的理性选择提供稳定的预期，降低交易成本。信任结构可以概括为两个层次：特殊信任与普遍信任。在目前我国经济体制的转轨阶段，家族化的特殊信任是华人社会的主要信任机制，制度化普遍信任机制远未充分建立，这种社会现实迫使大多数创业者采用家族化治理模式。上述调查还表明，在回答对当前社会信任状况的评价这一问题时，回答"一般"的占样本总数的 32.76%，回答"不好"、"很不好"与"非常不好"的占样本总数的 56.90%。但是，在家族化治理模式中，一是家族和企业合二为一的特征使企业内部有一种基于亲缘关系的高度信任机制，可以大大节省创业成本与交易成本；二是家族伦理约束与特殊信任简化了企业的监督和激励机制，家族利益和家庭亲情对企业行为产生了双重激励与约束。

第三，企业融资体系不健全。

资本市场越完善，民营企业就越有可能突破家族主义的资本瓶颈，融合家族外的社会资本，治理模式才有可能走向开放。中小企业为什么难以长大，企业融资难是一个重要瓶颈。根据由全国工商联编制的《中国私营经济年鉴 2002～2004》的一项调查表明，被访的 81.6% 的私营业主认为向银行借贷困难，其中 33.8% 的私营业主将原因归结为"手续繁琐"，46.5% 的私营业主将原因归结为"贷款抵押、担保条件太严"，12.7% 的私营业主将原因归结为"贷款成本太高"。所以，更多企业偏好于内源融资，无论是开办私营企业时的实收资本，还是 2003 年底的所有者权益，企业主所占份额比例都是 70%。[11] 转轨期中国民营企业的融资主要依赖于内源融资，股权融资极为有限，致使企业股权集中为某一家族所拥有，可是封闭的资本结构从根本上不利于引进并留住职业经理人。

第四，缺少一个完善的职业经理人市场。

完善的经理人市场包括职业经理人的评估市场、职业经理人自由流动市场、职业经理人的声誉机制、职业经理人的惩罚机制。经理人的市场完善程度，直接决定职业经理人的进入程度，也决定了民营企业治理模式的具体选择。根据全国工商联的一项抽样调查表明，在回答"对职业经理式管理运作的看法"这一问题时，认为"职业经理人市场没有完全建立"占样本总数的 52.17%，认为"职业经理人市场运作不规范"占样本总数的23.91%，认为"没有办法查询他们以往的个人信用"占样本总数的36.96%。一个典型的案例是，兰州黄河集团创始人在引进职业经理人以后，反而被职业经理人所控制，甚至无法召开董事会。

第五，社会特定的家文化使然。

家族监控治理模式适合于儒家主义的文化传统，内部监控治理模式适合于集体主义的文化传统，外部监控治理模式适合于个人主义的文化传统。[12] 在家族文化盛行的东南亚华人社会，企业大多数实施家族化治理模式。有时从表面上看，海外华人的跨国集团和其他企业完全一样，它们按公司方式组建，有董事会和监事会。但它们的运行方式却可以被描述为一起营运操作的家族。家族企业与生俱来的亲缘关系和利他主义倾向所形成的独特企业文化具有极强的凝聚力，成员间有密切的联系和依恋，家族成员信誉的抵押功能可以看作成员之间的一种长期契约。家族成员把企业资产视为家族财产，把企业业务看作是家族事务，形成了企业是家族的延伸这一观念意识。在这种观念意识作用下，建立在血缘、亲缘和姻缘关系基础上的家族成员将家族内的伦理和情感带进并融入企业，更容易和能够为了家族利益而相互配合、团结奋斗。

其次，我们来分析民营企业的内部环境因素对家族化治理模式选择的影响。

第一，企业的成长阶段与企业规模。

据"中国私营企业研究课题组"调查，2003 年底中国私营企业为300.55 万户，注册资金为 35305 亿元，从业人数为 4299 万人，平均每个企业的人数为 14.3 人，注册资金 117.47 万元。换句话说，在中国目前的私营企业中，主体还是处于在创业初期与扩展初期的中小企业。国家统计局的另一项调查也表明，企业人数在 50 人以下的小规模企业数占总数的90%。[13] 小型家族企业实施家族化治理的合理性就在于能够根据家族成员的不同禀赋特征而进行合理分工，此时如果引入代理机制，代理人在家族关系的信任差序格局下，有可能成为一种过剩资源，甚至可能是一种产生负面作用的消极资源。

第二，企业对技术创新和组织创新要求不强烈。

我国民营企业多以劳动密集型产业为主，产品的技术含量较低，产品的更新升级速度较慢，尽管产品市场竞争程度较高，但是通过压低劳动力成本，依然能够在价值链的低端生存。对固定资产投资改造和设备升级换代投入较低，主要依赖于劳动密集型产品进行竞争，较少存在引进职业经理人的动力和压力。

第三，企业家能力还能够暂时适应企业发展。

中国民营企业大多数都还处于创业第一代，少数处在第一代和第二代新老交替阶段，以核心创业家和家族组织所形成的特有的企业家精神与企业发展还比较匹配，对家族外部的人力资本没有强烈需求。因此，尽管职业经理的能力与家庭成员相比可能更强，但只有当企业发展到一定规模时，民营企业家才会感到力不从心，才会选择雇用职业经理人。家族化治理模式有两个决策优势：一是以"核心创业家"为代表的家族管理团队，存在信息收集、信息加工与信息处理的内在激励，有利于企业决策；二是家族中辈分、资历、权威最高的成员成为企业的最高领导人，可以独裁地指挥民营企业，这在一定程度上节约了决策时间，保证了决策过程的迅速性。所以，只要民营企业家的决策能力基本能够适应，在外部经理人市场很不完善的约束条件下，倾向于采用家族化治理模式。

第四，家族创业家的控制欲望使其不愿意引进职业经理人。

即使创业家的能力不足以支撑民营企业的发展，并且创业家也意识到这一问题，但是如果创业家由于存在对企业控制的强烈欲望，就会选择家族化治理模式。民营企业的成长约束主要不是吸纳和集成管理资源的能力，而是吸纳新管理资源时企业主必然要授让部分控制权，而民营企业往往不愿让出控制权。

（二）家族化治理模式的局限性

家族企业实行"家族化治理"至少有以下四个方面的局限性：

1. 家族式治理在决策方面的独断性、亲情大于制度导致管理的随意性以及私营企业主的能力局限性往往容易导致决策失误

个人或家族决策尽管能够提高决策效率，但决策质量与决策者的素质能力紧密相关。这种决策模式易于形成"家长"作风，降低决策科学性。在家族化治理模式中，家长集权制会抑制其他员工的创新动力，独裁和专断往往是创业型企业家最易犯的错误。由于权力的集中、决策的专断，企业对家长过分依赖，企业的荣辱安危都系于一人之身，缺乏制度制衡就成为民营企业的顽症。另外，与家长制相对应，企业内部主要以人治方式进行管理，主要依靠个人经验与智慧、情感的好恶和亲朋好友关系来管理企业，管理的主观随意性大，缺乏全面的制度化、规范化和程序化。尽管私营企业主的文化程度有逐渐提高的趋势（见表2），但是总体来说，文化程度偏低，难以适应企业发展对技术创新和制度创新的高能力需求。

表 2　私营企业主文化程度构成调查分析表

文化程度	各调查年份所占比重（%）				
	1993 年	1995 年	1997 年	2000 年	2002 年
未上过学	1.00	0.30	0.30	0.20	0.00
小　学	9.90	8.20	6.30	2.70	2.20
初　中	36.00	34.90	31.50	19.60	41.90
高中/中专	35.90	38.20	41.70	39.10	17.50
大　学	16.60	17.60	19.50	35.00	33.50
研究生	0.60	0.80	0.70	3.40	4.90

资料来源：中国企业管理年鉴编委会主编（2004）：《中国企业管理年鉴2004》，企业管理出版社。

2. 家族网络的封闭性具有成本劣势

尽管民营企业的"忠诚"与"信任"具有节约交易成本的经济价值，但是封闭的家族网络也使得企业决策具有一定的代价和机会成本。家庭内的人际网络关系能降低企业内的交易费用，却增加了"圈内人"与"圈外人"之间的交易费用，非家族成员很容易感到被排斥或被忽视，两权合一使家族成员与非家族成员之间的交易费用大大增加。

3. 家族化治理的排外性损害治理效率

家族化治理的排外性主要表现为下述方面：其一，家族意志的影响力很大，使得外部职业经理人常常不得不屈服于家族意志，阻碍外部职业经理人进入与作用发挥。其二，信息高度集中于内部家族成员手中，家族外部成员很难获取民营企业发展的必要信息，影响家族外部人力资本充分发挥作用。其三，家族的强势地位容易侵占中小股东的应得利益，出现公司财产权利的变相转移，影响外部股东的投资意愿。由于家族式企业的资产主要由家族投入，因而家族在企业的控制中处于强势，造成企业权力结构的封闭性，权力分配向家族网络倾斜，不利于企业成长壮大和技术创新，因此及可能导致企业成长极限。

4. 家族式治理企业在发展过程中具有代际传承风险

家族式治理企业一般并不从外部市场上公开招募掌舵者，局限于"家族"内部寻找，限制了择优范围，权力的交接可能会导致企业的衰败，极有可能出现"三代消亡"现象。

民营企业的治理模式蕴涵着一对内在矛盾，合理性与局限性并存。全盘肯定或全盘否定家族化治理模式的理论观点并不完全正确。在当前民营企业的外部环境下，在创业时，家族化治理模式能够大大减少交易成本和代理风险。从长期来看，如果外部环境日益完善，民营企业的内在发展要求与家族企业家能力不相匹配时，家族化治理模式的局限性大于合理性，家族企业就应该通过治理变革吸纳外部人力资本和金融资本。

三、新时期家族企业治理模式的选择及其演变趋势

在模式选择方面，家族企业治理模式会不会一步到位式地直接从"家族化治理"向"职业化治理"转化？我们认为：我国家族企业不会普遍采用职业化治理模式。在我国转轨经济中，职业经理人市场与金融市场、法律制度与社会信任制度的建设是一个相当长的过程。同时，家族企业家有意愿将经营家族企业看作体现家族追求与实现家族成就的事业，他们不会完全将企业交由职业经理人而坐等分享红利，实现所有者与经营者的分离。我们认为：我国家族企业在二次创业过程中，企业要做大做强，必须摆脱家族治理的局限性，但也不能彻底走向"职业化经理人"的完全治理，而应采取由家族成员和职业经理人共同参与的"共同治理"模式。

从我国家族企业的外部环境看，法制环境和市场体系不甚完善，企业家们担心引进职业经理人导致失控局面，这在一定程度上可能会妨碍家族企业实现做强做大的目标。从企业内部环境看，家族企业有很多重要的商业"隐私信息"，家族成员的信任可以保证这些信息不被泄露，同时家族的凝聚力可以促进企业的发展，亲情的信任可以降低代理成本。因此，引进职业经理人可能会增加代理成本，但是家族企业家亲自经营又可能会增加企业运营的机会成本，这确实是一个顾此失彼的两难选择。所以，最好是设计一个既符合中国国情又能够充分发挥职业化经理人专业优势的治理模式。以方太公司为例，在目睹了为数众多的家族企业由于管理不善轰然倒塌的事件后，茅理翔思考在保持家族所有权属不发生根本改变的前提

下，如何有效解决家族企业内在弊端的问题。思考的结果，就是淡化家族制，为家族企业嫁接现代企业制度。茅理翔认为，家族企业在创业初期一定要依靠家族制；家族企业发展到一定规模，家族制要求得突破，关键是淡化而不是否定家族制。目前的方太，除董事长和总经理以及监事会主席由茅氏父子与茅理翔的夫人分别担任，其他中高层管理人员没有一个家族成员和亲戚，都是外聘的本科生、硕士生或者博士生。出于激励的目的，公司也在管理人员中进行了一些产权转移，但是为数有限。茅理翔认为，"即使在西方国家的家族企业，家族相对控股的也在少数"，"很多相对控股的家族企业最终面临被收购、兼并或者转为股份公司的命运。"很明显，方太公司的治理模式是典型的"共同治理型"模式。但茅理翔认为在共同治理中，家族必须绝对控股。"在中国的家族企业中，家族必须绝对控股，家族企业的股权安全系数在70%到90%之间。"[14]在家族企业盛行的温州，有些企业正在进行治理模式的变革。如南存辉的"正泰集团"采用了家族企业和现代企业管理相结合的模式，他甚至"恭请"老爸"英年早退"，目前正泰集团的家族股东仅占40%。[15]胡成中的"德力西"集团已成为一个混合制企业，家族股东人数不到10%，股份占51%。[16]表3表明我国私营企业管理人员的主要构成状况，社会公开招聘人员、从本企业基层提拔的管理人员占有一定比例，他们掌握着家族企业的一般控制权，同时家族企业主依然掌握核心控制权与一部分一般控制权。

表3 私营企业管理人员来源

单位:%

	社会公开招聘	从本企业基层提拔	董事长或总经理亲自担任	董事长或总经理的亲戚朋友	政府部门委派	其他来源	合计
总经理	16.00	25.00	42.00	3.00	1.00	12.00	100.00
副总经理	29.33	23.55	24.23	11.05	1.50	10.34	100.00
三总师	50.10	28.19	9.86	11.05	0.69	5.52	100.00

资料来源：中国私营企业治理结构研究课题组（2002）：《私营企业治理结构问卷调查的数据与分析》，载张厚义等主编：《中国私营企业发展报告（2001）》，社会科学文献出版社，第181页。

同时，由家族成员和职业经理人共同参与的"互信共治"模式有利于解决由于当前我国独生子女时代所产生的家族企业面临的代际传承困境，避免家族企业"三代灭亡"现象。随着我国计划生育政策的普遍实施，第二代或第三代家族企业在家族内部可以选择的代际传承人数量大大减少。一方面家族成员之间与生俱来的凝聚力优势与低交易成本优势因核心家庭成员数量减少而降低（所谓缺少"上阵亲兄弟"），另一方面能够从家族成员范围内选择到的合格传承人的概率将降低。家族企业的"三代灭亡"现象很多时候是家族成员数量减少且管理能力不足的结果，共同治理模式是解决我国家族企业代际传承困境的一个较好选择。

（一）我国家族企业正处于一个重要转型期，治理结构的变革是重中之重

在新的发展阶段家族企业需要实现三大转变：一是增长方式的转变，从粗放经营到集约经营，由"高物质消耗、低技术含量、低经济效益"向"低物质消耗、高技术含量、高经济效益"的增长方式的转变；二是企业战略的转变，从创业走向创新，企业发展由基于低廉的劳动力优势转向依靠自主创新和品牌经营；三是治理结构的转变，由封闭走向开放，实现人力资本和金融资本的社会化，引进职业经理人。在这三大转变中，制度创新——治理结构转变是基础。首先，我们要看到，家族企业的组织形式发生了很大变化。私营企业由一个投资者经营的"一股独大"的局面正在改变。① 表4和图1表明：我国私营企业"一股独大"的局面正在逐步改变，私营独资企业的比重由1989年的53.2%下降到2003年的22.0%，有限责任公司的比例由1989年的4.2%上升到2003年的74.0%，私营合伙制企业的比重由42.6%下降到4.0%。

---

① 按照工商统计，私营企业是指由自然人投资设立或由自然人控股，以雇佣劳动为基础的营利性经济组织。包括私营独资企业，指由一名自然人投资经营，以雇佣劳动为基础，投资者对企业债务承担无限责任的企业；私营合伙企业，指由两个以上自然人按照协议共同投资、共同经营、共负盈亏，以雇佣劳动为基础，对债务承担无限责任的企业；私营有限责任公司，指由两个以上自然人投资或由单个自然人控股的有限责任公司；私营股份有限公司，指由五个以上自然人投资，或由单个自然人控股的股份有限公司。

表4　1989～2003年全国私营企业组织形式变化

年份	有限责任公司			独资企业			合伙企业		
	户数	增长率	比重	户数	增长率	比重	户数	增长率	比重
1989	3804	–	4.2%	48189	–	53.2%	38588	–	42.6%
1990	4318	13.5%	4.4%	53487	11.0%	54.5%	40336	4.5%	41.1%
1995	234977	73.1%	35.9%	301084	43.3%	46.0%	118470	37.0%	18.1%
2000	1087011	23.4%	61.7%	500342	1.1%	28.4%	174415	29.9%	9.9%
2002	1741240	26.2%	71.5%	569860	10.2%	23.4%	124200	−5.8%	5.1%
2003	2222664	27.6%	74.0%	661704	16.1%	22.0%	120553	−2.9%	4.0%

资料来源：中华全国工商业联合会（2005）：《中国民营企业发展报告 NO.1（2004）》，社会科学文献出版社。

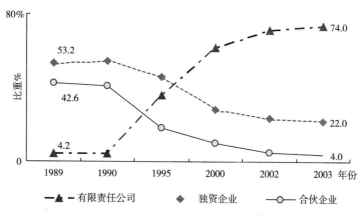

图1　1989～2003年中国民营企业组织形式变化情况

同时，我们注意到在经济转轨初期，家族企业以低廉的劳动力成本、较高的物资消耗以及环境污染的负外部性谋求成长与发展。但是在市场逐渐饱和之后，就只能以低水平恶性竞争为手段，导致经济效益日趋低下。许多家族企业"只有产品、没有品牌"，"只有创业、没有创新"，"只有维持，没有发展"。这些企业一旦面临外部资源与环境约束以及国际竞争与国际贸易规则规制时，往往就容易被淘汰出局。因此，较好的出路就在于进行制度创新与治理结构变革。家族企业只有通过变革治理结构突破由其封闭性形成的金融资本瓶颈和人力资本瓶颈，才能适应上述三大转变。

（二）家族企业要做大做强必须摆脱家族治理的局限性

如表 5 所示，在我国家族企业中，90% 以上的家族企业是中小企业，大型股份有限公司不足私营企业的 1%。从平均投资者人数来看，合伙企业、有限责任公司的平均投资人数是独资企业的 3 倍，但同股份有限公司（17.92 人）有很大差别。在平均注册本金方面，四类企业的差别很大。独资企业是 33.12 万，合伙企业是 43.35 万。有限责任公司是 145.51 万，股份有限公司是 4132.60 万。但在所有私营企业中，股份有限公司形态的企业只有 600 多家，占比 0.02%。从平均雇工人数来看，独资企业、合伙企业、有限责任公司差别不大，为 10 人以上，但与股份有限公司（131 人）差别很大。绝大部分家族企业都采取家族化治理模式。

表 5　2003 年全国私营企业发展基本情况（按企业形态分类）

企业形态	总户数 （百分比）	总人数 （平均人数）	雇工总数 （平均人数）	注册资本总额 （平均注册资本） （万元）
独资企业	661704（22.02%）	664899（1.00）	7181181（10.85）	21918927（33.12）
合伙企业	120553（4.01%）	378699（3.14）	1697217（14.08）	5226098（43.35）
有限责任公司	2222664（73.95%）	6673919（3.00）	26305168（11.83）	323411879（145.51）
股份有限公司	603（0.02%）	10805（17.92）	79478（131.80）	2491959（4132.60）

资料来源：《中国工商行政管理年鉴》编辑部（2004）：《中国工商行政管理年鉴（2004）》，中国工商出版社。

我们认为，我国家族企业在二次创业过程中，要做大做强，必须摆脱家族治理的局限性，但也不太可能彻底走向由"职业经理人"治理的完全职业化模式。从家族企业内部来看，企业规模扩大与企业技术水平提高导致企业家的能力不足；同时，企业业务的复杂化与技术进步要求使家族企业的内源融资难以支撑企业发展，必须打破其封闭性。从家族企业的外部环境来看，市场竞争日益加剧。家族化治理机制的信任资本、人力资本与金融资本已经成为企业成长发展的约束。

（三）家族企业的治理不能实现所有权与经营权的完全分离、企业创始人或所有者完全隐退

家族企业家有意愿将经营家族企业看作体现家族追求与实现家族成就的事业，他们不会完全将企业交由职业经理人而坐等分享红利，从而实现所有者与经营者的彻底分离。中国家族企业大多数都还处于创业第一代，少数处在第一代和第二代新老交替阶段。家族企业主和家族成员如果单纯拥有剩余索取权将变成"被动的企业家"，这显然与家族成员的意愿、经营能力以及家族成就感所要求的"积极的"或"主动的"企业家功能不相适应。从家族企业外部环境看，经理人市场失灵与残缺、产权保护的法律制度不健全也使家族企业家不愿意将家族企业完全交由职业经理人治理。全国工商联的研究表明：在我国私营企业治理模式的决策方面，近30%的重大决策是由投资人与管理人员共同决定的（见表6）。

表6 我国私营企业治理模式的决策倾向（单位:%）

决策人	重大决策			一般决策		
	1997 年	2000 年	2002 年	1997 年	2000 年	2002 年
主要投资人决定	58.7	43.7	39.7	54.7	35.4	34.7
董事会决定	11.0	26.3	30.1	10.0	18.2	25.9
投资人与管理人员共同决定	29.7	29.1	29.6	34.5	41.8	36.5
投资人与其他组织共同决定	0.3	0.5	0.2	0.4	0.8	0.7
其　　他	–	0.2	0.7	0.3	3.4	2.3

资料来源：中华全国工商联（2003）：《中国私营经济年鉴》，中华工商联合出版社，第132页。

（四）职业化治理不是家族企业普遍的、首要的选择，共同治理模式是我国家族企业的主要演变方向

我们将我国家族企业的治理模式划分为家族化治理模式、互信共治模式、职业化治理模式这三种治理模式。我们主张：推进家族企业产权与家族文化观念变革，确定家族企业由家族化治理向共同治理的演变方向，应采取由家族成员和职业经理人共同参与的"互信共治"模式。在职业经理

人制度并不完善的情况下，"家人"和"外人"之间缺乏信任，"家人"怀疑"外人"的忠诚，"外人""身在曹营心在汉"。在这种信任缺失的情况下，就会出现"不请职业经理人是等死，请职业经理人是找死"的困境。为了解决这一两难问题，家族企业应该设计一个既符合我国国情又能够充分发挥职业化经理人专业优势的治理模式。家族企业建立共同治理机制并使其良好运转需要以下五个方面的条件：

第一，推进家族企业产权与家族文化观念变革，确定家族企业由家族化治理向共同治理的演变方向。我国家族企业的成长很难沿着所有权与经营权彻底分离的路径展开，但它可以通过产权和文化两方面变革来打破家族制度的天然束缚：一是产权变革。我国家族企业的发展方向可采取"控制权家族化、经营层社会化、股权逐步公众化"的模式。通过经理层持股、员工持股计划等方式确立股权激励获得可持续发展。二是家族文化观念变革。企业所有者要抛弃传统家族伦理中血缘、亲缘观念，建立适应现代企业制度的业缘、事缘理念。

第二，通过经营信息资源、管理权和剩余索取权三方面共享，促使家族企业治理结构由封闭走向开放、由独享走向共赢。委托—代理理论表明，减少代理成本的一个行之有效的途径是，允许代理人拥有部分剩余索取权与控制权，减少代理人的道德风险。所以，家族企业必须建立三个方面的共享机制：一是经营信息资源共享，二是经营管理权共享，三是剩余索取权共享。这种共享多赢的机制有利于使管理者诚心诚意、尽心尽力地为企业工作。

第三，建立家族企业主与职业经理人以及家族企业与社会的双重互信机制。首先，家族企业要规范企业的财务管理制度，提高信息透明度，建立一整套有利于吸引外部社会资本、提升自身信誉度的规范制度；其次，家族企业主在确定委托—代理关系时，要选择的代理人必须是值得信任的代理人，既信任代理人的能力，又信任代理人的职业道德。随着信任的深化，控制权逐渐下放，直到完全授权，这时"职业经理人"就能充分发挥企业家才能。

第四，建立有效的激励与约束机制，完善内部治理机制，使家族资源与"外人"能力有效结合。在激励方面，除了满足经营管理者成就需求外，还应该建立科学的人力资本薪酬制度和产权激励制度；在约束方面，则可采用公司章程约束、合同约束、程序约束等内部约束与法律约束、道德约束、市场约束、社会团体约束等社会约束机制相结合的办法。只有这样，才能有效实现家族资源与"外人"能力相结合。

第五，完善资本市场，培育职业经理人市场，强化法律治理与契约治理，促进家族企业由封闭走向开放。完善的职业经理人市场能够科学合理地评估人力资本的管理才能与技术研发能力，为人力资本方分享企业剩余索取权与控制权提供制度支持；完善的资本市场能够帮助家族企业解决融资难题，促进家族企业做大做强并减少融资成本。健全的职业经理人市场和资本市场是家族企业治理结构由封闭走向开放的运行基础，但是这两个市场机制能够充分发挥作用必须依赖于完善的法律制度。法律制度规定的运作规范、威慑力量以及有力惩戒措施是保证委托人利益和代理人利益不受侵犯的重要手段。

（五）建立新模式的基本原则是"互信、分享、共治、共赢"

首先，坚持家族成员与职业经理人的互信原则，互信是共同治理模式的运作基础。建立互信机制，解决"家族企业对外部不信任"与"外部对家族企业不信任"的双重信任危机。其次，坚持分享与共治原则，分享与共治是共同治理模式的运作手段。通过经营信息资源、管理权和剩余索取权三方面共享，促使家族企业治理结构由封闭走向开放。当前最重要的是控制权分享，只有控制权分享，才有可能促进经营信息资源共享与剩余索取权共享。以创业者为代表的家族成员可以掌握战略控制权和重要事务决策权，而将经营权和一般事务决策权分配给聘请的管理者控制。再次，坚持共赢原则，共赢是共同治理模式的运作目标。许多家族企业不愿意与投资者和职业经理人分享控制权，导致一部分家族企业难以做大做强，没有充分获取到由经济增长潜力和企业发展空间带来的潜在利益，这种排外性导致"租金"耗散，即使能够独享，也是数量较少，并难以持续。所以我们主张应该由独享走向共赢。最后，家族企业应该逐步健全公司治理结构。建立股东大会、董事会与监事会的专业化分工与制衡机制，通过投票权、对管理者的监督控制权以及对战略决策的最终决定权对管理者进行约束；逐步建立起合理的授权结构和契约治理机制，实现"家人"与"外人"共同治理。

参考文献

〔1〕苏启林等（2003）：《家族控制权与家族企业治理的国际比较》，《外国经济与管理》，第5期。

〔2〕国家统计局（2002，2005）：《中国统计年鉴2002》，《中国统计年鉴2005》，中国统计出版社。

〔3〕陈凌、应丽芬（2003）：《代际传承——家族企业继任管理和创新》，《管理世界》，第6期。

〔4〕钱德勒著、重武译（1987）：《看得见的手——美国企业的管理革命》，商务印书馆。

〔5〕刘惠勇（2005）：《家族企业的股权及制度安排》，http://www. daynews. com. cn。

〔6〕储小平（2004）：《家族企业的成长与社会资本的融合》，经济科学出版社；马丽波（2002）：《中国家族企业组织的合理性及其管理效率评价》，《东北财经大学学报》，第2期。

〔7〕卢福财、刘满芝（2004）：《我国家族企业的成长模式及其选择》，《中国农村观察》，第3期。

〔8〕吕福新（2003）：《家族企业的资源短缺与理念接续》，《管理世界》，第12期；王志明、顾海英（2004）：《家族企业成长与治理结构的变迁》，《财经科学》，第5期。

〔9〕李新春（2003）：《经理人市场失灵与家族企业治理》，《管理世界》，第4期。

〔10〕储小平（2004）：《家族企业的成长与社会资本的融合》，经济科学出版社。

〔11〕全国工商联（2005）：《中国私营经济年鉴2002~2004》，中国致公出版社。

〔12〕吴淑锟、席酉民（1999）：《公司治理模式探讨》，《经济学动态》，第1期。

〔13〕国家统计局（2002）：《中国统计年鉴2002》，中国统计出版社。

〔14〕张衍阁、彭水明（2004）：《方太——家族制与现代企业制度的嫁接》，http://www. finance. sina. com. cn。

〔15〕张衍阁、彭水明（2005），《正泰集团：家族股权稀释的中国样本》，http://www. zjsr. com。

〔16〕胡成中（2003）：《企业文化与品牌战略》，经济科学出版社。

〔17〕叶银华（1999）：《家族控股集团、核心企业与报酬互动之研究——台湾与香港证券市场之比较》，《管理评论》（台湾），第18卷第2期。

〔18〕李新春、胡骥（2000）：《企业成长的控制权约束》，《南开管理评论》，第3期。

〔19〕苏琦、李新春（2004）：《内部治理、外部环境与中国民营企业的生命周期》，《管理世界》，第10期。

〔20〕威廉姆森（2001）：《治理机制》，中国社会科学出版社。

〔21〕雷丁（1993）：《海外华人企业家的管理思想——文化背景与风格》，上海三联书店。

〔22〕福山（2001）：《信任：社会美德与创造经济繁荣》，海南出版社。

〔23〕德鲁克（1999）：《大变革时代的管理》，上海译文出版社。

〔24〕克林·盖尔西克（1998）：《家族企业的繁衍》，经济日报出版社。

〔25〕纳尔逊、温特（1997）：《经济变迁的演化理论》，商务印书馆。

后危机时代中小企业转型升级之道[*]

中小企业是我国经济的重要组成部分，在繁荣经济、促进增长、增加就业、扩大出口、推动创新等方面发挥着越来越重要的作用。当前，中小企业是保增长、保民生和保稳定的坚实基础。尤其在就业方面，中小企业解决了75%以上就业岗位，成为扩大就业的主渠道。因而，我国经济的持续稳定增长必须要保持广大中小企业的生机和活力。

一、金融危机使中小企业面临多重困境

当前，受全球金融危机的影响，我国中小企业面临着多方面的困境：一是市场萎缩，订单下降。2008年11月以来，我国出口已连续8个月负增长，2009年上半年外贸出口同比下降21.8%，外向型中小企业遭受沉重打击。二是资金紧张，融资艰难。我国中小企业与民营企业基本上完全重合，因而中小企业在贷款方面不仅受到银行等金融机构"重大轻小"、"嫌贫爱富"的"规模歧视"，也受到"重公轻私"的所有制歧视，这使得国有企业、大中型企业在融资中占有优势。据统计，2009年上半年7.37万亿元的贷款中，小企业贷款仅占贷款总额的8.5%。同时，地方政府投融

---

* 本文发表于《统计与决策》2010年第1期。杨威、易善策协助研究。

资平台挤占了大量信贷资源。据中国人民银行数据，70%以上的中长期贷款投向了政府投融资平台。[1]三是税费趋重，成本升高。2009年上半年，全国财政收入比同比下降2.4%，而财政支出同比增长26.3%，财政收支存在较大缺口。这种压力有可能部分转嫁给了中小企业，将会使有些企业实际税费负担大大超过名义税费负担。同时，受原材料价格上涨、劳动力成本上升等因素影响，我国一些中小企业生产成本增加。四是竞争不公，发展受限。相关调查数据显示，垄断行业中民营资本进入比重最多的不过20%。而目前全社会80多个行业中，允许国有资本进入的有72种，允许外资进入的有62种，而允许民营资本进入的只有41种[2]。许多领域，民营中小企业市场准入存在看得见却进不去的"玻璃门"和即使进去了也因各种阻力无法生存而被迫退出的"弹簧门"现象。国家新增的4万亿投资项目中，中小企业很难从中获益，甚至部分行业出现"国进民退"迹象。五是创新不足，升级乏力。很多中小企业长期依靠低成本竞争，技术水平低下，品牌建设落后，人才资金缺乏，存在"风险太大，不敢创新；能力有限，不会创新；融资太难，不能创新"等创新难题，这使得我国企业长期处于价值链下游。据报道，我国制造业产品中有130多种产品产量排世界第一，但中国制造业平均的净利润率不到2%。[3]六是责任加重，风控不足。当前，中小企业节能环保、就业等方面的社会责任加重。同时，全球金融危机也暴露出广大中小企业存在风险控制意识不够、体系不健全、能力不足、措施不到位等问题。

由于多重困境，我国中小企业经营困难，据全国工商联调查显示，现在仍有30%的中小企业处于亏损或者严重亏损状态。[4]中国社科院中小企业研究中心的报告显示：有40%的中小企业已经在此次金融危机中倒闭，40%的企业目前正在生死线上徘徊。[5]中小企业经营困难对我国本已严峻的就业形势非常不利，就业不仅直接关系到个人生存尊严和家庭生活幸福，影响社会稳定，也会间接影响内需扩大，不利于民间投资和增长方式转型，使经济增长的内生动力和活力更加不足，从而给我国刚刚企稳回升的经济形势带来隐忧。为此，需要政府和企业共同努力，使企业摆脱发展困境。

二、扶持中小企业摆脱困境的政策组合

促进中小企业发展，亟须政府有针对性地采取相关措施缓解多重困境对中小企业形成的巨大压力。当前，政府需要采取以下六个方面的举措：

（一）进一步完善中小企业的财政政策支持体系，加大财税政策扶持力度，减税、减费、减息，大力减轻中小企业的税费负担

在应对危机的非常时期，政府应当针对中小企业的需要及时地减税、减费、减息，实施诸如加速折旧、放宽费用列支标准、设备投资抵免、亏损抵免、再投资退税，适时微调中小企业营业税和所得税，允许个人独资和合伙中小企业在企业所得税和个人所得税之间进行选择等多种税收优惠形式。对新产品的开发、员工培训、产品出口等活动提供资金资助、贴息贷款和风险担保。尽管当前我国财政收支形势严峻，但绝不能因财政收入下降而收过头税增加中小企业的税费负担，相反应进一步清理行政审批费用和治理滥收费，直接减轻企业税外收费。灵活运用失业保险基金是发达国家应对危机的常用做法。如韩国规定，在企业不景气时，如果企业停业150天不解雇员工而是进行培训，由失业保险基金给予 70% 的工资补贴。企业按照劳动部门指定的培训项目进行培训，失业保险基金支付 50% 的培训费。[6]日本、德国和法国均有类似支持计划。当前我国要运用失业保险基金对困难企业给予社保补贴、培训补贴和岗位补贴，减收、缓缴社会保险费，缓解企业成本压力，避免企业大规模裁员。

（二）制定相对稳定的支持中小企业的融资政策，积极构建政策性融资体系，完善多层次银行体系和资本市场体系，让中小金融机构支持中小企业，通过有效的财税政策引导银行向中小企业贷款，切实解决中小企业融资难问题

中小企业融资难是世界难题，我国需要借鉴国际经验，一方面完善多层次资本和信贷市场体系，另一方面要通过提供政策性金融来克服市场失灵。目前要高度关注信贷结构和资金流向，加强对中小企业创新、节能环

保、扩大就业等方面的信贷支持，优先保障中小企业流动资金贷款。在直接融资方面，要积极构建支持中小企业的融资体系，拓展中小企业的直接融资渠道。要积极构建多层次的资本市场，完善和壮大创业板市场，逐步完善股份代办转让系统和产权交易市场；要大力发展企业债券市场，探索多种形式的债券融资方式；要壮大风险投资事业，拓宽风险投资基金的来源；要鼓励民间天使投资，构建天使投资与创业企业的网络交流平台；鼓励和规范民间及企业拆借、金融租赁公司发展。在间接融资方面，要放松金融管制，引入民营机制，引导民间非正规金融发展成社区银行或中小商业银行，完善多层次银行体系；要建立多层次中小企业担保基金和政策性担保机构，完善多层次的信用担保体系；要创新银行的中小企业资信评价、考核和管理标准，鼓励信贷模式及信贷产品创新，进一步鼓励小额贷款公司发展。要借鉴美、日、英等国经验，中小企业融资不能完全依靠市场，需要政府的积极参与。要建立政策性银行、政策性担保基金和专项基金，提供融资的财税扶持，推动企业征信体系建设、企业融资综合服务。

（三）积极扩大内需，鼓励政府投资向扶持中小企业和启动民间投资倾斜，抓住消费升级契机，以财政手段扩大中小企业内需市场

当前，内需扩大迫切需要用政府投资引导民间投资，克服当前"政府热、企业冷；公共投资热，民间投资冷"现象。政府投资需要充分发挥"四两拨千斤"的效果，有效带动民间投资，要在政府投资项目上有所选择，对拉动民间投资效应较强的项目有所偏重，充分重视民间投资在扩大投资总量、拉动经济增长以及完善市场机制方面的重要作用。同时，政府应当创造条件，引导中小企业以更加积极的态度应对出口受阻的新形势，使中小企业能够抓住消费升级契机，不断开辟新的国内市场。要着力稳定就业，深化收入分配体制、社会保障体制和教育医疗卫生体制等方面的改革，为居民消费持续增长奠定坚实基础。要通过财政税收手段，直接刺激消费增长。要增加公共产品供给，加强对低收入阶层的生活保障，改革优化税收制度，提高所得税起征点，放宽个人所得税税前扣除范围，刺激消费需求。要推动城市居民消费升级，积极引导中小企业进入农村市场。要推动城镇化进程，变农民消费为市民消费。继续加大支农力度，落实各项

惠农政策，拓宽农民增收渠道，切实提高农民收入水平，有效启动农村消费市场。要发展个人消费信贷，鼓励消费信贷产品创新，有针对性地培育和巩固汽车、住房、教育等消费信贷增长点，倡导适度负债和超前消费的新观念。要强化政府对中小企业的采购，尽快制定出台《中小企业政府采购管理办法》，鼓励政府投资向扶持中小企业倾斜，以财政手段扩大中小企业内需市场。

（四）建立健全创新利益补偿、风险分摊和产学研合作机制，建立中小企业创新平台，进一步完善创新型中小企业创新服务体系，优化企业创新的"小环境"

首先，建立健全利益补偿机制，提高对中小企业创新资助强度，解决企业不想创新的问题。要建立科技开发准备金制度，允许中小企业按其销售收入的一定比例提取科技开发基金，以弥补科技开发可能造成的损失，并对科技开发基金的用途进行规范管理。要提高科技型中小企业创新基金、中小企业发展资金等专项资金对创新活动的资助强度，扩大资助范围。其次，完善风险分担机制，加大对自主知识产权的保护与激励，保护创新者利益，营造良好的市场环境和创新氛围，让企业敢于创新。再次，完善创新合作机制，鼓励中小企业与大企业进行战略联盟，实施有效的产学研合作，推进开放创新，让不同类型和不同规模的企业在互惠共生的环境中提高创新能力。最后，实施国家区域创新战略，选择几个产业集群基础好的国家高新技术开发区，建设一批具有国际竞争力的创新集群，优化中小科技企业创新的"小环境"。要通过教育、评价、选拔、管理和激励制度创新来培养一大批"顶天立地"的技术领军人才和创新型企业家，同时要以经济危机为契机引进国内所稀缺的海外高端人才，为中小企业技术创新提供充足人才。

（五）构建创业网络服务系统，加强创业集群建设，重视创业教育，培育创业文化和企业家精神，进一步完善我国创业政策体系

中小企业在市场环境下的优胜劣汰是正常现象，但是必须重视创业，促进中小企业新生。首先，要构建创业服务体系，通过整合成功创业家及管理、咨询等专业服务人员，构建完备的创业基地和创业服务机构，为大学生、农民工等群体提供针对性的、有效率的创业服务，降低其创业难度。其次，要加强创业基地、科技孵化器等创业集群建设，降低创业风险，提高创业成功率。政府可以以创业集群为载体，发挥创业企业间资源共享、优势互补、互惠发展的整体效能。再次，要加强对创业者的创业教育和培训，提高居民创业意愿和创业能力。最后，政府要通过传播创业信息、树立创业典型，来弘扬创业文化，培育鼓励创业的良好氛围。

（六）切实保障平等竞争和平等保护"两个平等"，推进垄断行业改革，放宽市场准入条件，拓宽民间资本进入领域

要切实保障两个平等，要通过法律上的平等保护和经济上的平等竞争保障民营中小企业和其他企业一样的平等地位。首先，要认真落实国务院"非公经济36条"等既有的鼓励中小企业发展的政策，进一步打破垄断，化解民企市场准入的"玻璃门"。要逐步消除行政性壁垒，通过监管体制及监管方式改革、资本多元化改造、可竞争性环节分离，加快重点垄断行业的开放。其次，积极引导民间资本进入新兴行业，激活民间投资。要完善相关政策，引导中小企业进入到新能源、环保产业、生物医药、电子信息等新兴产业中。应引导民间资本以多种形式参与公共服务、社会事业、公用设施等领域建设。要创造各种条件，鼓励和引导中小企业投资新农村建设、中西部地区开发等薄弱环节。最后，理顺政商关系，转变政府职能，推动"全能政府"、"管制政府"向"有限政府"、"服务政府"转变，充分发挥民间商会在市场经济中的"中观调节"作用。要构建中小企业辅导体系，整合政府和社会资源，为中小企业应对危机、发展转型、创新创业等提供全方位服务。

三、中小企业自身应对危机的突围之道

中小企业应对危机不仅需要政府的帮助，也需要自力更生，提高自身素质，通过内外合力缓解多重困境形成的巨大压力。当前，中小企业需要在以下方面苦练"内功"：

（一）做强主业，实施企业战略归核化

在当前的市场环境下，过度多元化的企业需要实施"归核"战略，降低多元化经营程度，将有限的资源集中于最具竞争优势的行业上或者将经营重点收缩于价值链上，通过重新确立发展战略、剥离非核心业务、分化亏损资产、推进内部组织优化、加强外部合作、强化竞争优势等措施，把主导产业做强、做优、形成特色，实现"回归"主业和主业重构，使企业在最有优势的环节上赢得竞争，获取发展。要以变求变，通过商业模式创新、贴近消费者需求、优化客户服务、推进渠道革命和产业链整合等手段，发挥企业巧实力。

（二）推进管理创新和技术革新，增强企业核心竞争力

以低成本为竞争优势的我国中小企业，尤其是劳动密集型、加工贸易型、出口导向型企业，受到危机冲击较大。广大中小企业要改变过分依赖成本优势的竞争战略，重视技术进步，加强创新储备和选择创新模式，养成企业自主创新习惯；通过建立以人为本的管理制度、弹性的组织体系和有效的激励机制等来保障自主创新的实现；加强产品创新和技术革新，提高产品质量和技术含量，增强核心竞争力，提高抗风险的能力；通过精益生产、网络营销和信息化管理等多种手段，控制成本，提高效益。

（三）改变"家族化治理"，推进治理结构的制度创新

广大民营中小企业要通过制度创新，变革过分依靠"人治"的家族化管理模式，打破"家族化治理"存在的治理结构封闭性、管理决策随意性、代际传承排他性等诸多局限，坚持"互信、分享、共治、多赢"为基本原则，建立"家人"与"外人"（职业经理人）共同参与的"互信"的治理模式。要借鉴国内外家族企业成功转制的经验，推进企业内部决策机制、利益协调机制、管理模式及方法、企业文化等方面的变革，实现管理现代化。同时，企业经营者要努力提高自身综合素质，提高管理能力。

（四）广聚贤才，推进企业人才战略实施

人力资源的短缺是中小企业实施技术创新、提升竞争能力、占领拓展

市场的主要瓶颈之一。中小企业急需通过制定实施科学的人才战略，不仅将人才"引进来"，更要"留得住"。中小企业要树立全面的人才观，建立科学合理的人才选拔录用机制，吸引高级人才。要建立企业人才培养成长机制，重视员工激励，稳定员工队伍，提升员工素质。要创新人才使用模式，巧借"外脑"推进企业创新创业。

（五）通过产业转移降低成本，通过调整结构、转战内需获取新发展机遇

迫于土地、能源、环境的压力，我国东部一些地区原有的占地面积大、产品附加价值低的劳动密集型产业正在逐步外迁，中西部地区成本优势开始显露。并且伴随着中西部产业配套能力和发展环境的不断提升和改善，产业转移的条件日趋成熟。广大中小企业可以考虑向中西部地区进军。在产业转移过程中，要在综合考察投资环境的基础上，契合国家产业规划，规避投资风险。选择有一定基础的工业园区，减少物流、劳动力及零部件供给等配套成本。改变过度依赖国际市场的习惯，打造品牌，优化渠道，研究国内消费特点，改造产品品质，积极推动出口转内销。

（六）实施"走出去"战略，实现经营国际化

国际金融危机不仅对企业形成了冲击，同时也提供了良好的发展机遇。当前是国内企业"走出去"进行战略性投资的好时机，为一些有实力的企业向海外扩张、进行品牌收购等创造了有利条件。中小企业可以独自或者通过抱团合作方式，对国外品牌、渠道、专利、研发力量和原材料等国际资源，进行参股或者收购，与国外企业开展多种形式的合作。同时，将产品生产的一部分加工环节转移出去，规避贸易壁垒。

参考文献

〔1〕史青青、朱微亮（2009）：《关注信贷不平衡增长的金融风险》，《中国金融》，第 14 期。

〔2〕谢利（2009）：《垄断行业改革提上议程，民间资本能否如愿进入》，《金融时

报》，5 月 28 日。

〔3〕谢玉华（2009）：《产业升级：从长远着眼扩大内需的新思路》，《光明日报》，5 月 6 日。

〔4〕马晖（2009）：《30% 中小企业亏损扶持措施将陆续出台》，《21 世纪经济报道》，6 月 12 日。

〔5〕马光远（2009）：《40% 的中小企业已倒闭，谁来救助剩下的 60%》，《南方日报》，6 月 15 日。

〔6〕杜建华（2004）：《调整失业保险方向　完善促进就业机制》，《经济论坛》，第 11 期。

—26—
后危机时代中小企业财税
扶持政策的思考*

  全球金融危机暴露了我国经济发展模式中存在的过度依赖外需、过度依赖投资特别是公共投资、过度依赖廉价劳动力所形成的市场优势及财富分配不均衡等问题，结构失衡的问题已经严重影响了我国经济的可持续发展。[1]改变当前的结构失衡状况需要高度重视民间投资和中小企业的发展，将其作为培植内生增长动力、调整经济发展模式的重要着力点。民间投资相对公共投资而言具有机制活、效率高、潜力大、可持续性强、有利于创业创新、就业效应强的特点，是增强经济增长内生动力与活力、实现可持续发展的关键，后危机时代亟须民间投资接力公共投资。中小企业则不仅在保增长、保民生和保稳定方面发挥重要作用，在调结构方面也具有重要意义。中小企业是我国经济的重要组成部分，在繁荣经济、促进增长、增加就业、扩大出口、推动创新等方面发挥着越来越重要的作用。尤其是微型企业，不仅在在解决就业问题方面意义更为突出，而且有利于活跃市场经济、营造创业氛围、培育更多企业家。当前，大力发展中小企业，有利于扩大就业、提升居民消费能力，有利于启动民间投资、增强经济增长内生动力。温家宝总理在 2010 年政府工作报告中也明确将"进一步促进中

---

  * 本文核心观点已形成全国人大建议。杨威、李洪斌协助研究。

小企业发展"作为"转变经济发展方式，调整优化经济结构"的重要举措。

在此次全球金融危机中我国中小企业受伤最大，受惠最小。中小企业，特别是小企业、微型企业、初创型企业是城市经济中的弱势群体，目前我国中小企业存在内外两方面因素的制约，面临"融资困难、用工艰难、需求萎缩、负担沉重、成本升高、利润微薄"六大困境。中国企业家调查系统最新调查显示，2010 年一季度 36.1% 的中型企业和49.5% 的小型企业"目前的盈利状态低于正常"，15.7% 的中型企业和17.6% 的小型企业处于"亏损"状态。[2]在后危机时代，要解决以上中小企业发展困境，需要政府和企业共同努力。中小企业要苦练"内功"，积极在以下几方面实施转型升级，摆脱发展困境：要从低成本战略走向差异化战略，实现拼低价格向追求高价值的转变，拓展利润空间；要改变盲目多元化战略倾向，实现做"多"向做"精"的转变，做好做强核心主业；要从偏重规模扩张走向注重质量提升，实现粗放式的发展方式向集约式的发展方式转变，致力于通过企业的技术改造和管理提升来挖掘企业潜力、提升企业效益；要实现急功近利式的做"快"向基业常青的做"久"转变；要从"单打独斗"走向"合作共赢"，由个体分散竞争向联盟竞合转变，通过组建战略联盟、加入产业集群等方式，增强企业市场竞争能力；要从低层次参与国际分工的战略走向高层次国际运营战略，由世界工厂的"打工者"向全球资源的"整合者"转变，从中国制造走向中国创造。在企业积极努力的同时，也需要政府采取有针对性的措施，缓解中小企业面临的压力。财税政策是政府调控经济的重要工具，也是扶持中小企业发展的重要政策手段之一。为了促进中小企业健康发展，实现优化资源配置，扩大社会就业，许多国家都制定了系统的中小企业财税政策体系。因此，后危机时代要缓解我国就业压力、转变发展模式，必须优化中小企业发展环境，进一步完善中小企业的财税政策支持体系，鼓励居民以创业带动就业，保持广大中小企业的生机和活力。

一、努力降低创业门槛，营造良好的创业环境，促进中小企业"快生"，鼓励以创业带动就业，让中小企业在扩大就业和稳定就业中发挥积极作用

在就业方面，中小企业解决了我国近 80% 的城镇就业岗位，成为扩大就业的主渠道。创业是就业之源，鼓励居民创业有利于缓解我国就业压力。但当前我国居民创业水平过低，亟须政府财税扶持。有测算表明，我国每千人拥有不到 10 个中小企业（个体工商户按照 10 个从业者为一个中小企业来折算），而发达国家和发展中国家每千人拥有的中小企业数量平均分别为 50 个、20 ~ 30 个。[3] 为此，

（一）加大对创业企业的财税支持力度

要参照引进外资初期的税收优惠政策措施激励创业投资，对初创小型微利企业实行"两免三减半"的政策，并免收登记类、证照类、管理类等各项行政事业性收费。要鼓励地方政府制定本地区微型企业发展规划，依托工业园区，基于地方产业特色，建立中小企业尤其是微型企业创业孵化器，根据孵化器培育小企业数量及成功率情况给予一定的固定资产投资或服务补助，并将微型企业发展情况纳入政绩考核体系。要构建微型企业的全方位、跟踪式服务体系，协调政府、社会组织和大中型企业的力量，帮助解决微型企业在创办、生产和经营过程中面临的技术、管理等各式问题。提高城乡新创业的小型微利企业的营业税起征点。政府要设立创业专项扶助基金或创业发展资金，用于创业引导、初始创业补助、创业基地建设、创业贴息贷款等等。尤其要设立大学生创业基金、农民工创业专项扶助基金等各种创业基金，对大学生、返乡农民工创业提供贷款贴息、培训补贴和职业技能鉴定补贴。鼓励地方政府借鉴重庆市政府当前扶持草根创业的"一拖三"政策经验（个人投资 5 万元，可获财政补贴 5 万元、税收减免 5 万元、银行优惠贷款 10 万元），利用国企收益和财政资金建立补贴基金，发挥政府和银行对微型企业的扶持作用。[4] 各级地方政府也可以因地制宜，通过财政补贴，在一定时期内向初创中小企业提供低于市场价格

的用地、用电、用水和厂房租赁等方面的政策支持。要允许创业投资机构提取风险准备金，对于投资者出售符合条件的创业企业股份的权益收入再投资于创业企业给予一定的税收优惠。[5]要通过财税政策鼓励创业投资，允许创业企业经营过程中发生的财产损失按一定比例抵扣当期应纳税所得额，适当延长创业投资税收抵免期限和亏损弥补期限。

（二）综合运用财税政策鼓励中小企业稳定和扩大就业

要减免劳动密集型中小企业的营业税和所得税负担，对于在解决就业方面贡献突出的企业实行优惠税率或者实行"先征后返"的办法。要充分运用失业保险基金，在保障失业人员基本生活的基础上，发挥其预防失业促进就业的功能，对微型企业给予社保补贴和培训补贴，对微型企业引进大学毕业生或其他专业人才提供一定期限的岗位补贴，帮助缓解当前高校毕业生就业压力。鼓励地方政府对提供符合规定条件的非正规就业岗位的中小企业给予一定的税收优惠政策，并通过提供转制补贴和一次性岗位补贴等措施，鼓励有意向、有条件转制的非正规组织转制为工商小企业。

（三）整合现有创业及就业税收优惠政策，扩大政策的受惠群体，保持政策的连续性

将针对大学生、国企下岗职工、军人退伍人员的创业税收政策优惠对象扩展到所有社会成员，将吸纳"盲、聋、哑、残"福利企业的税收优惠扩展到吸纳失业人员和新增就业人员的除"两高"等限制性的所有劳动密集型小型微利企业，将优惠税种从所得税、一般性行政性收费扩展到政策效应更强的营业税、增值税等流转税，将短期、临时性的过渡税收优惠变成长期、永久性的固定税收优惠，并上升到法律层面。要借鉴美国、日本等国外经验，出台专门服务微型企业的《微型企业法》，成立专门服务微型企业的政府机构。要统一税收优惠资格认定的部门及认定条件，简化申报程序。

二、按照"少取多予"的方针，对中小企业减税、减费和贷款贴息，直接降低中小企业运营负担，使其轻装上阵

当前中小企业税费负担过重，调查显示：2010 年一季度 49.9% 的企业认为"税费、社保等负担过重"是当前企业经营发展中遇到的最主要困难，仅次于"人工成本上升"和"能源、原材料成本上升"。[2]税费负担重，压缩了企业利润空间，降低了企业应对危机能力，不利于企业快生长大。为此，

（一）按照"简税制、宽税基、低税率、严征管"的原则推进税制改革

要加强对中小企业重要性的认识，在税制改革中将促进中小企业发展作为税收工作的基本目标之一。要积极落实《增值税一般纳税人资格认定管理办法》，积极推进一般纳税人认定工作，降低企业税费负担。要简化小规模纳税人的征收办法，允许小规模纳税人抵扣固定资产进项税额，拓宽增值税抵扣链条的覆盖面。[6]放宽小规模纳税人开具增值税专业发票的限制，促进小规模纳税人与一般纳税人之间的正常经济交往。要加快增值税转型步伐，扩大增值税征收范围，将现行可抵扣的设备资产扩大到所有固定资产，将目前征收营业税的行业纳入增值税征收范围，消除重复征税，降低服务业中小企业的税收负担。要提高中小企业，尤其是微型企业的税收起征点。要借鉴日本"自然增收减税"经验（政府从年度超过财政预算增收的税收中拿出 20% 左右用于以所得税为主的减税）[7]，将我国每年税收增收的一定比例专门用于小型企业和微型企业的财税扶持。

（二）进一步推行结构性减税，将中小企业税收优惠政策落实到位

要借鉴发达国家经验，大力降低中小企业尤其是微型企业的税负。当前，我国一般企业所得税税率为 25%，符合条件的小型微利企业所得税税率为 20%，中小企业税率优惠幅度相比国外仍有差距。如表 1 所示，发达国家的中小企业税率通常比公司基本税率低许多。要抓紧修订中小企业划

分标准，并细分出中型企业、小型企业和微型企业三个层次，统一财税政策中中小企业扶持对象的标准，放宽当前小型微利企业认定资格和条件，对小型企业和微型企业实施更具针对性的政策，并加强政策执行情况的监测和执行效果的评估。将减免中小企业营业税和所得税的覆盖面扩大，期限延长。如探讨将 2010 年应税额在 3 万元以下的小型微利企业所得税减半政策变为永久性优惠政策。同时要允许个人独资和合伙中小企业在企业所得税和个人所得税之间进行选择，延长微型企业缴税期限，实施再投资退税等多种税收优惠形式。要放宽费用列支标准，允许中小企业设立风险经营准备金、员工培训基金等，并允许广告费用、利息支出、捐赠支出等费用在税前列支或抵扣税款。实施亏损抵免制度，允许中小企业的营业亏损向前弥补或退税，或延长向后抵免期限。要加强对中西部地区中小企业、农业产业化和服务业领域内的中小企业尤其是微型企业的税收优惠，鼓励企业做大做强。

表 1　部分发达国家企业所得税情况

	美国	加拿大	法国	英国	西班牙	匈牙利	比利时	葡萄牙	日本	韩国
公司基本税率（%）	35	19	33.33	30	35	18	33	25	30	25
中小企业优惠税率（%）	15	11	15	20	25	10	24.25	12.5	22	13
优惠幅度（百分点）	20	8	18.33	10	10	8	8.75	12.5	8	12

资料来源：整理自刘成龙（2009）：《发达国家支持中小企业发展的税收政策及启示》，《经济纵横》，第 8 期。

（三）直接减轻企业税外收费

针对当前非税收入增长较快的现象，要严格落实国务院《关于进一步促进中小企业发展的若干意见》中清理、取消未按规定权限和程序批准的行政事业性收费项目和政府性基金项目，治理乱收费。要进一步减少、简化行政审批，严格执行收费项目公示制度，坚决清理和取消不合理收费。当前，尤其要严格清理工商、卫生、城管等政府部门对个体、微型企业的收费项目。要进一步清理各行业协会或者中介机构巧立名目摊派和"搭车收费",着重治理行政机关及行业协会的滥检查、滥培训、滥评比和乱罚款行为,加大对中介机构和社团组织涉企收费的治理整顿力度。要将企业税费负担纳入政绩考核体系,对企业反映强烈的损害企业利益的突出问题开展专项治理,并加强舆论监督。要鼓励各地方政府根据地方经济发展状况和财力等综合因素,适当减免各种行政事业收费。

(四) 加强中小企业税收服务,优化税收环境

要优化税收管理服务体系,规范征税机关执法行为,积极推行税务代理制度,加大税收优惠政策宣传,建立健全中小企业的纳税预约、纳税辅导、重点企业走访、税企联系卡等制度,切实做好税前、税中、税后的全方位服务。要简化中小企业纳税申报程序和纳税资料,延长纳税期限,减少中小企业纳税时间和纳税成本。要大力完善电子税务系统,鼓励中小企业采用电子申报,实行计算机审计制度,为企业会计核算的无纸化创造条件。要进一步规范税收执法行为,保护中小企业合法经营,营造良好的税收法治环境。

三、利用财税政策工具构建中小企业技术创新的利益引导机制,使创新型企业有利可图,将技术创新的"国家意志"变成中小企业的"自主行为"

长期以来,我国中小企业依靠低成本竞争战略,技术创新不足,企业核心竞争能力不强,企业盈利能力和产品附加值长期处于低水平状态。激发企业自主创新,不仅要靠企业,而且也需要政府创新制度安排,将自主创新的国家意志变成企业的自主行动。财税激励是鼓励企业加强自主创新的有效政策工具。OECD 实证分析表明,通过税收激励使企业 R&D 成本降低 10% ,企业 R&D 投入在短期内和长期内将分别提高 1% 和近 10% 。[8]当前,鼓励企业自主创新需要采取以下财税政策:

(一) 加大对创新企业的财政投入力度

要逐步建立财政科技投入稳定增长机制,确保财政科技投入的增长幅

度大于国家财政经常性收入的增长幅度。要把财政科技投入作为预算保障的重点，强化其在预算编制和预算执行中的优先地位。要逐步使财政支持的形式多元化，变单一直接的资金支持方式为直接资助、财政担保、贷款贴息等形式并存。要增强财政拨款资助的针对性，加大对中小企业技术创新项目的支持力度。要提高科技型中小企业创新基金、中小企业发展资金等专项资金对创新活动的资助强度，扩大资助范围。[9]可考虑建立重要技术创新和新产品开发的研究开发费补助金制度，保证中小企业享有与大企业平等申请的地位。中央财政预算内技术改造专项投资要覆盖中小企业，地方政府也要加大投入。要建立各行业的产业投资基金，通过国家和地方的财政投入，吸引民间资金和国际风险资本参与，完善风险投资机制，加大对中小企业技术创新的支持。要建立对中小企业科技创新产品的"首购"和"优先购买"制度，分摊企业技术创新的市场风险。要运用财政资金在大学、研究机构和企业之间建立一个高效、协调的服务网络，鼓励产学研合作、中小企业结成技术联盟，联合开展技术研发活动。要加强中小企业社会化服务体系建设，加快中小企业产品研发、检验检测等公共服务平台建设，以财税政策鼓励中介服务机构向中小企业提供管理、咨询、技术等专业化服务，为中小企业技术创新提供优良服务。

（二）加强对创新型企业的税收优惠

要允许中小企业建立科技开发准备金、结构调整准备金并在税前列支，并规定其必须在限定时间内全部用于企业研发、引进技术消化吸收再创新、知识产权的保护和利用、技术培训等。要建立对科技人员的税收优惠制度，对个人获得的科研奖金和科技发明收入免征个人所得税，[10]对企业或个人将科技创新项目收益用于再投资给予所得税免税或退税优惠，间接增加科技人员收入。要调整企业所得税税前费用扣除项目，加大对科技型中小企业工资和培训费用的税前扣除比例，尤其是对引进科技人才、聘请专家等所产生的工资、劳务费用给予超额税前扣除优惠，以鼓励企业人力资本投资和人才引进。要提高企业职工教育基金提取比例，适当降低无形资产征税的税率，鼓励中小企业开发、转让包括专利权在内的无形财产等业务活动。对中小企业的技术创新项目贷款给予贷款贴息和信用担保。

对中小企业进行节能减排、固定资产更新等实行设备投资抵免、加速折旧等税收优惠政策。对中小企业开展员工培训、信息化建设、技术引进及管理咨询活动给予财政补贴或税收抵免。要简化审批程序，统一认定标准，强化《国家中长期科学和技术发展规划纲要（2006～2020 年)》关于技术开发费 150% 抵扣应纳所得额、加速折旧单位价值在 30 万元以上的仪器设备等若干配套政策规定的执行力度。要加大对产学研合作、技术创新联盟的税收优惠，鼓励中小企业开展合作研发。对大企业与中小企业分工协作产生的合作研发、服务外包和技术转移等费用，可以允许大企业按一定比例税前抵扣。进口税收政策的优惠要从对企业进口整机设备，逐渐转移到鼓励国内企业研制具有自主知识产权的产品和装备所需要的重要原材料和关键零部件上。

（三）完善鼓励自主创新的法律体系

要完善财税支持创新的有关立法，增强政策的稳定性、权威性和连续性。要优化财税政策法规中的激励方式，将政策激励作用的重心从高新技术产品的生产和销售环节，逐步转化到对科研技术开发补偿与中间实验阶段，从产业链下游逐步转移到产业链上游，实现从"特惠制"向"普惠制"、企业优惠向项目优惠的转变，激励企业自主创新。[11] 要提高《中华人民共和国中小企业促进法》、《科技进步法》等现有的涉及中小企业财税支持的法律执行力度。

四、加大政府采购的支持力度，扶持中小企业拓展国内外市场，积极引导企业参与家电下乡、建材下乡等刺激消费的活动，让中小企业有更大的市场需求

中小企业虽然经营机制灵活、适应市场变化能力强，但规模小、实力弱，在市场竞争中处于相对劣势地位。尤其是经历金融危机的冲击后，中小企业面临市场需求不足的问题。如中国社会科学院课题组 2009 年调查显示，与危机前相比，我国外向型企业的出口和订单下降幅度在 20%～50% 之间。[12] 中小企业市场萎缩困境，需要政府运用"看得见的手"帮助其拓

展市场。为此，

（一）加强对中小企业产品出口的支持力度

对中小企业产品出口、境外会展、境外承揽工程以及开展售后服务等活动提供资金资助、贴息贷款和风险担保，出资为企业组织培训讲座、搭建国际贸易平台、提供销售渠道、开展市场调研、提供经贸信息和咨询，帮助企业稳定传统出口市场，大力开拓新兴市场。要认真落实国家出口退税政策，简化退税程序，加快审核进度，试行批量办理、限时处理等退税服务，让中小企业及时足额拿到退税款，缓解中小企业流动资金周转难题。

（二）加大政府采购对中小企业的支持力度

目前我国政府采购支持中小企业的力度不够，有数据显示，截至2008年底，全国政府采购规模达5900亿元，但政府采购合同授予中小企业的比例仅大约在15%左右。[13]要尽快制定出台《中小企业政府采购管理办法》，通过确立中小企业政府采购比例、拆分大额采购项目或采购合同、允许中小企业组成联合体进行投标竞标、给予中小企业投标价格一定比例折扣、保证同等条件下中小企业采购优先地位、保证参与采购询价过程中的中小企业比例、降低中小企业参与采购的准入门槛等方式，强化政府对中小企业的采购。要通过合同预留等方式，保证政府采购中中小企业份额，尤其是保证符合条件的微型企业采购份额。要制定中小企业产品采购目录，建立中小企业供货商数据库并加强信用评级，健全政府采购信息发布机制，推进政府集中采购和公开招标，加强中小企业参与采购的培训力度。要完善政府采购政策的实施细则和考核机制，规范政府采购执行过程，杜绝截留补贴、延迟付款等行为。

（三）加大对中小企业参与家电下乡、建材下乡等活动的政策优惠，鼓励大中型企业采购中小企业产品及服务

要降低中小企业参与家电下乡等活动的门槛，延长招标期限，以保持公平竞争，放宽家电下乡产品销售的价格限制，并进一步扩大下乡产品补

贴品种，扶持中小企业更加广泛地参与家电下乡等活动，提高其获益程度。财政部门要积极组织中标的中小企业联合建立大型的售后维修服务网点，加强对中小企业参与家电下乡等活动中的产品宣传、渠道建设等业务的补贴，在同等性价比基础上，适度提高中小企业招标产品的补贴比例，以增强中小企业参与家电下乡的竞争力。要鼓励大中型企业采购中小企业尤其是微型企业的产品及服务，对长期购买中小企业配套产品或服务并及时付款的大中型企业，给予一定比例的营业税或增值税返还。

五、加强对大中型商业银行开展中小企业贷款业务的财税激励，大力扶持中小金融机构发展，落实民间资本创办金融机构的政策，完善中小企业信用担保体系，支持中小企业利用多层次资本市场，优化融资环境

良好的融资环境是中小企业健康发展的重要保障。有研究指出，融资困难以及资金短缺是导致企业"猝死"的重要原因，30%以上倒闭的民营企业其根本和直接原因就是资金链断裂，80%以上倒闭的民营企业其现金流都有问题。[14]而调查显示，2010年一季度我国31.1%的中型企业和37.5%的小型企业"资金紧张"。[2]因此，当前必须采取积极的财税措施，优化中小企业融资环境。

（一）通过财税政策鼓励大中型商业银行服务中小企业，加快专门服务中小企业的政策性银行建设

要探索鼓励大中型商业银行服务微型企业的差异化监管政策，试行商业银行小企业贷款不纳入存贷比限额管理的措施。加强商业银行中小企业信贷业务的税收优惠，通过中小企业信贷业务营业税减免、所得税调减、允许中小企业融资的利率浮动上限提高、允许贷款坏账的税收抵免等举措，直接降低银行等金融机构中小企业贷款业务的成本和风险，提高贷款收益。要加快设立专门服务中小企业的政策性银行，通过政府资金投入解决前期启动资金缺乏和贷款损失问题。[15]要明确政策性银行贷款业务中微型企业的比例，尝试向微型企业发放低利息、无担保的贷款。

（二）扶持中小金融机构，特别是村镇银行和小额贷款公司的发展，以"草根金融"支持"草根企业"[16]

在财政补贴和税收优惠方面要给予中小金融机构更加优惠的政策，如小额贷款公司按一般商业银行应纳所得税减半处理的办法、更加宽松的村镇银行发起人限制和利率限制、更高额度的资金注入机制等。加大财政投入支持小额担保贷款的力度，对微利及劳动密集型中小企业创造条件，鼓励其申请小额担保贷款。

（三）完善信用担保体系建设，加强中小企业的信用担保服务

要以"政府推动、社会参与、市场运作"的原则，建立以地方财政为引导和支撑、民间资本参与、中央财政按一定比例出资支持的多层次中小企业信用担保体系。一方面要从上而下建立以政府为主体的信用担保体系、商业性担保体系、企业间互助型担保体系，研究制定政策性担保机构的长期资本补充制度，发挥政策性担保体系的兜底作用；另一方面要启动省市县三级联保体系建设，扶持县域担保机构做大做强，协调低息贷款充实县域担保机构资本金，探索建立县域担保机构资本金注入奖励机制。要开发利用中小企业尤其是微型企业的网络信用资源，推广网络融资模式，为微型企业融资开辟新的通道。要落实好对符合条件的中小企业信用担保机构免征营业税、担保风险补偿、担保奖励、风险准备金提取和代偿损失在税前扣除的政策，并结合担保户数、担保额度、占资本金额比率、担保资产质量等，制定有差异的税收政策。鼓励各地建立中小企业信用担保基金，放宽对中小企业融资担保的范围和标准。要使用财政资金，联合工信、税务、工商等部门加快中小企业征信体系建设，促进信用信息在政府部门、担保机构、银行、企业间顺畅交换和使用。此外，要进一步落实中小企业贴息贷款政策，扩大贴息范围。

（四）进一步推进风险投资和私募股权基金的发展，解决成长型和高技术类中小企业融资难题

要以财政出资为主建立风险投资公司，吸引民间资金参与，运作成功后财政资金逐步退出。要研究并出台税收优惠政策以壮大风险投资事业，探索建立国家级风险投资母基金。要鼓励民间天使投资，通过给予所得税减免、风险补贴等财税优惠政策，鼓励民营企业家等先富人群加入天使投资网络。要建立天使投资人备案登记制度，通过政府创业投资引导资金配投参股等方式间接支持天使投资。要积极构建多层次的资本市场，加大对成长型中小企业尤其是中小科技企业在创业板、中小板等资本市场上市的政策扶持。

参考文献

〔1〕辜胜阻（2010）：《转型与创新是后危机时代的重大主题》，《财贸经济》，第8期。

〔2〕中国企业家调查系统（2010）：《2010千户企业经营状况快速问卷调查报告》，http：//www. ceoinchina. com/。

〔3〕周天勇（2009）：《怎样对待就业问题》，《学习时报》，3月31日。

〔4〕刘茂颖（2010）：《"一拖三"政策扶持创业创办微型企业5万＝25万》，《重庆日报》，6月9日。

〔5〕徐思聪（2009）：《完善我国创业投资财税政策研究》，苏州大学硕士学位论文。

〔6〕王秀芝（2009）：《现行中小企业税收政策存在的问题及改革策略》，《商业时代》，第23期。

〔7〕刘建民（2000）：《APEC国家和地区公司所得税优惠政策比较研究》，《国外财经》，第2期。

〔8〕王峰丽、蒋保林（2005）：《OECD国家R&D税收激励政策研究与经验借鉴》，《中国科技论坛》，第4期。

〔9〕辜胜阻（2007）：《中小企业是自主创新的生力军》，《求是》，第5期。

〔10〕史山山、华国庆（2008）：《财税法视角下促进科技自主创新之比较研究》，《法制与社会》，第18期。

〔11〕郑伟（2007）：《促进我国高科技产业突破性发展的财税政策创新研究》，《科技进步与对策》，第6期。

〔12〕中国社会科学院课题组（2010）：《金融危机下沿海地区中小企业调查》，《中国经济报告》，第4期。

〔13〕褚作人（2009）：《发挥政府采购政策功能支持中小企业健康发展》，《中国政府采购》，第 7 期。

〔14〕曾水良（2009）：《民企资金链断裂解析》，http://www. drcnet. com. cn/DRC-Net. Common. Web/DocViewSummary. aspx? docId = 1916363&leafId = 85。

〔15〕胡改蓉、张明珅（2010）：《论中小企业政策性融资的制度安排》，《福建金融》，第 2 期。

〔16〕辜胜阻、王敏（2010）：《完善中小企业信贷融资体系的战略思考》，《商业时代》，第 12 期。

—27—

后危机时代完善中小企业
信贷融资体系的研究*

一、我国中小企业发展面临的信贷融资困境

中小企业是我国经济的重要组成部分，在繁荣经济、促进增长、增加就业、扩大出口、推动创新等方面发挥着越来越重要的作用。当前，中小企业是保增长、保民生、保稳定和调结构的坚实基础。尤其在就业方面，中小企业解决了 75% 以上的就业岗位，成为扩大就业的主渠道。积极发展中小企业，有利于扩大就业提升居民消费能力，有利于激活民间投资，增强经济增长内生动力与活力，进而构建我国内需主导、消费支撑型经济发展模式。因而，我国经济的持续稳定增长必须要保持广大中小企业的生机和活力。

中小企业融资难是世界性难题。"麦克米伦缺口"理论指出，由于融资市场存在非对称信息等因素，中小企业发展过程中将长期面临资金缺口问题。在我国，中小企业融资形势更为严峻，面临着金融市场"市场失灵"与"政府失灵"的双重挑战。目前，我国中小企业主要有两种融资方

　　* 本文发表于《商业时代》2010 年第 12 期。文中核心观点已形成全国人大建议。王敏协助研究。

式，即资本市场为主的直接融资和信贷市场为主的间接融资。有研究表明，我国要素禀赋特点决定中小企业主要集中在技术和市场都比较成熟的劳动密集型行业，而信息不透明带来的融资高成本必将其大多数排除在直接融资市场之外。[1]有关调查也发现，中小板上市的大型企业和中型企业分别占66.7%和33.3%，创业板上市公司的大型企业和中型企业分别占23%和77%。[2]这充分暴露我国资本市场门槛过高、层次体系不健全，中小企业难以从资本市场获得直接融资的问题。

当前，间接融资成为中小企业融资的主渠道，但信息不对称和多层次银行体系缺失制约了企业融资活动的有效开展。从中小企业自身经营状况看，受到企业规模小、实力弱、经营管理机制落后、市场稳定性较差、资信等级不高、可抵押担保品较少等条件约束，以及"急、频、少"的融资特点，使得银行贷款成本高、管理难度大、市场风险高，信贷意愿低；从信贷供给主体构成看，在国有大型银行占主导的信贷市场上，支持中小企业发展的中小银行发展不充分、资金实力弱，有限的信贷规模难以满足庞大的资金需求；从融资配套服务看，不完善的中介信息服务体系加剧了银企信息不对称，而多层次担保体系的缺失则加剧了中小企业融资的难度。以上诸种因素的交织作用，使得信贷市场呈现"僧多粥少"的资源分配格局，中小企业也因此常常遭遇银行等金融机构"重大轻小"、"嫌贫爱富"的"规模歧视"和"重公轻私"的"所有制歧视"。

为应对国际金融危机，国家实施了积极的财政政策和适度宽松的货币政策，并加大对中小企业的信贷支持。但由于企业类型划分标准不清，无法区别对待，小企业往往无法得到国家融资政策的有效支持，存在"中型企业搭小企业便车"的现象。融资难依然是制约我国中小企业尤其是小企业发展的关键问题所在。有数据显示，2009年我国全年累计新增企业贷款中，小企业占比不足四分之一；短期贷款中，个体私营企业贷款比重不足5%。[2]2009年底，46.6%的中型企业和49.9%的小型企业都呈现资金紧张。[3]

在后危机时代，要从根本上解决我国中小企业信贷融资难题，需加快我国金融体制改革，完善多层次的银行体系和融资配套服务体系，化解银企信息不对称的矛盾，增进金融市场对经济的服务功能。

二、化解中小企业信贷融资难题的战略设计

企业融资体系是由金融组织机构和融资配套服务体系共同构成的一个相互支撑、共同作用的有机整体。各主体间的不均衡发展会导致融资体系结构失衡，融资运行效率低下。因此，解决中小企业信贷融资难题，既需要鼓励发展政策性银行、商业性中小银行、准金融机构等金融机构，健全多层次银行体系，也需要推进公共政策服务、融资担保服务和中介信息服务等综合配套服务体系建设。

（一）完善与中小企业规模结构和所有制形式相适应的多层次银行体系

要推进政策性银行建设，发展社区银行和中小商业银行，鼓励创办小额贷款公司等准金融机构，完善与中小企业规模结构和所有制形式相适应的多层次银行体系。这是缓解中小企业融资难、减少民间借贷"体外循环"风险、解决基层金融空洞化等问题的有效途径。加强金融组织创新，推进多层次银行体系建设需从如下几方面着手：

1. 鼓励发展政策性银行，加快建立专门面向中小企业服务的政策性金融机构

在现行金融制度安排下，单一的市场调节无法实现资金资源配置的帕累托最优，而政府干预融资正是化解"市场失灵"的有效手段。在国外，发达的市场经济国家也通常通过建立专门面向中小企业服务的政策性融资机构来化解企业融资难题。例如，日本成立了 5 家专门面向中小企业的金融机构，即中小企业金融公库、国民生活金融公库、工商组合中央公库、中小企业信用保险公库和中小企业投资扶持株式会所。韩国 70% 以上的中小企业融资业务往来与政策性银行有关。[4]因此，要借鉴国际经验，建立符合我国中小企业融资特点的政策性融资机构，加大对中小企业的政策性融资。同时，也要推动现有三大政策性银行运营机制创新和业务模式创新，增进对中小企业和乡镇企业的支持力度。

2. 落实国有商业银行对中小企业融资扶持的相关政策，加强银行组织创新和业务创新，建立中小企业融资的专业化服务机构

要尽快落实《关于进一步促进中小企业发展的若干意见》，在国有商业银行和股份制银行都建立小企业金融服务专营机构，完善中小企业授信业务制度，逐步提高中小企业中长期贷款的规模和比重。要加大对银行中小企业融资业务的考核力度，实现中小企业授信额度与经济贡献相匹配、融资规模与融资需求相适应、中小企业信贷增速与全部贷款增速相一致。要落实对商业银行开展中小企业信贷业务实行差异化的监管政策。要鼓励金融机构创新贷款模式、贷款技术和融资产品。

3. 借鉴我国村镇银行模式，放松金融管制，引导民间非正规金融发展成社区银行和中小商业银行

与大型银行不同，社区银行和中小商业银行资金少，规模小，贷款审批机制灵活，主要面向其所在地的中小企业和个体工商户，提供个性化的金融服务。在授信业务方面，依托于扎根当地的优势，将中小企业的信誉、能力等"软信息"纳入信用审核范围，能够减少信息、谈判和监督成本，解决银企信息不对称的顽疾。当前，要尽快给予社区银行"准生证"，借鉴我国村镇银行的模式，优先在高新技术开发区鼓励民间资本试办社区银行，化解科技型创业企业融资难问题；在民营经济发达地区，发展由民间资本参与的社区银行，使民间非正规金融通过市场化的配置彻底走向阳光化。同时，还要重视农村商业银行、城市商业银行、农村信用合作社、农村资金互助社等中小银行的发展，让中小银行成为支持中小企业发展的主力军。

4. 积极创新中小金融机构的组织形式，大力发展小额贷款公司等准金融机构

小额信贷机构是金融体系的"毛细血管"，不仅能够为中小企业提供便捷、高效的专业化融资服务，解决中小企业的短期资金需求，而且有助于抑制民间非法集资和高利贷活动的盛行，引导民间借贷利率下降，减轻中小企业融资负担。据调查，自小额贷款公司试点以来，浙江温州、嘉兴和杭州等地的民间借贷利率下降了60%。[5] 而促进小额信贷公司发展，需

要政府出台优惠的财税政策，减免考核成绩优秀企业的营业税、印花税和所得税，并给予一定的财政补助。适度放开金融市场管制，允许小额信贷公司进入银行间市场和债券市场，发行中短期票据和债券，畅通信贷公司的资金渠道。要加快修订完善《贷款通则》，适度放宽优秀小额信贷公司资产负债率比例限制，提高其向大型银行融资的比例。

（二）推进建设企业融资的综合配套服务体系

要进一步完善中小企业融资的公共政策服务，增强多层次的融资信用担保，加快建立企业征信体系和发展中介服务机构，推进建设企业融资的综合配套服务体系。中小企业融资是由多个部门和多个环节共同作用的复杂过程。这决定了要解决信贷融资难题不应只是重视金融供给主体或融资渠道建设，而且要重视融资配套服务的协调跟进，健全综合配套服务体系。

1. 要重新修订中小企业划分标准，建立促进中小企业发展的综合性管理机构，加大财税政策的扶持力度，健全融资相关的法律法规，不断完善公共政策服务体系

首先，要重新修订中小企业划分标准，把定量标准和定性标准有机结合起来，将中小企业细分为中型企业、小型企业和微型企业三个层次，分别界定，分别扶持。其次，要建立由工信部牵头，发改委、财政部、央行、证监会、银监会和科技部等多个部委参与的中小企业发展协调小组，充分发挥政府部门的管理协调功能，促进中小企业发展的综合性管理，统一督促配套政策措施的出台，确保政策措施的真正落实。再次，要不断完善我国融资政策扶持体系，继续推行"减税、减费"政策，落实对中小企业的财税激励，增加银行等金融机构对中小企业贷款的积极性。要积极调剂信贷资金流向，在加强对中小企业创新、节能环保、扩大就业等方面的信贷支持的同时，优先保障中小企业流动资金贷款。最后，要抓紧制定与《中小企业促进法》相配套的法律法规，修订完善《担保法》、《公司法》、《证券法》等现有法律，建立健全维护中小企业融资的法律体系，保障中小企业规范有序、健康发展。

2. 要引导发展中小企业信用担保机构，建立健全多层次中小企业信用担保体系

我国的信用担保体系不发达、企业寻保难是中小企业融资困难的原因之一。中小企业信用担保体系建设，首先要坚持"政府推动、社会参与、市场运作"的原则，加快研究制定中央财政、地方财政、企业共同出资组建多层次贷款担保基金和担保机构的具体实施办法，完善由以政府为主体的政策性信用担保机构、按市场规则运行的商业性担保机构和以企业合作为特征的互助性信用担保机构构成的多层次信用担保体系。要设置贷款担保基金和政府专项基金，引导建立民间中小企业信用担保机构，扩大信用担保规模。其次，要建立健全中小企业信用担保风险补偿机制和激励机制，逐步扩大中小企业再担保资金规模，切实落实中小企业融资担保风险补偿、准备金提取、代偿损失税前扣除、免征营业税、担保奖励等财税政策，激发商业担保机构提供融资担保服务的动力。再次，要完善信用担保运作机制建设，加强信用担保的日常监管和风险控制，规范各层次担保机构经营行为，推进信用担保协会自律。最后，要鼓励中小企业担保机构允许商业汇票、存货、股权、知识产权等作为抵押品，开展商会联保、行业协会联保和网络联保等新型融资担保模式，增加长期担保业务，满足中小企业信用担保的多样化需求。

3. 建立和完善中小企业融资的中介信息服务体系，加强企业征信体系建设，健全中小企业融资服务的中介服务机构

要发挥信用信息服务在中小企业融资中的作用，尽快建立个人和中小企业信用信息征集机制和评价体系，推进中小企业信用制度建设，提高企业融资信用等级。构建中小企业信用记录查询系统和守信受益、失信惩戒的信用约束机制，加强对中小企业信用监督，增强企业信用意识。同时，还要建立完善为中小企业融资提供资信评估、信息咨询、资产评估、项目评估、财务顾问等信息服务的公共服务性中介服务机构，帮助融资交易双方克服信息不对称的障碍，激发金融机构为中小企业服务的意愿。

参考文献

〔1〕林毅夫、李永军（2001）：《中小金融机构发展与中小企业融资》，《经济研究》，第 1 期。

〔2〕许可新（2010）：《多份政协提案直指中小民企融资难题》，《第一财经日报》，3 月 1 日。

〔3〕中国企业家调查系统（2009）：《2009 中国企业经营者问卷跟踪调查报告》，http：//www. ceoinchina. com/。

〔4〕辜胜阻、肖鼎光（2007）：《完善中小企业创业创新政策的战略思考》，《经济管理》，第 7 期。

〔5〕胡蓉萍（2010）：《小额信贷公司资本超 800 亿，资金短缺仍是大障碍》，《经济观察报》，3 月 27 日。

—28—
后危机时代企业应对高成本的转型之道[*]

当前，我国已经进入轻微通货膨胀时代。成本推动因素对我国长期以来的低价工业化模式形成挑战，需要引起企业经营管理者的高度重视。应对高成本时代的通胀，一方面企业应当通过企业信息化、产业集群化、发展集约化、战略归核化、管理现代化、布局合理化和经营国际化等对策积极在内部消化成本而不是向外转嫁成本增加通胀压力；另一方面政府也要降低税负，使企业能"轻装上阵"。

一、企业高成本时代已经来临

我国现已进入高成本时代，高成本使成本推动的通胀压力增加。这具体表现在以下几个方面：

（一）农产品价格高位运行，要防止"一粮带百价"

首先，成本增加推动了物价上涨。近5年来粮食生产成本每亩上升23.9%。[1]尤其是大量玉米被用来生产乙醇导致玉米价格上涨，增加了养

＊ 本文发表于《销售与管理》2008年第2期。

猪、养鸡的成本，从而拉动了肉禽蛋等副食品价格的上涨。全球农产品的整体减产也推动了国际农产品价格的持续上涨。此外，农民外出打工比较利益有重大变化，且全国已经有 2 亿多农民实现"农转非"，农产品（食品）消费从"自给型"转变为"商业型"，使农产品（食品）的市场需求压力显著增强。[2]在市场力量的作用下，成本的推动与需求的拉动共同导致了农产品的高价运行。

（二）劳动成本会持续上涨，经济发展告别低劳动力成本时代

这是因为：第一，经济发展模式的转变。低价工业化模式具体表现为"五低"，即低成本、低技术、低价格、低利润、低端市场。大部分企业借助于廉价的要素资源、相对成熟的技术所形成的低成本优势，在国际市场上赢得了竞争。但在价值链环节上，企业生产的产品大多属于附加值较低的低端市场产品，利润空间十分有限。低价工业化模式尽管使我国在参与全球化竞争的过程中依靠比较优势奠定了世界制造业大国的地位，但也形成了高能耗、高物耗、高排放、高污染的高代价。这种经济发展模式迫切需要转变。第二，分配格局改变。十七大报告提出要逐步提高居民收入在国民收入分配中的比重，提高劳动报酬在初次分配中的比重。改革开放以来我国的劳动报酬总额占 GDP 比重一直偏低且呈下降趋势，分配率约在15% ~ 20% 之间，而成熟的市场经济国家分配率普遍在 54% ~ 65% 之间。[3]改变当前这种不合理的分配率，必然要提高当前的工资水平。第三，劳动力供求格局改变。美国的诺贝尔经济学奖得主、原世界银行的高级官员斯蒂格利茨曾经说，当今世界上影响最大的两件事：一个是美国的高科技产业发展，一个是中国的城镇化。中国城镇化之所以被摆在如此高的位置，关键在于城镇化过程中产生的农民工形成了量大、质弱、价廉的劳动力供给，使中国向世界提供了物美价廉的产品，对世界产生了重要影响。然而，与以前近似于无限供给的状况不同，当前农村剩余劳动力供求的"拐点"已经出现，虽然整体上仍然供大于求，但局部地区出现了供求失衡。据调查，2006 年广东省劳动力市场缺口约 250 万人次，有六成企业严重缺工。[4]"招工难"迫使企业开始调整工资水平。第四，新颁布的《劳动合同法》也对企业用工提出了新要求，在劳动关系解除、用工管理等方

面更加注重劳动者利益的保护，这客观上提高了企业的用工成本。最新调查结果显示，有 94.1% 的企业经营者认为人工成本在"上升"。[5] 通过广州的实地调研也发现，企业家普遍反应，现在的劳动力成本至少上升了 20%、30%，甚至 40%。新的《劳动合同法》开始实施以后，将使劳动力的成本进一步上升。

（三）资源环境成本会上升

当前经济发展过程中的"环境瓶颈"日益明显，节能环保任重而道远。十七大提出建设资源节约型和环境友好型社会，5 年要使单位 GDP 能耗减少 20%，污染物排放减少 10%，这将提高企业的生产成本。同时，土地供需矛盾日益突出，土地等资源价格上升。2007 年以来，我国 70 个大中城市土地交易价格上涨较快，前 3 季度平均上涨 12.8%。[6]

（四）能源价格调整带来的物价变动

20 世纪 70 年代的能源危机对整个世界经济产生了巨大影响。有关专家分析认为，大部分发达国家大都在人均 GDP 3000～10000 美元之间经历了人均能源消费量快速增长和能源结构快速变化的过程，尤其是石油需求比例上升特点明显。我国人均国内生产总值 2006 年刚刚超过 2000 美元，但是我国存在相当大的区域差异，2006 年东部地区相当多的省（市），如上海、北京、天津、浙江、江苏、广东、山东等，人均国内生产总值已经超过 3000 美元。这些省（市）已经发生消费结构的明显变化。近年来，尤其在东部沿海省份，油荒、电荒时有发生，一些能源的价格不断攀升。据统计，在 2005 年 3 月至 2006 年 5 月的 14 个月内，国内汽油价格每吨上涨 1900 元。

（五）汇率、退税率的变动和调整提高出口企业成本

自汇率制度改革以来，人民币累计升值幅度已达到 8.57%。同时，自 2006 年以来，国家先后几次调整出口退税率，尤其是针对一些"高耗能、高污染、资源性"产品和容易引起贸易摩擦的商品，出口退税率或下调或取消，一些传统行业出口退税率从 13% 骤降至 5%～8%。因而，在汇率、

退税率的双重压力下，相当多的传统制造行业颇受影响。

（六）垄断利润推动成本上升

垄断利润之所以推动通货膨胀，主要是由于垄断的存在及其力量的强大，垄断牢牢控制了价格水平，以致价格也易增不易减。我国市场结构存在两极分化：一个极端是一些国有垄断企业，利润大好；另一个极端是在一些行业中大量民营企业过度竞争和无序竞争，利润微薄。

（七）技术创新成本提高

我国企业发展需要转变过去主要依靠廉价的劳动力资源和土地资源的模式，通过技术创新来保持持续的竞争优势。要成为一个有竞争力的企业，研究开发费用至少要占总收入的3%。目前，我国相当多的民营企业研发投入比例还比较小，并且呈逐年下降的趋势（见表1），这与3%的要求还有一定的差距。

表1 中国民营科技企业历年研发投入占产品销售的比重统计（2000～2005年）

年份	研发投入（亿元）	产品销售收入（亿元）	比例（%）
2000	405.61	14639	2.77
2001	477.62	15597	3.69
2002	544.00	20259	2.69
2003	792.00	29932	2.64
2004	987	39978	2.47
2005	1230	61218	2.34

资料来源：中华全国工商业联合会、中国民（私）营经济研究会（2006）：《中国私营经济年鉴2006》，中华工商联合出版社。

（八）国际市场矿产品和原材料商品价格的普遍上涨对国内企业影响较大

近几年，以石油、铜、铁矿石、橡胶等为代表的能源、矿产品和原材料商品价格纷纷上涨，部分商品价格屡创新高。同时，我国能源和矿产资源消费量增长速度较快，国内供给相对不足，对外依存度较高。目前的石油对外依存度已经接近 50%。因而，国际市场上能源等价格的波动将对国内市场和企业成本产生越来越大的影响。经 2007 年《中国统计年鉴》数据计算，2006 年我国原材料、燃料、动力购进价格综合指数同 2000 年相比已经增长了 30.68%。

二、高成本时代的应对之道

高成本时代既是企业发展面临的新挑战，也是改变当前低价工业化模式的契机，更是企业发展的新商机。从近期来看，企业必然要面临各种各样的压力；但是从长远来看，外在的压力可以迫使企业进行流程改造、技术更新和产业升级，有利于增强企业的核心竞争力。日本和韩国都经历了高成本的时代，高成本不单纯只是挑战，同时也是市场机遇。当前，在环保成本不断增加的压力下，节能减排必须纳入企业的战略规划。但同时，企业还可以积极开发新能源，将发展约束变为企业商机。尤其是广大民营企业，不仅具有灵活的运行机制，而且享受政府对可再生能源补贴的公平待遇，在开发新能源领域将大有可为。另外，我国内需不旺，消费一直是驱动经济增长三驾马车中的"软肋"。尤其是当前城乡收入差距相对较大，农村 9 亿农民的购买力相对较弱。日本的经验表明，日本制造业人力成本上升带来国民收入水平的增加和消费能力的增加。我国的高成本，尤其是人力成本的上升，也必然带来收入水平的提高。农民购买力的增强、产业工人收入水平的提高为增加人力资本的投入提供了可能，可以促进高等教育、文化以及医疗服务等方面的消费。因而，劳动力成本上升到一定阶段，往往意味着一次新的消费升级。这对企业来讲是一次巨大的商机。

当前的物价上涨虽然是结构性的，但也需要警惕。尤其是我们当前进入高成本时代，成本推动的因素会十分显著。当前要鼓励企业积极内部消化而不是向外转嫁高成本，具体来讲可以采取以下几个方面的对策：

（一）企业信息化

信息化时代下，以互联网和通信为核心的信息技术给企业的经营管理带来了革命性的变化。顺应信息化潮流不仅是企业发展的趋势，而且也是企业节约成本、提高竞争力的有效途径。通过建设 ERP 系统，联想的生产管理发生了一系列变化：库存周转由 1995 年的 72 天降到 2000 年的 22 天，节省资金 21 亿。网络办公、财务管理、供应链管理和电子商务共计约节省人员 350 人，以 5000 名员工计，相当于劳动生产率提高 7%，每年总计降低成本 6 亿多元。[7]

（二）产业集群化

从一定程度上讲，现在的竞争不是企业竞争，也不是产业的竞争，而是产业集群的竞争。产业集群能够形成规模经济、范围经济、专业化的分工协作以及配套服务提高生产效率，通过降低交易成本、减少信息不对称来提高交易效率，使集群内企业借助于"区域品牌"获得竞争优势，并利用集群中的知识外溢在技术创新和技术扩散中赢得先机。曾经发生这样一个案例，在一次武汉钢架结构项目的竞标中，武汉本地有很好的钢铁企业，但其钢构企业的吨钢报价高于 8000 元，否则就要亏。而远在浙江萧山的钢构企业的报价仅为 5000 元，差距很大。其原因是萧山钢结构产业集群使其产品成本大大降低。同样，珠江三角洲因为有良好的产业集群，提供了完备高效的配套环境，同样生产一部手机，比在山东生产每部要低出 20 元。

（三）发展集约化

粗放型的发展方式已经没有出路。集约型增长方式是实现人的全面发展的增长方式，即通过提高劳动者素质来提高劳动生产率。企业的人力资源应由制造型向创造型转化，增加职业的研发人员和职业管理人员，重新审视激励文化、学习型组织、福利制度，将成本优势战略转向技术优势战略。企业要加强人力资源管理，加大员工培训力度，重视员工激励，塑造学习型组织，实现劳动者的素质和结构与社会生产的要求相符合。同时，转变资源使用观念，大力发展循环经济。企业还要提升技术水平，促进产业升级，实现"黑色制造"向"绿色制造"的转变。

（四）战略归核化

随着市场环境的变化，通过有限的业务规模换取经营范围的扩大在世界竞争中越来越难以奏效。企业必须把有限的资源集中于最具竞争优势的行业上或者将经营重点收缩于价值链上自己最有优势的环节才能赢得竞争。20 个世纪 80 年代初，美国掀起一股反对多元化的浪潮，一些大企业纷纷开始实行"归核化"战略。经典的案例是美国的通用电气公司在 1981 年提出了"数一数二"原则，把 60 多个行业"归核"为 13 个核心行业，获得了极好的收益。之后 IBM、可口可乐都纷纷向通用电气学习，加强核心业务建设。从战略意义上来讲，"归核化"是对多元化片面追求业务范围的修正，是从长远战略出发在"量的增长"和"质的提高"之间的平衡。目前，根据全国工商联 2003 年的调查，全国民营企业 500 强中有 388 家企业涉及两种或两种以上业务领域。因此，企业走"归核化"战略，就是把主导产业做强、做优。即使走多元化道路，企业也应当实行相关多元化，坚持"人无我有、人强我优、人有我变"的差异化战略。

（五）管理现代化

在现代管理中，先进的物流管理已经成为企业的"第三利润源泉"。据统计，我国的物流成本约占 GDP 的 20%，而发达国家只有 10%。管理现代化还涉及治理模式问题。民营企业的家族化治理模式十分普遍，尽管在创业阶段"家族化治理"更显合理性，但对长远发展而言，"家治"和"人治"的局限性成为企业管理中的瓶颈。伴随着改革开放以来民营企业将近 30 年的发展，相当多的老一代民营企业家纷纷退居二线开始交班。例如浙江和广东的民营企业都面临着代际传承的问题。有的不能接班，有的不愿意接班，有的接了班，但上一代"退而不休，垂帘听政"，新老代沟严重，民营企业治理模式还存在相当多问题。这表明：企业应该通过管理现代化降低成本，提高效益。

（六）布局合理化

当前企业布局并不均衡。尽管总体上劳动力供大于求，但是分布过于集中使劳动力供求在部分地区存在着局部失衡。在东部一些地区，迫于土地、能源、环境的压力，当地原有的占地面积大、产品附加价值低的劳动密集型产业正在逐步外迁。全球最大的电子产品制造企业富士康迫于深圳成本上升的压力，已向中部武汉转移。

（七）经营国际化

企业既可以通过产业升级也可以通过产业转移来应对高成本。"二战"以来，传统产业、劳动密集型和资源密集型产业等不具有比较优势的产业按照梯度由美国向日本、西德再向亚洲"四小龙"等新兴工业化地区进而向以中国为代表的发展中国家转移。在产业转移的过程中，本国不仅实现了产业的升级，而且充分利用了国际资源和国际市场，使价值链延伸向全球范围。随着要素成本的提高，我国的企业也可以"走出去"，向要素资源更廉价的地区转移。实施企业的国际化，一方面可以应对成本升高的局面，另一方面可以进一步提升企业的竞争力。经营的国际化不仅是企业消化高成本的应对之道，更是在开放经济条件下企业谋取长远发展的战略举措。

（八）政府要通过降低税负，减轻企业成本压力

"十五"以来，我国 GDP 年均增速为 10% 左右，而税收年均增速却在 20% 以上。一些地区"中央靠税，地方靠费"的现象严重，私营企业非税收负担依然较重。尤其是在中部和西部地区，呈现出私营企业"三项支出"（缴费、摊派、公关招待费用）的平均值上升、非税负担加重的态势。调查数据显示，2003 年我国中部地区私营企业缴费支出平均值为 22.9 万元，西部地区为 36.9 万元；到 2005 年两项数据分别上升到了 26.6 万元和 39.4 万元。[8] 在企业自身消化的同时，政府应适时、适当地降低税负，为企业发展提供政策支持。

总之，应对高成本，要么推动产业升级——用机械化、自动化替代劳动力，要么实现产业转移——将产业从高成本的东部地区转移到中西部，通过产业转移实现低成本。对于企业而言，应该通过企业信息化、产业集群化、发展集约化、战略归核化、管理现代化、布局合理化和经营国际

化，来降低企业的生产管理成本。对于政府来说，要通过减低税负来减轻企业的负担，让企业轻装上阵。

参考文献

〔1〕王洋（2007）：《发改委：目前物价上涨不是全面通货膨胀前兆》，http：// news. xmnext. com/domestic/shizheng/2007/08/20/851614. html。

〔2〕王兰军（2007）：《我国当前物价走势与宏观调控》，《中国金融》，第 22 期。

〔3〕辜胜阻（2006）：《高速增长需要与财富积累同步》，《中华工商时报》，12 月 20 日。

〔4〕赵民望（2007）：《珠三角将告别廉价劳动力时代》，《中华工商时报》，3 月 4 日。

〔5〕中国企业家调查系统（2007）：《2007 企业经营者问卷跟踪调查报告》，http：//www. ceoinchina. com/。

〔6〕康森（2007）：《前三季度 70 个大中城市土地交易价格平均上涨 12.8%》，http：//news. xinhuanet. com/newscenter/2007 – 11/17/content_ 7092422. htm。

〔7〕杨元庆（2002）：《实施信息化提高竞争力》，《中国科技信息》，第 19 期。

〔8〕中华全国工商业联合会、中国民（私）营经济研究会（2005）：《中国私营经济年鉴（2002 ~ 2004）》，中国致公出版社。

—29—

后危机时代民间投资接力公共投资的对策研究[*]

2009 年中央经济工作会议指出，在应对国际金融危机冲击、保持经济平稳较快发展这场重大考验中，我们取得了显著成效。会议在充分肯定成绩的同时进一步指出，当前我国经济回升的基础还不牢固，经济回升内在动力仍然不足。应当认识到，我国经济企稳回升、取得应对危机的阶段性成果主要归功于政府公共投资的推动。未来我国经济要彻底走出危机必须积极扩大民间投资，实现民间投资对政府公共投资的接力，进而培育经济内在活力，使经济复苏从依靠外力推动转向内生动力驱动。

一、保障经济持续增长需要民间投资接力政府投资

我国经济能够在世界范围内率先企稳回升，政府公共投资功不可没。在短时期内，政府公共投资成为拉动经济增长的有效途径。

首先，政府公共投资作用显著，是调控宏观经济的"快"变量。受全球金融危机影响，推动经济增长的消费需求、投资需求和出口需求的"三

---

* 本文发表于《当代财经》2010 年第 3 期。核心观点源于作者 2009 年 10 月 29 日在第十一届全国人大常委会第十一次会议上的分组发言。潘登科、易善策协助研究。

驾马车"并不能"并驾齐驱"。近些年，我国财政收入持续增长，基础设施建设和民生工程等形成巨大的社会需求，国家有实力、有动力、有必要进行大规模的政府公共投资。政府公共投资是以国家财政实力为支撑，以宏观经济形势需要为指导，以社会需求为动力，是短期拉动经济增长的有效途径。其次，政府公共投资调整经济运行的外部时滞短、指向性强、乘数效应大。政府公共投资是应对金融危机、弥补有效需求不足的最直接、最迅速、最有力、最有效的手段。政府公共投资依靠行政手段干预经济，指向性强、见效快，对整个宏观经济产生扩张效应。金融危机爆发后，我国政府及时、有效地实施"保增长、扩内需、调结构"的政策，通过强有力的政府公共投资有效遏制了经济下滑，成功地使我国经济逐步企稳向好。再次，政府公共投资体现了调结构、惠民生的要求，为转型升级、刺激消费做出了贡献。政府公共投资具有弥补市场失灵的作用。为积极应对金融危机，我国政府及时重磅出击4万亿投资的一揽子计划，基础性设施建设、城市电网改造、自主创新和产业结构调整、节能减排和生态建设工程充分显示了政府公共投资调结构的特点。而加快保障性住房建设，加快农村民生工程，加快医疗卫生、教育、文化等社会事业发展，既优化了投资结构又让老百姓得到实惠。

民间投资与政府公共投资对经济的平稳运行都具有十分重要的作用。经济增长既需要民间投资作为内在动力的持续推动，也需要政府公共投资弥补市场失灵并进行"相机抉择"以熨平经济周期的波动。政府公共投资虽然在拉动经济增长方面具有"力挽狂澜"的显著效果，但也有局限性。首先，从作用力来看，政府公共投资作用力强，但难以持久。其次，政府投资受到财政收支预算约束和地方政府财政配套能力不足的制约。再次，地方政府强烈的"投资饥渴"容易导致重复建设和经济过热，加剧产能过剩。而相对于政府公共投资，民间投资是增强经济增长内生动力与活力、实现可持续发展的关键。具体来讲，民间投资具有以下特点：

（一）机制灵活、适应性强

相对于政府公共投资，民间投资以市场经济为基础，具有高度的经营决策自主权、高度的资产支配权、高度的用人选择权、高度的内部分配权。高度的经营决策权有利于迅速决策，高度的资产支配权有利于快速调动资金，高度的用人选择权有利于适时选拔人才，高度的内部分配权有利于建立高效的激励机制。民间投资能够及时、灵活地适应社会多层次、多方面的迅速变化，呈现出"船小好调头"的优点。

（二）产权清晰、效率较高

民间投资自筹资金、自找门路、自我经营、自负盈亏、自我约束、自我发展。民间投资产权清晰的特点促使投资人为自己投资的资金负责，追求投资利润最大化，有利于提高投资效率。

（三）份额很大、潜力显著

民间投资已占全社会投资的绝大部分，成为扩大投资需求的重点。2008 年我国民间投资占到了全社会固定资产投资的 70% 以上。同时，我国民间资金蕴含巨大潜力，为民间投资提供了充裕的来源。有统计显示，我国民间资金目前大约有 46 万亿元，包括 20 万亿元个人储蓄和 26 万亿元企业和社会资本，[1]有效启动民间资金可以为民间投资提供巨大的资金支持。

（四）可持续增长的动力之源

民间投资是实现经济持续增长的重要动力，缺乏民间投资的增长势必基础不牢、根基不稳。有研究表明，民间投资每增加 1%，国民生产总值大约增加 1.53%。[2]可见，激活经济增长的内生动力和经济活力有赖于积极扩大民间投资。

（五）创业创新作用明显

民间投资与创业创新联系紧密，其催生的大量中小企业是我国技术创新的重要力量，也是我国创新体系中最具活力的组成部分。有数据显示，我国中小企业提供了全国约 66% 的专利发明、74% 以上的技术创新、82% 以上的新产品开发。[3]中小企业经营灵活，适应市场变化能力强，创新压力大、动力足，创新成果面向市场转化较快，开发新技术新产品的效率高。

（六）保就业保民生的主渠道

民间投资的载体多为中小企业，中小企业占全国企业总数的99%以上。2008年我国民间投资安排了70%的城镇就业和90%的新增就业，对于缓解我国的就业压力具有极其重要的作用。民间投资有利于增加就业，就业是员工收入增加的保证，员工只有收入增加才可以促进消费。反过来，消费可以带动民间投资的良性循环，民间投资的良性循环才能真正实现藏富于民。

二、扩大民间投资培育经济内生动力的对策思考

经济学理论认为，经济长期增长不是外部力量而是经济体系内部力量作用的结果；同时，政府政策对经济增长具有重要影响。[4]由此可见，经济系统自身的内生动力是最根本的推动力量，处于决定性地位；而政府政策起着引导性作用。当前，我国政府公共投资对经济的主导性较强，对民间投资的引导作用不够明显，民间投资仍不活跃，经济增长的持续性面临较大挑战。民间投资接力公共投资是构建经济增长内生动力机制的重要途径，是保持经济可持续增长的关键。我国亟须转换经济增长的推动力，使民间投资尽快成为推动经济增长的内生动力。为此，需要采取以下举措：

（一）拓宽民间投资领域，适当引导政府投资逐步退出一般性竞争领域；防止挤出效应，使公共投资与民兴利而不与民争利

民间资本面临较高的市场准入门槛和较多的条件限制，尤其在一些垄断行业，民间资本参与的机会较少。据报道称，按照目前市场准入格局，在全社会80多个行业中，允许国有资本进入的有72种，允许外资进入的有62种，而允许民营资本进入的只有41种。[5]为此，首先要加快垄断行业改革，逐步消除行政性壁垒，降低民间投资进入门槛。加快垄断行业改革需要扩宽改革的范围和层次，允许和鼓励民间资本进入铁路、航空、电信、能源、市政公用设施、金融和社会事业领域，通过采取民间持股、拆分、重组等方式打破政府公共投资垄断能源、交通、基础设施等领域的局

面。其次，要引导政府投资逐步退出一般性竞争领域，防止政府投资的过度扩张和对民间投资的挤出效应，要推进民营企业与其他所有制企业在投资审批、土地、外贸、财税扶持方面的待遇公平化。再次，通过税收减免、财政补贴等优惠政策以及产业政策的实施鼓励民间投资跨地区转移，改变我国民间投资地区发展不平衡的状况，通过民间投资激活落后地区的经济发展；同时鼓励民间投资"走出去"，积极搭建平台鼓励民间资本参与国际竞争。

（二）以城镇化发展推动民间投资，大力鼓励民间投资推动中小城市发展，并探索完善政府公共投资和民间投资的合作机制，促进"国民共进"

城镇化可以刺激投资需求，扩大民间投资。世界发达国家的历史经验表明，伴随着城镇化进入高速发展期，城市住房市场也将进入快速发展阶段，住房投资规模占国内生产总值的比重也相应升高。近年来，伴随着我国城镇化的快速发展，房地产也进入高速发展期（如图1）。2009年中央经济工作会议最大亮点是放宽中小城市和城镇户籍限制，这是未来我国中小城市城镇化发展制度安排上的重大突破，必然吸引大量的民间投资进入二、三线城市，推动民间投资发展。同时，我国城镇化过程中的一个十分重要的限制是城市建设的资金问题，迫切需要政府与民间力量在更加广泛的领域合作，共同投资城镇化。尤其是针对地方财力紧张、落实配套困难的问题，需要通过政府资金的杠杆作用吸收民间资本参与，充分发挥民间资本的力量。建立政府公共投资和民间投资合作体制不仅有利于减轻政府财政负担，而且有利于更好地实现对民间投资的合理引导。通过建立合作机制有利于把民间投资引导到实业投资的方向上来，引导到国家产业政策鼓励和支持的领域上来，引导到促进产业升级的技术改造和自主创新上来，引导到政府主导的基础设施项目上来。[6]当前，要通过采取招标民间资本直接参与、特许经营、建设—经营—转让、建设—拥有—经营—转让、建设—转让—经营等方式建立和完善公共投资带动民间投资的新机制。一些地区已经在民间资金参与基础设施建设方面做出了有益的探索，并取得了很好的效果。例如，2009年开通的北京地铁四号线是大陆地区首个公私合营的轨道交通线路，以"特许经营模式"运营，北京市政府投资

70%，其余30%由香港铁路有限公司、北京市基础设施投资有限公司和北京首都创业集团有限公司三家特许公司投资。因此，在城市开发建设方面，要进一步完善"政府引导、市场运作"的灵活多样的建设和经营方式，形成政府与民间力量共同投资的新格局。

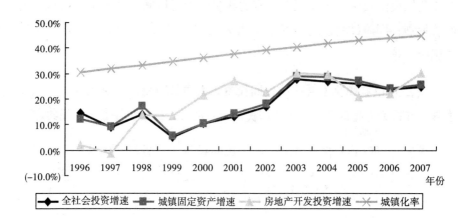

图1　城镇化发展与房地产开发投资、城镇固定资产投资增长

资料来源：中华人民共和国统计局（2008）：《中国统计年鉴2008》，中国统计出版社。

（三）采取措施加大对民营企业的创新扶持力度，引导企业转型升级

科技创新投资是最重要的战略投资，新兴产业将成为推动世界经济发展的主导力量。民企在自主创新方面存在动力不足、风险太大、能力有限、融资太难等问题，以科技创新为主要特色的新兴产业市场风险大，市场的自动调节难以引导民间投资进入这些领域，需要政府积极扶持。首先，要完善企业创新的利益补偿机制、风险分担机制和创新合作机制，建立科技开发准备金，引导民间资金进入新能源、环保产业、生物医药、新材料、电子信息等新兴战略产业。其次，加大对企业转型升级、设备更新和技术研发的支持力度，提高创新基金的资助强度，加大技术改造和科技创新项目的资金安排和落实，加强地方财政对创新基金的投入。根据各个行业的具体情况，允许建立各类准备金，诸如价格变动准备金、异常风险准备金、呆账准备金、补偿违约损失准备金、中小企业呆账专用基金等等。[7]再次，要加强对中小企业的技术支持，在中小企业集中的地区由政

府开发产业共性技术，通过搭建平台鼓励企业与科研院所开展经常性的技术合作，支持产学研互动。最后，构建民间投资的财税优惠支持体系，提高创新企业和项目的投资回报率。民间投资意愿偏低与投资的社会回报率低、激励不足有很大关系，需要政府运用财税等优惠政策进行引导，积极构建民间投资的财税支持体系。对于有前景的初创企业和微型企业，需要增强税收优惠和财政补贴力度；针对创业阶段的企业，在一定期限内实行优惠税率或者免税政策，或者实行"先征后返"的办法；对新创企业进行用地、厂房租赁、用电和用水方面的政策支持。随着企业的不断壮大，政府的扶持力度逐渐减小。对于处于成熟期的企业和衰退期的企业按照税法规定进行征税，并可以把部分税收反哺处于幼稚期和成长期的企业。对于国家鼓励发展的领域和地区的投资项目，要通过补助、减免税、贴息贷款等优惠政策加以支持。

（四）构建多层次资本市场和银行体系，及时、有效地将民间储蓄转化为民间投资

中小企业的内源融资有限而外源融资困难，银行等金融机构对民营企业存在"重大轻小"、"嫌贫爱富"的"规模歧视"和"重公轻私"的"所有制歧视"，而多层次资本市场体系又不健全，民间资本难以转化为民间投资。为此，要放松金融管制，引入民营机制，鼓励和引导中小金融机构发展，引导民间非正规金融发展成社区银行或中小商业银行，构建民间储蓄转化为投资的平台。要建立多层次中小企业担保基金和政策性担保机构，完善多层次的信用担保体系。通过组建民间投资、银行和保险公司参与、政府二次担保、市场化运作的民间担保公司，为民间投资担保。[8]要大力发展风险投资和私募股权基金，完善创业板市场。通过构建天使投资与创业企业的网络交流平台，让闲置资金变成活跃投资。发挥创业板作用，完善民间资本的退出渠道。此外，还可以借鉴发达国家由政府出资设立产业基金，并分设若干个基金，每个基金由民间出资参与运作，政府数年后收回再投入的办法，使政府投资起到"四两拨千斤"的作用，从而带动投资滚动发展。[9]

(五) 以"创业富民"战略激活民间投资，引导形成新的创业潮

中小企业作为民间投资的主要载体，经营自主灵活，是大型企业的重要补充。但由于居民创业意愿低、社会创业服务不足、创业者资金和能力存在瓶颈，造成我国创业活动不足。调查显示，我国高校毕业生创业率不到1%，其中创业成功的不到10%，大大低于欧美国家。[10]当前，要大力弘扬创业文化，增强舆论支持，宣传"创业致富"观念，推动实施"创业富民"战略。要通过提升创业教育地位、改进创业教学内容和模式等措施，加强高校创业教育，通过"大学—产业"互动模式提升大学生创业意愿和技能。要构建创业服务网络系统，完善创业服务体系，培育中介服务机构，提供创业信息、创业咨询、创业教育及创业培训指导等有针对性的、有效率的创业服务。同时，要利用危机倒逼机制，积极引导大学生、农民工创业，形成新一轮创业潮。

(六) 以消费带动民间投资，拓展民营企业的市场需求

消费和民间投资能够实现良性互动，通过扩大内需，可以创造新的消费热点和需求，刺激民间投资。当前，要着力进行稳定就业，深化收入分配体制、社会保障体制和教育医疗卫生体制等方面的改革，增加公共产品供给，加强对低收入阶层的转移支付，改革优化个人所得税制度。要推动城市居民消费升级，有效启动农村消费市场。加快推进城镇化进程，变农民消费为市民消费。要发展个人消费信贷，鼓励消费信贷产品创新，有针对性地培育和巩固汽车、住房、教育等消费信贷的增长点，倡导适度负债和超前消费的新观念。要强化对中小企业的政府采购，尽快制定出台《中小企业政府采购管理办法》，鼓励政府投资向扶持中小企业倾斜。

(七) 健全民间投资服务体系，营造良好市场环境

我国投资服务体系不完善，政府存在监管多、服务少的问题，一些商会或行业协会也没有发挥中介服务作用。对此，首先要理顺政商关系，转变政府职能，推动"全能政府"、"管制政府"向"有限政府"、"服务政府"转变。要规范和改革投资审批、审核、备案制度，缩减政府核准范

围，简化审批程序，减少行政事业性收费和经营性收费，推进民营企业与其他所有制企业收费公平化，消除"非国民待遇"。其次，要建立专业化的投资服务机构，增强产业政策支持和投资信息指导。要开展民间投资的管理决策、营销策划、投资咨询和审核报批等方面的综合服务，构建包括政策信息、技术信息、市场信息在内的综合性的投资信息网，筛选和储备投资项目，为全社会提供准确、充分的投资信息。再次，要加强民营企业权益保护机构建设，维护民营企业的合法权益，为民间投资创造良好的发展环境。

参考文献

〔1〕辜胜阻、杨威、武竞（2009）：《彻底走出危机急需扩大民间投资》，《中国经济时报》，10月14日。

〔2〕沈洪溥、周立群（2004）：《中国民间投资运行趋势协整分析》，《济南金融》，第2期。

〔3〕辜胜阻（2009）：《民营经济与创新战略探索》，人民出版社。

〔4〕谭崇台（1999）：《发展经济学的新发展》，武汉大学出版社。

〔5〕谢利（2009）：《垄断行业改革提上议程》，《金融时报》，5月31日。

〔6〕应熊（2009）：《民间投资：浙江经济率先回升的关键》，《浙江经济》，第12期。

〔7〕王玉玲（2009）：《金融危机中如何扩大民间投资问题探讨》，《中国集体经济》，第16期。

〔8〕任保平、刘丽（2004）：《扩大民间投资：促进中国经济增长的长期动力》，《天津行政学院学报》，第1期。

〔9〕卢福财（2002）：《江西民间投资的现状与促进对策》，《江西财经大学学报》，第4期。

〔10〕白天亮、王慧敏（2009）：《高校毕业生创业率不到1%大学生创业要闯几道关》，《人民日报》，6月22日。

—30—

ECFA 新机遇下提升两岸竞争力
的战略思考*

经济全球化和区域经济一体化已经成为当前世界经济发展的两大趋势。《海峡两岸经济合作框架协议》（ECFA）的签订顺应了区域经济一体化趋势，使海峡两岸的经济合作进入一个崭新的阶段。新 ECFA 时代两岸要抓住合作的新机遇，在产业选择上将物流业、金融业等现代服务业作为合作的先行产业，在载体建设上将平潭综合实验区作为先行区域，逐步推进两岸区域经济一体化，提升两岸竞争力。

一、ECFA 新机遇对两岸经济发展的影响

研究发现，区域经济一体化对所涉及区域的经济发展有多重效应：贸易转移与贸易创造效应、生产转移与投资转移效应、福利效应、规模经济效应、竞争效应和资源配置效应等，对于区域经济发展具有重要促进作用。ECFA 的签署是两岸经贸合作"极为关键的一大步"。两岸在货物贸易方面互相减让了关税，在服务贸易方面互相开放了市场，在投资方面互相

* 本文核心观点源于作者 2010 年 7 月 8 日在福州召开的海峡"两岸竞争力论坛"上所作的主题演讲。杨威、李洪斌、易善策协助研究。

降低了投资门槛，大大促进了区域经济一体化。ECFA 的签订标志着"两岸关系发展中一个新的里程碑"，对两岸经济具有重要作用，不仅可以避免中国台湾地区在东亚区域经济中被边缘化，而且也可以避免海西在东部沿海经济中被边缘化。

从对中国台湾地区经济的影响来看，日本的趋势分析权威大前研一将 ECFA 比喻为中国台湾地区的维他命。[1] 有测算表明，ECFA 签署后，中国台湾地区的 GDP 将提高 1.65% ~ 1.72%，出口会增加 4.99%，中国台湾地区未来 7 年可能增加的 FDI（即国际直接投资）流入规模将达 89 亿美元。[2] 从短期来看，ECFA 的签订可以直接优化中国台湾地区的贸易环境，提升中国台湾地区产品的国际竞争力，改善中国台湾地区投资环境，有助于中国台湾地区融入东亚经济体，避免中国台湾地区在区域经济中被边缘化。从长期来看，ECFA 有利于优化中国台湾地区产业结构，促进经济持续增长。ECFA 带来的大陆关税优惠、投资开放及中国台湾地区投资安全性的提高，将有力吸引台资留台、陆资入台和外资进台。同时，利用"台湾接单、大陆生产"的分工模式，借助大陆的生产优势和市场优势，台湾地区不仅可以推动传统产业实现新发展，而且可以为新兴产业发展开拓广阔市场。

对于海西经济区而言，ECFA 带来的最重要益处是通过承接产业转移创造出新的经济增长点，进而提升区域产业竞争力。当前我国沿海经济已经形成以珠三角、长三角和京津冀地区为"三大"，以北部湾、海峡西岸、江苏沿海和辽宁沿海为"四小"的区域格局。而海西经济区北承长三角经济区，南接珠三角经济区，经济发展水平和区域竞争力相对较低，是二者之间的凹地。从 GDP 总量上来看，珠三角经济区中心省份广东省是海西经济区中心省份福建省的 3.27 倍，长三角"一市两省"的 GDP 总量也达到福建省的 6.01 倍；从人均 GDP 来看，福建省也与广东省、长三角"一市两省"差距极大，尤其上海市人均 GDP 达到福建省人均水平的 2.39 倍（见表 1）。另有测算发现，福建与东部地区的人均 GDP 的差距，由 2006 年 5648 元扩大到 2009 年 11186 元，海峡西岸经济区生产总值相当于长三角和珠三角的比例分别由 2000 年的 39.1% 和 75.2% 下降到 2008 年的 28.8% 和 63.6%，[3] 有被"边缘化"的危险。区域中心城市对本地区具有重要的集聚和辐射作用，是影响区域竞争力的重要因素。但目前，海西经济区中心城市的发展水平相对落后，不利于引领海西参与区域竞争。如2009 年，福州、厦门、泉州 GDP 远远落后于上海、杭州、苏州、广州、深圳等。因此，加强与中国台湾地区的经济合作，是海西经济区破解当前发展困境的必然选择。ECFA 将加速中国台湾地区制造业向海西转移的步伐，而银行、证券等11 个服务行业扩大对台开放的政策将推动台商重点投资服务业，形成第四波台商企业向海西转移的浪潮。海西经济区由于区位、政策等优势，可以充分利用中国台湾地区的生产技术、研发创新能力和经验，促进产业升级，提升其在国际产业链上的分工地位。

表 1　2009 年海西经济区与长三角、珠三角经济区发展水平比较

经济区	主要省市	GDP			人均 GDP		
		总值（亿元）	与福建比值	全国位次	数额（元）	与福建比值	全国位次
海西经济区	福建省	11949.53	1	12	33051	1	10
珠三角经济区	广东省	39081.59	3.27	1	40748	1.23	6
长三角经济区	上海市	14900.93	1.25	8	78905	2.39	1
	浙江省	22832.43	1.91	4	44335	1.34	4
	江苏省	34061.19	2.85	2	44232	1.34	5

注：海西经济区主要以福建省为主体，珠三角经济区以广东省为主体，长三角经济区则以上海市、浙江省和江苏省为主体。

资料来源：福建社会科学院课题组（2010）：《福建与东部地区竞争力比较与提升策略》，《两岸竞争力论坛论文集》，第 189～191 页。

二、ECFA 新时代两岸竞争力的提升

（一）提升两岸竞争力的总体思路

区域间加强产业、中小企业和科技方面的分工合作，实现优势互补，是提升区域竞争力的重要途径。两岸竞争力的提升也需要在加强分工合作上下足功夫。中国台湾地区经济和大陆经济的互补性以及两者在区位上的

优势是推动两岸经济合作的基础。当前,两岸经济发展阶段呈现阶梯分布状态,中国台湾地区经济已经进入后工业化时代,而大陆经济正处于工业化加速阶段。同时,两岸经济在东亚生产链上处于不同的地位,台湾地区在中游,而大陆在下游。因而,两岸经济有错位发展、分工协作的现实需要。在新 ECFA 时代,为提高两岸竞争力,需加快两岸区域经济一体化,推进两岸经济合作,提升合作水平和层次。

在新 ECFA 时代,为加快两岸区域经济一体化:一要推进两岸产业合作。产业竞争力是区域竞争力的集中表现,要通过加快两岸产业对接,整合两岸产业链,构建沟通机制与合作平台,尝试开展两岸产业、园区、县市对接合作,加快实施两岸产业"搭桥计划",探讨两岸在发展战略性新兴产业方面的合作方式和途径,提升两岸产业合作的水平和层次。二要加强两岸科技交流合作。科技竞争力是区域竞争力的重要方面,两岸科技在基础研发、技术市场化、技术引进等方面各有所长,具有互补优势。要通过推进两岸开展联合研发、鼓励现有技术的引进与转化、促进人才培养与交流、建立两岸知识产权保护机制等途径,促进两岸科技合作,提升两岸科技竞争力。三要加强两岸中小企业合作。中小企业是区域经济的主体。据报道,目前大陆中小企业有 4200 万家,占全部企业的 99.8%;台湾地区中小企业约有 123.5 万家,占全部企业的 98%。加强两岸中小企业合作能够实现两岸经济最广泛、最深入的合作。四要优化两岸贸易和投资环境。要推进两岸"保税区"与"自由贸易港区"的有效对接,放宽两岸贸易商条件,简化通关、检疫等手续。要鼓励两岸进一步放宽投资限制、降低准入条件、制定产业投资目录和出台鼓励措施等,促进两岸贸易和投资便利化、区域经济一体化。

(二) 以物流业先行推进合作提升两岸竞争力

经济合作,物流先行。物流,犹如遍布人体的血管,依靠血液的不停流动,维护着国民经济的健康发展,成为国民经济新核心竞争力。[4] 托马斯·弗里德曼在其经典著作《世界是平的》中认为,"有十辆推土机抹平了世界",其中包括供应链和内包。事实上,现代物流业不仅有利于推进经济全球化,也有利于推进区域经济一体化,提升区域竞争力。理论与实践证明，物流合作是提升区域竞争力的重要途径。如美国的纽约州和新泽西州的港口群、东京湾港口群、德国汉堡港和不莱梅港，都通过物流合作，实现错位发展、整体竞争力提升和互利双赢。

现代物流业发展可以通过以下机制影响区域竞争力：第一，现代物流业可以提升企业竞争力。企业是区域竞争最主要的微观主体，企业竞争力的强弱，直接关系到区域竞争力的强弱。现代物流业发展，可以通过供应链整合降低企业运营成本，通过产业链变革实现企业归核化运营，通过价值链提升增强企业盈利能力，从而增强企业核心竞争力。有统计显示，通过第三方物流公司的服务，企业物流成本会下降 11.8%，物流资产下降了24.6%，办理订单的周转时间从 7.1 天缩短为 3.9 天，存货总量下降了8.2%。[5]第二，现代物流业可以提升产业竞争力。现实中，区域经济竞争主要表现为区域产业竞争。现代物流业具有跨行业、跨部门、跨地区的产业关联效应，与国民经济各产业协同发展，能够显著增强产业竞争力。第三，现代物流业可以增强区域集聚力和辐射力。集聚力和辐射力能显著影响区域的对外竞争力。而物流业越发达，则交易成本越低、资源配置效率越高，从而不断吸引外部要素，提高区域经济的要素集聚能力，也越能支持产品的对外流通，从而增强本地产品的市场竞争能力，提高了区域经济的对外辐射能力。如德国现代物流业的发展，不仅增强了其制造业和贸易的国际竞争力，也大大增强了其在欧盟地区的影响力和主导地位。

当前，两岸物流合作具有广阔前景、较大优势，并且能够实现互利双赢：一是两岸物流合作可以降低经贸成本，实现贸易互惠。大陆是中国台湾地区最大的贸易伙伴和出口市场，中国台湾地区是大陆第七大贸易伙伴、第九大出口市场，[6]两岸贸易量巨大，通过物流合作可以显著降低成本。有数据显示，仅实现直航就使两岸海上客货运输成本平均下降了15% ~30%。[7]二是两岸物流合作可以解决各自物流产业发展困境，实现产业双赢。中国台湾地区物流产业发展水平相对领先，2010 年世界银行全球物流绩效指数（LPI）报告显示，中国台湾地区物流绩效指数排名全球20，而大陆排名 27，中国台湾地区在海关效率、国际货运、物流竞争力、货物跟踪及运输及时性等方面领先大陆较多，具有较大合作空间（见表2）。但中国台湾地区物流业也面临着成本升高、市场需求持续下降的困扰。如高雄港的集装箱吞吐量已由过去的全球第 3 急剧下滑到目前的第 6，据估计，若两岸不能直航，到 2012 年有可能滑落到 30 位。[5] 两岸物流合作，有利于提升大陆物流业发展水平，也为中国台湾地区物流业开辟新的发展空间。三是两岸物流合作可以实现区域物流功能互补。福建省将沿海港口定位为海峡西岸港口群，台湾地区想要打造"亚太营运中心"，而海西港口群侧重于内陆与近海运输，台湾地区港口群侧重于远洋运输，两岸物流合作客观上会实现港口物流功能互补和整体提升。

表 2　2010 年部分国家及地区的全球物流绩效指数（LPI）排名

国家	海关效率	基础设施	国际货运	物流竞争力	货物跟踪	运输及时性	总排名
德　国	3	1	9	4	4	3	1
新加坡	2	4	1	6	6	14	2
日　本	10	5	12	7	8	13	7
香港地区	8	13	6	14	17	26	13
美　国	15	7	36	11	5	16	15
中国台湾地区	25	22	10	22	12	30	20
韩　国	26	23	15	23	23	28	23
中国大陆	32	27	27	29	30	36	27

资料来源：The World Bank（2010），Connecting to Compete 2010 Trade Logistics in the Global Economy，The World Bank.

目前，两岸物流业合作条件已经成熟：在政策上有海西经济区"先行先试"的政策便利；在区位上两岸港口群极近；在需求上"台湾接单，大陆生产"的产业合作格局使得物流的需求极大；在基础设施上海西经济区已形成较为完善的物流基础设施网络；在文化上两岸"五缘"关系深厚，地缘近、血缘亲、文缘深、商缘广、法缘久，具有合作的天然优势。

未来，在落实 ECFA 的基础上，要通过以下措施，加快两岸物流业合作：一要整合两岸物流资源，加强物流合作的规划。要整合两岸港口资源，打造以高雄、福州、厦门等重要港口相互合作的台海两岸港口群，推进两岸"保税区"与"自由贸易港区"的有效对接。要发挥福州保税区的政策优势，加快"区港联动"机制建设，利用台湾地区航商的渠道优势，合作开辟国际航线。要加强两岸物流业发展的联合规划，促进物流业协同发展，共同构建海峡亚太国际航运中心。二要加强两岸物流基础设施和信息平台建设。加强海西的港口交通设施、仓储设施、货物配送中心等基础设施建设，为两岸物流合作奠定基础。借鉴台湾地区经验，加强物流信息化平台建设，尤其是港口信息化建设，实现两岸港口物流信息化建设的对接和成果的共享。三要加快两岸物流标准、营运法规的对接。要合作构建两岸物流管理体系，推进两岸涉及物流合作的航运、贸易、港口、通信、运输、金融、关税等法规的对接。要统一两岸物流技术标准，加快相互认证机制建设，优化物流合作政策环境。四要加快物流业开放，鼓励两岸物流企业分工协作。要发挥海西经济区"先行先试"的政策优势，利用税费优惠吸引中国台湾地区物流企业，尤其是吸引台湾地区规模大、业绩好、有海外拓展经验和较强行业整合能力的企业进驻福建。要鼓励两岸物流企业通过合资、合作和联营等方式，实现物流企业多层次、多形式的合作。要鼓励本土物流企业大力引进台湾地区物流业先进技术、经验和设备。五要引进并联合培养物流人才，为物流合作提供智力支持。要鼓励两岸高校加强物流专业人才联合培养、物流前沿理论与技术研究，合建培训中心，举办两岸物流研讨会，培养物流专业人才。要加快两岸人才流动，大力引进台湾地区物流业优秀人才。六要大力发展临港经济，加快产业对接。海西要积极承接台湾地区产业转移，加快引进台湾地区大型临港工业企业落户，发展两岸临港工业。要构筑闽台农产品物流联盟，加强农产品物流合作。七要加强两岸物流合作协调机制建设，重视发挥民间力量。要建立闽台物流协会的协作机制，推进两岸物流协会在物流产业政策制定、基础设施建设、物流标准统一等方面的相互协商。要加强闽台民间机构的往来，积极发展论坛、展会等多形式、多层次的民间对话与交流。

（三）以平潭综合实验区为先行区域推进合作提升两岸竞争力

改革需要试点，两岸深入合作也需要有一个先行实验的平台。如中国改革开放的"窗口"和"试验田"——深圳经济特区，不仅给深圳本身带来了翻天覆地的变化，也为整个中国改革开放的事业带来了生机与活力。

加强两岸合作，建立合作的紧密区域和产业融合的载体是关键。海西要通过建设平潭综合实验区，形成两岸直航快捷通道，建设大陆对台交往的"桥头堡"。平潭综合实验区建设要借鉴深圳特区的经验，使明天的平潭成为今天的深圳，为提升两岸竞争力做贡献。

平潭综合实验区与深圳特区有许多相似点。从地缘优势、面积和人口、发展起点来看，与深圳开发初期相似（见表3）。平潭岛内经济发展和基建相对落后，是国家少有的未开发的"处女地"。但这也使平潭具有便于规划、实现跨越式发展的"后发优势"。初始发展条件的相似表明了平潭的潜在优势，但是如何将这种潜在的后发优势转化为现实的优势则是平潭需要积极考虑的重大问题。在这一点上，平潭要在今后综合实验区建设的过程中积极借鉴深圳特区的经验。深圳是我国最早成立的经济特区之一，也是办得最好、影响最大的一个特区。纵观深圳特区30年的发展，其成功离不开开拓进取的创新精神。深圳作为移民城市，拥有利于创新的文化氛围。目前深圳的人口已超1400万，其中外来人口超过1200万。不同的地区的人才带着不同的人文背景和不同的技术专长来到深圳，使深圳成了一座孕育各种新思想、新观念、新机制的大熔炉。平潭获批综合实验区，获得了"先行先试"的机会和权力。在这样有利的条件下，平潭更要有"先行先试"的胆识和魄力，充分利用自身的优势和条件，积极培育创新开拓精神，推动综合实验区快速发展。

表3　平潭与深圳在初始发展阶段的比较

	平　潭	深　圳
面积	324 平方公里	327.5 平方公里
人口	39.2 万	31 万
地缘优势	与中国台湾地区仅 68 海里	与香港一河之隔
初始发展水平	经济和基础设施相对落后	荒凉渔村
产业状况	农业为主，工业基础弱	农、渔业
政策优势	《关于支持福建省加快建设海峡西岸经济区的若干意见》（2009）等	《广东省经济特区条例》（1980）等

　　两岸物流合作可以实行"局部试验—扩大范围—全局"的模式,平潭综合实验区可在实验海关特殊监管区政策、口岸开放政策、旅游商品免税政策、两岸人员往来政策等方面锐意创新、大胆突破,先行实施 ECFA 政策,构建两岸直接往来新的便捷通道,为两岸物流业深层合作开辟道路。同时,作为两岸合作"桥头堡",平潭在今后的建设中要遵循以下原则:一是先易后难,循序渐进,通过政策优势承接台湾地区产业转移,吸引内地各种要素流入,以商招商,以台引台,从旅游、物流、金融等服务业和教育等社会事业起步,逐步形成区内"造血"功能。二是筑巢引凤,环境先行,构建多渠道投资体制,整合各方面的资源,加快实验区基础设施的硬条件和企业创业的软环境建设。尤其要借鉴深圳经验,加快培育以创业精神、创新意识、流动偏好、信用观念、合作意识、开放思维为主要内容的优秀区域经济文化,形成区域经济发展的"助推器"。[8]三是点面结合,以点带面,以超前的眼光将综合实验区的腹地规划扩展到福清和长乐,克服平潭资源环境的制约和局限性。四是政经结合,先经后政,探索交流融合发展的经验,构建"一国两制"的政经特区。五是共建共享,共同管理,推进两岸"共同家园"建设。要创新管理体制,积极吸纳台湾地区人士参与规划、管理和建设,实现两岸共同管理、共同受益,建设两岸同胞共同生活的幸福家园。

参考文献

　〔1〕叶秀月 (2010):《日策略大师:ECFA 是台湾经济"维他命"》,http://www. taihainet. com/news/twnews/bilateral/2010 – 06 – 22/547011. shtml。

　〔2〕邓允光、丁星(2010):《ECFA 签署:和平发展里程碑两岸迈入新时代》,http://www. china. com. cn/news/tw/2010 – 06/29/content_20379071. htm。

　〔3〕福建社会科学院课题组(2010):《福建与东部地区竞争力比较与提升策略》,《两岸竞争力论坛论文集》,第 189 ~ 191 页。

　〔4〕鲁宓(2006):《物流:国民经济新核心竞争力》,《亚太经济时报》,6 月 22 日。

　〔5〕张冠华(2006):《加快直航推动经济共同发展》,http://www. huaxia. com/la/xzzl/zgh/2006/00450272. html。

〔6〕李远方(2008):《第三方物流"国标"将出台》,《中国商报》,7 月 1 日。

〔7〕林福龙(2010):《两岸互动展示泉州"海丝"底蕴》,《东南早报》,7 月 11 日。

〔8〕辜胜阻、洪群联、杨威(2008):《区域经济文化对区域创新模式的影响机制研究》,《经济纵横》,第 10 期。

—31—

落实"新36条"要把扩民间投资与
促民企转型相结合[*]

在后危机时期，让民间投资接力公共投资是保持经济可持续增长最重要的战略选择，而"新36条"是进一步扩大民间投资的新契机。在应对金融危机的过程中，中国经济之所以能在世界范围内率先企稳回升，公共投资功不可没。但从作用力来看，政府公共投资犹如一剂"强心针"，虽然作用力强，但只能是短暂的，难以持久。相对公共投资而言，民间投资具有机制活、效率高、潜力大、可持续性强、有利于创业创新、就业效应强的特点，是增强经济增长内生动力与活力、实现可持续发展的关键，后危机时代亟须民间投资接力公共投资。2010年5月出台的民间投资"新36条"和2005年的"非公经济36条"、2009年的"中小企业29条"是继20世纪80年代的家庭联产承包责任制、90年代的国有企业改革后的中国又一次重大制度改革。"新36条"在2005年"非公经济36条"的基础上进一步明确了"非禁即入"的民间投资准入范围；细化了鼓励和引导民间资本进入的具体行业和领域；提出了项目业主招标、承包、租赁、产权或经营权转让、参与改组改制等鼓励民间投资进入的具体途径和方式；提出

---

* 本文核心观点源于辜胜阻教授 2010 年 7 月 5 日在浙江余姚市召开的"贯彻落实国务院新36条专题座谈会"上所做的主题演讲。《证券时报》、《中华工商时报》等对文中核心观点进行了报道。

了体制改革、健全收费补偿机制、实行政府补贴和政府采购、给予信贷支持和用地保障等鼓励民间投资进入的保障措施。这必将有助于解决当前民间投资发展过程中面临的"玻璃门"、"弹簧门"等问题,有利于进一步加快垄断行业改革,完善社会主义市场经济体制,有利于民间投资接力公共投资,增强经济发展内生动力,实现经济持续发展。

"新36条"背景下,要引导我国民营企业充分重视人口城镇化、经济服务化、发展低碳化、企业信息化、产业高端化、经营国际化带来的发展机遇,积极扩大民间投资。人口城镇化将引发巨大内需。工业化创造供给,城镇化主要创造需求,未来我国城镇化的高速发展将会引爆中国巨大的内需,为民企创造巨大消费市场和投资空间。据有关专家估算,城市化率每提高1个百分点,新增投资需求6.6万亿元。如果在未来10年中国的城镇人口比重能上升到占总人口的三分之二,年均社会消费额可以从目前的10万亿元增加到20万亿元。发展低碳化会创造绿色经济产业革命新机遇。绿色经济及新能源产业将引发全球第四次产业革命。民营企业发展绿色经济、推进产品低碳化,不仅能够抓住绿色经济机遇,提升企业盈利能力,也有利于规避绿色贸易壁垒、树立良好企业公民形象。产业高端化会促进民企价值链升级。后危机时代,国际及国内市场面临着重新洗牌的过程,技术和人才等创新要素将会重新组合,危机形成的"倒逼"机制、政府推动发展模式转型的政策将为我国民企实现价值链高端化创造难得机遇。企业信息化会大大提升民企经营效益。信息化有利于降低企业运营成本,扩展营销网络和提高管理效率。同时,电子商务的快速发展也释放出巨大的市场机遇。数据显示,未来10年,中国将有70%的贸易额通过电子交易完成。经济服务化将拓展民企发展新空间。伴随着人均收入水平的提高,我国未来产业结构升级的步伐也将加快,经济逐渐迈向服务化。民营企业在经济服务化的过程中大有可为,既可以在传统的消费性服务业领域创造新的服务模式,也可以进入以金融、保险、物流等为主要内容的生产性服务业和以教育、医疗、社保、就业等为主要内容的公共服务业等领域,拓展发展空间。经营国际化为民企带来"走出去"和"引进来"的双重机遇。金融危机,有利于我国民企"走出去",对国外品牌、渠道、专利、研发力量和原材料等国际资源进行参股或者收购,也有利于将服务外包业务"引进来"。

落实"新36条"关键是要推动民营企业转型，这不仅需要发挥政府的引导和支持作用，更需要发挥企业的积极性和主动性，推进民企发展战略转型。激活民间投资离不开民企转型升级，这是提高民间投资能力和水平的前提和基础，"新36条"明确提出：推动民企加强自主创新和转型升级。对于政府来讲，要将鼓励民间投资的政策措施进一步明确和细化，努力将"新36条"落到实处，切实解决政策细则缺乏、退出机制缺失、投资服务缺陷和执行监督缺位等问题。一要进一步制定配套措施，切实放宽民资市场准入，拓展民企发展空间，解决民间资本有钱"无处可投"的问题；二要深化金融体制改革，切实化解小企业融资难，解决民企投资有需求但"无资可融"的问题；三要大力实施结构性减税，解决民企负担重、成本高、创业难问题，使民企轻装上阵。对于企业来讲，要认识到转型升级是尊重国际规律、顺应经济发展趋势的必然选择。后危机时代，民营企业要实施企业战略转型来迎接机遇、应对挑战。从发达国家或地区的经验来看，转型升级使企业能够成功应对外部环境的变化。如第一次石油危机中的日本和新加坡企业、亚洲金融危机中的韩国企业都通过转型升级摆脱了发展困境。2009年《中国百位企业CEO调查报告》显示，93%的CEO认为企业必须转型升级，49%的CEO已经开始着手带领企业转型，这表明转型升级已经成为我国企业发展重大趋势。

当前我国民营企业要借助"新36条"的政策契机，实施以下几个方面的战略转型：一要从低成本战略走向差异化战略，实现拼低价格向追求高价值的转变。低成本、低价格竞争战略难以持续。民营企业要根据自身业务特点，积极开拓新的业务，实施"蓝海战略"，积极向"专、精、特、新"方向发展，推出满足消费者需求的特色产品或服务，实现"人无我有，人有我优，人优我廉，人廉我变"，从而拓展利润空间。二要改变盲目多元化战略倾向，实现做多向做精的转变，做好做强核心主业。握紧的拳头更有力，过度多元化则会分散企业资源，难以形成核心竞争优势。民企要实施"归核"战略，将有限的资源集中于最具竞争优势的行业上或者将经营重点收缩于价值链上，把主导产业做强、做优、形成特色，使企业在最有优势的环节上赢得竞争，获取发展。三要从偏重规模扩张走向注重质量提升，实现粗放式的发展方式向集约式的发展方式的转变。规模经济有助于提升企业竞争力，但盲目规模扩张不一定带来规模经济。民企要改变发展过多地依靠扩大投资规模和增加投入的外延式增长方式，致力于通过企业的技术改造和管理提升来挖掘企业潜力的内涵式发展方式，以提升企业效益。民企要从重规模变为重质量，改变核心技术受制于人、全球价值链受控于人的"大而不强"局面。四要实现急功近利式的做"快"向基业常青的做"久"转变，使企业走向可持续发展之道。流星虽快，但转瞬即逝。企业的超高速成长必须尊重企业发展客观规律，缺乏扎实基础的跨越式发展往往难以持续。目前，我国民营企业的平均寿命只有3.7年，而欧洲和日本企业平均为12.5年，美国企业平均为8.2年。民企要改变盲目求快的发展思路，重视可持续发展，实现"基业常青"。五要从"单打独斗"走向"合作共赢"，由个体分散竞争向联盟竞合转变。现代商业竞争已进入竞合时代，强调企业间合作双赢胜于竞争单赢。民营企业可以通过组建战略联盟，实现优势互补、风险成本分担；也可以通过加入产业集群，充分利用其劳动力储备、专业供应商和知识溢出的范围经济，增强企业市场竞争能力。六要从低层次参与国际分工的战略走向高层次国际运营战略，由世界工厂的"打工者"向全球资源的"整合者"转变。我国民营企业依靠廉价劳动力的比较优势成为"世界工厂"，但是长期以来产品附加值极低。有数据显示，我国出口商品中90%是贴牌产品，而2009年上半年企业平均出口利润率仅为1.5%，同比下降6.2%。未来，民企要积极整合全球资源，从全球价值链的低端制造环节走向高端研发及营销环节，从中国制造走向中国创造。

核心竞争力培育是企业战略转型的重中之重。要通过核心技术开发、关键技术应用和核心管理能力创新来形成企业核心竞争力。研究发现，核心竞争力具有垄断壁垒性、优势隐形性、不易模仿性、知识集合性、不可交易性、持久积累性六个特征。在现代市场竞争中，企业只有拥有核心竞争力，才能成功应对各种挑战和风险，才能占据价值链的有利环节、增强利润分配中的博弈能力、获取高附加值。民营企业要培育企业技术优势型核心竞争力。技术创新是企业获取核心竞争力的源泉。民企要通过培养自主创新习惯、创新人才激励机制、优化合作创新机制、处理好技术引进与消化吸收的关系来加强核心技术开发。要重视关键技术尤其是信息技术的应用，来形成企业的成本优势、技术优势、管理优势和市场优势。除了技术创新，民企还要通过管理创新来提升核心竞争力。管理创新是打造企业核心竞争力不可或缺的因素。实践证明，"企业一年成功靠促销，十年成功靠产品，百年成功靠管理"。民企要通过商业模式创新、组织管理创新、治理结构创新、企业文化创新和采用新型管理手段来培育企业管理优势型核心竞争力。

—32—

破解三大"顽症"扶持中小企业发展*

　　就业是反映经济真正复苏的关键指标,中小企业是扩大就业的主渠道,对我国经济可持续发展具有重要作用。我国中小企业发展目前面临门槛高、融资难和负担重三大"顽症"。中小企业在危机中受伤最重,受惠最小。政府在后危机时代,要努力降低创业门槛,加快垄断行业改革,放宽市场准入;要大力发展扶持中小企业融资的政策性金融,实施减税、减费、减息等"少取多予"的财税政策,使中小企业"轻装上阵"。

　　中小企业是我国经济的重要组成部分,在解决就业方面发挥着重要作用,积极鼓励创业、大力发展中小企业是缓解就业压力的根本途径。当前我国经济形势总体回升向好,"保增长"成效显著,但就业状况仍不乐观。人力资源与社会保障部统计显示,2009 年我国有 1200 万人处于待业状况,而未来每年我国城镇就业岗位缺口仍在 1000 万个以上。创业是就业之源,缓解当前的就业压力需要鼓励创业、大力发展中小企业。中小企业在就业方面解决了我国近 80% 的城镇就业岗位,成为扩大就业的主渠道。国际经验表明,如果能够因势利导,经济危机后往往是创业高潮期,如石油危机后的美国及亚洲金融危机后的韩国都先后进入了创业高潮期。积极发展中

　　* 本文发表于《理论导报》2010 年第 1 期。核心观点源于辜胜阻教授 2009 年 12 月 25 日在第十一届全国人大常委会第十二次会议分组审议国务院关于促进中小企业发展情况的报告、关于促进就业和再就业工作情况的报告时所作的发言。

小企业，有利于扩大就业提升居民消费能力，有利于激活民间投资，增强经济增长内生动力，进而构建我国内需主导、消费支撑型经济发展模式。

中小企业，特别是小企业、微型企业、初创型企业是城市经济中的弱势群体，面临着门槛高、融资难和负担重三大"顽症"：一是门槛高。中小企业发展的高门槛主要体现在创业门槛和市场准入门槛两个方面。我国居民创业申请中存在注册资本要求高、审批程序环节多、要求严、费用高等问题，对创业活动形成了巨大障碍。据有些地方反映，企业注册登记需要前置审批的共有 100 多项。有测算表明，我国每千人不到 10 个中小企业，而发达国家和发展中国家每千人拥有的中小企业数量平均分别为 50 个、20~30 个。我国中小企业进入领域有限，面临高市场准入门槛。有调查显示，全社会 80 多个行业中，允许国有资本进入的有 72 种，允许外资进入的有 62 种，而允许民营资本进入的只有 41 种。市场准入限制导致了企业竞争中的两极分化，国有大企业依靠垄断获取了高额利润，而在一般性竞争领域中的中小企业竞争激烈，利润较低。二是融资难。由于融资体系不健全，我国中小企业直接融资渠道不畅；而在间接融资方面广大民营中小企业不仅受到银行等金融机构"重大轻小"、"嫌贫爱富"的"规模歧视"，也受到"重公轻私"的所有制歧视。据统计，2009 年上半年 7.37 万亿元的贷款中，小企业贷款仅占贷款总额的 8.5%。融资难不仅影响中小企业正常生产经营，也极大影响了居民创业环境。有调查显示，61.63% 的大学生认为"缺乏启动资金"是其创业的最大障碍，71.7% 的农民工认为"资金筹集困难"是其创业的最大障碍。三是负担重。首先是税费负担沉重。数据显示，2009 年 1~8 月我国规模以上工业中小企业利润和税收同比增长分别为 1.6%、10.4%，税收增速大大超过了利润增速。同时，过多的乱收费和罚款增加了中小企业的非税负担。其次，融资成本高昂。目前，我国中小企业综合融资成本高达 10%~12%，而大企业通常在 8% 左右。此外，受原材料价格上涨、劳动力成本上升等因素影响，我国一些中小企业生产成本增加。虽然当前我国政府出台了一些减税减费措施，但范围有限、力度过小或者手续繁琐难以落实。

后危机时代要缓解我国就业压力、转变发展模式，必须优化中小企业发展环境，鼓励居民以创业带动就业，保持广大中小企业的生机和活力。

具体来讲：

一要降低创业门槛，让中小企业"快生长大"，要加快垄断行业改革，放宽市场准入，降低企业发展的高门槛。首先，要降低创业门槛。要改革审批制度，简化注册程序，提供创业申请一站式服务；要降低注册资本要求，探讨注册资金"零首付"和分期到位的办法；要减免初创企业的各种税费；要建设创业孵化基地，构建创业网络服务系统，大力发展创业型经济。其次，要降低市场准入的门槛。要认真落实国务院"非公经济36条"、"国29条"等既有的鼓励中小企业发展的政策，切实保障民营中小企业和其他企业法律上的平等保护和经济上的平等竞争地位；要进一步打破垄断，化解民企市场准入的"玻璃门"；要完善相关政策，引导中小企业进入到新兴产业、公共事业和基础设施建设中去；要转变政府职能，推动"全能政府"、"管制政府"向"有限政府"、"服务政府"转变，充分发挥民间商会在市场经济中间服务体系的"中观调节"作用。

二要增强中小企业融资体系的多层次性和互动互补性，发展政策性金融，缓解中小企业融资难。首先，要发展政策性金融。通过建立政策性银行、设立政策性担保基金和专项基金、完善财税政策激励等政策性金融及企业征信体系建设、企业融资综合服务等金融公共服务来解决中小企业融资难的市场失灵。其次，要增强我国融资体系的多层次性。通过完善和壮大创业板市场、推动三板市场建设、大力发展企业债券市场、壮大风险投资事业、鼓励民间天使投资等措施积极构建多层次的资本市场，要通过放松金融管制、发展社区银行或中小商业银行、完善多层次的信用担保体系、鼓励小额贷款公司发展等措施来完善间接融资体系。再次，要发挥我国金融体系的互动互补性，构建商业贷款与政策融资互动、间接融资与直接融资互动、中小板和创业板与新三板互动、正规金融和非正规金融互动、天使投资与风险投资和私募股权互动的机制，形成一种"众人拾柴火焰高"的局面，有效缓解中小企业融资难问题。

三要构建中小企业财税政策支持体系，通过减税、减费、减息，用"少取多予"减轻中小企业沉重的负担。最新调查显示，65.2%的企业经营者建议"加大对企业减税的力度"，位列企业当前最为需求的政策之首。当前，要按照"简税制、宽税基、低税率、严征管"的原则推进税制改革。首先，要进一步推行结构性减税，将中小企业税收优惠政策落实到位。实施诸如加速折旧、放宽费用列支标准、设备投资抵免、亏损抵免、再投资退税，将减免中小企业营业税和所得税的覆盖面扩大，允许个人独资和合伙中小企业在企业所得税和个人所得税之间进行选择，允许更多经营困难的企业暂免缴税等多种税收优惠形式。其次，要进一步清理行政审批费用和治理滥收费，尤其是各行业协会或者中介结构巧立名目的摊派和"搭车收费"，直接减轻企业税外收费。再次，要加强对中小企业的财政支持力度，对中小企业融资提供信用担保、贴息贷款，降低中小企业融资成本，运用失业保险基金优先对困难的中小企业给予社保补贴、培训补贴和岗位补贴，减收、缓缴社会保险费，缓解企业成本压力。

—33—

发展中小企业需要构建公平融资环境[*]

市场经济的本质是竞争经济，平等竞争是实现资源优化配置的前提条件。党的十七大报告明确提出，要通过实现法律上的"平等"保护和经济上的"平等"竞争，形成各种所有制经济平等竞争、相互促进的新格局。

2010 年 3 月 24 日，国务院常务会议研究部署了进一步鼓励和引导民间投资健康发展的政策措施。外界普遍预计，有关非公经济发展的一些新举措，将像此前的"36 条"一样，为民企获得竞争起点公平创造更好条件。

一、融资难造成竞争不公

起点公平并不能保证结果公平，竞争过程中的非合理性差异，如资源获取的差异等将会对竞争结果产生影响。当前，中国企业融资的不公平，已经成为影响竞争公平的关键性因素。资金是企业的血液，能否获得稳定而充足的资金对企业运营至关重要。有研究发现，金融支持力度的差异造成了国企和民企的增长力差异，只要金融市场仍然是国有垄断、金融未能实现普惠，民企的发展空间仍然有限。回头来看，2009 年近 10 万亿元的

---

　* 本文发表于《财经》2010 年第 8 期。

新增信贷和4万亿元投资刺激，给国企提供了充足而廉价的资金供给，这是导致国企强势扩张的重要条件之一。

而民营企业是民间投资的重要载体，能否构建公平融资环境直接决定了居民储蓄转化为居民投资、民间投资跟进政府投资的效果。因此，要激活民间投资、增强经济增长内生动力与活力，都需要构建有利于民企发展的公平融资环境。金融管制造成服务民企的中小金融机构缺乏，而以国有银行为主导的商业银行体系，使国有银行低风险偏好与国企亏损的政策性兜底相契合。国有产权属性弱化了国企融资的信息不对称风险，利率管制则凸显了国企融资的规模经济效应，使得银行向国企贷款看起来成本更低、风险更小。现行银行体系普遍存在"国有偏好"，国企享有信贷机会和成本的双重优势，而民企尤其是民营中小企业则受到金融机构"重大轻小"、"嫌贫爱富"的"规模歧视"和"重公轻私"的"所有制歧视"，在融资中处于劣势地位。《2009年非公经济发展报告》显示，2009年短期贷款构成中，非国有部门占比15.1%，个体私营企业仅为4.7%。国企往往享受更多利率优惠，融资成本更低。以上市公司为例，1989～2008年国有控股上市公司的财务费用率始终低于民营控股上市公司，年平均差距达50%，且有进一步扩大趋势。在直接融资方面，由于资本市场门槛偏高、多层次融资体系不够健全，尤其是资本市场结构的"两个滞后"问题——场外市场发展相对滞后、债券市场发展滞后于股票市场，再加上"僧多粥少"的资源分配格局，使得民营中小企业难以从资本市场直接融资。如中小板上市公司中，大型企业和中型企业分别占66.7%、33.3%，创业板上市公司中，大型企业和中型企业分别占23%、77%。

二、金融体制改革迫在眉睫

要实现国企民企公平竞争，必须加快金融体制改革，切实解决民营中小企业融资中存在的"市场失灵"和"政府失灵"问题。

首先，通过构建多层次银行体系、建立城市中小社区银行、发展多层次担保体系、拓展政策性金融服务，完善为中小民营企业服务的间接融资体系。积极构建多层次银行体系，试办社区银行，发展与民营中小企业相匹配的中小金融机构。要借鉴村镇银行模式，优先在高新技术开发区鼓励民间资本试办社区银行，在民营经济发达地区，发展由民间资本参与的社区银行。要将运营良好的小额贷款公司发展成为大中型金融零售机构，或鼓励其向社区银行转变。发展多层次中小企业信用担保体系，推进中小企业征信系统建设，降低民营中小企业融资难度。以"政府推动、社会参与、市场运作"的原则，完善多层次的信用担保体系。落实支持中小企业融资担保机构的财政、税收和综合服务政策，建立健全中小企业信用担保风险补偿机制和激励机制。发展扶持民营中小企业融资的政策性金融，加大对民营中小企业融资的财政支持力度。加大对银行中小企业融资业务的考核力度，完善中小企业授信业务制度，落实差异化监管政策。尽快建立中小企业贷款风险补偿基金，并可尝试中小企业贴息贷款招标、中小企业信贷业务营业税减免、所得税调减、允许中小企业融资的利率浮动上限提高、允许贷款坏账的税收抵免等举措，降低中小企业贷款成本和风险，增强融资机构对民营中小企业的融资积极性。

其次，通过构建多层次资本市场、拓展"新三板"、鼓励债券融资、发展风险投资和私募股权投资，完善为中小民营企业服务的直接融资体系。通过着力完善创业板市场，不断壮大创业板规模。要坚守创业板建设的"两高六新"，即成长性高、科技含量高和新经济、新服务、新农业、新材料、新能源和新商业模式，定位于高成长性的创新型中小企业。充分发挥市场配置资源的作用，让风险投资等第三方充分发挥作用。同时，要严格实行监管，防止爆炒投机。规划建设场外交易市场，尽快完善股份代办转让系统和产权交易市场，发展"新三板"市场，以满足大量无法上市的中小企业的融资需求。对代办股份转让系统进行"扩容"，拓宽试点范围，完善挂牌、保价等制度，研究转板机制，推动三板市场的发展。探索建立全国性技术产权交易市场管理机构和全国性技术产权交易市场，完善相关法律法规，创新技术产权交易品种和交易制度。探索多种形式的债券融资方式，建立多层次债券交易市场体系。大力发展中小企业债券市场，鼓励中小企业扩大集合债券和短期债券发行规模。要适度降低中小企业债券发行门槛，强化信用评级和风险管理。加快债券市场制度建设，培育机构投资者，健全债券评级制度，建立多层次的债券市场体系。大力发展风险投资和私募股权基金，鼓励民间天使投资发展，构建完整的中小企业创投产业链。壮大风险投资事业，拓宽风险投资基金的来源，探索建立国家级风险投资母基金。出台包括税收优惠、财政支持等在内的风险投资扶持政策。要鼓励发展民间天使投资，构建天使投资与创业企业的网络交流平台，鼓励民营企业家等先富人群加入天使投资网络。

最后，采取以下强有力的措施来彻底破除长期以来民间资本"不能进入"、"不想进入"和"不敢进入"垄断行业的难题，打破"看得见进不去"的"玻璃门"和"进入可能不得不退出"的"弹簧门"障碍：降低垄断行业的市场准入门槛，切实改革审批制度，破除不合理的进入壁垒；加快垄断行业改革，完善行业监管体制，促进公平竞争；要加大财税扶持，提高投资收益，构建扶持民间投资的财税支持体系；优化投资服务，强化投资权益保护，降低民营企业投资风险。同时，进一步完善"政府引导、市场运作"的灵活多样的建设和经营方式，使公共投资能与民兴利而不与民争利；构建行业内大中小企业分工协作体系，创新大中小企业分工协作形式；健全促进大中小企业分工协作的政策激励体系，加大对合作中的中小企业保护等措施，促进垄断行业内国资与民资不同规模的企业进行分工协作，在竞合中共生共荣。

—34—

和谐劳动关系的新格局与新对策[*]

2008 年对于中国的劳动关系来说，是极为不寻常的一年。《就业促进法》和《劳动合同法》于当年 1 月 1 日起实施，劳动争议调解仲裁法于 5 月 1 日起实施。这三部法律的实施无疑会对我国劳动关系的转型产生重大影响。要利用三项劳动就业法律实施的契机，重构企业"和谐稳定、平等合作、互利双赢"的劳动关系新格局。劳动关系是最基本最重要的社会经济关系，劳动关系的和谐是社会和谐的基石。劳动关系的现状是衡量企业是否和谐和具有竞争力的晴雨表和风向标。

第一，重构新型劳动关系，稳定和谐最重要。当前我国企业劳动关系还不稳定，用工临时化、合同期限短期化的情况在不少企业还存在，有所谓"长期的临时工，固定的合同工"现象。劳动关系不稳定带来了员工过高的流失率。国际惯例表明：优秀企业的员工流失率应在 15% 左右，而我国民营企业的人才流失率接近 30%，中小型民营企业近几年的人才流失率达 50% 以上。过高的流失会给企业带来一系列诸如离职成本、重置成本、培训成本、时间成本损失和商业秘密及客户资源流失的潜在威胁。形成劳动关系新格局，重要的是改变这种不稳定现状。

第二，重构新型劳动关系，平等合作是关键。劳动者和企业是"一损

　＊ 本文发表于《经济界》2008 年第 4 期。核心观点源于辜胜阻教授 2008 年 1 月 31 日在"2007 年度中国民营企业发展分析会"上所作的主题演讲。

俱损，一荣俱荣"的互相依存的利益共同体。企业要通过企业文化建设，使员工树立"厂兴我荣，厂衰我耻"的理念，减少劳动关系的对抗性，使劳动关系的双方共生共荣，共谋发展。平等合作需要提升企业凝聚力和员工的归属感，使员工在思想上对企业产生信任感、认同感、安全感、使命感和责任感，激发员工积极性、主动性和创造性，形成共同的价值观和行为规范，促进企业内部有效协调和良好互动，培育员工积极向上的"主人翁精神"，营造开放、平等、相互尊重、相互关爱的"大家庭"氛围，使企业和员工之间形成平等合作、相互信任的伙伴关系。

第三，重构新型劳动关系，互利双赢是根本。党的十七大报告中指出：初次分配和再分配都要处理好效率和公平的关系，再分配更加注重公平。逐步提高居民收入在国民收入分配中的比重，提高劳动报酬在初次分配中的比重。在我国快速经济发展过程中，有两个"下降趋势"值得关注，一是初次分配中劳动报酬总额占 GDP 比重一直偏低且呈下降趋势，二是国民收入分配最终格局中居民收入比重呈下降趋势。数据显示，1990 年我国劳动者报酬占 GDP 比例为 53.4%，2006 年下降为 40.6%，十几年间下降了 12.8%。与此同时，企业利润占 GDP 比例从 21.9% 增加到 29.6%。在国民收入分配的最终格局中，政府和企业所得增长较快，居民所得增长较慢。从 2002 年到 2006 年，我国居民收入在国民收入中的比重呈持续下降的趋势，2002 年为 62.1%，2006 年为 57.1%；企业的收入比重从 20% 上升为 21.5%；政府收入比重从 17.9% 上升到 21.4%。政府财政收入的高速增长引人关注，2007 年财政总收入累计完成 5.1 万亿元，同比上年同期增长 32.4%。2002～2006 年全国财政收入累计约 17 万亿，年均增长达 22.1%。

从总体水平上看，我国居民的收入 30 年来有了很大的提升，但仍然迫切需要建立劳动者充分平等地分享高速经济发展成果的机制，提高劳动报酬在初次分配中的比重，提高劳动所得在最终国民收入分配中的比重。尽可能使居民收入和劳动所得同企业利润增长、财政收入增长及经济发展保持相对协调的关系。

首先，政府要通过《就业促进法》的实施扩大就业需求，用财税政策鼓励企业多解决社会就业，缓解就业压力。

从短期看，企业在面对劳动力成本提高和劳动关系规范时的本能反应必然是减少聘用新的员工，甚至裁员。这就会产生紧缩就业的效应。企业可能会采用一种"五个人的活，三个人干，给四个人的工资"的紧缩就业的对策。为此，需要政府从实施《就业促进法》的角度，加大对就业的财税支持，"对冲"《劳动合同法》对就业的影响。在利用各种政策手段调控宏观经济时，将扩大和促进就业增长作为优先的考虑因素。为了实现社会就业的总目标，需要政府调减财政税收，减轻广大企业负担，减少裁员，通过《就业促进法》的实施，加大对劳动密集型企业的税收支持，共同分担规范用工制度造成的高成本，鼓励企业多解决社会就业，缓解《劳动合同法》短期给企业带来的就业压力。在税收政策方面，对就业贡献大的中小企业和劳动密集型企业给予税收优惠，适当减免某些税种，并提供一定的税收宽限期；对中小企业和劳动密集型企业安置下岗职工和失业人员根据条件给予安置补助费和社会保险补助费。财政要直接增加对再就业的支出，提高财政对就业和再就业支出占 GDP 比重。

其次，企业要转变观念，改变过度依赖劳动力低成本的发展模式。

企业要转变靠劳动力低成本赢得有效竞争的发展理念。企业要认识到，高工资不一定带来低竞争力，能否充分开发人力资源是企业获得创造力和竞争力的关键，是赢得竞争实现高额利润的关键。我国人工成本相当于韩国的 1/13、日本的 1/26、美国的 1/27 水平。但是韩国、日本和美国制造业的劳动生产率分别是中国的 12 倍、18.68 倍和 17.35 倍。中国目前"低工资、低成本、低价格、低利润、低附加值"的发展模式，造成"低技术"和"低劳动者素质"陷阱，使企业陷入"微笑曲线"最底端。劳动力价格较低，往往会使企业忽视对技术研发的投入，忽视对员工的培养。长此以往，劳动者素质得不到提高，创新的习惯和动力难以形成，最终会影响到企业的竞争力。可见，成本的增加往往会成为企业的一种机遇。在企业改变传统的低成本特别是依赖劳动力低成本的发展模式的同时，一些地方政府也要改变过度依赖招商引资和盲目追求 GDP 的高速增长的倾向，按照科学发展观的要求，更加重视保护劳动者权益，更加重视实现社会公平。

再次，企业与员工要合作双赢，处理好共建企业和共享利益的关系。

　　共享是共建的目的，而共建是共享的基础，双方共享利益促进员工共建企业行为。在现实情况下，企业与员工的利益目标取向会不可避免地存在一定的偏差，一方追求工资福利最大化，另一方追求利润最大化。但是，企业和员工双方的冲突是相对的，合作是绝对的，员工和企业主之间是利益相关的利益共同体，在根本利益上又具有高度的一致性。强调企业和员工利益的一致性，企业与员工之间要相互理解，彼此相互尊重，共同制定双方都能接受的规章制度，共同努力做大企业"蛋糕"，在共建中共享、在共享中共建，通过利益共享同时增进双方利益，实现互利双赢。

　　最后，社会要建立机制，提高劳动报酬在初次分配中的比重。

　　党的十七大报告提出要"提高劳动报酬在初次分配中的比重"。初次分配是劳动、资本、技术、管理、土地等生产要素按贡献参与分配的关系。要提高劳动报酬在初次分配中的比重，需要全社会建立五种机制，从制度建设上改变利益格局方面的"企业强势、员工弱势"的态势。这些社会机制是：工资正常增长机制、工资支付保障机制、劳动关系三方沟通协商或共决机制、职工不满申述处理机制和最低工资标准调整机制。

—35—

只有企业家阶层壮大才会有国家的强盛[*]

中国近 30 年的改革开放道路产生了两个最重要的成就，一是制度创新，二是新阶层崛起。在制度建设上，我们确立了社会主义市场经济体制；在阶层分化方面，与市场经济体制相适应的一个成熟的企业家阶层快速崛起。正是这两大市场经济元素改变了中国的面貌。

中国企业家产生于改革开放这一具有深刻变革的时期，他们既是这个时代的先行者和"弄潮儿"，又是推动时代变革、改变中国面貌的重要力量。企业家阶层是资本的所有者，他们最充分地利用了这一生产要素，最大限度地发挥了自身的优势和特长，不断地为社会创造了大量财富；企业家阶层是一个富有创造精神的创业群体，他们的创业的过程就是创造就业的过程；企业家阶层又是一个充满活力的创新群体，创建了一大批具有自主知识产权的创新型企业；企业家阶层大多还是中等收入者和新富阶层，是一个关乎社会稳定的创富群体。在中国特色社会主义理论指引下，通过研究改革开放以来的中国企业家的发展问题，认真总结改革开放近 30 年的经验，深入思考当前发展中的问题，进而开创经济"又好又快"发展的新局面，是非常重要的理论问题和现实问题。

纵观近 30 年改革开放的历程，中国渐进式改革道路和改革开放以来的

　＊ 本文核心观点源于辜胜阻教授 2007 年 11 月在"中国改革 30 年与三代企业家座谈会"上的发言。洪群联、易善策、杨俊协助研究。

创业浪潮，都为勤于奋斗、敢于冒险的人提供了实现理想的舞台和施展才华、激发潜能的机会，从而培育了一代又一代的中国企业家。中国近30年改革的最独到之处在于走一条先"增量改革"后"存量改革"、先"体制外"改革后"体制内"改革的渐进式改革道路，在国有经济体制外大力发展非公有制经济，培植市场经济主体，以市场经济"增量"来加速推动市场主体的形成和市场机制的发育，在体制外形成一个有效竞争的市场环境，使市场力量从外向内渗透，然后"倒逼"体制内加快改革，最终形成国企、民企、外企多元竞争而又共同发展的充满活力的市场经济体制。所有制理论的突破则为中国企业家阶层的成长与发展奠定了理论基础。改革开放以来，对非公有制经济的认识以及相关的政策环境发生了重大变化。非公有制经济在理论认识上经历了三次大飞跃，第一次是从"资本主义的尾巴"到"必要的有益的补充"，第二次是从"必要的有益的补充"到社会主义市场经济"重要组成部分"，第三次是从社会主义市场经济"重要组成部分"到平等享受"国民待遇"的市场主体。每一次的理论突破，都推动着非公经济迅速地发展，从而为一批批企业家的产生和成长培育了土壤。当前，十七大报告提出：对不同所有制主体，在法律上要"平等"保护，经济上要"平等"竞争。这为企业家的成长开辟了更加广阔的空间，推动新的创业浪潮，催生新的企业家群体。

企业家代际的划分是以企业家生成和发展的时间为标准，以代表性人物为标志的。改革开放以来，中国企业家可以划分为三代：第一代企业家是改革开放以后、1992年之前创业的企业家，这一代企业家既有城市经济体制改革背景下诞生的科技型企业家，如柳传志，也有农村经济体制改革背景下诞生的农民企业家，如鲁冠球，还有城市边缘人口创业的代表，如傻子瓜子的年广久，他们大多属于被迫创业，所设立的企业也大多戴着"红帽子"。第二代企业家是1992年之后诞生的企业家。随着邓小平南方讲话以及《有限责任公司规范意见》和《股份有限公司规范意见》的出台，大批原在政府机构、科研院所的知识分子和各方面能人纷纷下海创业，形成了以陈东升、毛振华、冯仑等为代表的"92派"企业家。他们具有较强的资源调动能力，企业的产权制度比较明晰。第三代企业家则是诞生于2000年前后、伴随新经济的兴起，依靠风险投资、互联网经济迅速发展起来的企业家，如马云、张朝阳、李彦宏等。他们的典型特征是高学历、高技术、年轻化，具有国际视野，熟悉国际规则，创始人或管理团队具有"海归"背景。

从历史的角度看，一个大国的崛起必须依靠两个方面的因素：一是制度因素，二是人的因素。回顾过去，中国改革开放之所以能取得举世瞩目的成就，关键在于建立了中国特色的社会主义市场经济制度，实现了从计划经济向市场经济、从单一所有制结构向多种所有制结构共同发展的转变；培育了一批富有冒险精神、不断开拓创新的企业家，丰富了中国特色社会主义的伟大实践，推动了我国经济的发展。市场经济制度的建立和企业家阶层的崛起是中国改革开放成功的两大重要因素。展望未来，中国经济又好又快的发展，一是需要进一步深化改革，完善中国特色的社会主义市场经济体制；二是需要创造各种良好环境，扶持和鼓励中国企业家阶层的发展壮大。

—36—

文化重塑与中部"崛起"*

一、中部崛起的文化障碍

中部地区有悠久而丰富的历史文化资源、优良的人文传统，应该说有"传统文化资源优势"，但是在中部地区的文化资源优势中，缺少现代创业文化的内容，甚至有很多阻碍经济发展的文化传统。

就湖北而言，存在着六种文化现象：一是校园文化与商业文化不协调。湖北省高校林立，人才荟萃，但校园文化存在着重论文、重成果、重专利而不重视应用，重学生的思维训练而不重视动手能力和商业意识的培养。二是竞争意识过度，合作精神不够。有些企业甚至是恶性竞争，用武汉话说就是"宁做鸡头不做凤尾"，"鸡犬相闻，老死不相往来"；而浙江、温州经济很有商业特色，经济是扎堆经济，企业是抱团精神、合作精神。三是精明过度，高明不足。四是短平快，小富即安的思想意识很浓。武汉人习惯做小生意，缺乏把企业做大做强和做好的恒心。五是求职就业心很强，创业精神欠缺。六是官本位意识强，商本位、企业优先意识弱。这种文化现象妨碍了湖北的发展。

＊ 本文发表于《决策与信息》2006 年第 4 期。

二、重塑区域经济文化是中部崛起之魂

重塑区域经济文化，弘扬区域优秀文化，是当前中部崛起之魂。具体来说，要实现下面六大转变：

一要弘扬创业文化，实现从官本位思维向商本位思维转变。官本位文化不利于市场经济的发展，重商亲商文化有利于企业家精神的培育和发挥市场配置资源的基础性作用。

二要弘扬创新文化，实现从墨守成规、小富即安向勇于创新、大富思进的转变。要鼓励民众改变"小富即安"和"故步自封"的传统封闭价值观，形成以追求卓越、鼓励冒险、宽容失败、重视创新为代表的开放价值观。

三要弘扬合作文化，实现从利己独赢向合作共赢转变。"只顾自己，不管他人"的独赢观念的结果是既损害了他人，又损害了自己。现代社会需要从独赢意识向共赢观念转变。中部地区的发展既需要区域分工，更需要合作，这种合作是广义的，既有中部与全国其他地区的合作，也有中部内部各省、市的合作，民众应具有良好的合作精神。

四要弘扬信用文化，实现从重即期利益向重长远效应的转变、从守财向守信的转变，提高信任度。我们要改变"一锤子买卖"的短视行为，在经济发展中提高信任度、规则意识，在信用的基础上做长线交易。

五要倡导开放思维与流动意识，实现从静态封闭向动态开放转变。中部地区要在崛起过程中接触外来文化，形成博采众长的开放心态。

六要倡导精细意识，实现从浮躁盲从向务实坚定转变。中部地区企业不要坚持"这山望着那山高"、"打一枪换一个地方"的游击战做法，而应该基业常青，一定要避免走进盲目多元化和盲目扩张的陷阱。

三、建立区域社会制度文化

在区域经济文化的重塑过程中，需要依赖两种生成路径：一是民众的个体精神和价值观的改变，即一种"自下而上"的文化变化路径；二是区

域社会制度文化的建立，即一种"自上而下"的文化变化路径。其实，推动区域经济发展、促进区域企业成长，不仅需要民众个体的创业创新精神，而且需要一个良好社会制度文化。如果民众具有创业创新的动力与热情，政府和社会就应该通过正式制度安排和非正式制度安排促使民众创业创新活动实施。政府在区域经济文化的重塑过程中作用在于：

第一，政府要为要素的合理流动和优化配置提供良好的制度环境和支持平台，以通过要素自由流动对中部地区经济文化形成潜移默化的影响。市场经济的本质要求是资源要素的自由流动，在推动区域发展的众多要素中，资源、资本、技术等物化要素可以通过交易和流通取得，这些资源要素可以通过位移来实现"优势互补"。而文化，特别是优势的区域经济文化，作为一种价值观和意识形态，其自身是很难在短时间内通过交易和流通形成和改变，也就是说文化本身的移植性不强。但是，通过资源、资本、技术等物化要素的自由流动，可以对民众的个体精神和价值观进行"潜移默化"的影响，最终形成优势的区域经济文化。美国的硅谷和我国的深圳都带有强烈的移民色彩，正是通过移民文化带来了这两个区域内民众的创新创业精神。因此，政府应该为要素的合理流动和优化配置提供良好的制度环境和支持平台，更应该有"海纳百川"和开放的宽容胸怀。

第二，中部地区要通过引进企业，并让其在产业链和价值链的支配下形成产业集群，进而推动区域经济文化创新。大力引进企业本身能够带来要素流的集聚。区域产业集群，形成创新环境，创新环境中各种规则、习惯的固化和沉积，形成独特的区域文化和区域品牌。集群文化，对内可以增强凝聚力，创造协作、信任、创新的文化环境，从而节约交易成本；对外可以形成竞争势能，对资源具有吸引作用，形成品牌效应。因此，中部地区的政府应该运用产业政策和其他经济调控手段，推进中部地区的区域集群文化的形成。

第三，中部地区政府要努力进行制度创新，以制度创新促进区域经济文化的创新。政府支持创新创业的制度创新包括：以鼓励冒险、分散风险的风险投资制度为特征的新型金融制度，以创业板（二板）市场为特征的多层次融资制度，以知识股权参与分配为特征的人力资本激励制度，以激励创新、鼓励创业、推进竞争与合作的知识产权制度。风险投资对打造优势区域经济文化、形成合作冒险的创业精神具有重要支持作用。风险投资敢于承担创业过程中的高风险，这从制度上来讲有一种鼓励冒险、允许失败的制度效应，所以能激励创新。在风险投资市场中有成功也有失败。风险投资的成功能吸引更多的风险投资资金，能激励更多的人去创业，而创业的失败也能对人们有着正面的影响：形成创业的借鉴，去办别人办不到的事情。这样就使人们的创业、创新、创一流的精神，成为创新项目（企业）发展的原动力。与此同时，人们的就业观念、市场观念、风险意识、效率效益观念、合作协作精神、双赢理念都发生着深刻的变化。

第四，中部地区要充分发挥大学科研院所作为文化传播源的作用，通过大学科研院所的改制以促进区域创新创业文化的形成。科研院所和高校是文化的传播源，通过这个传播源的一些观念和制度的改变带动整个区域的文化创新。湖北省要充分利用科研院所改制的机遇推动科研院所与企业的合作。吸引科研院所进入企业，或与企业共建技术开发中心、试验基地，或通过联营、投资、参股等多种方式实现与企业的联合，推动湖北的创新创业文化形成。

第五，中部地区的经济崛起和区域经济文化创新应该以先行区和示范区为先导，由点到面，形成一个扩散、辐射的过程。中部崛起是一个多层次的布局，在这个多层布局中完成经济崛起和文化创新，我们可以以高新技术开发区作为先行区和示范区。可以选择高新区作为建立优势区域经济文化的点，然后由点到面，发挥高新区的先行示范作用和扩散辐射功能。湖北的东湖高新区一直以来坚持尊重纳税人、宽容失败者的创业环境，致力于产业发展相匹配的文化建设，独具特色的园区文化融合了充满活力的校园文化、洋溢科学精神的院所文化、以人为本的企业文化、积淀深厚的楚人历史文化、理念先进的外来文化、现代气息浓郁的社区文化以及以创新为总目标的制度文化。通过东湖高新区的文化示范，最终能够推动武汉、湖北的优势区域经济文化的形成。

第六，政府要规范自己的管理行为，政府领导要在区域经济文化重塑中起到示范、表率作用，要进一步转变政府职能。一要强调尊重创业者、创业家，构造合理的政商关系。在社会舆论方面，要营造一种"个人富"是通向"全社会富"之路的舆论环境。加强对民营经济的正面报道和正面宣传，要形成一种亲商、近商、敬商的文化环境。在中部地区，应尽快改变"经济发展落后—官本位意识强烈—政府依赖费税收入—创业成本过高—抑制创业创新活动—经济发展落后"的恶性循环状况。合理的政商关系和亲商、近商、敬商的文化环境对中部地区崛起意义重大。为此，政府机构必须规范自己的管理行为。取缔来自各级政府和权力部门的乱收费、乱集资、乱摊派和形形色色的"吃、拿、卡、要"；制止地方保护主义和部门保护主义行为；进行司法改革，严肃司法纪律，实现公正执法。二要加快政府职能转变的步伐。政府的思想观念和思维方式要进一步从"全能政府"、"管制政府"向"有限政府"、"服务政府"转变，减少对经济生活的干预，充分发挥市场机制调配资源的功能。促进由民间力量自发形成的各种中介组织的发育和发展，形成"民有、民管、民营"的发展模式。

第七，政府营造一种让大中小企业共存共荣的生态环境，这是重塑区域创新创业的关键。要下大力气优化环境，营造中小企业衍生的良好空间。适应"中小型企业快生"的环境应该有以下要求：具有绿、洁、亮、畅、美的市容环境；具有方便性的、满足各种需要的各种基础设施；良好的产业配套环境；周到的服务环境；让人有安全感的治安环境；成本低、效益高的经营环境；催人奋进的舆论环境；对个人财产权和知识产权进行有效保护的法治环境；充分调动广大科学家和企业家积极性的政策环境；使产、学、研、居融为一体，使人心情舒畅的居住环境。

37

以文化创新推动产业集群演化升级[*]

文化已成为决定区域经济发展竞争力的主要因素。产业集群是区域经济发展和技术创新的重要载体，产业集群的演化要重视集群的文化根植性及其背后区域文化的内涵。当前我国的传统产业集群亟须优化升级，高技术产业集群面临二次创业和增强自主创新能力的新任务，迫切需要培育一种崭新的、鼓励创业创新的区域文化。

当今真正占主导地位的资源以及绝对具有决定意义的生产要素是文化。由文化所构建的社会信任和合作制度已经成为决定区域经济发展竞争力的主要因素。

一、区域经济发展中的文化竞争力

传统的经济发展理论认为，经济增长取决于资本、劳动力、区位等客观条件。20世纪世界经济发展的历史却表明，一些自然条件差不多的国家和地区呈现出了不同的经济发展路径和结果。20世纪80年代中期以后兴起的新经济增长理论，将技术进步作为经济增长的核心，仍无法解释一些新增长。由此，学术界在反思社会发展的过程中，越来越强调非经济因素

---

[*] 本文发表于《科技日报》2009年5月11日。

尤其是文化因素在经济活动的重要作用，区域经济发展的研究出现了文化转向。

经济学家和管理学家开始重视文化因素在经济发展中的作用。1998年诺贝尔经济学奖得主阿马蒂亚·森将文化看成经济发展的重要因素之一，文化因素影响经济行为和经济选择。不同区域的不同文化背景及文化基础，使其行为文化也存在一定的差异。哈佛大学商学院著名教授迈克尔·波特曾说，基于文化的优势是最根本的、最难替代和模仿的、最持久的和最核心的竞争优势。美国著名经济管理学家德鲁克也指出，今天真正占主导地位的资源以及绝对具有决定意义的生产要素，既不是资本，也不是土地和劳动，而是文化。由文化所构建的社会信任和合作制度已成为决定区域经济发展竞争力的主要因素。

二、产业集群的文化根植性

产业集群是区域经济发展和技术创新的重要载体，文化根植性是产业集群的一个根本性特征。文化根植性在促进产业集群发展的同时，也可能对集群产生负面影响，甚至造成产业集群的衰落和灭亡。根植性是产业集群一个重要的特征。它是指集群的经济行为根植于当地社会关系、制度结构和文化背景的特征。集群根植性的形成原因是多样的。新产业区理论将集群界定为具有共同社会文化背景的人们和企业在一定自然地域上形成的社会地域生产综合体。

产业集群的文化根植性来源于两个方面：一是集群所在地的区域文化，二是集群内部经济活动主体在集群发展过程中不断调整融合而沉淀下来的思维方式或行为模式。文化根植性对产业集群和区域经济发展的作用：一是有利于提高生产要素质量，促进要素自由流动，优化资源配置。特别是能极大降低劳动者"跳槽"的调整和适应成本，使人才在集群内自由高效地流动。二是有利于集群内部经济活动主体间的合作。三是有利于产业集群向区域创新系统演变。

从实践看来，文化因素在促进产业集群形成演化中扮演了重要角色。浙江温州的产业集群建立在永嘉文化"义利并举"、讲求实效、注重功利、重视工商的思想以及海洋文化塑造的开放性和四海为家、坚韧不拔的创业精神基础之上。深圳的高技术产业集群则是建构在多元的、深厚的移民文化基础之上。然而，在学术界强调文化根植性的重要性的同时，一批批的产业集群却在市场竞争中走向衰落甚至灭亡，如美国 128 公路微机企业集群、我国浙江永康保温杯产业集群。究其原因，一是"落地无根"，外来企业并没有嵌入到当地社会文化和关系网络中；二是"不思图变"，集群文化固化，使企业对市场变化的敏感度降低、反应能力减弱。关于根植性对产业集群的负面影响，新制度经济学给予了明确的解释，即"路径依赖"。集群文化发展滞后将可能导致集群机制僵化，过强的信任关系可能导致交易单向化，单一的网络结构可能使集群发展依赖于少数企业，使集群面临高风险的威胁，从而导致区域陷入路径依赖和经济停滞。

三、产业集群演化中的文化创新

在产业集群演化过程中，需要积极培育创新文化，进行文化创新。研究产业集群的演化过程，不仅要重视集群内各主体相互作用的关系，更要重视集群的文化根植性及其背后区域文化的内涵。

当前，我国多数产业集群已经发展到了一个新阶段：传统产业集群亟须优化升级，高技术产业集群面临二次创业和增强自主创新能力的新任务。因此，迫切需要培育一种崭新的、鼓励创业创新的区域文化，同时包括创新精神、创业意识、流动偏好、开放思维、合作意识和信用观念等内容。这种优秀的创新文化，既依赖于个体的价值观、态度、信念的转变，也受制于政治体制经济社会等多重社会因素。

民众个体是产业集群中创业行为和创新文化精神的主体和微观基础，民众个体观念文化创新包括：弘扬创业文化，实现从官本位思维向商本位思维转变；弘扬创新文化，实现从墨守成规、小富即安向勇于创新、大富思进的转变；弘扬合作文化，实现从利己独赢向合作共赢转变；弘扬信用文化，实现从重即期利益向重长远效应的转变、从守财向守信的转变；促进区域文化的开放性和兼容性，倡导开放思维与流动意识，实现从静态封闭向动态开放转变。开放的治理结构是产业集群演进的方向，需要集群内企业与企业之间、人与人之间以及经济区域之间建立起网络般的沟通交流机制，需要民众个体形成博采众长的开放心态，也需要企业形成动态开放的企业治理结构。

区域的社会制度文化是区域文化的重要构成。产业集群的制度文化创新依赖于制度供给主体——政府的作用。在产业集群的发展中，政府要尊重创业者、保护纳税人、重商、安商、亲商，实现从"全能政府"、"管制政府"向"有限政府"、"服务政府"转变。减少政府行政干预，构建合理的政商关系；保障激励创新的制度供给，以制度创新促进区域经济文化重塑；培育集群经济，营造健全的企业生态。政府要营造一种让大中小企业共存共荣的产业集群生态环境，充分利用集群的分享合作，塑造集群创新文化，进而促进产业集群向创新集群演化。

责任编辑:陈 登

图书在版编目(CIP)数据

发展方式转变与企业战略转型/辜胜阻 著. -北京:人民出版社,2011.1
ISBN 978 - 7 - 01 - 009582 - 0

Ⅰ.①发… Ⅱ.①辜… Ⅲ.①经济发展-研究-中国 ②企业管理-研究-中国
Ⅳ.①F124 ②F279.23

中国版本图书馆 CIP 数据核字(2010)第 265133 号

发展方式转变与企业战略转型
FAZHAN FANGSHI ZHUANBIAN YU QIYE ZHANLÜE ZHUANXING

辜胜阻 著

人民出版社 出版发行
(100706 北京朝阳门内大街 166 号)

北京龙之冉印务有限公司印刷 新华书店经销

2011 年 1 月第 1 版 2011 年 1 月北京第 1 次印刷
开本:710 毫米×1000 毫米 1/16 印张:23.75
字数:363 千字

ISBN 978 - 7 - 01 - 009582 - 0 定价:50.00 元

邮购地址 100706 北京朝阳门内大街 166 号
人民东方图书销售中心 电话 (010)65250042 65289539